Mühlenrecht im Herzogtum Pfalz-Zweibrücken
während des 18. Jahrhunderts

Rechtshistorische Reihe

Band 173

Peter Lang
Frankfurt am Main · Berlin · Bern · New York · Paris · Wien

Sabine Stürmer

Mühlenrecht im Herzogtum Pfalz-Zweibrücken während des 18. Jahrhunderts

Ein Beitrag zum Wirtschaftsrecht eines deutschen Kleinstaates im Alten Reich

Peter Lang
Europäischer Verlag der Wissenschaften

Die Deutsche Bibliothek - CIP-Einheitsaufnahme

Stürmer, Sabine:

Mühlenrecht im Herzogtum Pfalz-Zweibrücken während des 18. Jahrhunderts : ein Beitrag zum Wirtschaftsrecht eines deutschen Kleinstaates im alten Reich / Sabine Stürmer. - Frankfurt am Main ; Berlin ; Bern ; New York ; Paris ; Wien : Lang, 1998
(Rechtshistorische Reihe ; Bd. 173)
Zugl.: Saarbrücken, Univ., Diss., 1997
ISBN 3-631-32322-0

Die vorliegende Arbeit wurde von
Herrn Prof. Dr. Elmar Wadle
zur Aufnahme in die Reihe empfohlen.

D 291
ISSN 0344-290X
ISBN 3-631-32322-0

Meinem Mann

Inhaltsverzeichnis

Einleitung

Ziele der Untersuchung

Eine Untersuchung zum Thema Mühlenrecht mag dem heutigen Betrachter fremdartig erscheinen. Das Gewicht, das dem Mühlenwesen und dem Mühlenrecht in früheren Zeiten zukam, ist fast gänzlich in Vergessenheit geraten. Die Mühlen dienten schon seit dem frühen Mittelalter der Grundversorgung des Volkes. Mit den Mühlen in Zusammenhang stehende rechtliche Regelungen zeigten immer Wirkungen auf die Bevölkerung und waren daher von essentieller Bedeutung.

Diese Stellung der Mühle greifen in neuester Zeit auch Großfeld und Möhlenkamp in ihrem Beitrag in der Neuen Juristischen Wochenschrift[1] auf. Sie beschreiben die herausragende Rolle der Mühlen und ihrer rechtlichen Beziehungen im damaligen täglichen Leben. Ausdruck davon sei die Tatsache, daß sie immer wieder Gegenstand von Märchen und Erzählungen waren[2].

Befaßt man sich mit dem Mühlenwesen, so ist man überwältigt von der Fülle des Quellenmaterials. Dies ist auch nicht verwunderlich, wenn man bedenkt, daß fast jedes kleine Dorf im 18. Jahrhundert seine Mühle hatte und dokumentierte Veränderungen, beispielsweise ein Besitzerwechsel, ebenfalls recht häufig waren. Die Sichtung dieses umfangreichen Materials ist entsprechend aufwendig und die Auswahl gestaltet sich zudem schwierig.

Das Mühlenrecht ist nämlich nicht genau eingrenzbar. Es ist, wie schon Weiske formuliert, „keinesweg, [...], ein aus einem Rechtsinstitute herausgebildetes System von Rechtsregeln, welche unter sich organisch zusammenhängen. Es ist vielmehr ein Aggregat von Rechtsbestimmungen, [...]"[3]. Das Rechtsgebiet reicht vom Wasserrecht bis hin zum Marktrecht.

---

[1] Vgl. *Großfeld , Möhlenkamp,* Mühle in Märchen und Recht.

[2] U.a. haben sich Wolfgang von Goethe, Eduard Mörike, Joseph von Eichendorff und Wilhelm Busch diesem Thema angenommen.

[3] *Weiske et al.,* Rechtslexikon, S. 236.

Um sich aber bei der Untersuchung nicht in Randgebieten zu verlieren, was zu einer unscharfen Begriffsbestimmung, einer unübersichtlichen Anordnung und zu einer unbestimmten Begrenzung des Bereiches des Mühlenrechtes führen würde, wird nur der Kernbereich des Mühlenrechtes behandelt, der direkt und in Anbetracht seines Regelungsgegenstandes überwiegend mit dem Mühlenwesen zusammenhängt; Wasserrecht und Mühlenrecht haben sich mit der Zeit verselbständigt[4], sodaß es gerechtfertigt erscheint, das Wasserrecht in der Arbeit nur am Rande zu berücksichtigen.

Trotz dieser Eingrenzung erweist sich eine geschlossene, systematische Darstellung dieses Kernbereichs als äußerst schwierig, da die einzelnen Teilbereiche dieses Rechtes sehr miteinander verflochten sind; eine strikte Trennung ist nicht immer möglich. Darüberhinaus ist nur wenig spezifisch mühlenrechtliche Literatur vorhanden, die weiterhelfen könnte. Zwar wird verschiedentlich auf die Anzahl der mühlenrechtlichen Arbeiten hingewiesen[5]; bei näherer Betrachtung jedoch wird ersichtlich, daß diese Untersuchungen großenteils an der Oberfläche bleiben und in weiten Teilen unklar und auch widersprüchlich gehalten sind. Auch heute noch gilt im wesentlichen der Ausspruch Schillings aus dem Jahre 1829: „[...] das Mühlenrecht hat bisher noch keine Bearbeiter gefunden, was bei der Wichtigkeit des Gegenstandes allerdings auffallend erscheinen mag. Sei es nun, daß der Mangel brauchbarer Materialien, oder die hie und da allerdings sehr zu bewundernde Mangelhaftigkeit der Gesetzgebung, oder auch die Schwierigkeit des Gegenstandes selbst, welche nebst den juristischen auch technische Kenntnisse erfordert, manchen davon abhielt [...]"[6].

Es ist deshalb ein Ziel dieser Arbeit, einen möglichst klaren und geschlossenen Überblick über diese Materie zu geben. Dabei soll das Quellenmaterial des Herzogtums Pfalz-Zweibrücken zu den Mahlmühlen als der vorherrschenden Mühlenart systematisch dargestellt, in rechtliche Strukturen eingeordnet und ausgewertet werden. Die Darstellung bleibt aber nicht nur auf Norminterpretationen (der „Soll-Seite")[7] beschränkt; auch die Rechtspraxis (die „Ist-Seite")[8] wird einbezogen, um so zu einem möglichst umfassenden Bild zu gelangen. Es wird versucht, zum einen eine kritische Distanz zu den für das Gegenwartsdenken bestimmenden Wertungen zu schaffen, und zum anderen auch nicht an den Vorgaben

[4] *Weiske et al.*, Rechtslexikon, S. 237.
[5] *Göbel*, Die Mühle in der Stadt, S. 14.
[6] *Schilling*, Handbuch Mühlenrecht, S. XI.
[7] *R. Schulze*, Neuere vorkonstitutionelle Gesetzgebung, S. 177.
[8] *R. Schulze*, Neuere vorkonstitutionelle Gesetzgebung, S. 178.

der zeitgenössischen Literatur zu haften, um so den speziellen Gegebenheiten in Pfalz-Zweibrücken offen gegenüberzustehen und sie als besondere Variante des damaligen Rechtslebens zu bestimmen.

Sinnvoll erscheint es zunächst, auf die Mühlenrechtsgewohnheit einzugehen, die schon seit jeher ein Grundpfeiler des Mühlenrechtes war. Von großem Interesse ist hier insbesondere der Geltungsrang des ungesetzten im Vergleich zum gesetzten Recht im 18. Jahrhundert.

Sodann wird die Mühlenordnung untersucht, die schon zu Beginn der Neuzeit Ausdruck des obrigkeitlich gesetzten Rechtes war. Eine besondere Schwierigkeit bei dieser Untersuchung liegt darin, die im 18. Jahrhundert für Pfalz-Zweibrücken geltende Ordnung herauszuarbeiten. Nach der inhaltlichen Vorstellung der Ordnung wird versucht, die Entstehungsgeschichte, deren Erfassung zum Verständnis der Ordnung beiträgt, herzuleiten. Großen Wert wird auf die Beschreibung des Entwurfs der neuen Mühlenordnung gelegt, wobei sächsische Mühlenordnungen, die zur Vorlage dienten, zur Verdeutlichung herangezogen werden. Desweiteren sind die Mühlenordnung als Teil der vorkonstitutionellen Gesetzgebung sowie die Wirkung der merkantilistischen Ideen auf diese Ordnung aufzuzeigen.

In ähnlicher Weise wird in den nachfolgenden Kapiteln über die Mühlenbriefe verfahren, die während des 18. Jahrhunderts im Herzogtum Pfalz-Zweibrücken in großer Zahl ausgegeben wurden. Zuerst werden diese Briefe inhaltlich vorgestellt, wobei vor allem auf die Regelungspunkte Leihe, Wasserfall und Bann fokussiert wird.

Nachdem inhaltliche Klarheit über die Briefe gegeben wurde, kann sodann auf das durch die Briefe vermittelte Bestandsverhältnis eingegangen werden, dessen Ausgestaltung für die Rechtspraxis von größter Bedeutung war. Im Anschluß daran wird die rechtliche Struktur der Briefe durchleuchtet, wobei sie insbesondere als hoheitliche Rechtsgestaltung in dem Bereich der vorkonstitutionellen Gesetzgebung verstanden werden. Um die Einflüsse des sich im 18. Jahrhundert immer stärker ausprägenden Merkantilismus auf die Briefe herauszuarbeiten, ist vielfach eine diachrone, über das ganze Jahrhundert verlaufende Untersuchung notwendig.

Zuletzt wird das Zusammenspiel der Mühlenrechtsgewohnheit, der Mühlenordnung und der Mühlenbriefe verdeutlicht.

Die zeitliche und territoriale Eingrenzung des Themas der Arbeit wurde wesentlich beeinflußt von der Tatsache, daß die allgemeine, systematische Darstellung mühlenrechtlicher Gesichtspunkte bisher weitgehend vernachlässigt wurde und eine konkrete, tiefergehende Untersuchung für Pfalz-Zweibrücken sogar ganz fehlt[9]. Der gegebene Rahmen erscheint für eine solche Arbeit besonders reizvoll, da im 18. Jahrhundert alte Strukturen des Mühlenwesens aufbrachen und durch neue wirtschaftliche Formen abgelöst wurden. Entscheidend eingegriffen hatte Christian IV., die Herrscherpersönlichkeit, die die merkantilistische Wirtschaftspolitik im Herzogtum Pfalz-Zweibrücken im 18. Jahrhundert maßgeblich prägte; seine wirtschaftlichen Maßnahmen dienten als Vorbild für andere Staaten[10].

[9] Bspw. reißt Weber in *Weber*, Mühlen und Müllerhandwerk, dieses Thema nur kurz an.
[10] Dies gilt insbesondere für die Kurpfalz.

Kapitel 1

Allgemeine Grundlagen

1.1 Zur politischen Geschichte des Herzogtums Pfalz-Zweibrücken bis ins 18. Jahrhundert

Der Untersuchungsgegenstand kann nur dann vollständig erfaßt werden, wenn man sich den politischen Kontext des 18. Jahrhunderts vergegenwärtigt. Dieser soll wenigstens in seinen Grundzügen beschrieben werden.

Das Herzogtum Zweibrücken entstand am 3. Oktober 1410; an diesem Tag erhielt der drittälteste Sohn Stephan des Königs Ruprecht von der Pfalz aufgrund dessen Testamentes die Grafschaft Zweibrücken als selbständiges Territorium[1]. Dieses Territorium war nicht in sich geschlossen, sondern bestand aus verstreut liegenden Gebieten[2]. Eine bessere Verbindung trat erst im Jahre 1444 ein, als durch den Tod seines Schwiegervaters, Graf Friedrich III. von Veldenz, die Gebiete der Grafschaft Veldenz als auch die Hintere Grafschaft Sponheim hinzugefügt werden konnten. Zweibrücken wurde in der 2. Hälfte des 15. Jahrhundert als Residenzstadt Mittelpunkt des Fürstentums[3]; aufgrund der Verbindung zum Haus Wittelsbach hatte der im Jahre 1410 nachfolgende Regent die Herzogswürde inne, sodaß der Grafschaft nunmehr der Rang eines Fürstentums zukam[4].

Das nachfolgende Jahrhundert war vor allem durch die außenpolitische Spannungen mit der Kurpfalz geprägt; erst Anfang des 16. Jahrhunderts kam es zu Annäherungen, die letztlich durch das gemeinsame Bekenntnis zur Reformation gefördert wurden. Unter Herzog Wolfgang kam es im 16. Jahrhundert sowohl zu territorialen Verkleinerungen als auch zu Vergrößerungen[5]. So wurde durch den Marburger Vertrag Ruprecht, dem

[1] *Herrmann*, Pfalz-Zweibrücken, S. 344.
[2] *Gümbel*, Fürstentums Pfalz-Veldenz, S. 3 f; *Herrmann*, Pfalz-Zweibrücken, S. 348.
[3] *Jost*, Vor 500 Jahren, S. 15.
[4] *J. H. Bachmann*, Pfalz-Zweibrückisches Staats-Recht, S. 1.
[5] *Herrmann*, Pfalz-Zweibrücken, S. 360; *Lehmann*, Vollständige Geschichte, S. 99–129, 133–140, 159, 212.

Onkel von Herzog Wolfgang, ein Gebiet zugesprochen, das sich später zu dem eigenständigen Territorium Pfalz-Veldenz entwickelte[6]; durch den Heidelberger Sukzessionsvertrag wurden aber die kurpfälzischen Anteile an der Herrschaft Guttenberg und an der Alsenz, die Grafschaft Lützelstein in den nördlichen Vogesen mit Ausnahme der Klöster Lixheim und Graufthal hinzugefügt[7]. Herzog Wolfgang war ein engagierter Landesherr. Er gestaltete die Verwaltung und das Gerichtswesen um und ordnete durch eine Reihe von Polizeiordnungen den gesamten Lebensbereich der damaligen Menschen[8]. Herzog Wolfgang hatte in seinem Testament für die beiden Hauptlinien Pfalz-Zweibrücken und Pfalz-Neuburg eine klare Primogenitur geschaffen, an der auch seine Nachfahren noch festhielten[9].

Einen radikalen Einbruch in der Entwicklung des Fürstentums brachten der 30jährige Krieg und die anschließenden Wirren der französische Reunionen, in die Pfalz-Zweibrücken verstrickt wurde; das Land wurde dadurch nahezu entvölkert[10]; die gesamte Wirtschaft war zerstört[11]; so war allein der Feldanbau unter den Franzosen für die Zeit von drei Jahren verboten[12].

Ein Ende der Kiegsunruhen trat erst 1697 mit dem Frieden von Rijswijk ein[13]. Inzwischen stand das Land unter schwedischer Herrschaft, da die Regenten der 1681 zur Regierung gelangten Linie Pfalz-Kleeburg gleichzeitig Könige von Schweden waren[14]; sie liessen Pfalz-Zweibrücken durch Administratoren verwalten. Die schwedische Herrschaft hatte sich zum Ziel gesetzt, das Land vor allem durch eine staatlich gelenkte Wirtschaftspolitik zu reformieren[15]. Letztendlich wurden aber nur wenige wirkliche wirtschaftliche Neuerungen erzielt; das geringe wirtschaftliche Kräftepotential des kleinen zersplitterten Territoriums, das eine Nachwirkung der verheerenden Kriege war, die beherrschende, aber krisenanfällige Agrarwirtschaft, sowie das in mittelalterlichen Strukturen verhaftete Bauern- und Bürgertum waren nur einige der Hemmnisse. Jedoch haben die schwedischen Maßnahmen wesentlich zum Wiederaufbau des Landes beigetragen und bildeten die Grundlage für die spätere Entwicklung[16].

---

[6] *Gümbel,* Fürstentums Pfalz-Veldenz, S. 9–12,18–21.
[7] *Menzel,* Wolfgang von Zweibrücken, S. 132–135.
[8] *Ney,* Pfalzgraf Wolfgang; *Menzel,* Wolfgang von Zweibrücken.
[9] *Ammerich,* Landesherr, Landesverwaltung, S. 20, *Konersmann,* Zucht und Ordnung, S. 34.
[10] *Pöhlmann,* Zweibrücken S. 112 f.
[11] *Molitor,* Zweibrücken, Burg und Stadt, S. 313.
[12] *Reuter,* Merkantilismus in Pfalz-Zweibrücken, S. 2.
[13] *Ammerich,* Landesherr und Landesverwaltung, S. 158.
[14] *Baumann,* Umrisse, S. 50.
[15] *Herrmann,* Pfalz-Zweibrücken, S. 367, 368.
[16] *Kinzinger,* Schweden und Pfalz-Zweibrücken, S. 488–517.

Auch die Tatsache, daß mit dem Regierungsantritt von Gustav Samuel Leopold 1718 die schwedische Gouvernementregierung endete und in Zweibrücken wieder ein Herzog residierte, trug zur weiteren Stabilisation bei[17]. Erst durch den Tod von Gustav Samuel Leopold 1731 trat wieder eine gewisse Unsicherheit ein. Da er keine Nachkommen hinterließ, war die Nachfolge unklar[18]. Erbansprüche machten sowohl die Linie Pfalz-Neuburg als auch die Linie Pfalz-Birkenfeld geltend. Bis zur Klärung der Nachfolgefrage wurde Pfalz-Zweibrücken im Auftrag der Kaisers von einer Sequesterverwaltung, dem Landgraf von Hessen-Darmstadt und dem Abt von Fulda, übernommen[19]. Am 24. Dezember konnte man sich schließlich im Mannheimer Sukzessionsvertrag auf den Birkenfelder Christian III. als Herzog einigen.

Christian III. verstarb jedoch schon ein Jahr später, sodaß für seinen erst 12jährigen Sohn Christian seine Mutter Karoline die vormundschaftliche Regierung bis 1740 übernahm[20]. Christian IV. war ein für neue Ideen aufgeschlossener Herrscher, der vor allem durch Parisaufenthalte während seiner Ausbildung stark von der französischen Kultur geprägt war. Unter seiner Führung begann eine neue Blütezeit des Herzogtums; die entscheidenden Schritte zur Umwandlung des Fürstentums in eine absolutistische Staatsform wurden von ihm veranlaßt[21]; er förderte die Kultur und vor allem die Wirtschaft, die zwar zwischenzeitlich im Aufschwung war, jedoch Reformen dringend nötig hatte. Durch seine wirtschaftlichen Reformen entwickelte er im Herzogtum eine merkantilistische Wirtschaftsstruktur.

Diese Politik von Christian IV. versuchte sein Nachfolger Karl II. August zwar im wesentlichen fortzuführen[22]; er fügte jedoch keine belebende neue Impulse hinzu, sodaß letztlich mehr von einer Zeit der Stagnation unter Karl II. August gesprochen werden kann[23]. Karl II. August konnte nicht das von den Birkenfeldern langersehnte pfalz-bayerische Erbe antreten[24]; dies gelang erst seinem Bruder Maximilian Joseph. 1793 mußte Karl II. August vor der einrückenden französischen Armee nach Mannheim fliehen, wo er zwei Jahre später starb.

---

[17] *Jost*, Vor 500 Jahren, S. 9.
[18] *Baumann*, Umrisse, S. 51.
[19] *Lehmann*, Vollständige Geschichte, S. 417.
[20] *Lehmann*, Vollständige Geschichte, S. 490.
[21] *Ammerich*, Landesherr und Landesverwaltung, S. 151–155.
[22] *Ammerich*, Landesherr und Landesverwaltung, S. 171–173.
[23] *Reuter*, Merkantilismus in Pfalz-Zweibrücken, S. 102, 103.
[24] *Herrmann*, Pfalz-Zweibrücken, S. 374, 375.

Pfalz-Zweibrücken befand sich seit 1797 unter ständiger französischer Besatzung[25]. Mit der offiziellen Abtretung an Frankreich im Frieden von Luneville endete die fast 400 jährige Geschichte des Herzogtums.

1.2 Das Mühlenwesen im Herzogtum Pfalz-Zweibrücken im 17. und 18. Jahrhundert

Das Mühlenwesen im Herzogtum Pfalz-Zweibrücken kann zunächst nicht isoliert für das 18. Jahrhundert betrachtet werden; es wird nur verständlich, wenn man einen Blick ins 17. Jahrhundert wirft.

Das 17. Jahrhundert war durch viele Kriegswirren gekennzeichnet, die verheerende Auswirkungen auf das Leben der Einwohner zeitigten.

Bereits zu Beginn des 17. Jahrhunderts, mit dem 30jährigen Krieg, begannen die Plünderungen und Zerstörungen von Mühlen. Die Westpfalz wurde vor allem von den Spaniern drangsaliert, die sich in der Gegend von Kreuznach festgesetzt hatten[26]. Diese Übergriffe blieben aber noch begrenzt, sodaß im Herzogtum zu dieser Zeit durchaus noch von einem geregelten Mahlbetrieb gesprochen werden kann. Gleichwohl wurden die ruinierten Mühlen nicht mehr repariert und die Obrigkeit hatte Schwierigkeiten, die Mühlen wieder zu verpachten.

Ein Beispiel hierzu ist der Bericht des Landschreibers Keller zu Meisenheim vom 17. August 1624 nach Zweibrücken über die Heiligenmoscheler Mühle: „Ich habe den Damm an dem Mühlweiher, so durch die Soldaten hiebevor angegraben worden, zurichten lassen, daß man die Mühle wieder gebrauchen kann; derowegen ich nach einem Müller getrachtet. Und wiewohl ich verhofft, es werde die Mühle auf den vorigen Pacht, nämlich 20 Malter, halb Korn und halber Hafer, zu bringen sein, so will sich noch keiner finden, der solche diesmal also annehme; dieweil nicht allein die dazugehörigen Felder die Zeit über, als die Mühle ledig gestanden, in Umbau gekommen, sondern auch der Soldaten halber nicht wohl ohne Gefahr allda zu wohnen, dieweil sie außerhalb des Dorfes gelegen und drittens bei den meisten Untertanen aus Mangel an Frucht wenig Mahlens gewesen“[27].

Die militärischen Aktionen blieben aber nicht auf solche Einzelaktionen beschränkt. Durch die Schlacht bei Nördlingen und den Einmarsch der

[25] *Springer*, Franzosenherrschaft, S. 247 f.
[26] *Weber*, Mühlen und Müllerhandwerk, S. 179, 180.
[27] LA Sp. B 3, Nr. 943/6; C 38, Nr. 130/1.

Kaiserlichen in die Pfalz wurden die Städte und Dörfer des Herzogtums weitgehend zerstört und die Bevölkerung dezimiert[28]; von einem geregelten Mühlenbetrieb war nun nicht mehr zu sprechen.

Ein Zeugnis hierzu liefert das Schreiben der Erben des Müllers Werner Christmann in Rehborn. In dem Brief, der in der zweiten Hälfte des 30jährigen Krieges verfaßt wurde, verwehren sich die Erben des Vorwurfs durch die Regierung, die Mühle aus Nachlässigkeit in Verfall geraten zu lassen; sie schreiben: „Nachgehendst ist aber dieselbe (Mühle) keineswegs durch einiger Menschen Hinlässigkeit, sondern wie landkundig durchs allgemeine verderbliche Kriegsunwesen in Ruin gesetzt worden. Leider Gott erbarms ist mehr als zuviel notori und bekannt, daß gleich wie das verscheuchte und furchtsame Wild vor den reißenden Wölfen und anderen grausamen Tieren auf dem Felde, also und nit weniger auch damals wir und ein jeder vor den mörderischen und räuberischen Soldaten aus dem Lande von Haus und Hof nit ein sondern etlich Jahre hero flüchtig sein müssen. Sofern daß so auch die Mühle oder unsere eigenen Hütten mit einem Gulden und sehr Geringem wären zu erhalten gewesen, wir uns dennoch vor denselben nit hätten sehen noch blicken lassen und daß deme also, bezeugt es auch die Erfahrung, sintemalen nit nur diese einzige sondern viel hundert Mühlen mehr, will nit sagen außer-, sondern innerhalb und zwischen Mosel und Rhein dermaßen durchs landverderbliche Kriegsunwesen äußerst und in Grund ruiniert worden, dessen Ursach doch einiger Menschen Hinlässigkeit nit zuzuschreiben ist“[29]. Zum Wiederaufbau dieser Mühle vergingen noch einige Jahrzehnte. Am 30. November 1652 bat die herzogliche Regierung zu Zweibrücken den Keller zu Meisenheim um Auskunft, ob Erben des letzten Müllers noch lebten oder ob jemand anderes die Mühle wieder errichten wollte. Die Antwort des Kellers zeichnete kein positives Bild der Verhältnisse. Er schrieb, daß die Mühle in einem überaus schlechten Zustand sei; das Wasser habe das Wehr weggerissen; der Wasserbau und die Räder seien faul; das Dach müsse ausgebessert werden; die Ställe im Dachwerk seien zwar noch ziemlich in Ordnung, aber es täte „Besserns not“. Kurzum, es wäre gut, wenn sich jemand der Mühle annehme. Jedoch seien im Dorf nur mehr 27 von früher 60 Haushaltungen, diese seien nach Meisenheim gebannt und die Kosten für den Wiederaufbau der Mühle seien sehr hoch. Wegen dieser Umstände könne die alte Erbpacht von 24 Molter jedenfalls noch lange nicht erhoben werden[30]. Erst 10 Jahre nach dieser Anfrage, 1662, wurde mit dem Aufbau der Mühle durch

[28] *Weber*, Mühlen und Müllerhandwerk, S. 180.
[29] LA Sp. B 2, Nr. 1254/1.
[30] LA Sp. B 2, Nr. 1255/3.

Johann Nikolaus Aqua begonnen und durch Mathes Braun 1663 vollendet[31].

Schon 1665 wurde das Land erneut von Kriegsunruhen, dem Kurpfälzisch-Lothringischen Krieg, erfaßt[32]. Nachdem Kurfürst Karl Ludwig die von Lothringen gehaltenen Schlösser Hohenecken und Landstuhl besetzt hatte und in die lothringische Grafschaft Falkenstein eingefallen war, holte Herzog Karl IV. zum Gegenschlag aus. Er marschierte mit einer starken Truppe durchs Glantal und plünderte die dortigen Ortschaften aus. Die Schlacht in Bingen wurde zwar von dem Kurfürst verloren, aber durch die Initiative des deutschen Kaisers und auch von Ludwig XIV. kam es zum Rückzug des Herzogs; auch dieser Rückmarsch war wieder für das Glantal mit schweren Plünderungen verbunden. Hierfür sind Belege in den Quellen vorhanden. Die Müllerswitwe Petry aus Glanodenbach schreibt beispielsweise in einem Brief an die Regierung in Zweibrücken am 17. März 1669, daß wegen des „lothringischen Heraus- und Rückmarsches"[33] nicht gemahlen werden könne.

Auch gegen Ende des Jahrhunderts wurde das Herzogtum nicht vom Kriegstreiben verschont. Im 2. Annektionskrieg Ludwigs XIV. zogen französische Truppen durchs Land bis hin zum Rhein[34]. Dieser Durchzug blieb ebenfalls nicht ohne Folgen für die Wirtschaft. So werden die „lothringischen Einquartierungen"[35] in einem Schreiben des Müllers Simon Matheis erwähnt, der die Rehborner Mühle nur für zwei Jahre pachten wollte, da noch kein Friedensschluß in Sicht sei. Aber auch die Gegenseite, die Truppen des Feldherrn Montecuccoli quartierten sich in Rehborn ein und richteten große Schäden an. Der Schultheiß schreibt beispielsweise 1677, daß dem Müller in einer Nacht mehr Schaden an seinen Äckern entstanden sei als in zwanzig Jahren zuvor[36]. Außerdem sei dem Müller auch Eisen und Geschirr gestohlen worden[37].

Das Herzogtum hatte auch unter dem 1688 beginnenden Pfälzischem Erbfolgekrieg zu leiden. Ein Beispiel hierfür gibt das Schreiben des Müllers Philipp Jung zu Alsenz von 1695 an die Regierung in Zweibrücken; es heißt hierin: „[...] ist sonder Zweifel bereits von anderen Sollicitanten untertänigst supplicando hinterbracht worden, in weß mißerablen Standt der Fleken Alsenz [...] im Monat September und Oktober

[31] LA Sp. B 2, Nr. 1255/3.
[32] Pfälzische Heimatblätter, Beilage zur Rheinpfalz Jg. 1 (1953), Dezember.
[33] LA Sp. B 2, Nr. 1213/4.
[34] *Weber*, Mühlen und Müllerhandwerk, S. 183.
[35] LA Sp. B 2, Nr. 1254/3.
[36] LA Sp. B 2, Nr. 1254/3.
[37] *Weber*, Mühlen und Müllerhandwerk, S. 183.

vorigen Jahres von denen königlichen französischen Völkern ganz unvermutet gesetzt, beraubt und geplündert worden seye"[38]. Der Müller verlor „62 Malter Spelz, 13 Schweine, großes und kleines Rindvieh und Mobilien"[39].

Das ganze Wirtschaftsleben wurde also nachhaltig im 17. Jahrhundert gestört; die Zahl der Mühlen, die noch einen Mahlbetrieb hatten, war gering; zudem waren sie in einem äußerst schlechten Zustand. Mit einem planvollen Wiederaufbau der Mühlen wurde erst gegen Ende des 17. Jahrhunderts und Anfang des 18. Jahrhunderts durch die schwedische Gouvernementsregierung begonnen. Begünstigt wurde dieser Aufbau durch die Tatsache, daß das flußreich Land die notwendige Wasserkraft und der reiche Vieh- und Waldbestand die Rohstoffe und das Baumaterial lieferten[40].

Der staatlichen Initiative folgte bald die private. Der private Mühlenbau wurde von den Bürgern und Bauern finanziert, die dafür Steuerfreijahre erhielten[41]. Trotz des dadurch forcierten Wiederaufbaus[42] gab es am Ende der Schwedenzeit noch zahlreiche zerstörte Mühlen.

Dies änderte sich vor allem in der langen Friedensperiode unter Christian IV. Er sorgte dafür, daß schon zur Mitte des 18. Jahrhunderts alle Ruinen beseitigt waren und daß zusätzliche Mühlen errichtet wurden. So waren in den 40er Jahren allein im Oberamt Zweibrücken bereits 56 Mahlmühlen[43] und im Oberamt Lichtenberg 72 Mahlmühlen[44] verzeichnet; insgesamt konnten im Herzogtum – in den Ämtern Zweibrücken, Lichtenberg, Bergzabern, Meisenheim, Landberg, Falkenburg, Wegelnburg, Nohfelden, Cleeburg – weit über 200 Mühlen gezählt werden[45]. Dieser Aufschwung war Ausdruck der Wirtschaftspolitik von Christian IV.; er war stark beeinflußt von den Ideen des Merkantilismus.

---

[38] LA Sp. C 38, Nr. 133/1–3.
[39] LA Sp. C 38, Nr. 133/1–3.
[40] *Kinzinger*, Schweden und Pfalz-Zweibrücken, S. 513.
[41] *Kinzinger*, Schweden und Pfalz-Zweibrücken, S. 517.
[42] KSchA Zw. Rep. II, Nr. 323, Pachtverträge aus dieser Zeit: der Pachtvertrag der Leinsweiler Mahlmühle vom 7. September 1705; der Pachtvertrag der Oberweiler Mahlmühle vom 2. Februar 1706; der Pachtvertrag der Quirnbacher Pletschmühle vom 22. März 1706; der Pachtvertrag der Mittelbacher Mahlmühle vom 18. August 1706; der Pachtvertrag der Elzweiler Pletschmühle vom 12. April 1707; der Pachtvertrag der Bruchmühlbacher Mühle vom 1. Dezember 1707; der Pachtvertrag der Queichhambacher Mahlmühle vom 5. Juni 1709; der Pachtvertrag der Hornbacher Mahl- und Öhlmühle vom 8. Oktober 1709; LA Sp. B 2, Nr. 424/4, Verzeichnis der Annweiler Mühlen, Annweiler 28. September 1715; LA Sp. B 3, Nr. 1025, 1026, Lichtenberger Landschreibereirechnung 1709.
[43] LA Sp. B 2, Nr. 295/3–5.
[44] LA Sp. B 2, Nr. A 294/7.
[45] *Weber*, Mühlen und Müllerhandwerk, S. 235.

1.3 Das Mühlenwesen als Gegenstand der Wirtschaftspolitik im Herzogtum Pfalz-Zweibrücken

Die merkantilistische Wirtschaftspolitik Christians IV., die das Mühlenwesen maßgeblich beeinflußte, kann nur verständlich werden, wenn das Wesen des Merkantilismus wenigstens in seinen wichtigsten Aspekten umrissen wird.

Merkantilismus steht für eine geistige Strömung, die ganz Europa seit dem 16. bis zum 18. Jahrhundert beeinflußte. Ziel dieser Idee war es, die Macht des Staates zu stärken[46].

Die neue Staatsauffassung, die sich zu dieser Zeit entwickelte, steht in enger Wechselwirkung mit der Entstehung des Merkantilismus[47]. Die von Machiavelli gegründete Idee, die den Staat als das Höchste betrachtet und zu deren Erreichung alle Mittel recht sind, spiegelt sich auch im Merkantilismus wieder. Ein wesentliches Mittel, um die gegebene Zielsetzung zu erreichen, war nach merkantilistischer Auffassung das Geld. Die Beschaffung von Geld gehörte deshalb zu den hervorstechenden Zielen dieser Politik[48]. Dies sollte durch möglichst hohe Steuereinnahmen geschehen[49]. Solche Einnahmen konnten jedoch nur bei einer entwickelten und gesunden Wirtschaft erzielt werden. Daher waren die Förderung der Landwirtschaft und die Gründung von Manufakturen wichtige Mittel, um entsprechende Steuereinnahmen zu erzielen. Die Wirtschaftsförderung sollte aber nicht durch ein „laisser faire" von Seiten des Staates erreicht werden, der Landesherr sollte vielmehr seine Untertanen erziehen und sie notfalls zu ihrem Glück zwingen. Der Einzelne war nur ein Teil des Ganzen und mußte dem allumfassenden Staat bedingungslos gehorchen. Demgegenüber war es die Pflicht des Staates, die Wohlfahrt der Bevölkerung ständig zu fördern; dieses eudämonistische Moment wird so zur inneren Rechtfertigung des Merkantilismus[50].

Auch für Christian IV. sollte die Wirtschaft ein Mittel sein, um Macht und Ansehen seines Staates zu heben. Zwar war die Beschaffung von Geld

---

[46] *Blaich*, Merkantilismus; *Treue*, Merkantilismus Sp. 489, 490; *Zielenziger*, Kameralisten, S. 47; *Reuter*, Merkantilismus in Pfalz-Zweibrücken, S. 4; dazu aber auch *Heckscher*, Merkantilismus, Bd. 1, S. 1, der Merkantilismus lediglich als eine „Hilfsvorstellung" umschreibt.

[47] *Treue*, Merkantilismus Sp. 488, 489; *Blaich*, Merkantilismus, Sp. 240; *Zielenziger*, Kameralisten, S. 46.

[48] *Treue*, Merkantilismus Sp. 490, 491; *von Sonnenfels*, Grundsätze der Polizey, S. 291.

[49] *Blaich*, Merkantilismus, Sp. 240; *Treue*, Merkantilismus Sp. 490, 491; *Reuter*, Merkantilismus in Pfalz-Zweibrücken, S. 6, 7.

[50] *Treue*, Merkantilismus Sp. 492; *Blaich*, Merkantilismus, Sp. 240; *Zielenziger*, Kameralisten, S. 56.

auch bei ihm das wichtigste Ziel seiner Politik; daneben hatte er aber auch die Ambition, daß sein Herzogtum die gleiche Wirtschaftskraft wie andere Staaten erlangte[51]. Sein Vorgehen war von einem gewissen Liberalismus geprägt[52]. Dies hatte er mit dem Preußenkönig Friedrich II. gemein, der mit seiner Wirtschaftspolitik ebenfalls eine freiheitliche Gesinnung vertrat; gleichwohl war dessen Vorgehen insgesamt weniger reglementierend als dies bei Christian IV. der Fall war[53]. Christian IV. förderte die Wirtschaft durch Anlegung neuer Manufakturen, unterwarf diese aber gleichzeitig der staatlichen Kontrolle, indem er sich die Zünfte direkt unterstellte. Auch der Landwirtschaft galt sein besonderes Interesse. Seine Agrarpolitik war aber nicht als rein physiokratische - also vom Primat der Landwirtschaft dominierte[54] -, sondern durchaus als merkantilistische Maßnahme zu verstehen[55], denn Merkantilismus bedeutete nicht die alleinige Förderung der Manufakturen unter Vernachlässigung der Wirtschaft; auch die Landwirtschaft bot die materielle Grundlage für die Erreichung der politischen Ziele. Physiokratische Maßnahmen wirkten also „nicht bestimmend [...] höchstens in gewissen Maß fördernd"[56]. Zur Förderung der Landwirtschaft wurde eine Landesökonomiekommission eingerichtet. Sie führte manche Neuerung ein, wie zum Beispiel die Mergel- und Kalidüngung zur Verbesserung der Gertreideproduktion[57].

Die herrschaftliche Mühlenpolitik fügt sich nahtlos in dieses Bild ein.

Christian IV. griff die Maßnahmen auf, die bereits unter schwedischer Herrschaft begonnen wurden. Das erklärte Ziel dieser schwedischen Maßnahmen war eine Steigerung der gewerblichen Produktivität durch einen verstärkten Mühlenbau. Die schwedische Herrschaft knüpfte dabei an eine traditionelle wirtschaftspolitische Maßnahme der frühen Herzöge an, die seit dem 15. Jahrhundert Mahl-, Schleif-, Öl-, Walk- und Lohmühlen aufgebaut und finanziellen Nutzen hieraus gezogen hatten. Da die Mühlen gegen einen festen Jahreszins verpachtet wurden, sicherte der Mühlenbau eine konstante Einnahmequelle[58].

Bereits Anfang der 40er Jahre wurde durch Christian IV. eine umfassende Mühlenrenovation eingeleitet[59]. Am 30. April 1743 erließ er ein

---

[51] *Baldes,* Wirtschaftspolitik und Gerichtswesen, S. 49, 50.
[52] *Reuter,* Merkantilismus in Pfalz-Zweibrücken, S. 9, 10.
[53] *Willoweit,* Gewerbeprivileg und „natürliche" Gewerbefreiheit, S. 94, 95.
[54] *Conrad,* Deutsche Rechtsgeschichte, Bd. II, S. 261.
[55] *Pöhlmann,* Wie im Herzogtum; *Funk,* Merkantilistische und physiokratische Doktrin, S. 106; auch *Abel,* Deutsche Agrargeschichte, S. 276 f.
[56] *Reuter,* Merkantilismus in Pfalz-Zweibrücken, S. 108.
[57] *Reuter,* Merkantilismus in Pfalz-Zweibrücken, S. 16.
[58] *Kinzinger,* Schweden und Pfalz-Zweibrücken, S. 513.
[59] LA Sp. B 2, Nr. 295/3–5; Nr. A 294/7.

Edikt, wonach der Bestand aller im Fürstentum gelegenen Mühlen und „Wassergebäude"[60] aufzunehmen war. Für diese Bestandsaufnahme wurde ein ausführlicher Fragenkatalog ausgearbeitet[61]. Insgesamt 17 solcher „Fragstücke" wurden festgehalten[62]:

„1. Jeder Bach oder Weyher, woran Mühlen oder andere dergleichen Wasserwercker gebaut und dadurch getrieben werden, zu beschreiben, wo sie entspringen, aus was für Quellen und Brunnen sie bestehen, was für Flüsse nach und nach darzu kommen, und wo sie sich endlich in andere eingießen und den ersten Nahmen also verlieren.

2. Was für Mahl-, Seeg-, Ohlig-, Lohe-, Walck-, Schleifmühlen und dergleichen Waßergebäude, auch in welch Ordnung und ohngefährlicher Distanz auf einander an jeden dergleichen Bach oder Weyher sich dermahlen gebauet finden.

3. In was für einem Zustand und Einrichtung dermahlen alle und jede hiesigen Oberamts gelegene Mühlen und Waßergebäude sich befinden, wie viel Wasserräder, Mahlgänge, auf welche angehängte Trillis oder sonsten dergleichen eingerichtete besondere Kästen, Ahlfänge oder Ahlkoben, auch so viel möglich, was für Waßer ein jeder ohngefehr habe, ob solche bey kleinem und großem Waßer, Sommer- und Winterszeit gehen können oder nicht; und wie lang allenfallß still halten müßen, ob es ober- oder unterschlechtige Räder. Ob die Mühle hinter einem Wehr oder an der vollen Bach gelegen? Nicht minder, ob der Müller einen und wie lange Waßergraben, so wohl vors Ober- als Unterwaßer, oder sonsten eine Wasserleitung zu unterhalten habe?

4. Ob die dermahlige Einrichtung und Verfaßung einer jeden dergleichen, besonders aber der Mahlmühlen sich gleich im Anfang der erhaltenen Concession also befindet, oder was nach der Hand und zu welcher Zeit daran geändert, verbeßert oder vergrößert worden?

5. Was eine jede dermahlen für Pfacht und eigentlich wohin bezahlt und ob dieses der alte Pfacht seye, oder ob solcher in vorigen Zeiten größer oder kleiner gewesen?

6. Was für Städtflecken, Dörfer und Höfe zu einer oder anderen gebannet, hauptsächlich aber wie viele Banngäste oder Mähler sich dermahlen würcklich in der Bannalität befinden?

[60] LA Sp. B 2, Nr. 295/5.
[61] *Weber*, Mühlen und Müllerhandwerk, S. 187, 188.
[62] LA Sp. B 2, Nr. 295/5.

7. Was für Örter insgesamt noch zur Zeit nicht eigentümlich da oder dorten hingebannet, wie viele Mähler darinnen dermahlen gezehlet werden, und in welchen Mühlen solche bis anhero am meisten und gewöhnlichsten zu mahlen pflegen, nicht weniger in welcher Mühle der Situation noch ein oder ander solche Örter am bequemsten mahlen können?

8. Ob diejenigen Mühlen, die noch zur Zeit keine gewißen Banngäste haben, auch außerwärts des Fürstenthums beständig oder doch jezuweilen zu mahlen haben und nach welchen Gegenden solches seye, nicht weniger, ob nicht auch dießeitige und welche Unterthanen beständig oder doch zu Zeiten und in Nothfällen, außerwärts und wo allenfalls zu mahlen pflegen?

9. Wie viel eine jede, so Bann als andere Mühle mit der dabey würcklichen sich befindenden jetzigen Einrichtung und Mühlwerck, auch unter demjenigen Umständen von Wasser und anderen gewöhnlichen Zufällen jährlich an Mahlgästen ungehindert, nach eines jeden Müllers eigener Aussage beförderen könne?

10. Wie viel auf jeden Mähler oder Mahlstätte, einer in die andere des Jahrs hindurch an Früchten gerechnet und erfordert werde?

11. Womit und wohin eine jede der übrigen als Seeg-, Walck-, Lohe-, Ohlig- und Schleifmühlen ihr Gewerb eigentlich treiben und woher dieselben den jährlichen Verdienst erhalten?

12. Woher besonders die Seegemühle das Holtz bekommen, und wohin selbige hinwiederum die Borden und übrigens zu debitiren pflegen?

13. Welcher eigentlich einer jeden Mühle und seit welcher Zeit der dermalige Besitzer seye? Und was für einen Erbbestand darüber in Handen habe, ob derselbe die Frohnd- und andere Freyheit oder Utilitäten, als das Gegräß am Weyher und Weyherdamm, Fischen und wie weit genieße?

14. Zu welcher dergleichen herrschaftlichen erbbeständlichen Mühle, dermahlen auch sonst noch andere Gebäude, Gärten, Wiesen Äcker zum Erbbestand gehöre und worinnen alles eigentlich bestehe?

15. Was bey jeder Mahlmühle für ein Molter herkömmlich oder sonsten stipuliret seye, ingleichen was für jede Arbeit und Dienste bey denen übrigen vorgenannten Mühlen vor ein Lohn oder sonsten bezahlet zu werden pflegen und ob gnädigste Herrschaft einige Prärogativ vorbehalten worden?

16. Ob der bey jeder Mühle dermahlen gebräuchliche Molter auch vor alters der nembliche geweßen oder nicht?

17. Woher eine jede Mühl ihre Mahlstein meistens zu hohlen pflegen? Und wie viel Jahre die einen oder anderen ohngefehr zu dauern pflegten?"

Die Befragung wurde innerhalb von drei Jahren in allen Ämtern von verschiedenen Beamten ausgeführt.

So wurde das Mühlenprotokoll des Oberamtes Zweibrücken nach eingehenden Ortsbesichtigungen 1744 von dem Rentkammersekretär Johann Friedrich Marx verfertigt; bereits am 6. 1. 1745 wurde es der Regierung vorgelegt[63]. Im Oberamt Lichtenberg wurde hierfür eine etwas längere Zeit benötigt[64]. Die Anordnung zur Bestandsaufnahme erteilte die Regierung zunächst dem Landschreiber Beckmann und dem Einnehmer Keller zu Lichtenberg. Der Landschreiber konnte jedoch diese Aufgabe nicht wahrnehmen, da er arbeitsmäßig zu überlastet war. Deshalb wurde am 12. Oktober 1745 Carl Sundahl beauftragt, dieses Mühlenprotokoll zu verfertigen. Nach 89 Tagen hatte er die Mühlenbesichtigungen abgeschlossen und nach weiteren 30 Tagen, am 8. Juli 1746, hatte er das Protokoll ausgearbeitet[65]. Sundahl hatte diese Aufgabe mit besonderem Eifer verrichtet; neben der Beschreibung der Mühlen hatte er für die meisten Mühlen kleine farbige Lagepläne gezeichnet und für das gesamte Oberamt eine sogenannte hydrographische Karte gefertigt[66].

Durch diese Protokolle erhielt der Herzog einen genauen Überblick über die sich bereits seit der schwedischen Zeit in großer Zahl vermehrenden Mühlenbetriebe. Dies war die Voraussetzung dafür, das Mühlenwesen gezielt ordnend von oben her zu reglementieren. Solche Reglementierungsmaßnahmen sind zum Beispiel in den Versuchen Christians IV. zu sehen, die Freiheiten und Sonderrechte der zahlreichen Mühlengemeinschaften in der Hinteren Grafschaft Sponheim zu beseitigen und sie in eine Lehensabhängigkeit zu bringen[67]; dies gelang ihm aber nur teilweise, in einigen Gebieten[68].

Dringend erforderlich war im 18. Jahrhundert die Reformierung des Bannwesens. Der stark angewachsenen Bevölkerung wurde durch eine

[63]LA Sp. B 2, Nr. 295/5.
[64]LA Sp. B 2, Nr. A 294/7.
[65]LA Sp. B 2, Nr. A 294/7.
[66]Diese ist in den Quellen aber nicht mehr auffindbar.
[67]*Simons*, Genossenschaftliche Bauernmühlen, S. 208.
[68]Z.B. im Amt Kastellaun, Kirchberg.

immense Förderung des Mühlenbauwesens Rechnung getragen. Gleichzeitig waren die vielen und auch hohen Pachteinnahmen den politischen Zielen förderlich. Durch diese Expansion des Gewerbes wurden jedoch die alten Strukturen des Mühlenwesens stark erschüttert. Besonders der Bann war davon betroffen. Die gebannte Mahlgäste waren nicht mehr bereit, sich dem Bann zufügen, sondern wollten unter den vielen Mühlen die ihnen genehmste auswählen beziehungsweise das Mehl günstig im freien Handel kaufen. Durch diesen Schwund an Kunden war es den Bannmüllern aber nicht mehr möglich, die ohnehin schon überhöhte Pacht an die Herrschaft zu zahlen. Es kam deshalb vermehrt zu Betrügereien von Seiten der Bannmüller, was jedoch letztlich die ganze Situation verschärfte. Die Obrigkeit reagierte vornehmlich auf die veränderte Situation mit zahlreichen Einzelverordnungen; zuerst wurde versucht streng die Bevölkerung auf den Bann zu verweisen und den Handel erheblich einzuschränken, um so die Pachtgelder zu sichern; jedoch erreichten diese rigide Maßnahmen die Praxis nur sehr unzureichend; der strenge Bann ließ sich nicht mehr durchsetzen. Dadurch wurde die Obrigkeit veranlaßt, in ihren Entscheidungen mehr die Wohlfahrt des Volkes zu berücksichtigen.

Im Verlauf des 18. Jahrhunderts wurde dann auch von Seiten der Herrschaft mehr und mehr eingesehen, daß der freie Handel für die Wohlfahrt der Bevölkerung sehr förderlich war und daß dies nicht zwingend zu finanziellen Einbussen führte. Demzufolge wurde der Bann gelockert und die Handelsbeschränkungen wurden zunehmend beseitigt; dies geschah aber wiederum in der Form vieler einzelner Verordnungen. Der Mühlenwirtschaft wurde also sehr wenig freier Lauf gelassen; sie war und blieb im hohem Maß der Reglementierung unterworfen.

Kapitel 2

Erscheinungsweisen des Mühlenrechtes

2.1 Allgemeine Erscheinungsweisen

Zum besseren Verständnis soll ein kurzer allgemein gehaltener Überblick über die Erscheinungsweisen des Mühlenrechtes im Herzogtum Pfalz-Zweibrücken während des 18. Jahrhunderts gegeben werden.

Obgleich kein einheitliches System von Rechtsregeln im Mühlenrecht vorhanden war, bildeten sich jedoch im wesentlichen zwei Gruppen von obrigkeitlich gesetzten rechtlichen Regelungen heraus. Dies waren zum einen die mühlenrechtlichen Briefe als Regelungen des Einzelfalls, nachfolgend als „Mühlenbriefe" bezeichnet, und zum anderen die mühlenrechtlichen „Ordnungen" als allgemeinere Regelungen. Neben diesen beiden Hauptgruppen von gesetzten rechtlichen Regelungen gestalteten seit der Mitte des 18. Jahrhunderts auch Verordnungen das Mühlenrecht; diese waren meist keine „generale"[1] Verordnungen, sondern waren vorwiegend am Einzelfall orientiert.

Als wichtige Erscheinungsweise des Mühlenrechtes ist auch das ungesetzte Recht, das Recht, das kraft Herkommen gilt, anzusehen.

Das Mühlenrecht entfaltete sich also vorwiegend innerhalb der drei Regelungsinstitute, mithin in den Mühlenbriefen, den mühlenrechtlichen Ordnungen und den mühlenrechtlichen ungesetzten Regeln.

Aus dieser Erkenntnis ergibt sich die Notwendigkeit einer Diskussion der allgemeineren Ordnungskriterien: „ungesetztes" und „gesetztes" Recht.

2.2 Ungesetztes und gesetztes Recht als allgemeine Ordnungskriterien

Da die Ordnungskriterien „obrigkeitlich ungesetztes und gesetztes Recht" einen schwierigen, komplexen Themenbereich bilden, soll

[1] LA Sp. B 2, Nr. 2688.

zunächst versucht werden, die Bedeutung, die Funktion und den Zusammenhang der Begriffe zu erfassen. So ausgerüstet kann deren Tragfähigkeit am konkreten Quellenbestand für das pfalz-zweibrückische Mühlenrecht erprobt werden.

2.2.1 Zu den Begriffen ungesetztes und gesetztes Recht

2.2.1.1 Ungesetztes Recht

Das Recht, das kraft Herkommen gilt, soll als Ausduck des nicht obrigkeitlich gesetzten Rechtes nachfolgend konkretisiert werden.

2.2.1.1.1 Rechtsgewohnheit

Aus heutiger Sicht wird der Begriff „Gewohnheitsrecht" komplementär zu dem Begriff „Gesetz" gebraucht.

So ist zu lesen: „Gewohnheitsrecht ist von den Rechtsbeteiligten und Betroffenen im Gegensatz zum geplanten, organisierten, gesetzten Recht allmählich gewachsenes Recht"[2].

Dieses Verständnis wurde gefördert durch die Determination des Gesetzesbegriffes im 19. Jahrhundert.

Eine Bezogenheit der beiden Begriffe ist auch in der neueren rechtshistorischen Forschung zu erkennen. Diese problematisiert zwar den Begriff Gesetz[3], sodaß sich eine andere Gewichtung des Verhältnisses der beiden Begriffe ergab. Gleichwohl wird aber Gewohnheitsrecht als feststehender Terminus betrachtet. Der Begriff ist jedoch weitaus komplexer und schwieriger zu erfassen.

Die Rechtswelt vom frühen Mittelalter bis in die Neuzeit, die weder deutliche Aussagen über ihr Verständnis von Gesetz noch über ihr Verständnis zum Gewohnheitsrecht macht, zu umschreiben ohne in eine Projektion der modernen, normativ geprägten Gedankenwelt zu verfallen, erscheint als fast unüberwindbare Schwierigkeit. Deshalb wird in neuester Zeit versucht, sich aus dieser Gedankenwelt zu lösen[4], indem ein anthropologischer und ethnologischer Zugang zur Erschließung des Rechtslebens verfolgt wird[5]. Diese Neuansätze weisen auf die Verzerrungen hin,

---

[2] *Ossenbühl*, Gesetz und Recht, S. 301.
[3] *R. Schulze*, Neuere vorkonstitutionelle Gesetzgebung, S. 157-287.
[4] *Wadle*, Gewohnheitsrecht und Privileg, S. 116-148.
[5] *Dilcher*, Mittelalterliche Rechtsgewohnheit.

die das Gewohnheitsrecht durch die Aufzeichnungen der schriftgelehrten Kleriker und später der Juristen erfahren hat[6] und zeichnen daher lediglich Konturen des Gewohnheitsrechtes.

So sei der Begriff vor allem in einem formellen Sinn verstanden worden. Er umschreibe den Prozeß der Rechtsfindung in dem Spannungsfeld zwischen der Autorität von Herrscher, Adel, Rechtshonoration und der Akzeptanz durch die Rechtsgenossenschaft[7]; inhaltliche Gesichtspunkte, die bei dieser Rechtsfindung berührt sind, seien nicht Ausdruck einer Ordnung eines ausdifferenzierten Rechtsbereiches, sondern einer aus Überlieferung, Sitte, Moral und Religion bestehenden, als richtig angesehenen Lebensordnung[8].

Dieser unbestimmt gehaltene Begriff ist zu favorisieren[9], da hierdurch eine Ordnung aus Tradition, Herkommen, Gewohnheit unter dem Aspekt des Rechts betrachtet werden kann; sie bezieht aber noch nicht das Herkommen in eine bestehende schriftlich fixierte Ordnung ein. Um diese Blickrichtung zu verdeutlichen, soll der bereits von der Literatur eingeführte Begriff der Rechtsgewohnheit" verwendet werden als Ausdruck der Verfremdung gegenüber dem Gewohnheitsrecht „im unmittelbaren Erfahrungsbereich des modernen Juristen"[10].

Folgt man dieser Begriffsbestimmung, so erleichtert man sich den Zugang zu der anderen Bezugsgröße, dem gesetzten Recht.

2.2.1.2 Gesetztes Recht

Das gesetzte Recht ist insbesondere im Hinblick auf Gesetz und Privileg näher zu bestimmen.

2.2.1.2.1 Gesetz

Eine Bestimmung des Begriffes „Gesetz" bereitet Schwierigkeiten, die den bei der Festlegung des Terminus „Rechtsgewohnheiten" auftretenden vergleichbar sind.

So wurden zwar im 19. Jahrhundert das Gesetz als allgemein-abstrakt normierende Regelung festgelegt. Diese Definition hilft jedoch für die Zeit des 18. Jahrhunderts wenig weiter, da diese Festlegung vor allem

[6] *Dilcher,* Mittelalterliche Rechtsgewohnheit, S. 53.
[7] *Dilcher,* Mittelalterliche Rechtsgewohnheit, S. 52.
[8] *Dilcher,* Mittelalterliche Rechtsgewohnheit, S. 52.
[9] *Wadle,* Gewohnheitsrecht und Privileg, S. 120; *Kroeschell,* Rechtsgeschichte, S. 84 ff.
[10] *R. Schulze,* Gewohnheitsrecht, Rechtsgewohnheit, S. 12; *Kroeschell,* Rechtsgeschichte, S. 84 ff.

von der Gewaltenteilungslehre und dem Gleichheitspostulat des bürgerlichen Rechtsdenkens im 19. Jahrhundert herrührt; aber schon in der vorangehenden Zeit wird immer wieder von Gesetz und Gesetzgebung gesprochen, ohne daß die Aufteilung der Gewalten oder die rechtliche Gleichheit auch nur annähernd verwirklicht gewesen wäre.

Auf der Suche nach einem rechtshistorisch brauchbaren Begriff ist es auch hier angebracht, von einem eher unbestimmten, variablen Terminus auszugehen, um so die Vielschichtigkeit der Regelungstätigkeiten in dieser vorkonstitutionellen Zeit zu erfassen[11].

Diesen Ansatz griff die neuere Gesetzgebungsforschung auf[12] und weitete ihre Untersuchungen im Hinblick auf die vielfältigen praktischen Regelungstätigkeiten aus[13].

Es ist aber gleichwohl unentbehrlich, nach Kriterien zu suchen, die es ermöglichen, einen historisch verwendbaren Gesetzesbegriff zu erfassen, denn nur so läßt sich der Gegenstand der Gesetzesrechtforschung eingrenzen.

Auffallend ist, daß gerade bei dieser Bestimmung in der Literatur Zurückhaltung herrscht. Zum Teil wird dies mit der besonderen Schwierigkeit der Begriffserfassung und dem daraus resultierenden bisherigen unzureichenden Forschungsstand erklärt[14]. Eine zu abstrakte Bestimmung verdecke den Blick auf die historische Praxis; eine zu starke Konkretisierung verliere sich in Einzelheiten, sodaß der übergreifende Zusammenhang fehle[15]. Konsens herrscht jedoch bei der gegenwärtigen Forschung, daß zwar keine vollständige in sich geschlossene Bestimmung des Gegenstandsbereiches vorliegt, daß sich aber sehr wohl erste Konturen ergeben, die aus dem umfangreichen empirischen Material sichtbar werden[16]. Solche Gesichtspunkte sind: die gebende Institution oder Person, sowie die äußere Form.

Diese Merkmale werden inhaltlich nicht starr festgelegt. So ist zwar bei der Kennzeichnung der gebenden Institution beziehungsweise Person von einem Über- und Unterordnungsverhältnis auszugehen; eine Begrenzung auf eine obrigkeitlich-einseitige Gesetzgebung wird aber nicht vorgenommen, sondern es wird auch das Zusammenwirken und die Übereinkunft verschiedener Betroffener – wie dies etwa bei der Dualität ständischer und landesfürstlicher Herrschaft der Fall war – bei der

[11] *W. Ebel*, Geschichte der Gesetzgebung, S. 12 ff.
[12] *Diestelkamp*, Gesetz in vorkonstitutioneller Zeit.
[13] *R. Schulze*, Neuere vorkonstitutionelle Gesetzgebung, S. 157-287.
[14] *Wolf*, Gesetzgebung.
[15] *R. Schulze*, Neuere vorkonstitutionelle Gesetzgebung, S. 157-287.
[16] *R. Schulze*, Neuere vorkonstitutionelle Gesetzgebung, S. 161.

Normgebung berücksichtigt[17]. Bei dem Bezug auf eine übergeordnete Autorität ist der Blick nicht nur auf die zentralstaatliche Regelungstätigkeit verengt, vielmehr werden auch die praktischen Regelungstätigkeiten lokaler und regionaler Normgeber in die Untersuchung einbezogen[18].

Die Urkundsfassung wird als die regelmäßig anzutreffende Erscheinungsform des Gesetzes seit dem Mittelalter angesehen[19]; gleichwohl wird dieses Merkmal als variabel eingestuft, da man auch andere Rechtsaufzeichnungen einbeziehen will und sich nicht auf notwendig schriftliche Regelungsformen festlegen will[20].

Dies bedeutet, daß das formale Verständnis bei der Kennzeichnung des Untersuchungsgegenstandes durch eine inhaltliche Komponente, den allgemeinen Charakter der Regelung, ergänzt werden kann. In diese Betrachtung werden nicht nur Rechtsaussagen für alle oder wenigsten für eine unbestimmte Zahl von Fällen einbezogen, sondern auch gewisse Einzelfallentscheidungen, etwa die normierende Wirkung des Richterrechtes oder die planvolle Summierung von Einzelakten[21]. Eine solche materielle Ergänzung ist hier erforderlich, da so eine genauere Abgrenzung zu dem im Anschluß dargestellten Privileg möglich wird[22].

2.2.1.2.2 Privileg

Der Begriff „Privileg" wird in der heutigen Jurisprudenz nicht mehr verwendet. Eine Norm, die nur auf einen beziehungsweise bestimmte Fälle abzielt, wird als „Maßnahmegesetz" bezeichnet.

Aber noch im 19. Jahrhundert war der Terminus „Privileg" geläufig; man begriff Privileg als eine Rechtsnorm für den Einzelfall, die den Charakter einer gesetzlichen Anordnung hatte[23].

Eine solche Festlegung im 19. Jahrhundert ist verständlich, da man, wie bereits erläutert, eine präzise Vorstellung von der Bezugsgröße Gesetz hatte. Eine Übertragung dieser Definition auf vorangehende Zeiten, in denen solche bestimmte Gesetzesvorstellungen noch nicht deutlich werden, erscheint aber problematisch.

---

[17] *R. Schulze*, Vorkonstitutionelle Gesetzgebung, S. 162.
[18] *R. Schulze*, Vorkonstitutionelle Gesetzgebung, S. 164; *Bader*, Dorf, Dorfgemeinde, S. 2 ff.
[19] *Wolf*, Gesetzgebung, S. 519.
[20] *W. Ebel*, Geschichte der Gesetzgebung, S. 15 ff.
[21] *Wolf*, Gesetzgebung, S. 518; *R. Schulze*, Vorkonstitutionelle Gesetzgebung, S. 167, 168.
[22] *Wadle*, Gewohnheitsrecht und Privileg, S. 124, 125.
[23] *Zöpfl*, Privilegien und Privilegienhoheit, S. 163-172; *Hinschius*, Das Kirchenrecht, Bd. III, S. 805 ff, insbesondere S. 805, 814.

Man tut gut daran, auch hier eine teilvariable Bestimmung zu treffen. Um die Perspektive zu diesem Thema nicht vorschnell zu verengen, wird vorgeschlagen, von einem formalen Begriffsverständnis auszugehen und dieses gegebenenfalls, etwa bei der Abgrenzung zum Gesetz, durch inhaltliche Komponenten zu ergänzen.

Bei den formellen Gesichtspunkten kann man sich an die formale Beurteilung des Gesetzesbegriffes anlehnen[24]. Als Merkmale kommen in Betracht: das kompetente Organ und die richtige Verfahrensweise.

Der Gesichtspunkt „kompetentes Organ" wird weit gefaßt; es kommt jeder weltliche und geistliche Herrschaftsträger in Frage. Bei der Untersuchung der Verfahrensweise wird insbesondere auf die Urkundenform als der „Prototyp"[25] des Privilegs abgestellt. Privileg und Urkunde wurden nämlich schon seit dem Mittelalter gleichgesetzt und auch noch später gab es diesen Zusammenhang[26].

Gemäß diesen Kernmerkmalen läßt sich das Privileg im formellen Sinne als Rechtsaussage eines Herrschaftsträgers in Urkundenform begreifen[27].

Jedoch sind auch materielle Aspekte, insbesondere der Bezug auf die Rechtssetzung für den Einzelfall, zu ergänzen, um eine möglichst präzise Abgrenzung zum Gesetz zu gewährleisten[28]. Eine solche Ergänzung fällt für das 18. Jahrhundert sogar leichter[29], da zu dieser Zeit die speziellen Probleme, die mit dieser materiellen Komponente verknüpft sind, weniger zum tragen kommen als noch im Mittelalter; im Mittelalter ist nämlich nur schwerlich von einer Verfügbarkeit des Rechtes durch einen Berechtigten auszugehen, wie dies der Terminus „Rechtssetzung" impliziert; ferner war die Unterscheidung zwischen Einzel- und Allgemeinfall zweifelhaft, was das mittelalterliche Quellenmaterial beweist[30].

2.2.2 Zur Relation ungesetztes und gesetztes Recht

Die Rechtsgewohnheiten als Ausdruck des ungesetzten Rechtes beherrschten die Rechtswelt des Mittelalters; auch noch seit dem ausgehenden Mittelalter beeinflußten die Rechtsgewohnheiten das Rechtsleben.

[24] *Wadle*, Gewohnheitsrecht und Privileg, der Privileg im formellen Sinn an dem formellen Gesetz orientiert S. 124; *Lindner*, Lehre vom Privileg, S. 53 ff, 60 ff.
[25] *Wadle*, Gewohnheitsrecht und Privileg, S. 124.
[26] *Krause*, Widerruf von Privilegien, S. 119–134; *Lillig*, Rechtsetzung, S. 146, 147.
[27] *Wadle*, Gewohnheitsrecht und Privileg, S. 126.
[28] *Wadle*, Gewohnheitsrecht und Privileg, S. 123.
[29] *R. Schulze*, Neuere vorkonstitutionelle Gesetzgebung, S. 203; *Diestelkamp*, Gesetz in vorkonstitutioneller Zeit; *Mohnhaupt*, Privileg, neuzeitlich.
[30] *Wadle*, Gewohnheitsrecht und Privileg, S. 123; *Lindner*, Lehre vom Privileg, S. 32, 64.

Gerade das Fortwirken der materiellen Rechtsgewohnheit bis ins 18. Jahrhundert und das gleichzeitige Fortschreiten der Gesetzgebung, nicht nur in Bereiche, die bis dato noch nicht von Rechtsnormen erfaßt wurden, sondern auch in Bereiche, die rechtsgewohnheitlich geordnet waren, wirft die Frage des Verhältnisses von Rechtsgewohnheit und gesetztem Recht auf, insbesondere unter Berücksichtigung des Geltungsranges und der Durchsetzbarkeit des gesetzten Rechtes gegenüber der Rechtsgewohnheit.

Diese Problemkreise gelangten in letzter Zeit stärker in das Blickfeld der rechtshistorischen Forschung. Weitgehend wurde bei diesen Analysen versucht, die theoretischen Überlegungen der Juristen jener Zeit zu erfassen. Die Untersuchungen stützen sich dabei auf das klassische Arbeitsmaterial der Juristen: die wissenschaftliche Literatur und die Gesetzestexte selbst.

Im Ergebnis unterscheiden sich die Arbeiten allerdings wesentlich.

So sieht Wieacker das im Territorium erlassene statutum erfolgreich bei der Vereinheitlichung territorialen Privatrechts gegenüber der lokalen consuetudo; er zieht bei diesem Spannungsverhältnis Parallelen zu dem Verhältnis von statutum zum stärker werdendem ius commune: „gegenüber dem mannigfaltigen Herkommen im Territorium [...] ähnlich wie im weiteren Kreis das Gemeine Recht gegenüber dem territorialen Recht; ja mit strafferen Machtmitteln der Landesherrschaft, der sich weniger leicht als der schwachen Reichsgewalt Vorbehalte abhandeln liessen, setzen sie sich noch schneller und gründlicher durch“[31]. W. Ebel hingegen stellt fest, daß eine Verdrängung rechtsgewohnheitlicher Normen durch das Gesetzesrecht nur aus der Sichtweise der Juristen stattgefunden habe. Die gebotsrechtliche Ordnung habe damit einen „Überbau über das eigentliche Recht geschaffen, dem für den gemeinen Mann viel mehr Gewicht zukam als dem, was darüber im Landrecht oder Corpus Juris stand“[32]. Mohnhaupt und Weitzel, die aus begriffsgeschichtlicher Sicht das Verhältnis Rechtsgewohnheit und Gesetzesrecht untersuchen, haben aufgezeigt, daß eine weitreichende Anerkennung gesetzgeberischer Gestaltungsansprüche in der frühen Neuzeit mit der Herausbildung absolutistischer Herrschaft und merkantilistischer Wirtschaftspolitik verbunden waren[33]. Daran anschließend zieht Schulze den Schluß, daß in Deutschland noch im 17. Jahrhundert, also noch vor Eintritt dieser Bedingungen, eine wesentlich weniger starke Stellung gesetzgeberischer

[31] *Wieacker,* Privatrechtsgeschichte der Neuzeit, S. 140.

[32] *W. Ebel,* Geschichte der Gesetzgebung, S. 65.

[33] *Weitzel,* Merkantilismus, S. 38; *Mohnhaupt,* Potestas legislatoria und Gesetzesbegriff, S. 199; *Mohnhaupt,* Privileg und Kodifikation, S. 71 ff.

Gestaltung und damit des gesetzten Rechtes gegenüber dem älteren ungesetzten Recht gegeben war[34]. Die von Wiegand dargestellte breite Übersicht der forensisch-kasuistischen Literatur zeigt, daß für das materielle Recht kein Vorrang des Gesetzesrechtes festzustellen ist. In der Bindungswirkung sind „statuta und consuetudines vollkommen gleichgesetzt"; lediglich die Berücksichtigung im Verfahren sei unterschiedlich[35]. Dieser Feststellung pflichtet auch Diestelkamp bei. Nach Diestelkamp habe die Gesetzgebung mit ihrem materiellen Recht „trotz jahrzehntelanger Geltungsdauer die Rechtspraxis nie wirklich erreicht"[36]. Das eigentliche Ziel der Privatrechtsgesetze sei nicht „Rechtsvereinheitlichung unter bewußter Verdrängung bewährten Gewohnheitsrechts"[37], sondern „die privatrechtlichen Gesetze seien nur zur subsidiären Anwendung bestimmt"[38] gewesen; lediglich ergänzend, wenn das überkommene Recht nicht ausreichte, wurden die privatrechtlichen Gesetze herangezogen. Dieses Ergebnis validierte er anhand einer umfassenden Untersuchung, in der er nicht nur die Literatur analysierte, sondern auch den tatsächlichen Gebrauch der Normen miteinbezog.

Die alleinige Analyse anhand des juristischen Arbeitsmaterials erscheint in vielfacher Weise problematisch; sei es, daß die rechtswissenschaftlichen Texte in der Regel nur das rechtliche Sollen, nicht aber das tatsächliche Sein darstellen; sei es, daß sie Ausdruck einer vom Juristenstand geprägten Sichtweise sind[39]. Einer Sichtweise, die für den heutigen Betrachter nur schwierig zu erfassen ist, da die Ausgangspunkte, die die mit den deutschen Rechtsverhältnissen befaßten Rechtsliteratur an die Begriffe Gesetz und lex für die Anerkennung territorialstaatlicher Gesetzgebung geknüpft haben, noch nicht vollends geklärt sind. Das Fehlen einer hinreichenden Auseinandersetzung mit dieser begriffsgeschichtlichen Problemstellung führt auch dazu, daß es offen bleibt, inwieweit ein älteres deutsches Gesetzesverständnis ein grundsätzlich anderes Verhältnis von gesetztem und ungesetztem Recht beinhaltet[40].

Durch die von Diestelkamp in die Prüfung mit einbezogene Rechtspraxis werden neue Zugänge zur Konkretisierung des Verhältnisses eröffnet. Untersuchungen unter rechtstatsächlichen Fragestellungen, wie sie Wadle schon für das Mittelalter in Bezug auf die Rechtsgewohnheit und das Privileg treffend formuliert hat – „Wie geht die Privilegienpraxis mit der

---

[34] *R. Schulze*, Neuere vorkonstitutionelle Gesetzgebung, S. 186.
[35] *Wiegand*, Rechtsanwendungslehre, S. 2, S. 154 ff.
[36] *Diestelkamp*, Gesetz und Gewohnheitsrecht, S. 25.
[37] *Diestelkamp*, Gesetz und Gewohnheitsrecht, S. 30.
[38] *Diestelkamp*, Gesetz und Gewohnheitsrecht, S. 32.
[39] *R. Schulze*, Neuere vorkonstitutionelle Gesetzgebung, S. 189.
[40] *R. Schulze*, Neuere vorkonstitutionelle Gesetzgebung, S. 185.

Rechtsgewohnheit [. . .] um?"[41] – können einen wesentlichen Beitrag zur Klärung der Relation leisten. In diesem Sinne will auch die vorliegende Studie verstanden sein.

[41] *Wadle*, Gewohnheitsrecht und Privileg, S. 128.

Kapitel 3

Mühlenrechtsgewohnheit

3.1 Terminologie

Der Begriff „Rechtsgewohnheit" ist nicht quellenmäßig[1]. In dem gesichteten Quellenmaterial des Herzogtums Pfalz-Zweibrücken ist ein vielfältiger Wortgebrauch zu finden. Es wird deutlich, daß die Betrachtung nicht nur auf „Gewohnheit" zu begrenzen ist, sondern auch auf die Wörter „Observanz" und „Herkommen" auszudehnen ist.

Die inhaltliche Unterscheidungen zwischen den einzelnen Begriffen ist dabei nur schwer erfaßbar.

Gewohnheit wird häufig verwandt, um das Übliche, das tatsächlich Gewohnte zu umschreiben. So heißt es in einem Schreiben der Verwaltung vom 24. März 1735: „[...] dieweilen man dem Müller Wolf nach dem dermaligen Fruchtpreiß über 130 Gulden an seinem rückständigen Pfacht nachgelassen hat, er aber zu Abtragung des noch sehr starcken Rests seiner bösen Gewohnheit nach in der Güte sich nicht bequemen wird, [...]"[2]. Zum Rechtsbegriff wird dieser Terminus durch die öfters gebrauchte Paarformel Recht und Gewohnheit. In einem Oberamtsbericht, der aus Anlaß der Klagen „der Neucasteler Müller" über den Rinntaler Müller verfaßt wurde, wird ausdrücklich darauf hingewiesen, daß das auswärtige Mahlen sich nach „Rechten und Gewohnheiten"[3] beurteile. Hier sollen nicht Recht und faktischer Gebrauch separiert werden, sondern es wird das Recht mitsamt dem daraus sich ergebenden Nutzungsrecht bezeichnet[4].

Auch der in den Quellen geläufigste Begriff der Observanz wird in dieser zweifachen Hinsicht gebraucht, wobei der rechtliche Bezug überwiegt,

---

[1] *Dilcher,* Mittelalterliche Rechtsgewohnheit, S. 30.

[2] KSchA Zw. Rep. IV, Nr. 1673; LA Sp. B 2, Nr. 292/3, Nr. 2688.

[3] LA Sp. B 2, Nr. 2689; ähnlich in LA Sp. B 2, Nr. 3109.

[4] *Wadle,* Gewohnheitsrecht und Privileg, S. 131, der die mittelalterliche Terminologie untersucht.

aber zugleich weniger offensichtlich ist. So heißt es in einem Rentkammergutachten von 1745, daß bezüglich der Freimahligkeit „nach der Observanz in anderen Mühlen geschaut wurde"[5]. Hier geht es um rechtliche Positionen, nämlich das Bannrecht und wer diesem unterfällt.

Der Begriff Herkommen wird nur äußerst selten verwendet. In dem Erbbestandsbrief der Bickenaspacher Mühle heißt es: „[...] viel weniger aber die Mahlgäste mit ohnerlaubten Molter nehmen übervortheilen, sondern sich mit dem genügen, waß bey mehr besagter Mühle und im ganzen hiesigen Oberambt durchgehendes Herkommen und gebräuchlich ist, begnügen laßen [...]"[6]. Hier begegnet Herkommen zunächst in einer allgemeineren Bedeutung, als Inbegriff dessen, was in einer Gegend, einem Oberamt, üblich ist. Darüberhinaus geht es um die rechtliche Stellung des Müllers, um die Art und Weise, wie er den Mühlenbetrieb gestalten darf.

Diese Quellenbeispiele zeigen die facettenreiche Verwendung der Begriffe. Betrachtet man den Zusammenhang, in denen solche Begriffe verwendet werden, so erschließt sich hieraus deren Bedeutungsgehalt näher.

Im überwiegenden Maß wurden die Termini benutzt, um entweder von Seiten der Obrigkeit oder von Seiten der Untertanen Handlungen, Befugnisse und Rechte zu legitimieren. So schrieb die Verwaltung in Annweiler auf eine Anfrage der Rentkammer über die Durchführung und den Verbleib der verhängten Strafen: „Nach bisheriger Observantz ist die Hälfte der Frevel der gemeinen Stadtrente zugefallen [...]"[7]. An anderer Stelle wird versucht, den freie Mehlhandel zu legitimieren; der Stadtrat von Zweibrücken schreibt im Einvernehmen mit den Landmüllern: „Der freye Mehlhandel wie solcher nach der Observanz hier üblich gewesen und den man anderen Orten mit der größten Sorgfalt zu etablieren versucht [...]"[8], sei eines der vornehmsten Mittel.

Es fällt auf, daß die Begriffe immer mit einem Adjektiv versehen werden, wenn sie in Zusammenhang mit dem gesetzten Recht gebraucht werden.

So heißt es in einem Schreiben der Regierung von 1767: „Es ist zwar das Verbott, daß kein Unterhanen seine Früchte außerhalb Landes mahlen zu laßen, erlaubt seyn solle, bereits in den meisten Ober- und Unterämtern des Herzogthums theils durch eine alt hergebrachte Observantz theils aber auch in etlichen Ämtern durch besondere ausdrückliche Verordnung schon längstens eingeführt"[9]. An anderer Stelle schreibt die Rent-

[5]LA Sp. B 2, Nr. 2687.
[6]KSchA Zw. Rep. IV, Nr. 265.
[7]LA Sp. B 2, Nr. 5314.
[8]LA Sp. B 2, Nr. 2687.
[9]LA Sp. B 2, Nr. 292/4.

kammer, daß das Recht Mühlen zu errichten und zu betreiben dem Kloster Hornbach „entweder in der desfalß ertheilten Concession oder aber durch eine rechtsbeständige Observantz überlaßen worden ist"[10].

Solche wertenden Adjektive sollten möglicherweise eine Gleichrangigkeit der Rechtsgewohnheit gegenüber dem gesetzten Recht betonen. Diese wirft die Frage des Geltungsranges und der Durchsetzbarkeit der Rechtsgewohnheit gegenüber dem gesetzten Recht auf.

3.2 Geltungsrang und Durchsetzbarkeit der Mühlenrechtsgewohnheit

Vor dem Hintergrund der bereits dargestellten rechtsgeschichtlichen Forschung zum Verhältnis gesetztes und ungesetztes Recht ist die Situation in Pfalz-Zweibrücken zu beurteilen.

Zunächst ist festzuhalten, daß in dem gesichteten, umfangreichen Quellenmaterial die Rechtsgewohnheit nur an relativ wenigen Stellen erwähnt wird. Trotz dieses raren Quellenmaterials soll versucht werden, die Rechtsgewohnheit im Hinblick auf ihren Geltungsrang und ihre Durchsetzbarkeit umfassend zu untersuchen. Hierbei ist neben der Literaturanalyse nicht nur auf die Rechtstexte einzugehen, vielmehr ist auch deren tatsächliche Handhabung im Rechtsgebrauch einzubeziehen. Nur so kann der Zugang zu der Rechtswirklichkeit gewährleistet sein, den allein die Analyse der sich mit den Regelungstexten selbst beschäftigenden Literatur nicht zu leisten vermag[11].

Innerhalb der Betrachtung der rechtlichen Normen werden die Mühlenordnungen, Bestandsbriefe und einzelne Verordnungen als Beispiele für Regelungstexte herangezogen.

Durch die Mühlenordnung für Zweibrücken von 1587 wurden rechtsgewohnheitliche Regeln, die insbesondere das Wiegen und das Netzen der Frucht betrafen, abgeschafft[12]. Derartige gesetzgeberische Aktivitäten sind gerade für das 16. Jahrhundert typisch. Dabei sollten nicht nur durch Polizeigebote die Mißstände und Landesgebrechen beseitigt werden;[13] es wurde, wie Diestelkamp treffend formuliert, den Fürsten geradezu zur

[10] LA Sp. B 2, Nr. 1116/4.
[11] *R. Schulze,* Neuere vorkonstitutionelle Gesetzgebung, S. 189.
[12] LA Sp. B 2, Nr. 292/2.
[13] *Schlosser,* Rechtsetzung und Gesetzgebungsverständnis, *Schlosser,* Gesetzgebung, Rechtswirklichkeit; *Brauneder,* Gesetzgebungsgeschichte.

Aufgabe gemacht, die Rechtsgewohnheit oder das rechtsgewohnheitlich rezipierte Recht nach Bedarf aufzuheben oder abzuändern[14].

Auch durch die Bestimmungen in den Bestandsbriefen wurden rechtsgewohnheitliche Normen abgeändert. So hatte man „nach der bisherigen Observanz"[15] im Herzogtum alle herrschaftliche, geistliche, auch Zivil- und Forstbediente, desgleichen" unbegüterte „Schützen und Hirten" als freimahlige Personen angesehen. Da aber der Zweibrücker Stadt- und Schloßmüller klagte, zuviele Personen würden sich als freimahlig betrachten und nicht in seiner Mühle mahlen, wurde in dem nachfolgenden Bestandsbrief die Freimähligkeit näher konkretisiert und im Vergleich zur bisherigen Observanz eingeschränkt: Nur noch „sambtliche herrschaftliche Ministres, ingleichen die bey fürstlicher Regierung, Renthcammer, Oberforstambt, bey den Oberconsitorius, der Verwaltung und dem Oberambt stehende Räthe, Secretarii und Registratores"[16] werden als freimählig erachtet.

Es drängt sich nach der Schilderung der Beispiele der Eindruck auf, daß eine Verdrängung der Rechtsgewohnheit durch die Gesetzesrechte bewirkt worden wäre. Ein solches Ergebnis wäre mit der herrschenden, bereits dargestellten Literaturauffassung konform. Es muß jedoch berücksichtigt werden, daß die Bestandsbriefe vorwiegend rechtsgewohnheitliche Regeln, wenn auch verkürzt, so doch ohne inhaltliche Abänderung aufnehmen. Die Rechtsgewohnheit wurde durch die Darstellung in den Briefen größtenteils lediglich in eine andere Überlieferungsform umgewandelt; die Regelung galt meist wie bisher kraft Herkommen. Abänderungen der Rechtsgewohnheiten durch die Bestandsbriefe, wie dies zum Beispiel bei der Begriffsbestimmung der Freimähligkeit der Fall war, bildeten die Ausnahme. Eine solche Verdrängung wurde aber nur dort angestrebt, wo dies zur Beseitigung von Mißständen erforderlich erschien. So auch in dem Beispiel über die freimahligen Personen; der Begriff mußte entgegen der Observanz eingegrenzt werden, da nur so das wirtschaftliche Auskommen der Zweibrücker Stadt- und Schloßmühle gesichert werden konnte[17]. Inwieweit diese Aussagen auch für die Mühlenordnungen zutreffen, läßt sich aufgrund des Mangels an Quellenmaterial nicht belegen.

Bei den zahlreichen in der 2. Hälfte des 18. Jahrhunderts erlassenen einzelnen Verordnungen stellt sich hingegen ein etwas anderes Bild dar.

---

[14] *Diestelkamp*, Gesetz in vorkonstitutioneller Zeit; so der Jurist Schrader (1501–1589), vgl. *Klein*, Recht und Staat im Urteil, S. 435.

[15] LA Sp. B 2, Nr. 2687.

[16] LA Sp. B 2, Nr. 2687.

[17] LA Sp. B 2, Nr. 2687.

Hier wurden zunächst rechtsgewohnheitliche Regeln in einzelne Verordnungen eingefügt. Allmählich wurde jedoch die Rechtsgewohnheit in den neu erlassenen Verordnungen mehr und mehr abgeändert und verdrängt.

So wurde noch 1745 eine Verordnung über das Verbot des auswärtigen Mahlens erlassen, die mit der „bisherigen Observanz“[18] in den Oberämtern übereinstimmte; erlaubt war nämlich nur das auswärtige Mahlen, wenn die Früchte auswärts gekauft wurden und sich an diesem Ort auch eine Mühle befand; so konnte ein weiterer Fuhrlohn eingespart werden[19]. Schon 1758 lassen sich aber Differenzen des gesetzten Rechtes zur ungesetzten Rechtsgewohnheit erkennen. In diesem Jahr klagten die Bäcker vor dem Zweibrücker Stadtrat gegen die Verordnung, die diesen freien Mehlhandel beschränkte. „Der freye Mehlhandel wie solcher nach der Observanz hier üblich gewesen und den man anderen Orten mit der größten Sorgfalt zu etablieren versucht [...]“[20], sei eines der vornehmsten Mittel, den armen Bürgern zu helfen und das Mehl zu verbilligen.

Ihre aus dem Mittelalter tradierte, bestimmende rechtliche Funktion kam der Rechtsgewohnheit nur dort zu, wo keinerlei vergleichbare fixierte, rechtliche Regelungen vorhanden waren.

Sie erlangte diese Bedeutung zum Beispiel 1754 in dem Streit der Rentkammer mit der geistlichen Güterverwaltung über die Auslegung des Rechtes, Mühlen anzulegen. Die Rentkammer führt unter anderem aus, daß „bereits bey schon vor 200 Jahren auch bey denen alten Clostermühlen für unerlaubt gehalten worden, Mühlen nach eigenem Wohlgefallen zu verändern oder zu erweitern, nach Nothdurft des Bannes, wie fürstliche Güthervenwaltung die Freyheit zu haben vermeynet“[21] und es sei „diese generale Observantz gegründet“[22].

Die Bereiche, in denen die ungesetzte Rechtsgewohnheit die allein bestimmende Rechtsgrundlage bildete, wurden durch die vermehrte Setzung von Recht auch in Bereiche, die bisher von der Rechtsgewohnheit erfaßt wurden, minimiert. Wichtige Beispiele in diesem Zusammenhang sind zum einen die schon oben erwähnte Verordnung von 1745, die nunmehr das auswärtige Mahlen regelte, was bisher nur als ungesetzte Rechtsgewohnheit anerkannt war[23], zum anderen aber auch die Verordnung von 1767, die die „alt hergebrachte Observanz“, das Verbot

[18] LA Sp. B 2, Nr. 292/4.
[19] LA Sp. B 2, Nr. 292/4.
[20] LA Sp. B 2, Nr. 2687.
[21] LA Sp. B 2, Nr. 1116/4.
[22] LA Sp. B 2, Nr. 1116/4.
[23] LA Sp. B 2, Nr. 292/4.

des außer Landes Mahlen regelte, allerdings mit gewissen Abänderungen bezüglich der Mühlen, die das Herzogtum Pfalz-Zweibrücken nur in Gemeinschaft besitzt und bezüglich des Mahlens bei „Notdurft“[24].

Die an den gesetzten rechtlichen und ungesetzten rechtsgewohnheitlichen Normen orientierte Betrachtung ergibt, daß neben der Zunahme des gesetzten Rechtes zugleich eine ausgeprägte Anerkennung des ius consuetudinarium zu verzeichnen ist; die Bestandsbriefe sind hierfür ein anschauliches Beispiel; nur in den einzelnen Verordnungen bildet sich allmählich eine Tendenz heraus, die Rechtsgewohnheit abzuändern und auch zu verdrängen.

Bei der Untersuchung der tatsächlichen Handhabung dieser Normen soll zunächst der gerichtliche Bereich überprüft werden. In den Gerichtsverfahren wird auf die Rechtsgewohnheit nur sehr selten zurückgegriffen. Der Grund hierfür liegt aber nicht in der prinzipiellen Vorrangigkeit des gesetzten Rechtes, sondern in der Beweissituation. Aus der Kennzeichnung als factum wurde die Beweisbedürftigkeit der Rechtsgewohnheit hergeleitet[25]. Die Rechtsgewohnheit wurde infolgedessen im gerichtlichen Verfahren anders berücksichtigt als das gesetzte Recht.

Ein Beispiel für die schwierigere Beweislage bei der Rechtsgewohnheit ist das Gerichtsverfahren der Gemeinde Brenschelbach gegen den Hornbacher Klostermüller Balthasar Cronen[26]. Die Brenschelbacher Gemeinde versucht, ihre Mahlfreiheit mit der Rechtsgewohnheit zu begründen, wobei sie aber den Beweis schuldig bleibt. Das Oberamt stellt deshalb am 29. Januar 1750 fest, daß die Gemeinde Brenschelbach „die Nicht-Bannalität“ nicht beweisen kann. Der Klage des Müllers wurde in diesem Bannalitätsprozeß entsprochen. Auch im nachfolgendem Appellationsverfahren wird die Klage der Gemeinde aufgrund der Beweissituation abgewiesen[27]. Die Handhabung im gerichtlichen Bereich steht demnach nicht im Widerspruch zu dem obigen Ergebnis.

Betrachtet man den Rechtsgebrauch über den gerichtlichen Bereich hinaus, so fällt auf, daß die Bevölkerung ihr Verhalten, insbesondere wenn entgegenstehende gesetzte Regeln vorhanden waren, auf die Rechtsgewohnheit abstützte.

So wehrten sich die Hornbacher Bürger gegen den Oberamtsbefehl von 1755, der die Bannung der Hornbacher Gemeinde zur Kloster- und

[24] LA Sp. B 2, Nr. 2689; LA Sp. B 2, Nr. 292/4.

[25] *Trusen*, Römisches und partikulares Recht, S. 154 ff; *Danz*, Deutsches Privatrecht, Bd. 1, § 56 S. 193 ff.

[26] LA Sp. B 2, Nr. 1116/2.

[27] LA Sp. B 2, Nr. 1116/2.

Goffingsmühle vorsah, „hingegen sie aber die Freyheit gehabt bei diesem und jenem mahlen zu dörfen"[28]; sie baten den Herzog, „den oberamtlichen Befehl (zu) cassieren und bey der bisherigen Observantz (zu) belassen"[29]. Auch der Wendel Müller, der Temporalbeständer der Mühle von Mimbach, beruft sich 1730 auf die „hergebrachte Observanz [...], daß ein zeitlicher Müller von denen Frohnden allzeit frey gelassen"[30] wird, als er von der Rentkammer dazu angehalten wird, entsprechend der Frohndordnung von 1703[31], Frohnden zu prästiren. Hieraus läßt sich aber nicht herleiten, wie dies Diestelkamp formuliert, daß das gesetzte materielle Recht „trotz jahrzehntelanger Geltungsdauer die Rechtspraxis nicht wirklich erreicht hat"[32]. Denn genauso wie die Bevölkerung sich nicht mehr in den Bann und die Beschränkungen des Mehl- und Fruchthandels fügen wollte und damit auch das diesbezüglich gesetzte Recht nicht annahm, so lehnte sie auch Einengungen durch die rechtsgewohnheitlichen Normen ab. So wird aus den Berichten der einzelnen Oberämter über die Observanz in Anbetracht des auswärtigen Mahlens deutlich, daß die Bevölkerung, insbesondere die Bäcker, diese rechtsgewohnheitliche Norm „allzuweit in fraudem der Bannmühlen extendieren"[33]. Entgegen der Rechtsgewohnheit würden die auswärts erkauften Früchte überall und nicht nur am erkauften Ort ausgemahlen werden. Auch in der Berichterstattung der Ämter bezüglich der Observanz mit den freimahligen Personen wird über die Aushöhlung diesbezüglicher rechtsgewohnheitlicher Regeln geklagt. So war rechtsgewohnheitlich anerkannt, daß herrschaftliche, geistliche, zivile und Forstbedienstete freimahlige Personen waren; nun aber wollte jeder, „welcher nur den Nahmen eines Bedienten vor sich hat, unter die Zahl der gefreyten will begriffen seyn"[34].

Festgestellt werden kann damit im Hinblick auf den Durchsetzungsgrad, daß sowohl die ungesetzte Rechtsgewohnheit als auch das gesetzte Recht die Bevölkerung nur noch sehr unvollständig erreichten. Die Berufung auf die Rechtsgewohnheit war dabei mehr Mittel zum Zweck, die gesetzten rechtlichen Einschränkungen nicht einzuhalten; die Durchsetzung der Rechtsgewohnheit im Rechtsgebrauch kann daraus aber nicht hergeleitet werden.

Das Verhältnis Rechtsgewohnheit zu dem gesetzten Recht ist auch bei der Untersuchung der tatsächlichen Handhabung dieser Normen von einer Gleichrangigkeit geprägt[35].

[28] LA Sp. B 2, Nr. 1116/4.
[29] LA Sp. B 2, Nr. 1116/4.
[30] LA Sp. B 2, Nr. 3109.
[31] LA Sp. B 2, Nr. 3109.
[32] *Diestelkamp*, Gesetz und Gewohnheitsrecht, S. 25.
[33] LA Sp. B 2, Nr. 292/4.
[34] LA Sp. B 2, Nr. 2687.
[35] Zu diesem Ergebnis gelangt auch Danz, *Danz*, Deutsches Privatrecht, Bd. 1, § 58 S. 212, 213.

Deutlich wird dies zum Beispiel in dem Streit der Rentkammer mit der geistlichen Güterverwaltung um die Auslegung des Rechtes, Mühlen anzulegen. Die Rentkammer verneint das Recht der Verwaltung, die Hornbacher Klostermühle nach ihrem Belieben zu ändern. Sie könne nichts weiter als das verlangen, was ihr „entweder in der desfalß ertheilten Concession oder aber durch eine rechtsbeständige Observanz überlaßen worden ist"[36]; auf solche rechtliche Positionen könne sie sich aber nicht berufen. Ein weiteres Beispiel für die Gleichrangigkeit von Rechtsgewohnheit und gesetztem Recht sind die Ausführungen der Regierung über die Einbindung des rechtsgewohnheitlich anerkannten Verbotes, nicht außer Landes zu mahlen, in eine gleichförmige Verordnung: „Diese Observanz soll zur mehr Deutlichkeit und damit sich ein jeder besser vor Strafe hüten kann, per legem expressam gerneraliter in den ganzen herrschaftlichen Gebieten zu bestätigen und einzuführen sein"[37]. Diese Formulierung spricht dafür, daß sich nur ein Wandel in der Überlieferungsform vollzogen hat; die Gültigkeit der Norm kraft Herkommen wird nicht negiert; die Rechtsgewohnheit soll allein wegen der größeren Rechtssicherheit in Gesetzesform gefaßt und so bestätigt werden. Eine solche Handhabung war für die damalige Zeit auch nicht untypisch; so wird diese Einschätzung gestützt auf eine Aussage der Rentkammer zu der Frohndfreiheit der Erbbestandsmüller; sie führt aus, daß sie sich keiner „Negligence" zu schulden kommen gelassen haben, sondern sich „der Verordnung gemäß und hergebrachten, auch mehrentheils in den alten Erbbeständen exprimierten Observanz gerichtet"[38] hätten. Die Rechtsgewohnheit wird also durch das gesetzte Recht dargestellt und dient ebenso wie das materielle gesetzte Recht als Rechtsgrundlage.

Im wesentlichen kann man also für den Bereich des Mühlenrechtes von einem Nebeneinander von legislatorischem Gestaltungsstreben und traditionalistischen, von der Rechtsentwicklung beeinflußten Anschauungen sprechen[39]; lediglich in den einzelnen Verordnungen zeichnet sich allmählich eine Tendenz ab, die Rechtsgewohnheit abzuändern und auch zu verdrängen. Insofern gilt die These von Diestelkamp – das eigentliche Ziel der Privatrechtsgesetze sei nicht „Rechtsvereinheitlichung unter bewußter Verdrängung bewährten Gewohnheitsrechts"[40], sondern „die privatrechtlichen Gesetze seien nur zur subsidiären An-

---

[36] LA Sp. B 2, Nr. 1116/4.
[37] LA Sp. B 2, Nr. 292/4, 2689.
[38] LA Sp. B 2, Nr. 3109.
[39] Dazu auch *R. Schulze*, Neuere vorkonstitutionelle Gesetzgebung, S. 193.
[40] *Diestelkamp*, Gesetz und Gewohnheitsrecht, S. 30.

wendung bestimmt"[41] gewesen – im Mühlenrecht des Herzogtums Pfalz-Zweibrücken nur in modifizierter Weise.

[41] *Diestelkamp*, Gesetz und Gewohnheitsrecht, S. 32.

Kapitel 4

Mühlenordnungen

4.1 Arten von Mühlenordnungen und verwandter Ordnungen

Die Mühlenordnungen, Waagordnungen und Müllerzunftordnungen bezogen sich direkt und überwiegend auf das Mühlwesen, sodaß man sie als Arten von mühlenrechtlichen Ordnungen qualifizieren kann; die Bachordnungen, die die Instandsetzung und Reinigung der Bäche reglementierten, sind nicht hierzu zu rechnen, da sie zu dem Wasserrecht gehören, das sich vom Mühlenrecht verselbständigt hat[1].

Die Mühlordnungen regelten das Verhältnis von Müller und Mahlkunden[2]. Diese enthielten meist in erster Linie Bestimmungen über den Mühlen- und Wasserbau; insbesondere wurde das Verfahren zur Feststellung des sogenannten „Stauziels" geregelt; zur Kontrolle des „Stauziels" wurde die Setzung des Eichpfahls bestimmt; auch die Unterhaltung des Mühlgrabens wurde geregelt. Weiterhin enthielten die Ordnungen meist die Vorschriften über die Mühlenaufsicht durch jährliche Visitationen, die Beamte oder Sachverständige ausführten. Ebenfalls finden sich in den Ordnungen regelmäßig technische und gesundheitspolizeiliche Vorschriften, sowie Regelungen, die eine Übervorteilung der Mahlkunden durch den Müller verhindern sollten; insbesondere ist hier die Festsetzung der Höhe des Mahllohnes und die Bestimmung des Normalverhältnisses zwischen der Frucht und dem Mehl zu nennen[3].

Die Mehlwaagordnungen waren oft zusammen mit den Mühlordnungen abgefaßt[4]. Sie bestimmten die Pflicht der Müller oder Kunden, die Frucht und das Mehl wiegen zu lassen; ferner wurde genau festgelegt,

---

[1] *Weiske et al.*, Rechtslexikon, S. 237.

[2] *Maurenbrecher*, Lehrbuch Privatrecht, S. 637; *Weber*, Mühlen und Müllerhandwerk, S. 120.

[3] *Werkmüller*, Mühle, Mühlenrecht, Sp. 718.

[4] Eines der wenigen Beispiele für eine isolierte Mehlwaagordnung ist die Coburger Mehlwaagordnung in *Schilling*, Handbuch Mühlenrecht, S. 99–102.

auf welche Art und Weise gewogen werden sollten; zur besseren Veranschaulichung wurden auch Tabellen ausgestellt, die zeigten, was ein jeder Mahlgast vom Getreide, das unmittelbar vor dem Mahlen zu wiegen ist, nach Abzug des Mahllohns, an Mehl und Kleie wieder erhalten muß. Meist war zur Verrichtung dieser Dienste ein öffentlicher Bediensteter, der Mehlwieger oder auch Wagemeister[5] genannt, bestellt;

Im Zunftwesen in der Pfalz zeigten sich, wie dies schon Weber[6] formulierte, neben den fachhandwerklichen auch rechtliche, politische, soziale, familiäre, sogar religiös-kirchliche Aspekte. Die Zunftordnungen, auch die Müllerzunftordnungen, spiegelten diese Breite in ihren Regelungen wieder. Im allgemeinen wiesen die Ordnungen ähnliche inhaltliche Regelung auf. So wurde meist die Organistion der Zunft, der Zunftzwang, die Zucht und Ehrerbietung bei Zusammenkünften geregelt; daneben sind auch Verbote im Hinblick auf das Abspannen von Kunden zu finden. Besonderes Augenmerk wurde auf die Ausbildung gerichtet; insbesondere erwähnt wurden die Meisterprüfung, die Bestimmung über ungelernte Meister, das Aufdingen von Lehrlingen, die Regelung betreffend den Mühlknecht. Auch die Bestrafung der Zunftmitglieder war ein wichtiger Regelungspunkt. Teilweise wurde sogar der Mahllohn festgesetzt, Hinweise gegeben, daß der Mühlenbau nur mit einem ausdrücklichen „Consens" erlaubt sei und daß das Mahlen außer Landes verboten sei[7]. Diese Aufzählung ist nicht abschließend, sondern soll nur eine Vorstellung über die umfassenden und vielschichtigen Zunftordnungen vermitteln[8].

Diese mühlenrechtliche Ordnungen lassen sich nach ihrem Geltungsbereich näher differenzieren. Man unterscheidet zwischen allgemeinen Ordnungen und Einzelordnungen. Die Einzelordnungen bezogen sich jeweils nur auf eine Mühle beziehungsweise ein Dorf oder eine Stadt; die allgemeinen Ordnungen blieben hingegen nicht hierauf beschränkt, sondern betrafen ein ganzes Gebiet.

4.2 Die wichtigsten Ordnungen im Herzogtum

Die Suche nach der Mühlenordnung beziehungsweise nach Mühlenordnungen des 18. Jahrhunderts gestaltet sich schwierig. Obwohl eine solche

[5] *Schilling*, Handbuch Mühlenrecht, S. 117, 118.

[6] *Weber*, Mühlen und Müllerhandwerk, S. 131.

[7] StaA A I 62; *Weber*, Mühlen und Müllerhandwerk, S. 135, 136.

[8] *Schichtel*, Das Recht des zünftigen Handwerks, Schichtel zeichnet in seiner Arbeit ein detailliertes Bild der Zunftordnungen anhand einer Vielzahl von Beispielen; im besonderen sei deshalb hierauf verwiesen.

Ordnung vom heutigen Betrachter her gesehen als Essentiale, wenn nicht als Grundpfeiler des Mühlenrechtes aufgefaßt werden muß, gibt das umfangreiche Quellenmateriel keinerlei Hinweise auf eine beziehungsweise mehrere geltende Ordnungen, die im 18. Jahrhundert oder kurz zuvor erlassen wurden.

Gleichwohl muß von einer geltenden[9] Mühlenordnung ausgegangen werden; dies kann mehrfach belegt werden. In einigen Aktenstücken wird auf eine neu zu errichtende Mühlenordnung hingewiesen. So ist in den Bestandsbriefen der Zweibrücker Stadt- und Schloßmühle schon ab den 60er Jahren folgender Zusatz zu lesen: daß der Müller sich „sonsten aber sich nach der neu zu errichteten Mühlenordnung, welche ihme Beständer zu seiner Verhaltung, soll communiciert werden"[10], zu richten habe. Schon diese Formulierungen machen deutlich, daß eine (beziehungsweise mehrere) alte, noch geltende Mühlenordnung(en) vorhanden gewesen sein muß müssen. Aber auch aus anderen Quellentexten geht dies hervor. So hat die auf Befehl der Rentkammer eingeleitete Untersuchung von 1767, ob schon zu Herzog Johannes Zeiten der 12. Teil als Molter eingeführt gewesen sei, folgendes ergeben: „Nach der Mühlenordnung von Johannes für die Zweibrücker Mühle vom 10. May 1596 soll der 12. Teil erhoben werden"[11]. Auch das Gesuch des Stadtmüllers Hauther von Zweibrücken vom 2. März 1790 zeigt auf eine Mühlenordnung hin. Er beschwert sich, daß er gemäß Artikel 1 seines Bestandsbriefes zuviel an Mehl herausgeben müsse, da das Malter Korn in Wirklichkeit weniger wiege als dies im Durchschnitt von diesem Artikel vorausgesetzt würde. Deshalb führt er an: „Die Mühlenordnung weist die Müller an auf das Gewicht zu mahlen und ein jeder Mahlgast kann nicht mehr, sondern als das Gewicht seiner Frucht nach Abzug des Molters Kleyen und Flug beträgt. Dieser Ordnung will ich mich beym Commissmahlen auch unterwerfen, mithin nach dem Gewicht mahlen, [...]"[12]. Insoweit ist also anzunehmen, daß eine (beziehungsweise mehrere) geltende Ordnung(en) existiert hat (haben).

Nachfolgend soll versucht werden, die für das 18. Jahrhundert geltende Ordnung herauszuarbeiten. Aufgrund der einzigen direkten Bezügen in einigen Quellenstücken des 18. Jahrhunderts ist zunächst die Mühlenordnung von 1596 darzustellen und näher zu erläutern.

[9]Geltend im Sinne der zuletzt erlassenen Ordnung, also einer noch nicht durch eine neuere Mühlenordnung abgelösten oder durch Verordnungen wesentlich veränderten Ordnung.

[10]LA Sp. B 2, Nr. 5323, 5324.

[11]LA Sp. B 2, Nr. 5314.

[12]LA Sp. B 2, Nr. 5325.

4.2.1 Die Mühlenordnung von 1596

4.2.1.1 Inhalt

Die Mühlenordnung[13] von Zweibrücken wurde am 10. Mai 1596 erlassen[14]. Sie enthielt folgenden Wortlaut:

> „Neue Müel und Wagordnung zu Zweibrücken
>
> Unser Johannsen Gottesgnaden Pfalzgraven bei Rhein, Herzog in Baiern, Graven zu Veldenz und Sponheim, Mühlen und Wagordnung wie es in den Müelen und Wag allhier zu Zweibrücken bis ferner unsere Verordnung gehalten werden soll.

1. Erstlich ist Johannes Moch als ein Schreiber und Befehlhaber zu den Müelen geworden und bestellt.
2. Derselbige soll mit allem Fleiß von Tag zu Tag uffschrieben wer etwas in die Müel zu mahlen gebracht, wie der oder die mit Tauf oder Zunahm heißen und wo sie daheim.
3. Item was es für Frucht gewesen.
4. Item wie solche Lieferung nacheinander geschehen und darinnen kein Gunst Vortheil oder Betrug gebrauchen.
5. Item wie ein jeder sein Frucht zu mahlen begert habe.
6. Volgendes soll der Wieger in seinem Beisein und die so die Frucht bringet dieselbige erstlich, mit dem geeichten Fruchtmaß messen, doch soll solche Frucht durch denjenigen der sie bringet und mahlen lassen will, immer fleißig gesäubert und gesteubet sein, sonsten sollen sie in der Wag oder Müelen zu mahlen nit angenommen werden. Wan auch nit ganze oder vollkommen halbe Faß geliefert werden. Die soll der Mühlschreiber nit uffschrieben oder annemmen, sondern dem, so die Früchten bringe, wieder zustellen und im Messen kein Nachtheil gebrauchen lassen.
7. Dennoch so die Frucht gemessen, sollen sie zugleich wieviel daran gewesen uffschreiben.
8. Volgendes soll alsbald das Molter nemlich von einem jedem Malter zwen Sester und von einem jedem Faß ein Vierling pro rato daraus genommen. Solches fleißig gemessen, uffgeschrieben, auch die übrige Frucht, so nach Abzug des

[13] Lediglich das Konzept der Ordnung ist erhalten geblieben.

[14] LA Sp. B 2, Nr. 292/2; vgl. dazu auch Dokumentenanhang A.3

Molters in die Müel gethan würdt und sambt dem Kleien Sack so bei der Frucht bleiben und nicht erst hernach, wann man die Frucht abholen will, darzu gethan werden, mit Fleis gewogen und uffgeschrieben, auch einen jeden so die Frucht gemahlen, sein Gewicht auf Meel und Kleien wieder geliefert, doch anstatt des Abgangs und Staubmels so in der Müelen bleiben und versiebet, uff ein jedes Faß ein Pfund und uff ein ganzes Molter 8 Pfund an dem Gewicht, was die Frucht in die Müel gewogen, abgezogen und in dem kein Betrug gebraucht worden. Und damit folgende Ordnung gehalten werden.

9. Sobald die Schell an dem Casten klingt, soll der Müller einen jeden, dessen Frucht er uff geschüttet aus dem Meel und Beutel Casten sein Meel und Kleien ausfaßen. Dasselbig mit dem geeichten Maß messen und in Sack im Beisein des obgemelten Schreibers lieffern, der es alsbald soll aufzeichnen, wieviel es gewesen, volgends soll es gewogen und die Zaal am Meel oder Kleien sambt oder sonder gleicher Gestalt uffgezeichnet werden.

10. Es soll auch bemelter Schreiber ein ordentliche Rechnung über alle Frucht und die sowohl zur Hofhaltung, als auch vor die Räthe, Diener, Bürger undt Unterthanen oder Frembde gemahlen, so in und aus der Müel gethan und abgemahlen würt, desgleichen was wochentlich zu Molter und Staubmehl fehlt, uff die Form wie ihme dieselbig hiebey zugestellt würdt, halten und jede Wochen zur Rechencammer liefern.

11. Das Molter nemlich von jedem Malter zwen Sester, soll alsbald wie gemeldt in den Casten gethan und dar also niemand hierin greiffen, sondern allein die Frucht hierin fallen könne, zugerichtet und die Schlüssel zur Rechencammer geliefert und alle Sambstag abends im Beisein Landschreibers und Kellers eröffnet, was darinnen gefunden, gemessen, uff den Speicher getragen und dem Keller ein underschriebener Zettel, wieviel es gewesen zugestellt worden, den bei seiner Rechnung haben beizulegen. Und soll des Molters niemanden weder Räthe, Ambtsleuthe, Diener, oder wer der seie durchaus nit gefreyet sein, sondern derselbe vom meniglichem und auch von der Frucht, die zur Hofhaltung gemahlen wurdt, eingebracht werden undt verrechnet werden.

12. Und damit umb soviel besser Ordnung in die Wag und Uffschreiben gehalten werden möge, so soll der Schreiber Sommerzeiten in der Wochen morgens von 6 Uhr an biß umb 10 dann nachmittag von ein Uhr biß umb 5 und dann Winterszeiten morgens von 7 biß 10 Uhren, dann nachmittags von ein biß vier Uhren stettiges, ausgenommen am Sonntag ganzen und halben Feiertag bey der Wag und Müelen sein und die Frucht empfangen und uffschreiben, jedoch soll hierin auch dieser Unterschied gehalten werden, weil unser Underthanen auf den Dörfern so zu diesem unseren Stattmühlen gebannet, in der Heu und Fruchterndt die ordinairen Stunden wowegen der Feldarbeit nicht halten können, und etwa zu früh oder zu spät vor die Wag kommen, so soll umb unser Unterthanen desto mehrer Beförderung willen und damit sie werend der Erntezeit an der Feldarbeit nicht verhindern werden möchten, unser Mühlschreiber von dem ersten Juny bis letzten August anzurechnen frü umb 5 Uhr biß umb zehn, dann nachmittag von 12 Uhr biß uff den Abend umb 7 Uhren, stettiges in der Wagen und bei der Mülen bleiben und soll hierin die Sontäge ganze und halbe Feiertäg auch begriffen seyn, doch der gehalt, das an den Sontagen vor der Morgenpredigt die Wag net geöffnet, aber nach der Mittagpredigt sol so wol an Sontägen als auch an ganzen und halben Feiertagen, die Wag umb ein Uhren oder wann die Mittagpredigt geendet, geöffnet und gegen abend umb 7 Uhren zugeschloßen werden.
13. Zu jeder Gattung Frucht, die inn die Müel geliefert würdt, soll ein besonderer Moltercasten verordnet und jede inn iren verordneten Casten besonders geschüttet werden.
14. Es soll einen jedem freistehen sein Frucht gebeutelt oder ungebeutelt mahlen zu lassen, sondern wie es ein jeder haben will, also soll es der Müller zu mahlen schuldig sein, welche aber seine Frucht gebeutelt und die Kleien besonders haben will, demselben soll uff ein jedes Faß Meel ein Sester Kleien gegeben werden. Doch daß es sauber Kleien undt nit Sand oder anderer Unrathen darund seie. Da aber einer oder mehr ein ganz Molter Frucht uff einmal mahlen laßen will, dem oder denselbigen soll uff solch ganz Molter Frucht 8 Sester Kleien gegeben werden.
15. Es soll auch jedem erlaubt sein, selbst dabei zu sein und mitzusehen, wann sein Frucht gemahlen würdt oder mag

einer jemand anderen an seine statt solches zu thun befehlen, und soll der Müller schuldig sein, jedem seine Frucht, so ers begeren würdt und wie gemelt selbsten dabey sein will, inn Sonderheit auffschütten, wann aber einer nur ein Faß Frucht zu mahlen brächte, so soll er noch drei ander abgesonderte Faß Frucht, doch das es gleichmeßige und nit gemengte Frucht seie, darunderschütten und also ein halbes Malter zusammen und darüber nicht, zusammen mahlen und als dann denjenigen so ein oder zwei Faß bracht, das Seinig davon lieffern doch das sich meniglich in dem Meel oder Kleienkasten außerhalb obgemelter Verordnung zu greiffen und etwas daraus zu nemmen enthalte.

16. Da die Becker ihre Frucht bei der Nacht selbsten abmahlen wollen, sollen ihnen solches gestattet werden. Doch dergestalt das sie die Frucht bei Tag hierin thun, uffschreyben moltern und wiegen, auch also wiederumb bei Tag heraus wiegen lassen und solches bei Straff.

17. Es soll auch niemand eines anderen Sack auf zu thun oder das geringste daraus zunemmen understehen, bei Vermeidung ernstlicher Straff.

18. Von wem der Müller Säck mit Frucht empfangen, denen soll er was die Frucht abgeben an Mehl und Kleien, nach Abzug des Molters wie obgemelt zu lieffern schuldig sein, bei Vermeidung ernstlicher Straff.

19. Das Molter soll wie vorsteht, an Frucht und nicht an Mehl oder anderen genommen werden.

20. Die Schellen wie die nunmehr in der Müel angerichtet, sollen also beständig bleiben und in keinen Abgang kommen und das die Müller diesfalls und sonsten treu sein mit Ernst angehalten werden.

21. Die Müller sollen die Müel fleißig handhaben, die Stein zu rechten Zeit hauen und wann sie nicht alsbald die Frucht zum mahlen ausschütten, sondern zuvor ein Sester zwen oder drey Kleien und Sprewer aufeinander schütten und herab mahlen damit die gehauene Stein von dem Gries und Sand gesäubert und nach denselben erst die Frucht zu mahlen aufgedragen werden. Es sollen auch solche abgemahlene Kleyen und Sprewer, als welche voller Sand sind, nicht zu andern guten Kleien gethan, noch den Mahlgesten zu dem Mehl dargemeßen, sondern an ein besonder Ort

geschüttet werden, wie dann der Müller diesen Stein hauen und was dergleichen Arbeit mehr ist mit Fleiß verrichten solle.

22. Es soll sich auch der Müller mit einem Vorraten an Kemen, Spindeln, Schaufeln, Kloben und anderen, so in der Müel gehöre jeder Zeit gefaßt halten und solches zeitlich durch unseren Landschreiber bestellt werden.

23. Der Müller, Wieger und andere so zur Müel und Wag verordnet sollen sich an ihren genannten Lohn begnügen lassen, keinen er sei reich oder arm, nichts entwenden, sich auf Verkauffens Frucht oder Mehl, bei Vermeidung ernstlicher Straff enthalten und solches in keinen Weg wie der erdacht werden möcht vornemmen.

24. Der Müller und die Seinigen sollen sich in unseren Mülen als ein gefreyten Ort, bei ungnediger Straff Fluchens, Schreiens und sonsten in gemein aller Gotts lestrige Schelt und Schmehwort auch aller Thathandlungen gegen den Mahlgesten und anderen wie auch undt sich selber genzlichen äußern und enthalten trügen, sondern einen jeden das Seinig in der Güthe wie obgemelt lieffern, hingegen auch niemands sie zu übergeben und zu schelten gestatten, sondern in der Müel die Müelfreiheit erhalten werden solle; sie sollen sich auch Spielens, Fischens, Angelns, Zechens und anderer Leichtfertigkeit, dadurch das Mahlwerk versäumt würde, enthalten.

25. Die Müller sollen niemands Frembdes in die Müel, der darinnen nicht gehört, noch zu mahlen hatt, raizen, noch darin zu gehen gestatten.

26. Da auch einer von frembden Müllern oder anderen frembden Leuthen, Nachtläger begerte darin zu haben, soll solcher ab und ins Wirtshaus gewiesen werden.

27. Der Müller soll wie vorgemelt die Frucht durcheinander zu schütten sich enthalten, sondern einem jedem das Seinig besonders uff die Maß und Condition wie bei den 15 Puncten vermeld mahlen. Er soll auch fürter hin alle Zargen dermassen richten und stellen, das dieselben und auch der Ring darauf die Zarg stehe nit weiters dann ein Zoll oder Zwerchfinger von dem Leuffer stehen, damit der geferlich Nachtheil und Schaden so zu Zeiten aus solcher fahrlessiger Stellung erfolgen möcht, abgestellt und fürkommen

werden, da er darwieder thut und ruchbar befunden wäre, soll er nach unser Erkandtnus gestrafft werden.

28. Es soll sich meniglich den Müller Frucht abzukauffen oder bei den Seinigen sich solches understehen zu thun bei unnachlessiger Straff enthalten.
29. Item in wieviel Stunden jede Frucht gemahlen wäre, soll zur Prob und in abgemelte Verzeichnis aus was Ursach einer oder mehr Gäng ledig gestanden mit Fleiß durch den Mühlschreiber notiert werden.
30. Alle Untreu mit Bringung böser oder gefälschter Frucht in die Müel zu thun, soll hiermit verbotten seyn und vermitten werden. Wie auch ein jeder sein Getraid es sei gemischt oder ungemengt auch wenig oder viel, mit Fleiß wie sich gebühre und hieoben bei den 6 Puncten auch Anregung hievon geschehn, selbsten rheden, fegen und säubern soll.
31. Keine Frucht soll in die Müel gethan oder gemahlen werden, sie sei dann, wie obgemelt zuvor gemessen und gewogen und das gebührliche Molter davon genommen.
32. Und weil man Habern, Dinckel, Speltzen und dergleich leichte Frucht, niemals gewogen hat, soll es auch nochmals als damit gehalten doch nicht zuwenig den Molter davon wie von ander Frucht aber obstehet genommen werden.
33. Biß uff weitere Verordnung und Erlaubnis soll kein genetzte Frucht angenommen oder von dem Müller genetzt gemahlen werden.
34. Da einer seine Frucht selbsten mahlen wollte, soll es mit Vorwissen des obgemelten geschehen, doch einen Weh wie den andern obgemelte Verordnung damit gehalten und solches in Sonderheit uffgeschrieben werden.
35. Nach Befindung der Nottdurft sollen jederzeit taugliche Beutel in die Müel geordnet, mangelhafftige gebessert und die nichts wertige abgeschafft werden.
36. Dennoch auch wir ein Mahlmüel mit dreien Gängen in unsern Schloß allhier anrichten laßen, so wohl den Mahlgesten zugelassen sein, wann in zu Zeiten die Frucht zu unserer Stattmüel überfüret und die Mahlgeste mit dem Mahlen nit befördert werden können, solche ihre Frucht in berührte unser Schloßmüelen zu tragen und dieselbige darinnen mahlen zu lassen. Doch soll solche Frucht von

> unserm Schloßmüller nicht angenommen werden, es bringe ihme dann ein jeder zuvorderst ein Zeichen von unsern Mühlschreiber, das solche Frucht gemoltert seie.

> Und hieruff so gebietten und befehlen undern Hofmeister, Räthen, Ambtsleuten und Mühlschreiber gnedig undt ernstlich ob dieser unser Ordnung mit allem Ernst und Fleis zu halten solche zuhand haben und da etwas gagegen gehandelt wäre, das selbige der Gebühr abzuschaffen und mit Ernst zu straffen.

> Das wollen wir uns zu geschehen veranlassen mit verkund unseres hiefür gedruckten Rechencammer

> Zweibrücken 10. May 1596

> 33. Punkt keine genetzte Frucht zu mahlen.
>
> 16. Punkt die Becker sollen bey Tag die Frucht in die Mühl tragen, zuvor aber moltern und wiegen lassen und nit bey Nacht.
>
> Am 6. und 30. Punct soll die Frucht sauber geredt, gesteubt, gefegt und gesäubert sein oder nit aufgenommen werden".

4.2.1.2 Regelungsgegenstände

Diese Ordnung hatte nicht nur die Beziehung vom Müller zum Kunden zum Gegenstand; sie regelte darüberhinaus ausführlich die Arbeit des Mühlschreibers. Er war der „Befehlshaber" über die Mühle. Dem Müller war lediglich die ordnungsgemäße Verarbeitung des Getreides aufgetragen. Ob eine solche Struktur auch bei Mühlen vorlag, die nicht, wie die Zweibrücker Stadtmühle, in Temporalbestand, sondern in Erbbestand vergeben wurden, kann aufgrund fehlender anderer Ordnungen nicht ausgeführt werden. Eine besondere Aufgabe des Mühlschreibers war es, die gesamten Vorgänge in der Mühle genau aufzuzeichnen. So hatte man ein Beweisstück bei möglichen Klagen in der Hand.

Gerade die Vermeidung von Klagen war Ziel der genauen, in 36 Punkten gegliederten Beschreibung des Mahlvorganges. Herausragend wichtig dabei waren zum einen die Bestimmungen über das Wiegen. Hier war es besonders einfach, jemanden zu benachteiligen, beziehungsweise sich einen Vorteil zuzuschreiben; sei es, daß das Wiegen ganz unterlassen wurde oder daß der Müller oder aber der Mahlgast allein das Getreide auswog. Naturgemäß wurden in diesem Bereich auch die häufigsten Klagen geführt. Dem versuchte aber die Ordnung gezielt vorzubeugen. Das

Getreide mußte gewogen werden; dies durfte nur durch den Wieger im Beisein des Gastes geschehen; auch das Mehl wurde nochmals gewogen. So wurde eine größtmögliche Kontrolle erzielt.

Ein anderer wichtiger Punkt war die genaue Festsetzung des Mahllohns; so führte schon Schilling[15] aus: „Es (der Mahllohn) ist eines der wichtigsten Gegenstände beim Mühlenwesen, wobei nicht selten die größten Mißbräuche und Unredlichkeiten statt finden". Dadurch, daß der festgesetzte Molter genau abgewogen und zudem in dem verschlossenen Kasten aufbewahrt wurde, der nur im Beisein des Kellers und Landschreibers geöffnet wurde, versuchte man, sämtliche Schwachstellen, die bei der Entlohnung des Müllers zu Betrügereien führen konnten, auszumerzen.

Unterstützt werden diese Hauptvorschriften durch eine Reihe von weiteren Regelungen, die ebenfalls darauf abzielen, daß weder der Müller noch der Mahlgast die Qualität und die Quantität der Frucht oder des Mehls beeinflussen. Zu nennen ist hier insbesondere das Gebot an die Mahlgäste, die Frucht umfassend zu säubern und nicht zu netzen; der Müller mußte seine Schleifsteine in gehörigem Stand halten und mußte genau das Mehl abgeben, was die gelieferte Frucht beim Vermahlen ergab.

Daneben gab es auch einige „reine" Ordnungsvorschriften, die nicht, jedenfalls nicht primär auf die Vorbeugung von Betrügereien abzielten, sondern nur den Ablauf in der Mühle bestimmten. Dies sind die Vorschriften über die Öffnungszeiten, aber auch die Regelung über die Erhaltung der Mühlenfreiheit. Die Mühlen genossen von der Reichs- und Landesherrschaft besonderen Schutz und konnten, wie die Kirchen den verfolgten Verbrechern, besonderen Schutz bieten. So wurde schon im Sachsenspiegel erwähnt: „Die Kirchen und die Kirchhöfe, Pflüge und Mühlen und des Königs Straßen sollen steten Frieden haben und alle, die darin weilen"[16]. Um diesen Frieden zu erhalten, wurde den Müllern das Recht zuerkannt, gewisse strafbare Handlungen selbst zu ahnden, beziehungsweise die Pflicht, solche zu verhüten. Diese rechtliche Position war ein „Überbleibsel der alten Schultheißengewalt"[17] der Müller. Inwieweit in der Zweibrücker Mühlenordnung diese umfassende Strafgewalt enthalten ist oder lediglich auf die Prävention abgestellt wird, läßt sich aus der Formulierung „bei ungnediger Straff Fluchens, Schreiens und sonsten in gemein aller Gotts lestrige Schelt und Schmehwort auch aller Thathandlungen gegen den Mahlgesten und anderen wie auch undt sich

---

[15] *Schilling*, Handbuch Mühlenrecht, S. 86.
[16] *Weber*, Mühlen und Müllerhandwerk, S. 113, 114.
[17] *Horna*, Mühlenstrafrecht, S. 91.

selber genzlichen äußern und enthalten trügen, sondern einen jeden das Seinig in der Güthe wie obgemelt lieffern, hingegen auch niemands sie zu übergeben und zu schelten gestatten, [...]"[18] nicht eindeutig herleiten.

Die Regelung über den Bann (Punkt 36) war außergewöhnlich, da dies nicht zu den typischen Regelungsgegenständen von Mühlenordnungen in der damaligen Zeit gehörte[19]. Diese Bestimmung war notwendig geworden, da in dieser Zeit relativ wenig Mühlen vorhanden waren und die Bannmühlen einen großen Bezirk zu versorgen hatten. So auch die Zweibrücker Stadtmühle. Die gebannten Gäste kamen von weit her und wurden nicht selten aufgrund des großen Andrangs nicht befördert. Dieser Not sollte durch die neu errichtete Schloßmühle abgeholfen werden. Die Aufnahme einer solchen Vorschrift in diese Mühlenordnung war im Vergleich zum 18. Jahrhundert unproblematisch, da die wirtschaftliche und rechtliche Situation relativ konstant war und nicht von ständig neuen Veränderungen, wie im 18. Jahrhundert, geprägt war.

Auffallend ist, daß die Mühlenordnung von Zweibrücken relativ wenige Strafandrohungen enthielt. Diese Bestimmungen richteten sich vorwiegend an den Müller, nur zwei Regelungen (Punkt 17, 28) sprechen die Bevölkerung an. Dies erklärt sich daraus, daß die Ordnung nicht in erster Linie an die Bevölkerung, sondern an den Müller und an den Mühlschreiber adressiert ist, der auf die Einhaltung der Bestimmungen gerade auch durch die Bevölkerung zu achten hatte; die Strafvorschriften konnten deshalb auf ein Minimum beschränkt sein. Ersichtlich wird dies bei einem Vergleich mit anderen Ordnungen, die schon in damaliger Zeit mit einem umfassenderen Strafcharakter ausgestattet waren. So enthalten die einzelnen Punkte der Mühlenordnung, die in die Landesordnung des Großherzogtums Weimar aus dem Jahre 1589 eingegliedert war und am 8. Januar 1800 erneuert und bestätigt wurde[20], vermehrt Strafandrohungen, die sich eher gleichermaßen an den Müller wie an die Kundschaft richteten. So heißt es unter anderem: „Erstlich soll ein jeder, er sei Beck oder anderer, niemand ausgeschlossen, verpflicht und schuldig seyn, sein Getreide und Mehl in und aus der Mühle wiegen zu lassen, und keines ungewogen, in oder aus den Mühlen zu führen oder zu tragen bei Verlust des Getreides oder Mehls, soviel desselben ist"[21]. Weiter heißt es: „Zum vierten soll kein Korn, noch Mehl, noch Seck netzen, noch sonst keine Hindernisse gebrauchen, wo man es aber erferet, so soll es für

[18] LA Sp. B 2, Nr. 292/2.
[19] LA Sp. B 2, Nr. 292/3.
[20] *Schilling*, Handbuch Mühlenrecht, S. 96, 97.
[21] *Schilling*, Handbuch Mühlenrecht, S. 96, 97.

ein falsch gestrafet werden"[22]. Am Schluß wurde angeführt: „Und damit solches alles unnachlässig gehalten: So sollen die geschworenen Müller, neben den Gerichtsherrn, ein Jahr zweimal, die Mühlen besichtigen, und da einen unrecht befinden, der soll unnachlässig nachgestellt und groß der Verhandlung gestraft werden"[23]. Eine solche Kontrolle war in Zweibrücken nicht eingeführt; am Ende der Ordnung heißt es lediglich: „Und hieruff so gebietten und befehlen unsern Hofmeister, Räthen, Ambtsleuten und Mühlschreiber gnedig undt ernstlich dieser unser Ordnung mit allem Ernst und Fleis zu halten solche zuhand haben und da etwas dagegen gehandelt wäre, das selbige der Gebühr abzuschaffen und mit Ernst zu straffen"[24]. Hieraus läßt sich erkennen, daß die Sorge um die Einhaltung der Ordnung unter anderem eine Aufgabe des Mühlschreibers war; die Aufsicht des Mühlschreibers, als obrigkeitlicher Vertreter, sah man als ausreichend an. Deshalb erschien eine Kontrolle, wie sie in Weimar vorgeschrieben wurde, sowie mehrere direkte Strafandrohungen an die Bevölkerung für entbehrlich. Für die Bevölkerung war damit jedoch eine größere Rechtsunsicherheit verbunden, da durch die ausdrückliche Nennung nur einiger strafbeschwerter Vorschriften der Anschein erweckt wurde, ein Handeln gegen die übrigen Punkte sei nicht strafbar.

Insgesamt läßt sich demnach festhalten, daß die ausführlich gestaltete Ordnung sich hauptsächlich gegen die Unterschleife in der Mühle richtete. Dabei kam dem Mühlschreiber die Aufgabe zu, auf deren Einhaltung zu achten. Vorwiegende Adressaten der Ordnung waren zum einen der Mühlschreiber, dessen Pflichten als Befehlshaber detailliert geregelt waren und zum anderen der auf die handwerklichen Arbeiten beschränkte Müller selbst; die Bevölkerung wurde in wenigeren und meist nicht strafbeschwerten Vorschriften angesprochen.

4.2.1.3 Entstehung

4.2.1.3.1 Entstehung der Mühlenordnung von 1596

Bemerkenswert ist, daß neun Jahre vor Erlaß der Ordnung, am 28. Juni 1587, bereits eine neue Ordnung entwickelt worden war. Diese Ordnung[25], die auch nur mit „Mühlenordnung"[26] betitelt war, enthielt ebenfalls 36 Punkte, die allerdings kürzer gefaßt waren. Es gab im einzelnen

[22] *Schilling*, Handbuch Mühlenrecht, S. 96, 97.
[23] *Schilling*, Handbuch Mühlenrecht, S. 99.
[24] LA Sp. B 2, Nr. 292/2.
[25] LA Sp. B 2, Nr. 292/2.
[26] Die Ordnung von 1596 war mit „Neue Müel und Wagordnung zu Zweibrücken" überschrieben.

folgende Unterschiede: In der Ordnung von 1596 wurde in Punkt 8 aufgenommen[27], daß der Kleiensack bei der Frucht bleiben muß und die Molterhöhe wurde vom 8. auf den 12. Teil gesetzt. In Punkt 12 der alten Ordnung sind die besonderen Öffnungszeiten zur Erntezeit nicht zu finden[28]; die Schellen in der Mühle werden erstmals durch die Bestimmung Nr. 12 eingeführt[29]; in der Regelung Nr. 21 ist nur enthalten, daß die Steine zur rechten Zeit gehauen werden müssen, nicht aber, daß sie danach noch gesäubert werden müssen[30]. Die Mühlenfreiheit wird in Punkt 24 lediglich umschrieben mit „Der Müller undt die Seinigen sollen sich aller bösen Word gegen andere enthalten"[31]; es wird in Nr. 27 nicht erwähnt, daß der Müller die Zargen richtig aufstellen soll und in Nr. 30 wird den Mahlgästen nicht aufgetragen, ihre Frucht zu säubern[32]. Der Punkt, der die Auflockerung des Bannes in Anbetracht der Schloßmühle betrifft, ist überhaupt nicht in der Ordnung von 1587 enthalten, da die Schloßmühle zu dieser Zeit noch nicht errichtet war.

In Anbetracht dieses kurzen Zeitintervalls drängt sich die Frage auf, wie es so schnell zu einer neuen Ordnung kommen konnte. Die Akte[33], die die Mühlenordnungen enthält, gibt hierzu keine Antwort; eine Klärung wird an anderer Stelle sichtbar.

Die Akte[34], die mit der Überschrift „Acta das Mahlen der Früchten außer Landes und dem Bann 1588–1596" betitelt ist, enthält Aussagen über den Hintergrund der Entstehung der neuen Ordnung von 1596. Schon kurz nach Erlaß der neuen Verordnung beschwert sich die Bürgerschaft; sie klagt, daß „von einem jedem Faß so uff Gewicht gemahlen würdt über das Pfundt Mehl abgezogen würdt"[35]. Die Bürgerschaft wendet sich damit gegen die Molterhöhe, der den 8. Teil von einem jeden Malter an Früchten betrug. Dies war für die damalige Zeit sehr hoch; in anderen Gegenden war eine wesentlich geringere Höhe angesetzt. So wurde im Königreich Sachsen der Mahllohn im Durchschnitt auf den 16. Teil gesetzt; als ein diesbezügliches Beispiel dient die Mühlenordnung für die an der schwarzen Elster gelegenen Mühlen vom 11. September 1561, die den 16. Teil festsetzt[36]; dagegen bestimmt die Ordnung vom 18. März 1613 für die Mühlen an der Weiseritz und an der Elbe, daß der 20. Teil

[27] LA Sp. B 2, Nr. 292/2.
[28] LA Sp. B 2, Nr. 292/2.
[29] LA Sp. B 2, Nr. 292/2.
[30] LA Sp. B 2, Nr. 292/2.
[31] LA Sp. B 2, Nr. 292/2.
[32] LA Sp. B 2, Nr. 292/2.
[33] LA Sp. B 2, Nr. 292/2.
[34] LA Sp. B 2, Nr. 292/3.
[35] LA Sp. B 2, Nr. 292/3.
[36] *Schilling*, Handbuch Mühlenrecht, S. 94.

erhoben werden sollte[37]. Auch im Großherzogtum Weimar wurde durch die Landesverordnung von 1589 der 16. Teil festgesetzt[38]. Aber nicht nur die Molterhöhe war der Anlaß für Klagen; die Bäcker beschwerten sich bereits im Juni 1587, daß sie kein Weißmehl zum Backen von „Wecken" erlangen können, wenn nicht die Frucht zuvor genetzt ist; sie bitten deshalb, daß sie ihre Frucht wie zuvor netzen dürfen. Der Schultheiß und der Landschreiber erstatten auf diese eingereichte Beschwerden ihren Bericht. Der Schultheiß zu Zweibrücken hält den erhöhten Mahllohn für nötig, da der Müller eine hohe Schuldenlast übernommen habe; letztlich, so der Schultheiß, müsse aber der Fürst sehen, welche Lasten er der Bürgerschaft auferlegt. Er verweist aber auch auf die hohe Steuer, die die Bürgerschaft bereits wegen des neuen steineren Wassergrabens bei der Mühle zu tragen hätte. In seinem Bericht weist der Schultheiß desweiteren darauf hin, daß der Mühlschreiber dringend zu mehr Ordentlichkeit angehalten werden sollte. Der Landschreiber hält ebenfalls die Beschwerden der Bürgerschaft und auch die des Bürgermeisters und des Rates wegen des erhöhten Molters für nicht gerechtfertigt; weiterhin erklärt er zu den Ausführungen der Bäcker zum Punkt 33 (das Netzen betreffend), daß „wann man Schampanier Müelstein hette, das man dann die Frucht ungenetzt mahlen köndt, die selbige aber zu Wegen zu bringen, würde nit allein vil kosten, sondern auch will man nur Weiß und kein Rocken darauf mahlen kann, pfalzgräfliche nachtheilig sein. Derowegen sonst ein Mittel getroffen werden mag, damit die Becker desfalls ohne Klag sein möchten"[39].

Bereits 1588 verwilligte Johannes I. „wegen Treu und Gehorsamwilligkeit und weil der steinen Wassergraben viel Geld gekostetet habe"[40] den 12. Teil als zu zahlenden Mahllohn. Die Verordnung vom 2. November 1588 lautete: „Als bey jetzt im Octobri des 1588 Jahrs gehabter Tractatius mit denn [...] aller Emter des Fürstentumbs Zweibrücken und die Statt Zweibrücken, etliche Beschwerungspunkte übergeben, so thut sich darauf der Durchlauchtigste hochgeborene Fürst und Herr, Herr Johanns Pfalzgrave bey Rhein, Herzog in Baiern, Grave zu Veldenz und Sponheim, unser gnädigster Fürst und Herr gnedig resolviren wie volgt: Erstlich nachdem sie klagent vorbracht, das sie ein hohen, schweren und wichtigen Molter nemblich der achte Theil von einem jedem Malter geben müßen, da doch in den anderen Mühlen dieses Ambtes und in der ganzen Nachbarschaft, uf viel Meilen Weges hierumb nur fast das sech-

[37] *Schilling*, Handbuch Mühlenrecht, S. 94.
[38] *Schilling*, Handbuch Mühlenrecht, S. 94, 95.
[39] LA Sp. B 2, Nr. 292/3.
[40] LA Sp. B 2, Nr. 292/3.

zehnd und uffs höchst der zwölfte Theil gehaben werde, mit underthenigem Bitten sie ahngeregter Beschwerung des Molters halben gleich andern in Gnaden zu bedencken und solchen zu lindern. So haben ire fürstliche Gnaden, ob whol die selbige diese Erhöhung des Molters ires Theils nicht ufgesetzt, sondern es also von irem Herrn Vattern und vor Altern, lobseligen Gedechnußen, irem der Statt selbsten Bekhandnus nach befunden, doch gnedig bewilliget, das es hinfüro in der Stattmühlen alhie bey dem zwölften Theil des Molters gelassen, und ein mehreres nicht gehaben, auch die Gewicht und Massung in der Wagen, darauf gerichtet werden sole. Der gnedigen Zuversicht es werden die Jenige so darzu gehörig und darinnen gebant sind, diese Mühl umb sovil fleißiger auch mehr als bishero geschehen besuchen, und iren Fürstlichen Herrn nit Uhrsach geben, ernstliche harte Straff gegen die Verbrechern fürzunehmen. Wie sie dan dessen hirmit ernstlich vermahnet sein sollen"[41].

Doch auch dieses Entgegenkommen von Seiten des Herzogs vermochte letztlich keine wirksame Abhilfe zu schaffen; ständig wurden Klagen gegen diese neue Ordnung geführt. So berichteten die Hofmeister Volman und Obernheimer nach einem Protokoll des Mühlschreibers Johannes Moch, daß die Bürger zur Erntezeit nicht zu den „ordinairen" Stunden zum Mahlen kommen könnten; deshalb müßten sie meist unverrichteter Dinge wieder von der Mühle abreisen und seien gezwungen, die Frucht bei anderen Mühlen mahlen zu lassen. Außerdem beschwerten sich die Bürger, daß die Frucht unsauber gemahlen sei und man sogar Sand im Brot geschmeckt habe, da der Müller nach der Behauung des Steines diesen nicht genügend säubere. Aber auch vom Müller seien Klagen zu hören gewesen. So hat er vorgetragen, daß keinerlei Unterscheidung zwischen „guter und böser" Frucht gemacht werde; die ihm gelieferte Frucht sei nämlich oft mit Sand vermischt.

Da die Ordnung somit in vielen Punkten nicht angenommen wurde, war es, ohne Aushöhlung der Mühlenordnung nicht möglich, lediglich durch einzelne Verordnungen, wie dies bei der Molterhöhe geschehen war, eine Korrektur herbeizuführen; die Änderung mußte grundsätzlicher Art sein; deshalb wurde eine neue Mühlenordnung erlassen, die alle diesbezüglichen Änderungen enthielt.

4.2.1.3.2 Entstehung der Mühlenordnung von 1587

Da davon auszugehen ist, daß die Mühlenordnung von 1596 die direkte Weiterentwicklung der Ordnung von 1587 darstellte, muß, um ein

[41] LA Sp. B 2, Nr. 292/3.

vollständiges Bild zu erhalten, auch auf die Entstehung der Ordnung von 1587 eingegangen werden. Diese Untersuchung gestaltet sich aber schwierig aus Mangel an Quellenmaterial. Jedoch gibt es in der Akte, die die beiden Ordnungen beinhaltet, einige Anhaltspunkte.

Die Akte beginnt mit der Darstellung zweier ausführlicher Mühlenordnungen, der „Ordnung von Wilhelms von Gottes Gnaden, Landgraven zu Hessen" von 1579[42] und der Ordnung von „Reichardts von Gottes Gnaden Pfalzgraven bey Rhein und Herzogen zu Bayern" vom 12. Mai 1582[43]. Es kann angenommen werden, daß diese Ordnungen als Vorlage bei dem Entwurf der neuen Mühlenordnung dienten; denn auch an anderer Stelle in der Akte sind Mühlenordnungen von einzelnen, meist kurpfälzischen Städten zu finden; diese wurden vom Rat im Zusammenhang mit dem Entwurf der neuen Mühlenordnung angefordert. Auch die Umstände bezüglich des Entwurfs einer Ordnung im 18. Jahrhundert zeigen, daß es durchaus üblich war, Mühlenordnungen anderer Territorien als Vorlage heranzuziehen[44]. Deshalb müssen diese Ordnungen etwas genauer betrachtet werden.

Die Mühlenordnung des Pfalzgrafen Reichardt ist sehr ausführlich und übersichtlich gehalten, da die einzelnen relativ umfassend gehaltenen achtzehn Punkte mit Überschriften betitelt sind. Als Grund für den Erlaß der Ordnung wird angeführt: Nachdem in dem „Mahlwerckh durch mancherley Geferlichkeit die Inwohner und Underthanen unseres Fürstenthumbs, vielfaltig betrogen und beschwerdt worden, demnach haben wir allß ein Obrigkeit, welche von Gott gesezt, schuldig ist, alle Betrangsal, Beschwerden und Gefhare, damit der arm Man [...] verfortheilht und betrogen würdt, abzuwenden [...]"[45].

Die Ordnung beschreibt in erster Linie die Pflichten und Rechte der Mahlkunden und des Müllers. So sollten die Mahlgäste ihre Frucht selbst säubern, fegen und messen; der Müller durfte die Frucht nicht vermischen beim Mahlen und durfte die Gäste nicht daran hindern beim Mahlen anwesend zu sein. Auch mußte er die Frucht beuteln, wenn der Gast dies verlangte. Desweiteren mußte er das Mehl bei der Ablieferung ausmessen und durfte nur einen bestimmten Mahllohn verlangen, der sich danach richtete, ob er auch das Getreide abgeholt hatte. Der Müller hatte dafür zu sorgen, daß die Mühle im gutem Stand war; ausführlich wurde der Behau der Steine und die Ausrichtung der Zargen beschrieben. Wichtige Punkte in der Ordnung waren die Regelungen über Streit-

[42] LA Sp. B 2, Nr. 292/2.
[43] LA Sp. B 2, Nr. 292/2.
[44] LA Sp. B 2, Nr. 2692.
[45] LA Sp. B 2, Nr. 292/2.

schlichtung zwischen dem Müller und den Mahlkunden; die entscheidende Rolle spielte hier zumeist der sogenannte Mühlschauer, der eine „des Mühlwercks verständige Person“[46] war und von den „Amptsleuten uff und angenommen auch mit besonderen Pflichten beladen“[47] war. Neben dieser Streitentscheidung mußte er alle Vierteljahr eine Probe aller Frucht machen und „billige Ermessigung thun, waß der Müller an Mell den Mallgesten lieffern solle und soll solches zur Canzley gelangen lassen, [...] Bescheits zugewartten, damit sich jedermeniglich mit Empfahung seines Mehls danach zu richten habe“[48]. Der Mühlschauer hatte auch die Einhaltung der Ordnung zu kontrollieren: „Welche eines jeden Monats oder auch wochentlich, sooft sie dies für nottwendig ansehen, die Mühlen in irem Bezirk gelegen, besichtigen und erkundigen, ob dieser unsere Ordtnung gelebt werden, auch sonst für Klagen über die Müller aber auch über die Mahlgeste an sie kommen. Das sollen sie in irem zugestellten Müllerfrevelbüchlein verzeichnen und uns alle Quartal anbringen, darzu die Müller und andere so straffbar mitzuerscheinen, bescheyden, hierin aber keine Fehrlessigkeitt, Haß, Mißgunst oder Freundschaft walten lassen“[49]. Weitere Punkte der Ordnung waren die Regelung über die Viehhaltung und die Regelung über den Aufgabenbereich der Zumüller und Knechte. Auch Bestimmungen, die die Einhaltung des Bannes betrafen, waren in der Ordnung enthalten; so wurde zum Beispiel das auswärtige Mahlen nur bei „Notturft“[50] und nur mit ausdrücklicher Erlaubnis des Mühlschauers gestattet.

Die Übersicht zeigt, daß einige Bestimmungen in ähnlicher Weise in der Zweibrücker Mühlenordnung von 1587 enthalten sind. So sind die Regelungen über das gesonderte Aufschütten der Frucht, über das Beuteln der Frucht und über die Anwesenheit des Mahlgastes beiden Ordnungen gemeinsam. Im wesentlichen war die Ordnung des Pfalzgrafen Reichardt aber anders ausgerichtet; sie sprach die Mahlgäste und den Müller an und regelte deshalb deren Aufgaben detailliert und unter Strafandrohung bei Zuwiderhandlungen; die Zweibrücker Ordnung wendete sich, wie schon zuvor erwähnt, in erster Linie an den Mühlschreiber und den Müller; direkte und ausführliche Anforderungen an die Mahlgäste waren hier weit weniger zu finden. Auffallend ist jedoch, daß in der Ordnung des Pfalzgrafen Reichardt auch Passagen zu finden sind, die auch in der Zweibrücker Ordnung von 1596 enthalten sind; so sind die Bestimmungen über das Säubern und Fegen der Früchte durch die Mahl-

[46] LA Sp. B 2, Nr. 292/2.
[47] LA Sp. B 2, Nr. 292/2.
[48] LA Sp. B 2, Nr. 292/2.
[49] LA Sp. B 2, Nr. 292/2.
[50] LA Sp. B 2, Nr. 292/2.

kunden, die Regelungen über die Ausrichtung der Zargen, das Säubern des gehauenen Steines durch einen Mahlgang Kleien und auch der den Bann betreffenden Punkt beiden Ordnungen gemeinsam. Dies läßt darauf schließen, daß man die Ordnung des Pfalzgrafen Reichardt, nachdem viele Beschwerden zu der Ordnung von 1587 eingegangen sind, nochmals als Vorlage, nämlich für die Ordnung von 1596, herangezogen hat.

Die Mühlenordnung des Landgrafen von Hessen war ebenso übersichtlich untergliedert, aber insgesamt weniger ausführlich gehalten. Inhaltlich unterschied sich diese Ordnung sowohl von der oben beschriebenen wie auch von der Zweibrücker Ordnung aus dem Jahre 1587. Sie befaßte sich vor allem mit den verschiedenen Pflichten der in der Mühle tätigen Personen; dies waren die Mühlenknechte, der Mühlenarzt und der Mühlenschreiber. Geregelt wurde desweiteren, was dem Müller als Mahllohn, aber auch was der Herrschaft gebühre. Bei der Beschreibung des eigentlichen Mahlvorganges wird besonders hervorgehoben, daß die Frucht beim Mahlen und Moltern „wohlgenetzt"[51] sein müsse. Gemeinsamkeiten mit der Zweibrücker Ordnung sind lediglich darin zu sehen, daß der Mühlschreiber mit seinen umfassenden Verwaltungsaufgaben in beiden Ordnungen zu finden ist. Insoweit gleichen sich die beiden Ordnungen auch in ihrer Ausrichtung; die Adressaten der Ordnungen waren weniger die Mahlgäste als vielmehr die in der Mühle tätigen Personen, die für den ordnungsgemäßen Ablauf in der Mühle verantwortlich waren.

Am 17. September 1586 bedenken die Räte die neue Mühlenordnung und am 23. September nimmt der Bürgermeister zu Zweibrücken dazu Stellung. Insbesondere wird erörtert, ob das Molter nochmal zu wiegen sei; dies wird aber allgemein für unnötig erachtet, da es mit einem geeichten Maß gemessen werden soll[52]. Darauffolgend senden im Oktober 1586 die Bürgermeister von Kaiserslautern und Weißenburg ihre angeforderte jeweilige Mühlenordnung ein; der Bürgermeister zu Landau erklärt hingegen am 11. Oktober 1586, daß er keine „sonderbare" Ordnung in den Schriften finden könne[53]. Diese speziellen, auf die Städte beschränkten Ordnungen sind relativ knapp gehalten; sie beschrieben nur das Nötigste, wie zum Beispiel die Festsetzung des Molters. Lediglich in der Mühlenordnung von Kaiserslautern ist eine ungewöhnliche Regelung zu finden; detailliert wurde hier beschrieben, wann der Wieger dem Müller zu wiegen hatte: „den Müllern soll der geschworene Wieger ahn Sonntagen undt anderen Feyertagen wiegen, nach der Morgen-

[51]LA Sp. B 2, Nr. 292/2.
[52]LA Sp. B 2, Nr. 292/2.
[53]LA Sp. B 2, Nr. 292/2.

predigt und so es Nott nach der Mittag umb ein Uhr, zu Sommerzeiten an Werktägen umb sechs Uhr morgens undt umb zwölf Uhr nach Mittag undt so von Nötten abendts umb sechs Uhr, im Winter umb sieben Uhr so ehs taget, undt nach Mittag umb ein Uhr wie solches von alter gebracht, das soll ungeverlich so gehalten werden [...]"[54]. Eine genaue, nach der Uhrzeit bestimmte Regelung ist auch in der Zweibrücker Ordnung enthalten (Punkt 12). Es kann daher angenommen werden, daß diese genaue Zeitregelung als nützlich aufgefaßt wurde und deshalb auch in Zweibrücken übernommen wurde.

An dieser Stelle endet die Schilderung in den Akten; weitere diesbezügliche Quellen sind nicht vorhanden. Letztendlich ist daher die Entstehung der Mühlenordnung von 1587 nur in Bruchstücken schilderbar.

Insgesamt läßt sich feststellen, daß die Mühlenordnung von 1596 sich aus der Ordnung von 1587 entwickelte. Wenngleich auch einige Punkte nach den zahlreichen Beschwerden der Bevölkerung geändert wurden, so ist die Struktur der Ordnung von 1587 aber durchaus noch erkennbar. Bei der Veränderung, aber insbesondere bei dem Entwurf der Ordnung von 1587, dienten andere Mühlenordnungen, nämlich Landesordnungen wie aber auch spezielle, nur für Städte bestimmte Ordnungen, als Vorlage.

4.2.2 Zustand im 18. Jahrhundert

Es stellt sich die Frage, welche Ordnung im 18. Jahrhundert Gültigkeit hatte. Den einzigen Hinweis auf eine bestimmte Ordnung gibt die schon oben erwähnte Textstelle, die allerdings auf das 16. Jahrhundert verweist: „Nach der Mühlenordnung von Johannes für die Zweibrücker Mühle vom 10. May 1596 soll der 12. Teil erhoben werden"[55]. Bei der Untersuchung des Mühlenrechtes im 18. Jahrhundert erscheint es gerade in Anbetracht der Fülle von vergebenen Beständen und der Fülle von erlassenen Verordnungen auf den ersten Blick als unwahrscheinlich, daß eine Mühlenordnung des 16. Jahrhunderts noch für das 18. Jahrhundert Geltung haben sollte. Bei näherer Durchsicht der Akten muß jedoch dieser Annahme zugestimmt werden. Ersichtlich wird dies in den Aktenstücken[56], in denen die Rentkammer die Frage zu klären suchte, welcher Teil vom Molter dem Müller zukommt. Dabei wird auf diese Ordnung zurückgegriffen; sie diente als rechtliche Grundlage für die Berechnung des 12. Teils im 18. Jahrhundert; von einer Ordnung neueren Da-

[54] LA Sp. B 2, Nr. 292/2.
[55] LA Sp. B 2, Nr. 5314.
[56] LA Sp. B 2, Nr. 5314.

tums kann deshalb insoweit nicht ausgegangen werden. Auch das durchgearbeitete Quellenmaterial gibt hierzu keinen Anhaltspunkt; lediglich eine kleinere Veränderung wurde im 17. Jahrhundert von der Rentkammer vorgenommen, die jedoch die Gültigkeit nicht beeinträchtigte. So wird in einem Schreiben der Rentkammer von 1688 folgendes erwähnt: „Bey den Mühlen seindt gewesen ein Mühlschreiber und ein Wieger, darnach seindt beede Verrichtung zusammen gezogen worden"[57]. Für die Beschreibung der Arbeit in dieser neu errichteten Stelle wird aber wiederum auf die Mühlenordnung von 1596 verwiesen, die nach wie vor Geltung hatte: „Notaes ist keine Bestallung deßwegen uffgerichtet, sondern hat sich ein Mühlschreiber die Mühlordnungspuncten zu reguliren gehabt. Die Verrichtung eines Mühlschreibers ist gewesen: [...]"[58] An dieser Stelle wird die Ordnung von 1596 in kurzen Worten nochmals beschrieben. Somit ist von der Gültigkeit dieser Ordnung auszugehen. Ob grundsätzlich diese Ordnung aus dem 16. Jahrhundert für das 18. Jahrhundert gleichsam als ein „Instrumentum antiqum expetum"[59] fungierte, da eine andere rechtliche Fixierung nicht vorhanden war, ist zu untersuchen.

Auch wenn damit die Geltung dieser Ordnung für das 18. Jahrhundert geklärt ist, so muß desweiteren untersucht werden, welchen Geltungsbereich diese Ordnung im 18. Jahrhundert besaß. In der Mühlenordnung, die 1596 von der Rechenkammer, der obersten Finanzbehörde Pfalz-Zweibrückens[60], ausgestellt wurde, lautet die Überschrift: „Neue Müel und Wagordnung zu Zweibrücken"[61]. Dies, allein betrachtet, läßt offen, ob es sich hierbei um das Amt, möglicherweise sogar das Herzogtum oder aber nur die Stadt Zweibrücken handelt. Auch in den einzelnen Punkten der Mühlenordnung ist stets nur von „Müelen"[62] die Rede, ohne daß eine diesbezügliche nähere Eingrenzung erfolgt. Jedoch gibt der Einleitungssatz der Ordnung eine konkretere Auskunft: „Unser Johannes von Gottes Gnaden, Pfalzgraven Bey Rhein, Herzog in Bayern, Graven zu Veldenz undt Sponheim. Mühlen und Wagordnung wie es in den Müelen und Wag allhier zu Zweibrücken, biß uff ferner dieser Verordnung soll gehalten werden"[63]. Die Formulierung „allhier zu Zweibrücken" wie auch die Formulierung in der vorgehenden Ordnung von

[57] LA Sp. B 2, Nr. 292/3.
[58] LA Sp. B 2, Nr. 292/3.
[59] LA Sp. B 2, Nr. 294/4.
[60] LA Sp. B 3, Nr. 176 fol. 56'–57, LA Sp. B 2, Nr. 4008 fol. 4'ff.
[61] LA Sp. B 2, Nr. 292/2.
[62] LA Sp. B 2, Nr. 292/2.
[63] LA Sp. B 2, Nr. 292/2.

1587 „allein zu Zweibrücken"[64] deuten auf die Stadt Zweibrücken, allenfalls noch das Amt Zweibrücken hin; bei einer Ordnung für das gesamte Herzogtum wäre eine solche Umschreibung unnötig, da der zweibrückische Herrschaft grundsätzlich nur eine Regelungsbefugnis für ihr Territorium zukam. Weitere Klärung verschafft aber das Aktenstück im folgenden. So heißt es, nachdem die Ordnung schriftlich vorgestellt wurde: „Diese Ordnung soll nunmehr als abrogiert in die beyde Müele und ein jede in Sonderheit ein Exemplar geliefert, publiciert werden [...]"[65]. Die angesprochenen beiden Mühlen waren die Mühlen in der Stadt Zweibrücken. Zu der damaligen Zeit befanden sich in Zweibrücken zwei Mühlen, die Stadtmühle und die Schloßmühle; dies ergibt sich aus der Ordnung: „Dennoch auch wir ein Mahlmüel mit dreien Gängen in unsern Schloß allhier anrichten laßen, so wohl den Mahlgesten zugelassen sein, wann in zu Zeiten die Frucht zu unserer Stattmüel überfüret und die Mahlgeste mit dem Mahlen nit befördert werden können, solche ihre Frucht in berührte unser Schloßmüelen zu tragen und dieselbige darinnen mahlen zu lassen [...]"[66]. Aus alledem ergibt sich, daß die Mühlenordnung sich direkt lediglich auf die Stadt Zweibrücken bezog. Dieser geringe Geltungsbereich war auch nicht ungewöhnlich. So ist aus den Akten ersichtlich, daß solche spezielle Ordnungen auch für andere Städte existierten, so zum Beispiel für die kurpfälzischen Städte Neustadt[67], Speyer[68] und Kaiserslautern[69].

Es ist zu klären, ob auch in anderen Städten des Herzogtums Pfalz-Zweibrücken vergleichbare Ordnungen vorhanden waren oder ob die zweibrückische Ordnung auch für andere Gebiete herangezogen wurde oder ob sich sogar an eine allgemeine Landesverordnung angelehnt wurde, die eine Mühlenordnung beinhaltete. Eine solche Landesverordnung wie es sie zum Beispiel in Kurpfalz[70] gab, die Orientierungsmaßstab zum einen für das diesbezügliche Verhalten der kurpfälzischen Bevölkerung war und zum anderen auch für neue spezifizierte Mühlenordnungen[71], ist, nach Durchsicht des in diesem Punkt eher dürftigen Quellenmaterials, für Pfalz-Zweibrücken nicht zu finden. Die Vermutung, daß

---

[64] LA Sp. B 2, Nr. 292/2.

[65] LA Sp. B 2, Nr. 292/2.

[66] LA Sp. B 2, Nr. 292/2.

[67] Eine Ordnung von 1593, *Lehmann*, Neustädter Thal, S. 46.

[68] Eine Ordnung von 1587, „Becker und Müller Ordnung den 9. Augusti Anno 87 von beiden Räthen übernommen; den Beckern und Müllern publicirt den 12. eiusdem", StaA Sp. I A, Nr. 555 fol. 304 ff.

[69] Eine Ordnung, die im Jahre 1583 erneuert wurde, LA Sp. B 2, Nr. 292/3.

[70] 1582 erging unter Herzog Ludwig IV. die „Curfürstlich Pfalz Landts Ordnung", *J. Spies*, Curfürstlich Pfalz Landts Ordnung, S. 113.

[71] Vgl. dazu die Neustadter Ordnung und die Landesverordnung *Lehmann*, Neustädter Thal S. 46; *J. Spies*, Curfürstlich Pfalz Landts Ordnung, S. 113.

eine solche Landesverordnung wie aber auch schriftliche, spezifizierte Mühlenordnungen in Pfalz-Zweibrücken bis dato nicht erlassen wurden, beziehungsweise es zumindest keine aktuellen Ordnungen gab, wird gestützt durch die Umstände, die zum Erlaß der Mühlenordnung von 1596 und auch der Mühlenordnung von 1587 führten. Als Anhaltspunkt für den Entwurf einer Mühlenordnung wurden neben einigen kurpfälzischen „Stadtmühlordnungen" zwei Landesverordnungen, nämlich die „Ordnung unser Wilhelms von Gottes Gnaden, Landgraven zu Hessen"[72] und die Ordnung von „Reichardts von Gottes Gnaden Pfalzgraven bey Rhein und Herzogen zu Bayern"[73] herangezogen. Naheliegend wäre jedoch gewesen, daß Ordnungen von Pfalz-Zweibrücken als Vorlage gedient hätten; lediglich der Bürgermeister von Zweibrücken wurde 1586 zu einer Stellungnahme gebeten. Aus früheren Aktenstücken von 1580[74] wird aus einem Schreiben des Landschreibers von Zweibrücken ersichtlich, daß nur fragmentarisch, einzelne Punkte betreffend, eine Regelung bezüglich der Mühle in die „Stattordnung" von Zweibrücken aus dem Jahre 1570 eingebunden war; eine eigenständige Mühlenordnung existierte für Zweibrücken jedoch nicht. Demgemäß ist es wahrscheinlich, daß hier auch keine anderen eigenständigen schriftlichen Ordnungen in dieser Zeit vorlagen.

Gleichwohl ergibt sich aus einem Supplikverfahren der Bürgerschaft zu Zweibrücken wegen des in der Ordnung von 1587 bestimmten hohen, 8. Teil als Molter, daß, so der Herzog Johann I. in einer diesbezüglichen Anordnung „[...] doch in den anderen Mühlen dieses Ambtes und in der ganzen Nachbarschaft, uf viel Meilen Weges hierumb nur fast das sechzehnd und uffs höchst der zwölfte Theil gehaben werde, [...]"[75]. Es könnten somit entprechende rechtsgewohnheitliche Ordnungregeln in den anderen Bezirken des Amtes und in der Nachbarschaft gegolten haben. Ob und in welchen Gebieten des Herzogtums in den folgenden Jahrzehnten es bei der – hier vermuteten – rechtsgewohnheitlichen Regelung verblieb oder aber die Zweibrücker Ordnung über die Stadt Zweibrücken hinaus Anwendung fand, läßt sich aus Mangel des Quellenmaterials leider nicht beweisen. So wird im Erbbestandsbrief der Annweiler Stadtmühle erwähnt: „nicht weniger die gewiße Verordnung dahin stellen und darbey halten"[76]. Diese Redewendung könnte sich auf die Textstelle der Zweibrücker Ordnung beziehen[77]: „Diese Ordnung soll

[72]LA Sp. B 2, Nr. 292/2.
[73]LA Sp. B 2, Nr. 292/2.
[74]LA Sp. B 2, Nr. 292/2.
[75]LA Sp. B 2, Nr. 292/3.
[76]LA Sp. B 3, Nr. 5388.
[77]Eine Mühlenordnung – allerdings erst der Vorschlag einer solchen – konnte für Annweiler

nunmehr als abrogiert in die beyde Müele und ein jede in Sonderheit ein Exemplar geliefert, publiciert werden, angehackt"[78]. Dahingegen zeigen andere Bestandsbriefe eher auf ein diesbezügliche Rechtsgewohnheit hin; so wird in dem Brief der Bickenaspacher Mühle erwähnt, daß „viel weniger aber die Mahlgäste mit ohnerlaubten Molter nehmen übervortheilen, sondern sich mit dem genügen, waß bey mehr besagter Mühle und im ganzen hiesigen Oberambt durchgehendes Herkommen und gebräuchlich ist, begnügen laßen"[79]. Hätte für Bickenaspach die Zweibrücker Ordnung gegolten, so hätte man nicht auf das Herkommen in Betreff des Molters zurückgreifen müssen; deshalb erscheint hier eine rechtsgewohnheitliche Regelung als möglich. Dagegen kann man jedoch auch nicht verkennen, daß der Passus von einem Herkommen im gesamten Oberamt Zweibrücken spricht; für die Stadt Zweibrücken galt jedoch die Ordnung von 1596, da eine neue Mühlenordnung und auch wesentlich abändernde Verordnungen nicht erlassen wurden. Ob diese alte Ordnung im 18. Jahrhundert zum Teil derart in Vergessenheit geriet, daß ihre Regelungen der Rechtsgewohnheit zugeordnet wurden, läßt sich nicht klären; grundsätzlich kann aber nicht davon ausgegangen werden, da einige, zwar wenige Aktenstücke des 18. Jahrhunderts durchaus noch die Mühlenordnung aus dem 16. Jahrhundert erwähnen. Der genaue Geltungsbereich muß aus Mangel an Quellenmaterial dahinstehen.

Bei dieser gegebenen Konstellation ist fraglich, warum nicht zwischenzeitlich vom 16. bis ins 18. Jahrhundert eine neue Mühlenordnung erlassen wurde. Die Beantwortung ist im wirtschaftlich strukturellen Bereich der damaligen Zeit zu suchen. Die „Mühlendichte" war bei weitem nicht so hoch wie dies im 18. Jahrhundert der Fall war. Zwar gab es hin und wieder Streitigkeiten bezüglich des verbotenen Mahlens außerhalb des Bannes[80]. Diese waren jedoch eher selten, da die Mahlgäste meist keine andere Wahl als die Bannmühle hatten. Kam es jedoch zu Streitigkeiten, so konnten sie einvernehmlich und mit den gegebenen Mitteln gelöst werden[81]. Die Mühlenordnung wurde in der damaligen Zeit, insgesamt gesehen, angenommen. Diese Situation änderte sich jedoch im 18. Jahrhundert grundlegend. Eine Bindung an die alte, im 16. Jahrhundert erlassene Mühlenordnung verspürten die Müller wie auch die Mahlkunden kaum noch. Gegen das dadurch bedingte schlechte Mahlen beschwerten sich die Mahlgäste im 18. Jahrhundert aber, relativ gesehen, weit

---

erst im Jahre 1817 ausfindig gemacht werden, dazu StaA Annweiler A I, Nr. 131.

[78]LA Sp. B 2, Nr. 292/2.

[79]KSchA Zw. Rep. IV, Nr. 265.

[80]LA Sp. B 2, Nr. 292/3.

[81]LA Sp. B 2, Nr. 292/3.

weniger als in den vorigen Jahrhunderten[82]. Dies bedeutete aber nicht, daß die Mahlgäste sich damit abgefunden hätten; sie handelten und gingen in andere Mühlen mahlen, die in großer Zahl vorhanden waren. Durch die schwindende Bereitschaft der gebannten Mahlgäste wie auch der Landmüller den Bann zu achten und die dadurch mitverursachten ständig zunehmenden „Unterschleiffe" der Müller entstand im Vergleich zu den vorigen Jahrhunderten eine beträchtliche „Unordnung". Deshalb strebte man erst jetzt an, eine neue Kodifikation zu erlassen, um so angemessen die neuen, veränderten Gegebenheiten rechtlich beständig und umfassend darzustellen; man versuchte eine neue Mühlenordnung zu entwerfen.

4.2.3 Neuentwurf einer Mühlenordnung im 18. Jahrhundert

4.2.3.1 Hergang

In den Quellen sind einige Aktenstücke vorhanden, die mit der Überschrift „Entwerfung einer Mühlenordnung" betitelt sind[83]. Der Blick in diese Akten ist jedoch enttäuschend. Eine inhaltliche Auseinandersetzung mit der neu zu errichtenden Ordnung findet so gut wie nicht statt; lediglich der formale Ablauf dieser Unternehmung wird in Bruchstücken geschildert. Dies sei kurz und mit dem Versuch einer zeitlichen Ordnung geschildert.

Die Quelle beginnt mit einem Regierungsprotokoll vom 5. Juli 1774. In diesem wird erwähnt, daß die Akten, die Abstellung der Mißbräuche bei den Müllern betreffend, welche sich bisher bei den Polizeiakten befunden haben, von der Registratura regiminis übergeben werden. Desweiteren werden sämtliche die Müller betreffende Verordnungen hinzugelegt. Am 18. Oktober 1774 setzt sich die Regierung mit der Rentkammer in Verbindung „zur Äusserung beliebigen Gutachtens". Nachdem sich die Rentkammer über den "communicirten Entwurf einer zu erlassenden Verordnung zur Abstellung der Mißbräuche bei den Müllern (hat) vernehmen"[84] lassen, befindet die Regierung am 17. November 1774, „daß die Verordnung viel zu spitz gegriffen sei und nicht in execution gesetzet werden könne"[85]. Da aber wohl keine diesbezügliche Resolution an die

[82] LA Sp. B 2, Nr. 292/3.
[83] LA Sp. B 2, Nr. 2692.
[84] LA Sp. B 2, Nr. 2692.
[85] LA Sp. B 2, Nr. 2692.

Rentkammer gelangt ist, bittet die Kammer am 21. Januar 1775 die Regierung, ihr mitzuteilen, was sie auf die vorgeschlagene Verordnung resolviert habe, damit sie einen Bericht erstellen könne. Hiernach wird die Rentkammer nochmals in Bezug auf die Verordnung vernommen; dies besagt ein Regierungsprotokoll aus dem Jahr 1775. Ob es noch zu weiteren Gegebenheiten im Jahr 1775 kam, ist aus den Akten nicht ersichtlich.

Erst 1776 liegen wieder Regierungsprotokolle in dieser Angelegenheit vor. Allerdings werden hier Rentkammer und Polizeikommission beauftragt, sich in einem Gutachten bezüglich der neu zu entwerfenden Mühlenordnung für die Hintere Grafschaft Sponheim zu äußern. Auch die Regierung soll laut fürstlichem Reskript dazu Stellung nehmen. Die Registratur wird hierauf angewiesen, nachzusehen, wo sich die Akten befinden, „ob selbige nicht etwa bei fürstlichem Cabinet oder registratura camerae befindlich“[86]. Über den direkten weiteren Verlauf zu der Verordnung bezüglich der Hinteren Grafschaft Sponheim schweigen die Akten. Erst im November 1783 werden durch Ministerialanweisung die Rentkammer und die Polizeikommission um Äußerung von Gutachten bezüglich der Errichtung einer Mühlenordnung gebeten[87]. Daraufhin berichtet am 23. August 1784 die Rentkammer an die Regierung, daß am 21. Februar 1775 das von Ökonomierat Schimper entworfene Projekt einer neuen Mühlenordnung mitsamt ihrem Gutachten eingereicht wurde; aber daß sie (Rentkammer) seither nichts mehr davon gehört habe. Da man aber das Projekt und die Äußerung für das am 10. Oktober angeforderte Gutachten benötige, so bat man um Mitteilung. Auf diese Bitte geht die Regierung in ihrem Schreiben vom 14. September 1784 ein. Sie stellt darin klar, daß sie am 17. November 1774 der Rentkammer zu erkennen gegeben habe, daß das Projekt nicht in Exekution gesetzt werden könne, darauf sei mit der Kammer weiter kommuniziert worden, worauf jedoch keine Resolution vermerkt sei. Der Rückstand rühre vermutlich von der „Klickschen“[88] Unachtsamkeit. Deshalb bat die Regierung nun ihrerseits um Zusendung der Kameralakten einschließlich des Konzeptes. Aber schon am 14. Oktober 1784 ist weiter zu lesen, daß die Regierung die ihr zugeschickten wenigen Kameralakten wieder zurücksendet mit der Bitte, ihr die älteren Akten von 1774 und 1775 zuzusenden, sobald diese Akten wieder aufgefunden werden. Die Regierung beauftragt die Registratur, diese Akten zu suchen und bei den vorigen Referenten oder der Polizeikommission nachzufragen. Im darauffolgenden Jahr, am 16. August 1785, wird von Herzog Karl dem Zweiten folgende

[86] LA Sp. B 2, Nr. 2692.
[87] LA Sp. B 2, Nr. 2692.
[88] Eigenname.

Verfügung erlassen: „In den preussischen und sächsischen Landen sollen zur Verhütung vieler bei den Müllern und Beckern üblichen Betrügereyen heilsame Verordnungen vorliegen. Wir befehlen dahero gnädigst diese Verordnungen kommen zu lassen und nach Benehmung mit sämtlichen Ober- und Ämtern wie auch unsere herzogliche Renthkammer und Polizeicommission mit Beilegung derer Votorum von sämtlichen Membris. Auch gutächtlich unterthänigst zu äußern was hiervon mit Nuzen in unseren Landen einzuführen räthlich seye"[89]. Die Registratur meldet sich am 26. August bei der Regierung und berichtet, daß sie zwar wiederholt die verhandelten Akten von 1774–1776 gesucht habe, diese jedoch weder vorgefunden hätte, noch bei anderen Registraturen aufzutreiben gewesen wären.

Von diesem Zeitpunkt bis in das Jahr 1793 ergibt sich aus den Quellen leider nichts über den weiteren Fortgang; erst ein Schriftsstück von der Regierung im September 1793 schließt die Lücke, stellt aber zugleich auch die letzte diesbezügliche Quelle dar. Sie schreibt an die Rentkammer, ihr sei bekannt, daß „per decretum ministeriale"[90] vom 10. November 1783 verlangt worden sei, ein Gutachten über die Errichtung der neuen Mühlenordnung zu erstellen. Dies sei bisher jedoch „ausgesetzt geblieben"[91], weil die älteren Akten von 1774–1775 verlegt worden seien. Diese Akten seien auch bisher nicht ausfindig gemacht worden; vielmehr sei aus den „fragmentis" der Polizeikommissionsakten zu vermuten, daß selbige am 19. November 1776 „bey Gelegenheit einer vor die Hintere Grafschaft Sponheim zu entwerfende Mühlenordnung an fürstliche Renthkammer gekommen"[92]. Da nun der Herzog Gutachten über die Abstellung der Betrügereien begehre, so ersucht man die Rentkammer „nicht allein die gleichmäßige Recherche wegen der verlegten Acten zu verfügen, sondern auch wegen Habhaftwerdung der in gnädigsten Rescript allegirten preussischen und sächsischen Verordnungen sich zu bemühen, wozu die Cameralbibliotheken Hilfsmittel enthalten dörften und die ausfündig machende Verordnungen zu communiciren"[93].

4.2.3.2 Verhalten der Regierung

Ersichtlich wird aus diesem sehr bruchstückhaften Aktenmaterial, daß sich die Regierung auffallend passiv verhält, sodaß der Herzog 1785 di-

[89] LA Sp. B 2, Nr. 2692.
[90] LA Sp. B 2, Nr. 2692.
[91] LA Sp. B 2, Nr. 2692.
[92] LA Sp. B 2, Nr. 2692.
[93] LA Sp. B 2, Nr. 2692.

rekt durch seine herrschaftliche Verfügung eingriff. Seine Aufforderung, die preußischen und sächsischen Verordnungen im Hinblick auf eine Übertragbarkeit zu überprüfen, ist verständlich.

In diese Territorien hatte sich im Bereich des Mühlenwesens durch die in diesem Jahrhundert erlassenen Mühlenordnungen[94] und die Auseinandersetzung der Rechtsgelehrten[95] mit dem sächsischen beziehungsweise preußischen Mühlenrecht eine für die damalige Zeit relativ fundierte und beständige Situation herausgebildet.

In Preußen und Sachsen hatten sich schon für die damalige Zeit „moderne" Verordnungen entwickelt. Inwieweit diese Mühlenordnungen auch tatsächlich „heilsame", d.h. effektive Verordnungen darstellten, müßte ausführlichst untersucht werden. Jedenfalls ist festzustellen, daß in Preußen und in Sachsen schon frühzeitig in umfassenderen rechtlichen Formen auf die neuen merkantilistischen und physiokratischen Strömungen reagiert wurde[96]. So wurde gegen Ende des 18. Jahrhunderts, 1794, in Preußen das „Allgemeine Preussische Landrecht" erlassen. Es regelte sehr detailliert und strafbewehrt das Recht Mühlen anzulegen, den Mühlenzwang und den Vorgang des Mahlens[97]; beispielsweise konnte ein untüchtig mahlender Müller der Mühle für verlustig erklärt werden[98]. In der Folgezeit, schon am 28. Oktober 1810, wurde in den Königlich Preußischen Staaten sogar der Mühlenzwang aufgehoben[99]. Die „Königliche Preußische Mühlenordnung für die gesammte Monarchie"[100] behandelte nur noch in sechs Paragraphen die nötigsten Regeln – wie zum Beispiel das Vorhandensein einer Mühlenwaage in der Mühle[101], wie bei Gewichtsstreitigkeiten zu verfahren sei[102] – die zudem von einem freiheitlicheren wirtschaftlichen Denken geprägt waren; so blieb die Bestimmung des Lohns dem Übereinkommen zwischen Müller und Mahlgast überlassen[103].

Auch die Ordnungen vor 1785, die als Vorlage dienen sollten, waren

[94]So die „Herzoglich Sachsen Altenburgische Mühlenordnung", vgl. dazu auch die Landesverordnung aus dem Jahr 1705, welche unverändert im Jahr 1742 neu aufgelegt wurde (S. 250 ff), auch in *Schilling*, Handbuch Mühlenrecht, S. 197 ff; daneben auch als Beispiel reger rechtlicher Tätigkeit: die schon am 28. Oktober 1810 erlassene neue „Königliche Preußische Mühlenordnung für die gesammte Monarchie" in *Schilling*, Handbuch Mühlenrecht, S. 193 ff.

[95]*de Rohr*, Hauß=Haltungs=Recht; *Schilling*, Handbuch Mühlenrecht; *E. C. Westphal*, Teutsches und Reichsständische Privatrecht.

[96]Für Preußen vgl. *Vogel*, Allgemeine Gewerbefreiheit, S. 30–47.

[97]ALR I 23, §§ 23–52; II 15, §§ 229–247

[98]ALR I 23, §§ 41

[99]*Schilling*, Handbuch Mühlenrecht, S. 150.

[100]*Schilling*, Handbuch Mühlenrecht, S. 193–195.

[101]§ 2.

[102]§ 3.

[103]§ 1.

bereits auf die sich verändernde wirtschaftliche Situation zugeschnitten. Ein Vergleich der „Herzoglich Sachsen Altenburgischen Mühlenordnung"[104] von 1742, die gemäß herzoglichem Befehl unter anderem heranzuziehen war, mit einer anderen Ordnung verdeutlicht dies.

Als heranzuziehendes Vorbild wäre, schon aufgrund der räumlichen Nähe, die Nassau-Saarbrückische Müller- und Mehlwieger-Ordnung von 1748[105] naheliegend gewesen; sie mag deshalb als vergleichendes Beispiel dienen. Die Nassau-Saarbrückische Ordnung ist weit weniger ausführlich; sie beschränkt sich auf zehn Punkte, die sich vorwiegend mit dem ordnungsgemäßen Wiegen der Frucht und des Mehls auseinandersetzen; nur sehr begrenzt wird auf andere Punkte zur Vorbeugung der Unterschleife hingewiesen. Zum Beispiel wird zusammenfassend und ohne detaillierte Schilderung angegeben, daß „die Müller ihr Mahlwerk in denen Steinen, Zargen, Beutel-Kästen und allen übrigen Stücken dergestalten wohle eingerichtet halten, daß ihnen dadurch nichts zu unerlaubtem Vorteil und den Mahlgästen zum Schaden gereiche, [...]"[106]. Die Mühlvisitationen werden „auf Verordnung und nach Gutfinden unseres Polizey Amts ohnvermerkt angestellt und sie Müller über jeden befindenden Fehler gebührend abgestraft werden sollen"[107].

Die sächsische Ordnung hingegen ist mit ihren 25 Punkten wesentlich umfangreicher. Sie befaßt sich ausführlichst mit den zu beachtenden technischen Grundsätzen bei dem Mühlenwerk (zum Beispiel in Anbetracht der Mühlsteine, der Mühlgräben, der Mühlwehre, der Mühlpfähle). Auch seltsam anmutende Punkte enthält die Ordnung. So wird im Punkt 4 aufgeführt: „Die Mühlen sind gegen das Wasser zu mit Wänden wohl zu verwahren, daß kein Wind hinein kommen kann, doch mag ein oder mehr Fenster gemacht werden, daß man den Stein zu hauen sehen kann". In Punkt 5 heißt es desweiteren: „Die Müller sollen keine Gänse Hühner, Enten oder anderes Vieh in die Mühlen gehen lassen, Tauben und Enten garnicht halten, auch nicht mehr Schweine mästen, als sie von dem Ihrigen erhalten können". Alle diese Punkte wurden deshalb in dieser umfangreichen Weise in die Ordnung aufgenommen, weil erfahrungsgemäß hier die größte Gefahr von Benachteiliungen der Mahlgäste bestand[108]. So war von großer Wichtigkeit, daß die Steine und Läufe den gehörigen Zwischenraum haben und nicht eng stehen (Punkt 1 der Ordnung), da ansonsten die Steine und Läufe sich erwärmen und

[104]Vgl. dazu auch die Landesverordnung aus dem Jahr 1705, welche unverändert im Jahr 1742 neu aufgelegt wurde (S. 250 ff), auch in *Schilling*, Handbuch Mühlenrecht, S. 197 ff.
[105]LA Sp. B 2, Nr. 2413.
[106]LA Sp. B 2, Nr. 2413.
[107]LA Sp. B 2, Nr. 2413.
[108]*Schilling*, Handbuch Mühlenrecht, S. 81–86.

zu „schwitzen" beginnen; durch diesen „Schweiß", mit Mehl gemischt, wächst ein Kleister an, der immer mehr und mehr zu einer Verengung und Erwärmung beim Mahlen führt. Durch allzugroße Wärme verliert aber der Fruchtkern seine Farbe; ein dem Fruchtkern ähnliches weißes Mehl kann somit nicht geliefert werden. Von großer Bedeutung war auch, daß die Mühle in ihrem Innern gegen Windzüge und Wetter gehörig geschützt war (Punkt 4 der Ordnung), da durch die Einwirkung des Regens, des Windes oder des Schnees die Qualität wie die Quantität des Mehles beeinflußt wird. Das Vieh durfte nicht frei in der Mühle laufen (Punkt 5 der Ordnung), da hier die Gefahr bestand, daß das Mehl verunreinigt wurde, und das Vieh sich von den Früchten ernährte. Die Mühlenvisitationen, bei denen die Einhaltung der Punkte genauestens überprüft wurden, sollten laut sächsischer Ordnung jedes Quartal unangekündigt erfolgen; durch diese Festlegung war eine beständigere Kontrolle gewährleistet als dies bei der Nassau-Saarbrückischen Müller- und Mehlwieger-Ordnung der Fall war.

Insgesamt kann man feststellen, daß die sächsische Ordnung weit mehr als die Nassau-Saarbrückische Ordnung daran orientiert war, allen möglichen, sich durch die wirtschaftlichen Bedingungen vermehrenden Betrügereien der Müller und die Benachteiligungen der Mahlgäste vorzubeugen. Die stärkere Regelhaftigkeit und Kontrolle der sächsischen Ordnung bewirkten eine stärkere Anbindung des Mühlwesens an die staatliche Macht; diese wurde dadurch gestärkt und die ökonomischen Kräfte wurden straffer zusammengefaßt, um so diese besser ausnutzen zu können. Staatsraison und Wohlfahrtsdenken werden verquickt.

Diese Anpassung an die wirtschaftlich veränderte und zunehmend von merkantilistischen und physiokratischen Einflüssen geprägte Situation wird bei der speziellen sächsischen Ordnung, der Colditzer Mühlenordnung vom 10. Juni 1766, besonders deutlich. Dieser Ordnung kam besondere Wichtigkeit zu, da sie, obwohl sie eigentlich für die Amtsmühle zu Colditz erlassen wurde, in allgemeinen Fällen, welche nicht die örtlichen Verhältnisse betrafen, vermöge des Gerichtsgebrauchs noch bis ins 19. Jahrhundert auf alle Mühlen im Land verwendet wurde. In dieser Ordnung wurden genaue Ausführungen über den Mahlzwang gemacht. Dies war in dieser Breite bei Mühlenordnungen der damaligen Zeit nicht üblich; vergleichbare Bestimmungen waren im Herzogtum Zweibrücken in einer Vielzahl von Einzelverordnungen ergangen. So wurde in § 69 Nr. II der Ordnung geregelt, daß den Zwangspflichtigen die „Erholung" fremden Mehls von auswärtigen Orten nur bis auf einen halben Scheffel Dresdner Maases gestattet ist, ohne daß sie die Mahlmetze zu vergüten verpflichtet sind. Wer mehr Mehl auf einmal einbringt, wird mit Konfiskation des Gutes und zwei Taler und zwölf Groschen bestraft[109]. In § 70 war bestimmt, daß diejenigen Landmüller, welche einem gebannten Mahlgast mahlen, jedesmal mit zehn Talern bestraft werden sollten und sie überdies noch dem „Denuncianten" sechzehn Groschen zahlen sollten[110]. Desweiteren wurde bestimmt, daß, falls der Zwangsmüller die Mahlgäste nicht fördern konnte, er ihnen einen Freischein für das Mahlen in einer anderen Mühle geben mußte[111]. Neben diesen den Mahlzwang auflockernden Vorschriften ist in der Ordnung auffallend, daß die überwiegende Anzahl der Regeln mit einer genauen Strafandrohung für den Fall des Zuwiderhandelns versehen sind. Man versuchte also, eine freiheitlichere wirtschaftliche Gestaltung auch rechtlich durchzusetzen, aber nur innerhalb der ausführlich geregelten ordnungsrechtlichen Vorgaben, deren Einhaltung durch die detaillierten Strafandrohungen und der vierteljährlichen Kontrolle gewährleistet werden sollte.

Die Tatsache, daß der Herzog unter anderem gerade diese Ordnungen als mögliches Vorbild heranziehen wollte, verdeutlicht seine Gesinnung; das Mühlenwesen sollte von oben her geordnet ganz in den Rahmen merkantilistischer Wirtschaftspolitik eingefügt werden.

4.2.3.3 Verhalten von Polizeikommission und Rentkammer

Aus den Aktenstücken geht desweiteren hervor, daß auch die Polizeikommission, die 1770 gegründet wurde und deren Aufgabe es war, den „Nahrungsstand, das Commercium, die Polizey und die Industrie im Land noch besser [...]" [112] zu besorgen, bei dem Entwurf einer Mühlenordnung in ihrem Wirken passiv war; Vorschläge von ihrer Seite werden nicht ersichtlich.

Die konkreten Vorstellungen gingen allein von der Rentkammer aus; der Ökonomieassessor Karl Balthasar Schimper entwickelte sogar einen Entwurf einer Verordnung. Diese Initiative wird erklärbar, wenn man den Aufgabenbereich der Rentkammer, insbesondere der neuen Ökonomiekommission betrachtet. 1760 spaltete sich diese Kommission für landwirtschaftliche Angelegenheiten von der Rentkammer ab; der Einfluß merkantilistischer[113] und physiokratischer[114] Ideen zeigte Wirkung. Die 1762 eingerichtete Landesökonomiekommission sollte in anderen

[109] *Schilling*, Handbuch Mühlenrecht, S. 143.
[110] *Schilling*, Handbuch Mühlenrecht, S. 144.
[111] *Schilling*, Handbuch Mühlenrecht, S. 146.
[112] LA Sp. B 2, Nr. 4331 fol. 104.
[113] *Heckscher*, Merkantilismus, S. 1.
[114] *Abel*, Deutsche Agrargeschichte, S. 276 f.; *Bleymehl*, Stand und Probleme, S. 79.

Herrschaftsgebieten entwickelte Verbesserungsversuche für den landwirtschaftlichen Bereich prüfen und schließlich selbst Vorschläge zur Besserung des „Nahrungsstandes“[115] der Untertanen machen[116]. Die von der Rentkammer eingebrachte Initiative wurde von der Regierung jedoch sogleich abgelehnt, da sie zu „spitz“ sei. Dieser Vorgang verrät die unterschiedliche wirtschaftsrechtliche Haltung von Regierung und Rentkammer. Die Rentkammer bleibt im wesentlichen, trotz der sich in ihrem Aufbau bemerkbar machenden merkantilistischen und physiokratischen Einflüsse, im Bereich des Mühlenwesens während des 18. Jahrhunderts der alten Auffassung treu, die aufgrund der aufkommenden Konkurrenz belebte Situation durch rigide Verordnungen handhabbar zu machen, zum Beispiel den Mehlhandel einzuschränken und die Lockerung des Bannes zu verhindern[117]. Die Regierung und vor allem die Ämter, die direkter mit den Problemen der Untertanen konfrontiert werden, stehen zunehmend aufgeschlossen dem freien Mehlhandel und den Lockerungen des Bannes gegenüber; finanzielle Interessen der Herrschaft sind zwar nach wie vor von besonderer Wichtigkeit; die Wohlfahrt der Bevölkerung wird aber mit diesen Interessen verknüpft; keinesfalls bestimmen diese Interessen einzig und allein das Handeln, wie dies bei der Rentkammer erscheint und vielleicht sogar bei ihr, als der oberste Finanzbehörde, erscheinen muß. Aber auch von der Regierung wird eine Steuerung durch zahlreiche Verordnungen als nötig und keinesfalls im Widerspruch zur merkantilistischen Anschauung gesehen. Dies ergibt sich aus zahlreichen Aktenstücken, die im Zusammenhang mit neu erlassenen Verordnungen stehen[118]. Vor diesem Hintergrund kann deshalb nicht verwundern, daß die Rentkammer versucht, durch strengste Maßnahmen die Unterschleife einzudämmen; sie setzt weniger auf die durch eine freiheitlicher gestaltete Wirtschaft bedingten positiven Einflüsse, die sich auch und gerade in der Verdrängung von schlechten Müllern bemerkbar machen würde.

Insgesamt wird deutlich, daß erstaunlicherweise die Rentkammer, wie im übrigen auch die Bannmüller, im Mühlenwesen eher an den alten Strukturen hafteten; die Rolle, die ihr ansonsten in der Landwirtschaft zukam, als eine Trägerin innovativer, merkantilistischer Wirtschaftspolitik, nahm sie hier weniger ein.

[115] *Ammerich*, Landesherr und Landesverwaltung, S. 90.

[116] LA Sp. B 2, Nr. 4331 fol. 27–36; *Reuter*, Merkantilismus in Pfalz-Zweibrücken, S. 14; *Eid* Wirtschaftsgeschichte, S. 26.

[117] falls sich damit nicht ausnahmsweise bessere finanzielle Einnahmen verknüpfen liessen, wie das Beispiel der versuchten vorzeitigen Bestandsbeendigung des Zweibrücker Müllers Henrich Jacob Becker zeigt; LA Sp. B 2, Nr. 2688.

[118] LA Sp. B 2, Nr. 2687, 2688.

4.2.3.4 Gründe des Scheiterns

Sowohl die Errichtung einer Mühlenordnung für das gesamte Herzogtum, als auch die 1776 in Angriff genommene Errichtung einer Ordnung für die Hintere Grafschaft Sponheim[119] scheiterten. Das Scheitern der Ordnung für die Hintere Grafschaft Sponheim erklärt Simons[120] mit dem entschiedenen Widerstand der in diesem Gebiet zahlreich vorkommenden selbständigen Bauernmühlen, welche ohne landesherrliche Konzession betrieben wurden. Der Zusammenschluß der Bauern zu einer solchen eigenständigen Mühlgemeinschaft war letztlich nur möglich, weil die betreffenden Hoheitsrechte, die früher nur sporadisch Geltung hatten, in weiten Gebieten nicht mehr angewendet wurden, als die Mühlen im 16. Jahrhundert dort erbaut wurden[121]. Ein Gutachten über die Errichtung der Mühlenordnung für die Grafschaft Sponheim von 1774 weist insbesondere auf die verschiedenen Rechtsformen der Mühlen und die Freiheiten der Bauernmüller hin[122]; der Versuch der Vereinheitlichung und der Durchsetzung der obrigkeitlichen Rechte in Form einer Ordnung konnte aber aufgrund der jahrhundertelang sich bewährten, praktisch freien Wirtschaftsform nicht durchdringen[123].

Bezüglich des Entwurfs der Ordnung für das gesamte Herzogtum gibt es in den Quellen keinerlei direkte Hinweise, die ein Scheitern begründen könnten. Da das letzte Aktenstück aus dem Jahr 1793 stammt, könnte dies den Schluß rechtfertigen, daß es aufgrund der Kriegswirren, die durch die französische Revolution ausgelöst wurden, zu keinem Entwurf mehr gekommen ist. Dies kann jedoch allenfalls eine Teilbegründung darstellen. Es ist nämlich unübersehbar, daß das gesamte Verfahren, das nach den Aktenstücken 1774 begann, auffallend schwerfällig und unsystematisch geführt wurde. So wurde der Rentkammer auf ihr Gutachten und ihren Entwurf keinerlei Resolution von Seiten der Regierung mitgeteilt; wichtige Akten waren verlegt, was, laut Regierung, dazu führte, daß jahrelang in der Sache kein Fortkommen erzielt wurde; sogar auf die fürstliche Anweisung hin wurde acht Jahre zugewartet, bis die Rentkammer mit der Beischaffung dieser Verordnungen beauftragt wurde. Aus alledem wird erkennbar, daß insgesamt wenig Interesse an der Fertigstellung einer Verordnung vorhanden war.

Auch schon unter der Herrschaft von Christian IV. wurde an diesem Projekt gearbeitet und zwar nicht erst gegen Ende der Regierungszeit. Der

[119] Dazu auch *Simons*, Genossenschaftliche Bauernmühlen, S. 134, 206.
[120] *Simons*, Genossenschaftliche Bauernmühlen, S. 201, 206–210.
[121] *Simons*, Genossenschaftliche Bauernmühlen, S. 201.
[122] LHA Koblenz Best. 33, Nr. 6064, 6065.
[123] *Simons*, Genossenschaftliche Bauernmühlen, S. 201, 206–210.

Beginn der Arbeiten kann nicht gleichgesetzt werden mit der zeitlichen Datierung des ersten diesbezüglichen Aktenstücks von 1774. Ausweislich der Akten hatte nämlich Ökonomieassessor Schimper einen Entwurf verfertigt; Schimper war jedoch schon 1764 verstorben[124]. Demnach beschleunigte sogar der reformfreudige Christian IV. die Errichtung nicht. Diese Haltung deutet zwar auf einen Reformwillen hin, der aber gleichzeitig nie in die Tat umgesetzt wurde.

Bestätigt wird diese Annahme durch einen Vermerk am Rande des Konzeptes des Bestandsbriefes der Zweibrücker Stadt- und Schloßmühle von 1787: die Ausarbeitung des Projekts wird hier noch weiter in die Herrschaftszeit von Christian IV. gelegt. Es ist zu lesen: „Von Entrichtung einer neuen Mühlenordnung wird schon seit 30–40 Jahren her geredet und geschrieben, die Akten wären also ins Referat zu geben, damit Hand ans Werk geleget oder weitere Verweisung auf eine vielleicht nicht zu Existenz kommende Sache überflüssig gemacht werden möge. Ist ein faudelischer Gedanken gewesen, welcher alles besser machen, aber niemahlen Hand anlegen wollen und könnte wegbleiben"[125]. Bezug genommen wird hier auf die schon in den 60er Jahren immer wieder auftauchenden Formulierung in den Briefen: „[...], sonsten aber sich nach der neu zu errichteten Mühlenordnung, welche ihme Beständer zu seiner Verhaltung, soll communiciert werden, [...]"[126]. 1787 ist demzufolge, nachdem 30–40 Jahre von der neuen Ordnung gesprochen wurde, diese immer noch nicht entworfen.

Der eigentliche Sinngehalt der Aussage ist zwar aufgrund der eigentümlichen Formulierung – „faudelischer Gedanke" – schwierig zu erfassen. Er könnte sich von dem mittelalterliches Begriff „faudel" herleiten, was soviel wie faul, im weiteren, übertragenen Sinne illusorisch bedeutet. Plausibler erscheint aber die Erklärung, daß sich die Aussage auf den Urheber des Gedankens, Faudel bezieht. Im Literaturverzeichnis über die Zweibrücker Beamten- und Dienerschaft[127] wird ein Kammerrath Fautel, Johann Daniel genannt, der[128] 1740 Regierungssekretär und Pagenhofmeister, 1742 Kammerrat, 1757 Rentmeister war. Obgleich die Zeitangaben demnach übereinstimmen, ist die Divergenz in der Namensschreibung nicht zu übersehen. Allerdings lauten die diesbezüglichen Unterschriften in den Akten alle Faudel[129]. Man muß jedoch berücksichtigen, daß Unterschriften wegen ihrer Eigenheit Unsicherheiten für

[124] *Ammerich*, Landesherr und Landesverwaltung, S. 91.
[125] LA Sp. B 2, Nr. 5324.
[126] LA Sp. B 2, Nr. 5323.
[127] StaA Zw.; auch *Stuck*, Verwaltungspersonal, S. 20.
[128] Um 1715 geboren, lutheranisch, mit Maria Salomea Stollcken verheiratet, ein Kind.
[129] LA Sp. B 2, Nr. 5316.

die Lesbarkeit beinhalten. Aber auch zusätzlich herangezogene Akten ergeben, daß der Kammerrat Faudel und nicht, wie angegeben, Fautel hieß. So schreibt der Registrator Gervinus 1749 auch an einen Rat Faudel[130]; dies ist eindeutig zu lesen.

Demnach schätzt auch der Verfasser dieses Vermerks den Durchsetzungswillen dieses Reformanspruchs nur sehr gering ein.

Bemerkenswert ist, daß dieser Durchsetzungswille nicht grundsätzlich im Bereich des Mühlenrechtes fehlte; zahlreiche einzelne Verordnungen für bestimmte Mühlen, die den Bann auflockerten und den Mehlhandel förderten, wurden erlassen; seltener wurden dagegen Allgemeinverordnungen[131] erlassen, die für das gesamte Herzogtum Geltung hatten. Die Regierung versuchte möglichst flexibel auf die einzelnen Veränderungen zu reagieren. Dies brachte jedoch keine größere Rechtssicherheit mit sich; denn oft wurden diese Verordnungen vorschnell, ohne juristisch korrekte Ausarbeitung erlassen, was letztendlich wiederum zu deren Aufhebung oder Veränderung führte[132]. Ebenso oft wurden die Verordnungen durch neue Entwicklungen überholt und obsolet. Diese sich ständig ergebenden Veränderungen konnten nicht den Rahmen für eine beständige allgemeingültige umfassende mühlenrechtliche Regelung abgeben. Die Zurückhaltung bezüglich der Durchsetzung wird insoweit verständlich.

4.3 Charakter der Mühlenordnungen

4.3.1 Mühlenordnungen als Gesetz?

4.3.1.1 Gesetzesmerkmale

Bei der Klärung der Frage, ob die Mühlenordnung Gesetzesqualität aufweist, sind die bereits oben benannten, von der neuen Geschichtsforschung entwickelten Merkmale zur Konkretisierung eines historisch verwendbaren Gesetzesbegriff heranzuziehen. Danach seien Gesetze das Resultat autoritativer Setzung oder Darstellung von Recht; die Allgemeinheit der Norm und die Urkundenfassung sind weitere Merkmale, die allerdings zum Teil nicht obligatorisch, sondern epochenspezifisch variabel angesehen werden.

---

[130] LA Sp. B 2, Nr. 3099.

[131] Verordnung bezüglich des Verbots, außer Land zu mahlen, vgl. dazu LA Sp. B 2, Nr. 2687; Verordnung bezüglich des auswärtigen Mahlens, vgl. dazu LA Sp. B 2, Nr. 5314, 2687.

[132] Vgl. dazu LA Sp. B 2, Nr. 2687.

Es muß also zunächst untersucht werden, ob auch bei der Mühlenordnung solche Merkmale vorliegen. Eine Präferenz eines bestimmten Merkmales (und damit einer Auffassung) ist dabei nicht vorzunehmen, da allein auf der Basis mühlenrechtlicher Ordnungen und, wie später ausgeführt wird, mühlenrechtlicher Bestandsbriefe, allgemeingültige, epochenspezifische Gesetzesmerkmale nicht herausgearbeitet werden können. Es sind deshalb sämtliche Gesichtspunkte zu berücksichtigen, um zu einem möglichst präzisen Ergebnis zu gelangen.

Bei der Kennzeichnung von der Stellung der gesetzgebenden Institution wird von einem Über- und Unterordnungsverhältnis des Normerlassers und der Rechtsbeteiligten ausgegangen. Ausführlicher besonderer Erörterung bedarf es in diesem Punkt bezüglich der Mühlenordnungen nicht; die Ordnungen wurden einseitig von der Obrigkeit erlassen. Obgleich es sich um städtische, d.h. die zweibrückische Mühlen betreffende Ordnungen handelt, ist die Regelung nicht auf einen lokalen Normgeber zurückzuführen; der Zweibrücker Bürgermeister hatte lediglich eine Beratungsfunktion, als Aussteller wird die Rechenkammer, eine Landesbehörde, genannt[133]. Den Bürgern kam kein direktes Mitgestaltungsrecht zu; sie konnten durch ihre Beschwerden lediglich eine Anregung zum Entwurf einer neuen Ordnung geben[134].

Ist die autoritative Setzung beziehungsweise Darstellung bereits ein erster Anhaltspunkt, so kommt dem allgemeinen Charakter der Norm bei der näheren Eingrenzung besonderes Gewicht zu[135]. Da die untersuchten Mühlenordnungen nur für die Mühlen der Stadt Zweibrücken galten, könnte man vermuten, daß sie keine abstrakt-generellen Regelungen darstellen. Es ist jedoch nicht davon auszugehen, daß die Regelung eine individuelle Ausrichtung in dem Sinne hatte, daß sie nur an ganz bestimmte Personen adressiert war, die man mit Namen bezeichnen konnte oder die zumindest zahlenmäßig feststanden. Die Adressaten der Ordnung waren nicht nur der Zweibrücker Müller, Mühlschreiber und in zweiter Linie die Zweibrücker Bürger; der Adressatenkreis erstreckte sich weit über die Stadtgrenzen von Zweibrücken. So war der Bannbezirk der Zweibrücker Mühle in jener Zeit weitaus größer als im 18. Jahrhundert; aus den Akten geht zum Beispiel hervor, daß sogar Althornbach[136] und die Rinschweiler Gemeinde zur Zweibrücker Stadtmühle gebannt waren[137].

[133] LA Sp. B 2, Nr. 292/2.
[134] LA Sp. B 2, Nr. 292/3.
[135] *Wolf,* Gesetzgebung, S. 519; *R. Schulze,* Neuere vorkonstitutionelle Gesetzgebung, S. 167.
[136] Später im 18. Jahrhundert war Althornbach zur Hornbacher Bannmühle gebannt, dazu LA Sp. B 2, Nr. 1116/1–4.
[137] LA Sp. B 2, Nr. 292/3.

Der größere Bannbereich war zur damaligen Zeit auch notwendige Voraussetzung für die Rentabilität der Mühlenarbeit, da die Bevölkerungsdichte weniger hoch war.

Die Ordnung war aber nicht nur an die gebannten, sondern auch an andere Mahlgäste adressiert; Ungebannte oder „Gefreyte"[138] konnten sich grundsätzlich zum Mahlen eine Mühle auswählen. Auch wenn diese zahlenmäßig sicherlich die Minderheit darstellten, waren sie von der Ordnung nicht ausgenommen; so wird im Punkt 11 dies ausdrücklich für die herrschaftlichen Bedienten, die üblicherweise gefreiten Personen, angesprochen: „Und soll des Molters niemanden weder Räthe, Ambtsleuthe, Diener, oder wer der seie durchaus nit gefreyet sein, sondern derselbe vom meniglichem und auch von der Frucht die zur Hofhaltung gemahlen wurdt, eingebracht werden undt verrechnet werden"[139].

Aus alledem ergibt sich, daß bei Erlaß der Regelung noch nicht feststand, welche Personen individuell betroffen sind, weil die Adressaten von vorneherein unbestimmt waren. Es entwickelten sich also in dieser Normsetzung bereits wesentliche Ansätze einer Regelungstätigkeit, die zwar durch aktuelle konkrete Mißstände hervorgerufen wurde, aber weit über die Einzelfallregelung hinausging. Dies wird auch dadurch deutlich, daß die Ordnung nicht für einen bestimmten, sondern für eine Vielzahl von Fällen ausformuliert war. Der allgemeine Charakter der Norm kann bejaht werden.

Unterstützt wird dieses Ergebnis durch die umfassende Vorbildfunktion, die grundsätzlich den Mühlenordnungen zukam. Einerseits lehnte man sich in der Praxis an solche Ordnungen auch außerhalb ihres eigentlichen Geltungsbereiches an, wie das Beispiel der Colditzer Mühlenordnung vom 10. Juni 1766 zeigt, die in ihren allgemeinen Teilen in allen Mühlen im Land Sachsen angewendet wurde[140]. Andererseits zog man beim Entwurf einer neuen Ordnung andere Mühlenordnungen als Vorlage heran, wie dies sowohl die Umstände bei dem Entwurf der Mühlenordnung im 16.[141] als auch im 18. Jahrhundert[142] im Herzogtum Pfalz-Zweibrücken zeigen.

Die Urkundsfassung ist bereits seit dem Mittelalter ein Ausdrucksmerkmal der gesetzlichen oder gesetzesähnlichen Regelung[143]; auch noch bis ins 18. Jahrhundert, so die Gesetzesforschung, kann die Urkundsfassung

---

[138] LA Sp. B 2, Nr. 292/3.
[139] LA Sp. B 2, Nr. 292/2.
[140] *Schilling*, Handbuch Mühlenrecht, S. 118.
[141] LA Sp. B 2, Nr. 292/2, 292/3.
[142] LA Sp. B 2, Nr. 2692.
[143] *Wolf*, Gesetzgebung, S. 519.

als Anhaltspunkt verstanden werden[144]. Die Mühlenordnungen sind in Urkundenform erlassen worden. Der Aufbau der Ordnungen ist dem Einteilungsschema, das die Diplomatik für mittelalterliche Urkunden entwickelt hat[145], nachgebildet; gewisse Veränderungen zur mittelalterlichen Urkunde sind jedoch auch ersichtlich. So ist im Eingangsprotokoll nur die Intitulatio, der Name und Titel des Ausstellers zu finden „Unser Johannsen Gottesgnaden Pfalzgraven bei Rhein, Herzog in Baiern, Graven zu Veldenz und Sponheim p., Mühlen und Wagordnung wie es in den Müelen und Wag allhier zu Zweibrücken bis ferner unsere Verordnung gehalten werden soll"[146], die allgemeine Begründung, die Arenga, fehlt ganz. Im eigentlichen Text sind die Dispositio, die rechtliche Regelung (Punkt 1–36) und die Bekräftigungsformel zu finden: „Und hieruff so gebietten und befehlen undern Hofmeister, Räthen, Ambtsleuten und Mühlschreiber gnedig undt ernstlich ad dieser unser Ordnung mit allem Ernst und Fleis zu halten solche zuhand haben und da etwas dagegen gehandelt wäre, das selbige der Gebühr abzuschaffen und mit Ernst zu straffen"[147]; die Geschichtserzählung, die öffentliche Bekanntgabe und die Poenformel sind nicht vorhanden. Die Urkunde endet mit der Signumszeile „Das wollen wir uns zu geschehen veranlassen mit verkund unseres hiefür gedruckten Rechencammer Zweibrücken 10. May 1596"[148].

Nach diesen Erörterungen ist festzustellen, daß die Mühlenordnungen als Gesetze mit einer beachtlichen Regelungsbreite einzustufen sind.

4.3.1.2 Differenzierung in öffentliches- oder privatrechtliches Gesetz?

Ob und inwieweit das Gegensatzpaar öffentliches und privates Recht im 18. Jahrhundert überhaupt gerechtfertigt ist, muß für die damalige, konkrete Situation diskutiert werden. Eine klare Grenzziehung zwischen öffentlichem und privatem Recht hat während des 18. Jahrhundert im praktischen Rechtsleben nicht stattgefunden; beide Rechtsgebiete waren miteinander verwoben. Diese Verschränktheit wurde jedoch von der Rechtsliteratur nicht begrüßt; es sei „theils aus Mangel an philosophischen Bearbeitern, theils wegen versäumter Kultur des Privatrechts, theils endlich durch verkehrte Anwendung des römisch justinianeischen

[144] *Theuerkauf*, Lex, S. 331.
[145] *Lillig*, Rechtsetzung, S. 150.
[146] LA Sp. B 2, Nr. 292/2.
[147] LA Sp. B 2, Nr. 292/2.
[148] LA Sp. B 2, Nr. 292/2.

Rechts lange Zeit alles untereinander geworfen und der so wichtige Unterschied zwischen Staats- und Privatrecht nicht genau beobachtet "[149] worden. Die Rechtsliteratur erkannte also die Notwendigkeit einer klareren Differenzierung. Die von ihr getroffene Unterscheidung richtete sich nach dem Objekt, d.h. nach der Natur der Geschäfte und Verhältnisse, woraus Rechte und Verbindlichkeiten erwachsen. Das Staatsrecht wurde als „Inbegriff der Rechte und Verbindlichkeiten, die die Regierung eines Staates betreffen"[150] verstanden; Privatrecht hingegen als der „Inbegriff der Rechte und Verbindlichkeiten, welche ohne Rücksicht auf die Regierung des Staates, die einzelnen Bürger sowohl unter sich, als im Verhältnis mit auswärtigen betreffen"[151]. Diese Unterscheidung wurde im 18. Jahrhundert, eben weil die Ständeordnung noch das Recht prägte, nicht als Gegensatz im späteren Sinne empfunden. Vor diesem Hintergrund kann nun die Mühlenordnung näher charakterisiert werden.

Obgleich Mühlenordnungen, wie schon Maurenbrecher[152] ausführte, die Verhältnisse des Mühlberechtigten zu dritten Personen regeln und auch Weber[153] später bestätigte, daß die Ordnungen eine Regelung der Beziehungen zwischen dem Müller und dem Mahlkunden darstellen, kann man hieraus nicht auf ihren privatrechtlichen Charakter schließen. Zwar ist unbestreitbar, daß in wesentlichen Teilen der Ordnung diese privatrechtliche Natur enthalten ist; hier ist insbesondere die Festsetzung des Mahllohns zu erwähnen (Punkt 8)[154]. Der Zweck dieser Vorschriften sollte aber die Vermeidung der Unterschleife sein[155]. Mithin trat der polizeirechtliche Aspekt, die Gefahrenabwehr, zu der privatrechtlichen Seite hinzu. In diesen Regelungen läßt sich die Natur des Rechtsverhältnisses, als alleinig unterscheidendes Merkmal, somit nicht eindeutig bestimmen; Privatrecht und öffentliches Recht sind miteinander verflochten. Daneben läßt sich die Mehrzahl der Regelungen eindeutig zuordnen. Dies sind Bestimmungen von gewerberechtlicher Art, die zum Beispiel die Anforderungen an die Person des Müllers beziehungsweise des Mühlschreibers oder Wiegers regeln sowie auch Bestimmungen von allgemein polizeirechtlicher Art. Eine solche gewerberechtliche Regelung beinhaltet der Punkt 24, „Sie (der Müller und die Seinigen) sollen sich auch Spielens, Fischens, Angelns, Zechens und anderer Leichtfertigkeit,

[149] *Danz*, Deutsches Privatrecht, Bd. 1, § 4 S. 11.
[150] *Danz*, Deutsches Privatrecht, Bd. 1, § 6 S. 15.
[151] *Danz*, Deutsches Privatrecht, Bd. 1, § 6 S. 15.
[152] *Maurenbrecher*, Lehrbuch Privatrecht, S. 637 in Fn. 10.
[153] *Weber*, Mühlen und Müllerhandwerk, S. 120.
[154] LA Sp. B 2, Nr. 292/2.
[155] LA Sp. B 2, Nr. 292/3.

dadurch das Mahlwerk versäumt würde, enthalten"[156]. Auch eine Bestimmung zur Gefahrenabwehr ist in Punkt 24 enthalten: „Der Müller und die Seinigen sollen sich in unseren Mülen als ein gefreyten Ort, bei ungnediger Straff Fluchens, Schreiens und sonsten in gemein aller Gotts lestrige Schelt und Schmehwort auch aller Thathandlungen gegen den Mahlgesten und anderen wie auch undt sich selber genzlichen äußern und enthalten trügen, sondern einen jeden das Seinig in der Güthe wie obgemelt lieffern, hingegen auch niemands sie zu übergeben und zu schelten gestatten, sondern in der Müel die Müelfreiheit erhalten werden solle"[157].

Der Grund für die oben angesprochene Verflochtenheit war darin zu sehen, daß das Recht des Landesherrn, Mühlen anzulegen, auch das Recht beinhaltete, die Aufsicht über das Mühlengewerbe zu führen; außerdem hatte der Landesherr dadurch die Pflicht, den Untertanen zufriedenstellende Mahlgelegenheiten zu verschaffen. Er regelte als oberster Mühlherr alle Mühlangelegenheiten; die „Ambtsleute, Hofmeister, Räthe und der Mühlschreiber"[158] halfen ihm hierbei lediglich als ausführende Personen. Der Müller wurde in der Ordnung zwar nicht als selbständiger Gewerbetreibender, sondern wie ein Beauftragter behandelt, der Rechte des Landesherrn auszuführen hatte[159]; diese Ausführungsrechte wurden detailliert dargestellt. Gleichzeitig wurden durch die Ordnung jedoch auch die Rechte des Müllers, die ihm gegenüber Dritten zukamen[160], konkretisiert. Punkt 36 der Mühlenordnung von 1596[161] verdeutlicht dies; nur wenn die Gäste nicht gefördert werden und nur wenn sie ein Zeichen vom Mühlschreiber erhalten, daß die Frucht bereits gemoltert sei, dürfen sie zu einer anderen als der Bannmühle mahlen lassen und das Recht des Müllers insoweit schmälern.

Die Mühlenordnungen stellen letztlich einen Ausdruck des Rechtes Mühlen anzulegen dar. Dieses Recht stand dem Landesherrn zu und war nach vorherrschender Meinung öffentlichrechtlicher Natur. Ebenso war die Beschreibung der Tätigkeitspflichten des Mühlschreibers öffentlichrechtlich, da er bei der Ausführung seiner Arbeiten in herrschaftlichen Diensten stand. Die aus dem Recht des Landesherrn abgeleiteten Ausübungsrechte des Müllers wiesen zwar nach herrschender Lehre sowohl staatsrechtliche wie auch privatrechtliche Komponenten auf, weshalb eine eindeutige Zuordnung gemeinhin vermieden wird. In der

[156] LA Sp. B 2, Nr. 292/2.
[157] LA Sp. B 2, Nr. 292/2.
[158] LA Sp. B 2, Nr. 292/2.
[159] *Simons*, Genossenschaftliche Bauernmühlen, S. 138, 198.
[160] *de Rohr*, Hauß=Haltungs=Recht, S. 680.
[161] LA Sp. B 2, Nr. 292/2.

Mühlenordnung wird jedoch vorwiegend die staatsrechtliche Seite angesprochen. Insgesamt ergibt dies ein Übergewicht an öffentlichrechtlichen Bestimmungen, sodaß die Ordnung als öffentlichrechtliches Gesetz gewertet werden kann. Auch aus Sicht der Germanisten[162], die das Recht des Landesherrn, Mühlen anzulegen, unter die Privatrechte einordnen, muß das vorliegende starke Gewicht an öffentlichrechtlichen Bestimmungen, insbesondere die Beschreibung der herrschaftlichen Dienste des Mühlschreibers, berücksichtigt werden. Die Beurteilung als öffentlichrechtliches Gesetz ist letztlich auch aus dieser Perspektive gerechtfertigt.

4.3.2 Mühlenordnung als hoheitliche Rechtssetzung oder Rechtsdarstellung?

Die Klärung dieser Frage ist für die genaue Charakterisierung der Mühlenordnung unumgänglich. Hoheitliche Rechtssetzung wird dabei als Schaffung neuen Rechtes durch die Obrigkeit verstanden; Rechtsdarstellung wird als Fixierung schon bestehenden Rechtes aufgefaßt[163]. Aus den vorhandenen Quellen kann man erkennen, daß durch die Mühlenordnungen aus dem 16. Jahrhundert Recht gesetzt wurde, mithin neues Recht geschaffen wurde. So wird zum Beispiel in den Akten erwähnt, daß die Bäcker sich gegen die Mühlenordnung von 1587 wenden, da diese andere als bisher übliche Bestimmungen enthalte: „Vor der Zeit wie ahn anderen Orthen gebrauchlich, unsere Frucht wo wir zu offenen feilen Kauf alhier verbacken, solches in Pfalzgraflichen Müelen ohnverwieget, jedoch allwegen zuvorderst gemoltert dieselbige genetzt, damit wir selbige Frucht mit allen Recht mahlen, sondern auch das Mehl nach Nothdurft zu Wecken und Brod bringen und backen möglich"[164]. Die Bäcker erklären, daß das zum Backen von „Wecken" notwendige Weißmehl nur dann ausgemahlen wird, wenn die Frucht wie zuvor nach „alter Gewohnheit" genetzt wird. Durch die Regelung über das Wiegen der Frucht und das Verbot, die Frucht zu netzen, werden also neue Normen geschaffen; die Rechtsgewohnheit wird insoweit aufgehoben. Auch aufgrund der Veränderungen, die in die Mühlenordnung von 1596 eingefügt wurden, wurde neues Recht geschaffen.

Ob und inwieweit jedoch neben dieser Rechtssetzung auch Recht dargestellt wurde, läßt sich anhand des raren Quellenmaterials nicht bewei-

[162] *Eichhorn*, Privatrecht, §§ 265 ff; *Mittermaier*, Gemeines deutsches Privatrecht, S. 479–580.
[163] *R. Schulze*, Neuere vorkonstitutionelle Gesetzgebung, S. 166.
[164] LA Sp. B 2, Nr. 292/3.

sen; lediglich Vermutungen können aufgestellt werden. So ist die Tatsache, daß man bei dem Entwurf der Mühlenordnung von 1587 andere Ordnungen heranzog und sich in der entworfenen Ordnung an deren Regelungen anlehnte, ein Indiz dafür, daß insoweit neues Recht gesetzt wurde, nicht aber schon im Herzogtum bestehendes Recht, insbesondere rechtgewohnheitliche Regeln des Herzogtums Pfalz-Zweibrücken, dargestellt wurde. Demnach hat sich die Rechtsdarstellungsfunktion, wenn überhaupt, auf ein Minimum beschränkt.

Insgesamt läßt sich feststellen, daß durch die Mühlenordnungen vorwiegend Recht gesetzt wurde.

4.4 Materiellrechtliche Funktion der Mühlenordnung im Wandel

4.4.1 Funktion der Mühlenordnung

Da die Mühlenordnung vor allem handwerkliche Vorschriften für den Müller sowie Mühlschreiber und Regelungen über das Verhältnis zwischen Müller und Mahlkunde enthielt, bildete sie die materiellrechtliche Grundlage für einen wesentlichen Bereich des Mühlenwesens. Die Frage, ob die Mühlenordnungen als solche Rechtsgrundlage auch Anwendung gefunden hatten, läßt sich nicht pauschal beantworten. Das 16. Jahrhundert und das 18. Jahrhundert müssen getrennt untersucht werden, da sich jeweils ein ganz anderes Bild ergibt.

4.4.2 Wandel der Funktion

Die Aktenstücke des 16. Jahrhunderts belegen, daß man in dieser Zeit direkt den Ordnungen nachlebte; sie waren die Basis, nach der sich die Rechtmäßigkeit des Verhaltens von Müller, Mühlschreiber, Wieger und Mahlgästen beurteilen ließ. Lediglich einzelne, kleinere Verstöße sind aus den Akten ersichtlich. Diese wurden aber von der Obrigkeit sofort mit dem Hinweis auf die Ordnung geahndet. So wurden sowohl die Bäcker, die ihre Frucht entgegen der Ordnung nicht netzen wollten, als auch die Bürger, die bei den Landmüllern Mehl oder Frucht zum dortigen Mahlen, aufkauften und die deshalb meinten, von dem Molter, den die Ordnung festsetzt, „gefreyet"[165] zu sein, auf die Einhaltung der Ordnung verwiesen; den Amtsleuten und dem Mühlschreiber wurde befohlen, daß „auf die Ordnung soll stracklich gesehen werden bei Straff"[166].

Während des 18. Jahrhunderts bildete die Mühlenordnung in ihrer Gesamtheit im wesentlichen nicht mehr die Grundlage für das rechtmäßige Verhalten.

Zum einen wurden die Vorschriften der Mühlenordnung in den Mühlen nicht nur vereinzelt, wie dies im 16. Jahrhundert der Fall war, sondern in weiten Teilen kaum noch eingehalten. Ein Beispiel dafür sind die zahlreichen Beschwerden von 1772 an die Regierung, daß die Müller das Mehl nach ihrem Gutdünken den Mahlgästen abgeben würden, aber nicht mehr – wie es die Ordnung detailliert regelte – auf das Gewicht mahlen. Von Seiten der Obrigkeit wurde daraufhin in Erwägung gezogen, ein legem generalem zu erlassen, das die Pflicht der Müller, auf das Gewicht zu mahlen, ausführlich regeln sollte; die Mühlenordnung wurde bei den Erörterungen aber bezeichnenderweise nicht erwähnt[167].

Zum anderen nahmen teilweise die Bestandsbriefe die Funktion der Mühlenordungen insoweit wahr, als nunmehr in die Bestandsbriefe Regelungsgegenstände, die zuvor in den Mühlenordnungen enthalten waren, aufgenommen wurden; dies geschah teils in inhaltlich unveränderter, teils aber auch in abgeänderter Form. So enthielt der Bestandsbrief der Zweibrücker Stadt- und Schloßmühle von 1765 folgende Passage, die, zwar mit anderer Wortwahl, den Inhalt der Ordnung wiedergab: „[...] vielmehr die Banngäste möglichst abfertigen und sie nicht mit Trinckgeld beschweren, sondern mit dem herkömmlich gegen andere Orten ohne des hohen Molter als den 12. Teil vom Malter begnügen laßen, übrigens alle erhebliche Klagen bei nachdrücklicher Strafe zu vermeiden"[168]. Der Bestandsbrief des Zweibrücker Stadt- und Schloßmüller Joseph Hauther von 1787 wies eine im Vergleich zur Mühlenordnung andere Regelung in Betreff des Wiegens auf; der Müller sollte grundsätzlich laut Artikel 1 seines Bestandsbriefes beim Kommismehl „einhundert und zehn Pfund gutes Meel und fünfzehn Pfund aus diesem Korn wirklich gemahlener Kleyen zu liefern", wobei man annahm, daß das Malter Korn im Durchschnitt 136 bis 140 Pfund wiegt[169]. Von dem in der Ordnung gegebenen Grundsatz, daß auf das Gewicht zu mahlen sei, wurde also abgewichen.

[165] LA Sp. B 2, Nr. 292/3.
[166] LA Sp. B 2, Nr. 292/3.
[167] LA Sp. B 2, Nr. 296.
[168] LA Sp. B 2, Nr. 5323.
[169] LA Sp. B 2, Nr. 5324.

Den obigen Beobachtungen entspricht es, daß bei Streitigkeiten über Gegenstände, die in der Ordnung geregelt waren, die Mühlenordnung nur äußerst selten überhaupt noch Erwähnung gefunden hat. So wurden bei Streitigkeiten, welche die sowohl in der Ordnung als auch in den Briefen geregelte Molterhöhe betrafen, meist lediglich die Bestandsbriefe als Grundlage herangezogen, nicht aber die Mühlenordnung.

Beispielsweise wurde in dem schon oben geschilderten Supplikverfahren wegen des unsachgemäßen Mahlens der Müller von der Obrigkeit darauf hingewiesen, daß die Molterhöhe (12. Teil) gerechtfertigt sei, da dies in den Briefen so geregelt sei[170]. Auch bei diesbezüglichen gerichtlichen Streitigkeiten wurde die Ordnung nicht als Beleg für die Molterhöhe genannt. In Sachen Balthasar Cron, der Erbbeständer der Hornbacher Klostermühle, gegen die Brenschelbacher Gemeinde führte der Müller zum Beweis der Molterhöhe lediglich seinen Bestandsbrief an[171]; in dem Urteil des Appellationsverfahrens des Jacob Bachmann, dem Beständer des Rinckweiler Hofes gegen den Hornbacher Erbmühlenbeständer Balthasar Cron wird sich bezüglich der Molterhöhe wegen fehlender neuer Bestandsbriefe sogar auf ein Weistum aus dem Jahre 1558 gestützt[172]. Erst die nachfolgende „Fiscalische Erklärung auf die Denuntiationsschrift" durch die Rentkammer weist darauf hin, daß dieses Weistum aufgehoben wurde durch die „Landesverordnung" von Herzog Johann I., die für das ganze Zweibrücker Oberamt die Höhe auf den 12. Teil festsetzte. Die Rentkammer beschränkt sich jedoch nicht hierauf, sondern zieht als Beweis für die Molterhöhe zusätzlich ältere Bestandsbriefe hinzu, die diese Regelung ebenfalls beinhalten[173].

Die Mühlenordnung wurde bei der Frage nach der Molterhöhe nur dann herangezogen, wenn die Legitimation dieser betreffenden Regelung im Brief überprüft wurde. Ein solches Vorgehen war aber eher selten, grundsätzlich ging man von den Bestandsbriefen als rechtmäßige Grundlage ohne weitere Überprüfung aus.

Lediglich in den Fällen, in denen die von der Ordnung abweichenden Bestimmungen des Bestandsbriefes Streitgegenstand waren, wurde auf die Mühlenordnung zurückgegriffen. So wandte sich 1790 der Zweibrücker Stadt- und Schloßmüller Joseph Hauther in seinem Gesuch gegen die Regelung des Bestandsbriefes, grundsätzlich einen bestimmten Betrag an Mehl und Kleien abzugeben; er wollte nach der Mühlenordnung behandelt werden, die das Mahlen auf das Gewicht vorsah. Die Obrigkeit lehn-

[170] LA Sp. B 2, Nr. 296.
[171] LA Sp. B 2, Nr. 1116/2.
[172] LA Sp. B 2, Nr. 1116/1–4.
[173] LA Sp. B 2, Nr. 1116/1–4.

te dies jedoch in aller Kürze ab, ohne auf die alte Regelung der Ordnung einzugehen[174].

Aus alledem ergibt sich, daß die im 16. Jahrhundert begründete Mühlenordnung im 18. Jahrhundert sowohl für die Bevölkerung als auch für die Obrigkeit im wesentlichen ihre Bedeutung verloren hatte. Sie wurde von den Bestandsbriefen aus ihrer ursprünglichen Rechtsposition verdrängt; einzelne ihrer Regelungsgegenstände wurden, wenn auch fragmentarisch, in die Bestandsbriefe eingefügt. Die Mühlenordnung in ihrer Gesamtheit hat im 18. Jahrhundert ihre maßgebliche materiellrechtliche Funktion verloren.

[174] LA Sp. B 2, Nr. 5325.

Kapitel 5

Mühlenbriefe

5.1 Arten von Mühlenbriefen

Die Mühlenbriefe sind in die Erbbestands-, die Temporalbestands- und die Lehensbriefe sowie in die Konfirmations-, Konzessions- und Renovationsscheine einzuteilen. Eine solche Unterscheidung war im 18. Jahrhundert gebräuchlich und zum Teil ist sie schon in vorigen Jahrhunderten ersichtlich[1].

Dies kann man aus zahlreichen Aktenstücken herauslesen: Im Mühlenprotokoll des Oberamtes Zweibrücken von 1744 wird erwähnt, daß der Schwarzenacker Müller sich mit einem „Confirmationsschein"[2] vom 25. November 1734 als rechtmäßiger Mühlenbesitzer ausweisen kann; über die Hornbacher obere Mahlmühle und Ohligmühle wird berichtet, daß diese Gottfried Goffing in Temporalbestand habe und er sich daher legitimieren kann; der Erbbeständer der Maßweiler Mahl und Seegmühle mußte seinen am 10. Dezember 1743 erhaltenen Erbbestandsbrief durch einen Renovationsschein alle 15 Jahre erneuern lassen[3]; im Konzept des Erbbestandsbriefes über die „neue von denen Gebrüdern zu Bischweiler am dasigen Moderbach zu erbauende Mahlmühle und den dazu gehörigen verschiedenen Werken"[4] wird erwähnt: „wir denen beyden Handelsleuthen und Brüdern Abraham und Isaac Bertrand von Bischweiler vermög Concessions/ Scheins/ Briefs vom 18. Januar 1758 zur Errichtung einer Mahlmühle und anderen Wercken an der Moderbach auf unserem alleinig Territorio die gnädigste Erlaubniß ertheilt habe"[5]. Diese Beispiele seien für viele erwähnt.

Zum besseren Verständnis sei eine kurze allgemein gehaltene Charakteristik der einzelnen Mühlenbriefe gegeben.

[1] Der Erbbestandsbrief der Bickenaspacher Mühle von 1610, KSchA Zw. Rep. IV, Nr. 265, 266; Die Mimbacher Mühle wurde 1546 von Herzog Wolfgang den Gemeinden Webenheim und Mimbach erblich verliehen, KSchA Zw. Rep. IV, Nr. 2499–2501.

[2] LA Sp. B 2, Nr. 295/5.

[3] LA Sp. B 2, Nr. 295/5.

[4] LA Sp. B 2, Nr. 295/5.

[5] KSchA Zw. Rep. IV, Nr. 1229.

Der Müller konnte seinem Mühlenbesitz und den Mühlenbetrieb durch die Bestandsbriefe, den Erbbestands- und den Temporalbestandsbriefen, legitimieren. Im Laufe der Jahrhunderte entwickelte sich in fast allen Territorien eine ähnliche und mancherorts sogar feststehende Form in der inhaltlichen und aufbaumäßigen Gestaltung der Briefe. So hatte die kurfürstliche Verwaltung in Heidelberg gedruckte Formblätter für diese Briefe ausgegeben[6]. Oft wurde bei den Erbbestandsbriefen folgende Abfassung gewählt[7]:

1. Die ausstellende Behörde
2. Der Gesuchsteller und das Pachtobjekt
3. Förmliche Einsetzung des Beständers in sein Erbgut
4. Auflistung der Pflichten des Beständers:
   - Haltung der Mühle in gutem Stand
   - Keine Veräußerung ohne herrschaftliche Einwilligung
   - Keine Vererbung ohne Konsens
   - Beantragung eines neuen Briefes bei Besitzänderung und Zahlung von zwei Prozent Laudemiumgebühren
   - Beachtung der Bestimmungen über die Behandlung von Mahlgästen
5. Festsetzung der Höhe des Mahllohnes
6. Verleihung des Bannrechtes oder Hinweis auf Beachtung des Bannrechtes benachbarter Müller
7. Festsetzung der jährlich zu entrichtenden Erbpacht
8. Bereitstellung des Bauholzes für die Mühle, das Wohnhaus und das „laufende Geschirr"
9. Verpfändung des Vermögens als Sicherheit für den Bestandsvergeber
10. Hinweis auf die Anfertigung einer zweiten Ausgabe für den Beständer
11. Ort, Datum, Unterschrift des Hoheitsträgers, Siegel

[6] *Weber,* Mühlen und Müllerhandwerk, S. 115.
[7] Dazu auch *Weber,* Mühlen und Müllerhandwerk, S. 115.

Der Temporalbestand war inhaltlich an den Erbbestandsbrief angelehnt; er unterschied sich aber von diesem im wesentlichen durch seine zeitliche Befristung.

Ergänzt werden konnte der Erbbestandsbrief durch den Konfirmations-, den Konzessions- und den Renovationsschein. Der Konfirmationsschein war meist ein neuer Erbbestandsbrief, der beim Wechsel eines Beteiligten ausgestellt wurde. Der Konzessionsschein wurde erteilt, wenn der Erbbestandsbrief noch nicht abgefaßt war; er war insoweit vorläufig. Lediglich eine Erneuerung des bestehenden Briefes war der Renovationsschein, der nach einer gewissen Zeit erteilt wurde ohne daß ein Wechsel der Beteiligten vorlag.

5.2 Erbbestandsbriefe

5.2.1 Ein Brief als Beispiel

Als Beispiel in einer sehr umfassenden Form diente hier der Erbbestandsbrief über die herrschaftliche Mühle zu Annweiler. Dieser wurde am 30. Januar 1703 von der Rentkammer in Zweibrücken für Johann Michell Keyßer ausgefertigt und enthielt folgenden Wortlaut[8]:

> „Ihro königliche Majestät zu Schweden in dero Herzogthumb Zweybrückhen, allergnädigst verordneter Gouverneur unnd Regierung, thun hiermit kund und zu wießen demnach die herrschaftliche Mahlmühle zu Annweiler, den 12. Oktober 1698 in öffentlicher Versteygung, Johann Michael Keyßern, Bürgern daselbst, als Erst und Meistbiethenden in sechsjährigen Accord verblieben und der Bestandtnußbrief underm 10. Januar 1699 darauf expediret und außgefertigt worden, craft deßen Er Beständer besagte Mühl bis zum Ausgang des 1704 Jahrs annoch zu genieße hette; Er sich nun aber umb solche gegen Erlegung eines gewieße Erbkauffsschillings in Erbbestand anzunehmen, underthörigst angemeltet, auch nach eingeholtem Bericht, unndt guth befindlichen königlicher Renthcammer, außbesondere in den Acten befindlich Urachen bewogen worden besagte Annweyler Stattmühl, welche fast bey einem Seculo her, jederzeit uff gewießem Jahr verliehen geweßen, jetzmahligem Beständter Johann Michell Keyßern gegen baare Erlegung

[8]Dieser ist im Original vollständig im Dokumentenanhang A.1 enthalten, LA Sp. B 3, Nr. 1588.

achthundert und fünffzig Gulden /:worunder diejenige Überbeßerung, welche gnädigste Herrschaft wegen des lauffenden Geschirrs ad 239 Gulden 3 Batzen 12 Kreuzer zu fordern gehabt, begriffen:/ welche zu der Herrschaft Besten wieder antherwerthlich angeleget werden sollen, erblich überlaßen und übergeben, überlaße ihme und deßen Erben und Nachkommen auch besagte Mühl, uf Maas unndt Weiß wie hernach folget: Unndt zwahr

1) Erstlich soll Er Johann Michell Keyßer oder seine Erben gemelte Mühl mitsampt dere dazu gehörig angebäweten, auch allen Zugehörung, wie solche bishero die Herrschaft selbsten genoßen unnd beseßen, nichts ausgenohmen als sein Eygenthumb mitsampt den darbey hergebrachten und von einem zeitlichen Beständer ohnbeeinträchtigt männiglichen genoßenen Immunitäten, Gerechtigkeit unnd Freyheiten erblich inhaben, nutze und genießen, deren Mahlgänge mit Steinen und laufendem Geschirr, wie auch Rest zugehörig Bäumen, Kämpf und Waßerrädern, Schauffeln unnd anderem, wie auch des Wehr, Waßer oder dergleichen Baw, es mag flicklich oder grund Arbeit seyn, zu gutem Stand unnd da es nöthig von grundauß wehrschaftlich machen und repariren laßen, das Reparirte sodann in stetem Bau unnd Beßerung erhalte, wie nicht weniger das Mühlengebawdte und was dazu gehöret in Tach und Fach, Thöre, Schwelle, Fenstern, Lade, Öfen unnd anderem, es habe Nahme wie es wolle, uff eigenen seinem Costen, ohne gnädigster Herrschaft einiges zu thun, vermög Erbbestandnußrechts aufrechts underhalten, keinesweeges aber wieder in Abgang kommen noch gerathen
2) laßen. Zweytens weile bey der Mühle ein lehrer Platz vorne gegen der Straß zu sich befindet, welche Er Beständer zu verbawen intentioniret ist. Alß wird ihm solcher weil es zu Uffnahm unnd Melioration der Mühle zugleich gereichet, hierdurch nicht allein verstattet, sondern darbey auch erlaubet, zu mehrer Facilitirung, solche neuen Gebäwes, der Stein ahn dem alten in der Nähe am Berg ruinirten Schloße, sich hierzu zu bedienen, wie ihme dann nicht weniger daß darzu benöthigte Bawholtz in dem herrschaftlichen Gewäldt, dem Hermersberg genand, durch den Förster guter Veranstaltung des dortigen herrschaftlichen Vogts, craft dieses ahn unschädlichen Orthen angewießen unnd

alß Einstewer zum Bawweßen gratis verabfolget werden
3) kann; und solle drittens, wann zu Zeiten die Herrschaft mit Weinvorrath gesegnet, und solchen ausschenckhen zu laßen Intention hatte, hat Er Beständter sich erbotten, solche in gnädigster Herrschafts Nahmen, jedeme die Mühl hierzu, alß uf die Straß stoßend, sonderlich bequem gelegen ist, gegen Genießung 10 Gulden vom Fuder für seine Bemühung und wann die 10te Maas Abgang, wie solches von gnädigster Herrschaft anderwertlich reguliret, auszuschenckhen unndt das daraus erlößende Geld gehörigen Orthen richtig auszuliefern, worbey Ihme aber auch ohnverwehret seyn solle, außländischen Wein für einen Ehrentrunckh gegen das gewöhnliche und dorten hergebrachten Umbgeld gleich anderen Würthen thun, darbey zu verzap-
4) fen und zu debitiren. Ob auch gleich vierdtens die Mühl ihme Keyßern und seinen Erben solcher gestalten übergeben worden, so solle Er Erbbeständer nichts desto weniger, dießer Mühlen halben weilen Er einen als anderen Weeg als ein herrschaftlicher Beständer zu consideriren, diejenige Freyheiten unnd Immunitäten, so die bisherige Temporalbeständer genoße, fürters ohngekrenckht, männiglichs zu genieße haben, derhalben, dann dieser Mühl und Gebäwden halben, von andere der Stattbeschwehrten undt Chargen allerdings frey seye, so forthin was deßen Erbbestand concerniret, gleich bisher nicht under daßigem Stattrhats, sondern dem Oberampt und eines von gnädigster Herrschaft dort angesetzten Vogts, und eines zeitlichen Kellers zu Neucastell Justitz unndt Bottmäßigkeit stehen, darbey seyne Handirung wie bisher ruhig ohne hinderliche Beeinträchtigung treiben dörften. Einigen Gegenfall auch von derer ins Oberampt bestellte Amptsleuthen unndt dortigen herrschaftlichen Vögten, soweit es seine Mitbürgeren ahn ihrer Nahrung nicht zu besonderen Nachtheil gereichete, nach Inhalt dießes Erbbestands kräftigst manuteniret wer-
5) den; wann auch fünftens wegen des herrschaftlichen Zolls daselbsten, hiernächst eine Veränderung mit dem jetztmahligen Zolleinnehmer vorginge, daß mann dersälbe anderwerts begeben mögte, unnd Er Beständter wegen bequemer Wohnung ahn dem Statt Thor und Straße sich hierzu verstünde, ißt mann Herrschafts wege nicht ungeneigt, ihme denselben gegen die vorbey herkommenli-

che Gebühr vor andere zu übertragen und bey ihme nie-
6) der zu legen; sechstens, weile auch bisher verschiedentlich geklagt worden, welchergestalten durch des Rathsverwandte und Rothgerbers daselbsten David Goffins gegen der Mahlmühle überstehende Lohemühle, dem Beständer durch Lohestämpffe bey kleinem Waßer, öfters mercklicher Abbruch am mahlen zugefüget worden; deßen Lohemühl aber nach Inhalt der alten Rechnung und sein Goffins inhabenden Bestandsbrief /:gestalten solche jährlich nicht mehr dann 2 Gulden alßo einen sehr geringen Zinß abgestattet:/ uff die expresse Condition zu erbawen erlaubet worden ist, daß Winterszeit, wanns Eyß seye, der Beständer solche wird abbrechen und der Mahlmühle kein Hinderniß, noch Abbruch thun solle; alß bleibt es dieses Postens halben, bey der ahn der jetztmaligen herrschaftlichen Vogten zu Annweyler, Johann Michell Foltzen underm 25.ten hujus ergangene Verordnung, daß nemblich: Er Goffing bey kleinem Waßer, es seye zur Sommer oder Winterzeit unnd wann das wolle, der Mahlmühle kein Hindernuß geben, sondern mit seiner Mühl einhalte und seinem Bestandt allerdings gemäß lebe, dargegen wird Er Erbbeständer Keyßer, ihn Goffing, der Lohemühle sich zu bedienen, ohne Ursach auch nicht
7) hinderen. Damit auch siebendens Er Erbbeständer Keyßer, den nunmehro beständige Erbpfacht, desto baar ausrichten könne; so sollen die darzu gebante Mahlgäste, nemblich die gesambte Bürgerschaft in gemelter Statt Annweyler, beneben denen Inwohnern in dem nahe darbey gelegenen und zur Statt gehörigen Dörflein Sarnstall ihre Früchten, nirgendts anderstwohin alß zu dieser Bannmühle allein beyzufahren oder ein zu tragen und da dieselbe gemahlen, auch ahn wieder von selbsten abzuhohlen, wie herkommenlich

war, durch das Oberampt Bergzabern, oder durch den herrschaftlichen Vogt unndt Schultheißen daselbsten, mit sonderm Ernst angehalten oder gegen die Verbrecher gebührende und zu längliche Straff anderen zum Exempell und Wahrnung, neben Erstattung doppelten Molters,
8) vorgenohmen unnd dann achtens nicht gestattet werden, daß durch Einführung frembden Meels, einiger Unterschleiff vorgehe, dadurch Er Erbbeständter ahn dem Molter bey dieser Erb und Bannmühle vorgesetzlich hinder-

9) gangen und geführet würden; dargegen neundens soll Er Erbbeständter auch, ob Er gleich das Mahlwerckh verstehen mögten, jedoch nicht darbey herkommen ist, wenigstens ein oder etliche Tüchtige unnd in dem Mühlwerckh wohlerfahrene Knecht unndt Gesindt halten, nicht weniger die gewieße Verordnung dahin stellen und darbey fleißig Aufsehens haben, daß denen Mahlgästen, gebannt oder andere freywillig ihre zur Mühl gebrachte Früchten zu gutem untadelhaften Mehl nach der Güte jedesmahliger Gattung Früchten gemahlen und einem jedem das seinige nach Abzug gebührenden und gerechten Molters, daß ist von einem achtell jeder Gattung Früchten, ein halb Siemern, wie nicht weniger von jedem Malter Weißmeel, ein halb Siemern Kleyen nemblich einen Immell grobe unnd eine Immell reine, gleich wie bishero gebräuchlich, dargegen Er Erbbeständer seine Erben unnd Nachkommen, denen Beckheren das Grieß sieb unnd licht darfür zu stellen gehalten ist, getrewlich wieder geliefert unnd niemannd über Gebühr, es seye gewinnsichtigen Vorzuckhsgelder, Tronckgelder und dergleichen weder durch ihn noch sein Gesind beschwehret werde, darmit sich niemandt darwieder zur graviren befugte Ursach habe, odter gewärtig zu seye, daß Er Erbbeständer uff den nicht hoffenden Gegenfall, deswegen zu wohlverdienter Straff gezogen wer-
10) de. Zehendes was Er Erbbeständer oder deßen Erben nun undt dann, ahn Mühlsteinen, so im Ämpt gebrochen werden, von nöthen haben würde, sollen ihme, wie von alters unnd seinen Vorfahren beschehen, durch die so es zu thun schuldig durch Veranstaltung eines jemahligen zeitlichen Kellers, deme Er deshalben hievon in Zeiten Nachricht zu geben, in den Frohndt herbey unnd an der Mühle geschafft, dieselbe aber durch ihn auf der Grube bezahlt werden, nicht weniger, da Er Erbbeständer, seine Erben unnd Nachkommen zu Underhaltung des Waßerbawes, Büdt, Gerinn und dergleichen; /:so ihme nun gleichmäßig obliegeт:/ oder auch zu Underhaltung des lauffenden Geschirrs ahn Holtz zu denen Rädern, Schauffeln und Kämmen, grob Holtz benötigt were, soll ihme daßelbe nach Notturft aus dem herrschaftlichen Gewäld, dem Haag genandt, gegen billigmäßige Bezahlung durch den herrschaftlichen Förster under Obsicht eines dasigen Vogts ahn underschiedlichen

Orthen craft dieses angewiesen, verabfolget und gehöri-
11) ger Orthen verrechnet werden; eylftens von undt umb solchen Erbbestandtswillen soll und will Er Erbbeständer seine Erben und Nachkommen jährlich unndt jedtes Jahr besonder uf Weinachten zu einem immerwehrendten Erbpfacht, einem zeitlichen Keller des Amptes Newcastell und zwaren quartaliter pro rato liefere und entrichten zwantzig vier Malter Weitzen unnd ahn Korn sechßig sechß Malter guter sauberer dörrer ungemengt und speichermäßigen Früchten Kauffmanns Guth unnd Newcasteller Maaßung wie auch noch a parte vor ein Mühlschwein in gutem Current jährlich zwölf Gulden, jeden nach jetzigem Werth zu 15 Batzen oder 60 Kreuzer gerechnet; damit nun
12) auch zwölftens gnädigste Herrschaft jetzt gedenkliche Erbpfacht der 90 Malter Speltzen Kernen unnd Korn, wie auch jährlichen Geldzinßes unnd daß diese Mühl auch über kurtz oder lang ohne herrschaftlichen vorhero würcklichen gnädigen Consens unnd Bewilligung versetzet, verpfändet oder etwa wiederum es käuflich begeben werde; uff welchem letzteren Fall die in dortigem Oberampt hergebrachte Gebühr vom Kauffschilling richtig erleget werden muß, desto gesicherter seyn möge, so hat Er Erbbeständer Johann Michell Keyßer, nicht nur seyne, wie vorerwehnet von gnädigster Herrschaft ahn sich käuflich gebrachte nunmehro eygenthümbliche sampt laufendem Geschirr oder was Er noch weiters durch Ufführung des vorhabenden newen Gebäwdts oder auch sonsten durch Reparirung des alten Mühlengebäwdts verbeßeren und anwenden wird; sondern auch alle und jede seine und seiner Frawen beweglich und unbewegliche, gegenwärtige oder zukünfftige in odter außer Lande gelegene Haab unnd Güther, soviel hierzu vonnöthen, zu einem wahren sicheren Underpfandt, dergestalten eingesetzet und verschrieben, daß wofern Er Erbbeständer über kurtz oder lang den jährlichen Erbpfacht ein odter mehr Jahr nicht entrichten oder auch die Mühl nicht in ufrichtig weßentlichem Baw unndt Beßerung halten, sondern in Abgang kommen und gerathen laßen odter sonst in einigen Puncten, so hierin begriffen, odter ahn sich selbst von Erbbestandnußrecht oblieget, sich nachläßig oder brüchig erfinden laßen würde; mehr gemelte Mühl sampt anderwerthlichem ihrem Vermögen zur

Ersetzung entweder rückständigen Pfachts, Abgangs verursachten Schadens ergriffen werden und statt haben solle; daß derowegen deßen Erbbeständnußhandlung also ergangen, dem Erbbeständer von Worth zu Worth vorgeleßen, allerseits genehm gehalten, beliebet und zur vollstreckhen zu gesagt worden, hat Er mit gegebener Handtrew ahn geschworenen Eydes statt und durch von sich und seiner Frawen ertheilten Revers nochmahlen wohlbedächtlich zugesagt und versprochen getrewlich sonder Arglist und Gefehrde zu wahrer Urkund deßen ist dieser Erbbestandnußbrieff auf Pergament außgefertigt mit der königlichen Renthcammer Decret und Underschrift corroboriret ihme und den seinigen zu mehrer ihrer Versicherung zugestellt, ein von ihnen beyden unterschriebenen und diesem Bestand von Worth zu Worth gleichlauthenden Revers aber zu den Acten zurückgenohmen worden. So gegeben und geschehen Zweybrücken, den 30. Januar 1703".

5.2.2 Elemente der Urkunde

Um die Elemente der Urkunde näher umreißen zu können, soll zunächst mit einer kurzen, am Wort haftenden Auslegung begonnen werden und danach sollen mit Hilfe von anderen Quellen und der Literatur die Elemente spezifischer herausgearbeitet werden.

Johann Michell Keyser wird die Mühle gegen Erlegung eines Erbkaufschillings (850 Gulden) übertragen. Dabei wird der 6jährige Accord, den die Herrschaft bereits mit ihm bezüglich dieser Mühle hatte, in einen Erbbestand umgewandelt. Er muß eine jährliche Pacht in Naturalien (90 Malter Kern und Korn) sowie einen Geldzins an die Herrschaft liefern. Damit er den Zins bar entrichten kann, erhält er einige Dörfer in Bann. Die Unterhaltung des Wasserbaus und des laufenden Geschirrs muß er selbst vornehmen, bekommt jedoch das Holz aus dem herrschaftlichen Wald gegen billige Bezahlung. Er soll die Gäste gut bedienen, den angesetzten Molter verlangen und erfahrenes Gesinde anstellen; andere Müller darf er nicht schädigen. Ohne herrschaftliche Bewilligung darf die Mühle nicht verkauft oder verpfändet werden. Daneben wird noch bestimmt, daß er für ein bestimmtes Entgelt herrschaftlichen Wein ausschenken soll und bei einer in Zukunft möglichen Veränderung die Tätigkeit des Zolleinnehmers übernehmen soll. Als Sicherung muß er sein und seiner Frauen Vermögen einsetzen.

Bereits nach dieser Betrachtung kann man feststellen, daß die erbliche Verleihung und der „Bann" Essentialia des Briefes waren; besonders hervorgehoben werden auch Bestimmungen, die die Art und Weise des Mahlens und den Mahllohn betreffen. Diese Regelungen waren zum Teil mit abgeändertem Inhalt auch in der Mühlenordnung enthalten und werden daher als mühlenordnungrechtliche Elemente der Briefe bezeichnet. Daneben werden auch noch andere Punkte, wie etwa der Weinausschank oder die Zolleinnahme, erwähnt. Diese Punkte müssen jedoch als Nebenpunkte gewertet werden. Dies beweist der geringe Umfang der Darstellung in dem Brief, sowie die Tatsache, daß sie in anderen Briefen ganz fehlen[9]. Die Punkte erbliche Verleihung und Bann, wie auch die mühlenordnungsrechtliche Bestimmungen sind hingegen immer wieder zu finden.

Enthalten sind sie zum Beispiel im Brief über die neue Mahlmühle zu Roßbach für Johannes Schwambacher vom 2. Februar 1706: „1) Daß er die bemelte Mühle wie er solche bißher beseßen nach Erbbestandrecht fernerhin inhaben, nutzen und genießen, in gutem Bau beständig erhalten und keineswegs wieder in Abgang kommen laßen, weniger ohne expresse herrschaftliche Verwilligung verkaufen, tauschen, verpfänden oder in andere Wege alieniren soll". Dann weiter: „2) [...] die Unterthanen der Schultheißerey [...]. Alß soll ihnen ferner keineswegs irgend wo anders alß bey dieser und dann derjenigen Mühlen, welche der Jacob ohnweit Ohnweiler auffzubauen Erlaubnuß erhalten und beede Mühlen diesen Bann gemeinschaftlich genießen sollen undt nicht ihre Früchte mahlen zu laßen, freystehen, sondern bey Straff des doppelten Molters verbotten seyn"[10]. Zusätzlich wird bestimmt: „[...] wogegen er Erbbeständer auch schuldig undt gehalten seyn sollte, alle diejenige, so bey ihm mahlen laßen wollen, jedoch die gebannte Mähler vor anderen gegen den im Ambt Meißenheim hergebracht und gewöhnlichen Molter ad 2 Mühlensester vom Malter in Genüglichkeit zu befördern, dero Früchten zu gutem untadelhaften Mehl zu mahlen undt nicht zu verweßeln oder gar zu verlieren auch mit Trinckgeld oder sonsten niemanden zu beschwehren [...]"[11].

---

[9]KSchA Zw. Rep. IV, Nr. 407, KSchA Zw. Rep. IV, Nr. 265, KSchA Zw. Rep. IV, Nr. 1229, KSchA Zw. Rep. II, Nr. 323.

[10]KSchA Zw. Rep. II, Nr. 323.

[11]KSchA Zw. Rep. II, Nr. 323. Weitere Beispiele würden sich beliebig fortführen lassen, es sei deshalb hier nur darauf verwiesen: Mimbacher Blies- und Verwaltungsmühle LA Sp. B 2, Nr. 295/5; Breitfurter Bannmühle LA Sp. B 2, Nr. 5339, 295/5; Herbitzheimer Blieser Bannmühle LA Sp. B 2, Nr. 5339, 295/5; Bliesransbacher Bann- und Verwaltungsmühle LA Sp. B 2, Nr. 5339, 295/5; Großsteinhausener Mühle LA Sp. B 2, Nr. 5339, 295/5; Kirschbacher Mahl- und Ohligmühle KSchA Zw. Rep. IV, Nr. 2172, 2173; Mühle zu Dellfeld LA Sp. B 2, Nr. 295/5; Kneuschweiler Mahl- und Bannmühle LA Sp. B 2, Nr. 295/5; Bruchmühlbacher Mahl- und Bannmühle LA Sp. B 2, Nr. 295/5; Erbacher Mahl- und Weihermühle LA Sp. B 2, Nr. 295/5;

Anzumerken ist, daß erbliche Verleihung und Bann nicht notwendig miteinander verknüpft waren[12]. Der Vollständigkeit halber sei ebenfalls angeführt, daß auch Mühlen im Erbbestand zu finden sind, die keinen Bann besaßen, bei denen jedoch im Bestand geregelt war, daß sie nur für einen kleinen begrenzten Bereich mahlen durften[13]. Dies waren die Bauern- oder Hausmühlen, die jedoch in Pfalz-Zweibrücken nur selten anzutreffen waren.

Ein Beispiel für eine solche Bestandsregelung bietet der Brief der neuen Mühle bei Götzenroth, ausgestellt von der Kellerei Trabach 1739[14]: „Nachdem Johann Michel Schundt (Rundt), Philips Petri Johann Nickel Neu und Johann Peter Becker [...] bey [...] Renthkammer daß geziemende ansuchen gethan haben, ihnen die Vorgönstigung zu thun, eine Mahl Mühle mit einem gang zu mahlung ihrer nothdürftigen Haußfrüchten an die Trabner Bach daßeiths des Sponheimischen territori bauen zu dürfen

Limbacher Dorfmühle LA Sp. B 2, Nr. 295/5; Meisenheimer Stadtmühle LA Sp. B 2, Nr. 3024, 192/1, 295/5; Ixheimer Mühle KSchA Zw. Rep. IV, Nr. 2101, 1229; Kirkeler Mahlmühle LA Sp. B 2, Nr. 295/5; Freiherrliche Schorrenburger Mahl-, Öhl- und Sägmühle zu Hassel LA Sp. B 2, Nr. 295/5; die Schwarzacker Mahl- und Bannmühle LA Sp. B 2, Nr. 295/5; KSchA Zw. Rep. IV, Nr. 3187.

[12]Beispiele von Erbbestandsmühlen ohne Bann: Mimbacher Notmühle LA Sp. B 2, Nr. 295/5; Breitfurter Notmühle LA Sp. B 2, Nr. 295/5; Herbitzheimer Obermühle LA Sp. B 2, Nr. 5339, 295/5; Verwaltungsmühle zu Walsheim LA Sp. B 2, Nr. 5339, 295/5; Mahlmühle bei dem Dorf Mittelbach LA Sp. B 2, Nr. 1101/3, 5339, 295/5; bei Hengstbach erbaute Mahlmühle LA Sp. B 2, Nr. 295/5; Mahlmühle zu Hornbach LA Sp. B 2, Nr. 5335, 295/5; Mahlmühle zu Brenschelbach KSchA Zw. Rep. IV, Nr. 405; LA Sp. B 2, Nr. 295/5; Windsberger Mahlmühle LA Sp. B 2, Nr. 295/5; Hengsberger Mahlmühle LA Sp. B 2, Nr. 5339, 295/5; Nünschweiler Pletschmühle LA Sp. B 2, Nr. 295/5; Aspacher Pletsch- und Notmühle KSchA Zw. Rep. IV, Nr. 265; LA Sp. B 2, Nr. 295/5; Maßweiler Mahlmühle LA Sp. B 2, Nr. 295/5; alte Hechtlocher Mühle LA Sp. B 2, Nr. 5339, 295/5; neue Hechtlocher Mühle LA Sp. B 2, Nr. 295/5; alte Contwiger Mahlmühle LA Sp. B 2, Nr. 5059, 295/5; neue Contwiger Mahlmühle LA Sp. B 2, Nr. 5059, 295/5; Schiflicker Mahlmühle KSchA Zw. Rep. IV, Nr. 1234; LA Sp. B 2, Nr. 295/5; Mahlmühle zu Oberhausen LA Sp. B 2, Nr. 295/5; Mahlmühle zu Niederhausen LA Sp. B 2, Nr. 5339, 295/5; Mahlmühle zu Oberauerbach LA Sp. B 2, Nr. 295/5; Mahlmühle zu Mörsbach LA Sp. B 2, Nr. 5339, 295/5; Mahlmühle zu Wiesbach LA Sp. B 2, Nr. 295/5; Mahl- und Ohligmühle am alten Vogelsbacher Woog LA Sp. B 2, Nr. 5339, 295/5; Mahlmühle nahe bei Vogelbach LA Sp. B 2, Nr. 295/5; Waldmohrer Unter- oder Weihermühle LA Sp. B 2, Nr. 1356/2, 295/5; Waldmohrer Obermühle LA Sp. B 2, Nr. 295/5; Dunzweiler Pletschmühle LA Sp. B 2, Nr. 295/5; Breidenbacher Mahlmühle LA Sp. B 2, Nr. 5339, 295/5; Hanßweiler Mahl- und Weihermühle LA Sp. B 2, Nr. 295/5; Reißkircher Mahlmühle LA Sp. B 2, Nr. 295/5; Woogsacker Mühle LA Sp. B 2, Nr. 295/5; Rohrbacher Mahlmühle LA Sp. B 2, Nr. 5337, 295/5; Herschweiler Pletschmühle LA Sp. B 2, Nr. 5328, 5329, 295/5; Leißweiler Mühle LA Sp. B 2, Nr. 5324, 295/5; Bierbacher neu erbaute Mahlmühle LA Sp. B 2, Nr. 295/5; Homburger Stadtmühle LA Sp. B 2, Nr. 5324, 292/1 fol. 40; Entenmühle LA Sp. B 2, Nr. 292/1 fol. 40; Beeder Mühle LA Sp. B 2, Nr. 5333, 292/1 fol. 40; Kirrberger Mühle LA Sp. B 2, Nr. 292/1 fol. 40; Streitmühle LA Sp. B 2, Nr. 292/1 fol. 107 ff.; Rinntaler Mühle LA Sp. B 2, Nr. 292/1 fol. 107 ff.; Odernheimer Niedermühle LA Sp. B 2, Nr. 1498/1. IV.; Mühle unterhalb Annweiler LA Sp. B 2, Nr. 292/1 fol. 107 ff.; Rollwagische Mühle LA Sp. B 2, Nr. 292/1 fol. 107 ff.; Mühle in Albersweiler LA Sp. B 2, Nr. 292/1 fol. 107 ff.; Bergzaberner Mühle KSchA Zw. Rep. IV, Nr. 479; LA Sp. B 2, Nr. 5336, 292/1 fol. 107 ff.; Mühle zu Drußweiler LA Sp. B 2, Nr. 292/1 fol. 107 ff.

[13]So bei der Ranspacher Flüßchenmühle LA Sp. B 2, Nr. 295/5.

[14]LHA Koblenz, Best. 33, Nr. 9517.

[...] also wird dem Gesuch hierdurch dergestalten willfahret, daß sie alljährlich und zwar zu martini 1740 erstmahls 3 Faß Korn ahn Mühlenpacht [...] zuliefern gehalten sein sollen [...]"[15].

Auch im Erbbestandsbrief der Aspacher Mühle ist ein solcher Passus zu finden: „Und solle er der Erbbestender die Müehl allein zu seines Hausstadens, Notturft haben und gebrauchen [...]"[16]

Im Folgenden werden die explizit benannten Schwerpunkte des Briefes der Bann, die Leihe sowie der im Brief implizit enthaltene Wasserfall näher untersucht.

5.2.3 Rechtliche Qualifikation der im Brief geregelten Beziehungen

5.2.3.1 Leihe

5.2.3.1.1 Literatur

Da die Verleihung nach Erbbestandsrecht nicht aus sich heraus verständlich ist, muß dieses Regelungselement mit Hilfe der wissenschaftlichen Literatur erschlossen werden.

Am zugänglichsten sind die Definitionen der gegenwärtigen Literatur. Als Einstieg dient das Handwörterbuch zur deutschen Rechtsgeschichte. Eine spezielle Bestimmung des Wortes „Erbbestand" wird hier jedoch nicht angeboten. Werkmüller erklärt in seinem Bericht über das Mühlenrecht[17], daß den alten Quellen zufolge[18] der Müller in aller Regel nicht Eigentümer der Mühle, sondern meist Pächter nach Leihe-, Pacht- oder Meierrecht sei, seltener nur Aufseher in der Mühle. Dann erhalte er für diesen Dienst ein Stück Land ohne Abgaben und Frohnden; der gesamte Ertrag aber ginge an den Herrn. Bei der Pacht zahle er dagegen nur einen ertragsunabhängigen Pachtzins und könne zusätzliche Erträge für sich behalten.

Diese Ausführungen lassen sich nicht einfach auf das Annweiler Beispiel übertragen, da sie zu einem widersprüchlichen Ergebnis führen. So ist in dem Brief zu lesen: „[...] die Mühle [...] soll er [...], wie bishero

[15] Auf diese Mühlen wurden die gleichen rechtlichen Bedingungen wie bei den anderen Mühlen angewandt, nur in einer der Vielzahl der Mühlteilhaber angepaßten Form; ausführlich dazu *Simons*, Genossenschaftliche Bauernmühlen, S. 206–210.

[16] KSchA Zw. Rep. IV, Nr. 265.

[17] *Werkmüller*, Mühle, Mühlenrecht, Sp. 718.

[18] Mühlenweisthum zu Hönningen v. J. 1567 in Grimm Weisth. II 582.

die Herrschaft selbsten genoße und beseße, nichts ausgenohme, als sein Eigenthumb [...] nutze und genieße [...]"[19]. An anderer Stelle heißt es: „[...] und will er Erbbeständer und seine Erben und Nachkommen jährlich unndt jedtes Jahr uf Weinachten zu einem immerwehrenden Erbpacht [...] liefern"[20]. Demnach wäre der Müller Eigentümer und Pächter.

Einen weiteren Aufschluß geben die Erläuterungen von Ogris[21] bezüglich der Leihe und Klein-Bruckschwaiger[22] bezüglich der Erbleihe. Sie betonen, daß bei der Leihe fast die ganzen Nutzungsrechte an einem Grundstück vom Eigentümer auf den Beliehenen übergingen. Deshalb erlangte der Beliehene eine Position, die dem Eigentum sehr nahe kam[23]. Dies lief zunächst in eine Teilung des Eigentums nach Befugnissen hinaus und in weiterer Entwicklung kam es zu einer Anerkennung mehrfachen Eigentums an derselben Sache. Der strenge Eigentumsbegriff des Corpus Juris, der von der gemeinrechtlichen Theorie in Deutschland übernommen wurde, widersprach diesen Verhältnissen sehr. Diesen Gegebenheiten hatte jedoch die italienische Rechtswissenschaft insoweit mit ihrer Lehre vom geteilten Eigentum Rechnung getragen[24]. Der Leihegeber wurde somit zum Obereigentümer, sein Eigentum zum dominium directum, der Beliehene erschien als Unter- oder Nutzungseigentümer, sein Eigentum als dominium utile. Dies wurde in der Praxis wie auch in der Wissenschaft und Gesetzgebung umgesetzt, jedoch unter vielseitiger Veränderung, bis schließlich die reale Grundlage für die Lehre vom Ober- und Untereigentum verschwunden war und sich die Aufzehrung des Obereigentums durch das Untereigentum immer mehr durchsetzte.

Zwar hatte die Leihe zunächst nur dinglichen Charakter, jedoch war sie in der geschichtlichen Wirklichkeit meist nur das „dingliche Substrat", so Ogris[25], von Herrschafts- und Unterwerfungsverhältnissen. Es trat, wie beim Lehen, das persönliche Treueverhältnis hinzu.

Als eine besondere Art der Leihe, insbesondere der bäuerlichen Leihe, also der ländlichen Bodenleihe, ist die Erbleihe anzuführen. Sie kann auf das spätrömischen Rechtsinstitut der Emphyteuse zurückgeführt werden. Die Emphyteuse war das vererbliche und veräußerliche dingliche Recht, ein fremdes, fruchttragendes Grundstück zu bewirtschaften und Früchte aus diesem zu ziehen und zu gewinnen[26]. Der Emphyteuta

[19] LA Sp. B 3, Nr. 1588.
[20] LA Sp. B 3, Nr. 1588.
[21] *Ogris,* Leihe, *Ogris,* Leihebrief, *Ogris,* Leihezwang.
[22] *Klein-Bruckschwaiger,* Erbleihe (Erbpacht), Sp. 968 ff.
[23] *Ogris,* Leihe, *Ogris,* Leihebrief, *Ogris,* Leihezwang.
[24] *Hagemann,* Eigentum, Sp. 885.
[25] *Ogris,* Leihe Sp. 1821.
[26] *Klein-Bruckschwaiger,* Erbleihe (Erbpacht), Sp. 968.

(= Erbpächter) hatte das vollständige Nutzungsrecht an dem fremden Grundstück sowie das Verfügungsrecht, wie der Eigentümer[27]. Im einzelnen hatte er folgende Verpflichtungen:

1. das Grundstück in gutem Stand zu halten,
2. dem Grundstückseigentümer eine jährliche Abgabe zu zahlen,
3. für die Lasten des Grundstücks selbst aufzukommen,
4. den beabsichtigten Verkauf des Erbpachtrechts dem Grundstückseigentümer anzuzeigen und diesem zwei vom Hundert des Verkaufspreises (laudemium) zu entrichten und
5. dem Grundstückseigentümer innerhalb von zwei Monaten das Vorkaufsrecht zu gewähren[28].

Wopfner[29] führte die Erbleihe auch auf die römischrechtliche Prekarie zurück. In ihrer ursprünglichen Form war die Prekarie eine jederzeit widerrufliche Bittleihe auf Herrengunst; nach und nach entstanden verschiedene Formen[30]. Da auch die kurzfristigen Bittleihen erblich wurden, näherten sich die verschiedenen Formen mit der Zeit wieder an. Diese Angleichung an die Erbleihe führte dazu, daß schließlich nur die Vererblichkeit des Grundstücks für die Erbleihe bestimmend blieb[31].

Nach heutiger Auffassung ist die Leihe ein Vertrag über die unmittelbare Nutzung einer fremden Sache; das Eigentum an der Sache bleibt hiervon unberührt. Diese rechtliche Betrachtungsweise wird der juristischen Eigenart und der wirtschaftlichen Bedeutung der Erb- und Leihe in der damaligen Zeit nicht gerecht. Um die genaue Ausformung zu erfassen, muß man sich daher von dem heutigen Begriff Leihe lösen, um dann die konkrete historische Erscheinungsform zu erfassen. Zwar würde sich auf den ersten Blick auch der oben dargestellte Erbbestandsbrief unter die Erbleihe einordnen lassen: Zum einen ist im Brief erwähnt, daß Johann Michell Keyßer die Mühle „als sein Eigenthumb" nutzen und genießen könne. Dies könnte auf ein Untereigentum hindeuten. Desweiteren muß er gutes Mehl mahlen, gutes „Gesind" anstellen, für die Unterhaltung der Mühle auf seine Kosten sorgen und eine jährliche Erbpacht zahlen.

[27] *Klein-Bruckschwaiger*, Erbleihe (Erbpacht), Sp. 968, 969.
[28] *Felix*, Einfluß von Staat und Recht (MA), S. 579–584.
[29] *Wopfner*, Freie bäuerliche Erbleihe.
[30] Zu den Formen vgl. *von Schwerin*, Deutsches Privatrecht, S. 141.
[31] *Klein-Bruckschwaiger*, Erbleihe (Erbpacht), Sp. 970.

Dies entspricht den Voraussetzungen 1–3 der Emphyteuse. Auch die weiteren Bedingungen sind zum Teil erfüllt. Er darf die Mühle nur mit vorigem „Consens" der Herrschaft versetzen, verkaufen oder verpfänden. Dies geht über die Anzeigepflicht bei der Emphyteuse (Voraussetzung:4) hinaus; Johann Michell Keyßer muß beim Verkauf die im Oberamt hergebrachte Gebühr vom Kaufschilling erlegen; hierin kann man die Regelung bezüglich des laudemiums bei der Emphyteuse erkennen. Das Vorkaufsrecht (Voraussetzung:5) wird im Brief allerdings nicht erwähnt. Jedoch ergeben sich schon aus dem Brief Zweifel, ob diese Einordnung der damaligen historischen Praxis in Pfalz-Zweibrücken entsprach. Nirgends im Brief wird von einem Obereigentum der Herrschaft gesprochen. Er soll die Mühle „wie bishero die Herrschaft selbsten genoße unnd beseße, [...], als sein Eigenthumb [...]"[32] besitzen. Auch hieraus kann nicht auf das nunmehrige Obereigentum geschlossen werden; vielmehr könnte man darunter das ausschließliche Eigentum verstehen. Dies wirft wiederum die Fage auf, ob die juristischen Begriffe überhaupt korrekt i.S. der damaligen Zeit verwendet wurden.

Nicht geklärt bleibt auch, welche Funktion dem Erbkauffschilling zukam und worin der Unterschied zum Temporalbestand lag. Diese Ungereimtheiten sowie die Formulierungen in der neueren Literatur, daß die Lehre vom geteilten Eigentum in Verbindung mit der Leihe „unter vielfachen Veränderungen und Variationen"[33] von der Theorie und Praxis übernommen wurden, zwingen zu den weiteren Nachforschungen: Welche Variationen beziehungsweise Veränderungen gab es im 18. Jahrhundert und wie sah es in Pfalz-Zweibrücken diesbezüglich aus?

In der älteren Literatur[34] gibt es Differenzierungen. So schreibt von Schwerin[35], der die Leihe als ein dingliches Nutzungsrecht an fremdem Grund und Boden betrachtet, daß sie zwar hinter dem Eigentum zurückstünde, daß sie aber „zur Zeit ihrer vollen Ausbildung das ausgedehnteste Nutzungsrecht ist, das das deutsche Recht kennt und erscheint so, da sie dem Berechtigten außerdem den Besitz der Sache verschaffen, eigentumsähnlich; sie erscheint sogar bei oberflächlicher Betrachtung eigentumsgleich, da sie ihrem Inhaber in den äußeren sichtbaren dauernden Beziehungen dieselbe Befugnisse gibt wie dem Eigentümer. Daher ist sie es vor allem, die zur Verdunckelung des Unterschiedes von Eigentum und begrenztem dinglichen Recht und zur Ausbildung des geteilten

[32] LA Sp. B 3, Nr. 1588.

[33] *Ogris*, Leihe.

[34] *Danz*, Deutsches Privatrecht, Bd. 1, § 101b S. 374 ff, Bd. VI, § 266; *C. Freiherr von Schwerin*, Deutsches Privatrecht, S. 140–150.

[35] *von Schwerin*, Deutsches Privatrecht, S. 140.

Eigentums beigetragen hat"[36].

Im einzelnen haben sich im 18. Jahrhundert, gemäß herrschender Meinung in der Literatur[37], nach Art und Umfang der Rechte des Beliehenen am Leihegut folgende Gruppen von Leiheverhältnissen herausgebildet:

1. Güter im freien Eigentum, aber mit einem meist als Reallast auf dem Gut liegenden Zins belastet. Meist war für diese Güter eine Besitzänderungsgebühr (das laudemium) zu zahlen. Dies erinnert an die Herkunft aus Leiheverhältnissen. So wäre, auf den oben dargestellten Brief bezogen wie aber auch auf alle übrige Erbbestandsbriefe, da das laudemium, bis auf wenige Ausnahmen, immer erwähnt wird,[38] allein das Vorliegen des Erfordernisses, beim Verkauf eine Gebühr zu zahlen, kein hinreichender Grund, freies Eigentum zu verneinen. Das ist jedoch gerade beim freien Eigentum überraschend, da gerade bei diesem Besitzrecht eine Trennung von dominium utile und dominium directum, die in der Regel die Voraussetzung für die Erhebung dieser Abgabe ist[39], nicht gegeben ist; merkwürdig ist auch, daß die großen juristischen Werke aus dieser Zeit darüber nichts enthalten[40]. Lütge versucht, dies mit der in einigen Ländern sich eingespielten Gerichtspraxis zu begründen, wonach man, um den Eigentumsübergang eines unbeweglichen Gutes beweisen zu können, gerichtliche Auflassung sowie Überschreibung seitens des „Lehensherr" und Wiederbelehnung für erforderlich gehalten hat. Daraus folgt, daß eigentlich jedes Grundstück seinen Lehensherrn haben muß. Damit ist aber jeder Lehensfall lediglich eine Bestätigung des Eigentums- beziehungsweise Besitztitels und kann nicht ohne weiteres als eine eigentliche Belehnung im Sinne des Lehensrecht gesehen werden[41]. Von Rohr[42] begründet diese überraschende Erscheinung mit den Verkaufsbedingungen, zu denen solche Ländereien abgegeben wurden. Diese Bedingungen sahen öfters nur eine geringe Kapitalzahlung vor und verpflichteten den Käufer

[36] *von Schwerin*, Deutsches Privatrecht, S. 140, 141.

[37] *Danz*, Deutsches Privatrecht, Bd. 1, § 101b S. 374 ff, Bd. VI, § 266; *Lütge*, Mitteldeutsche Grundherrschaft, S. 66–78; *von Schwerin*, Deutsches Privatrecht, S. 147.

[38] Lediglich in unterschiedlicher Höhe; z.B. bei der Odenbacher Mühle, LA Sp. G 7, Nr. 390, liegt er beim fünfzigsten Pfennig vom Kaufschilling; bei der am Moderbach zu bauenden Mühle sind 200 Gulden festangesetzt, KSchA Zw. Rep. IV, Nr. 1229, meist war jedoch von 2 % des Wertes auszugehen, LHA Koblenz Best. 33, Nr. 9519.

[39] *Lütge*, Mitteldeutsche Grundherrschaft, S. 148–154, *Ganshof*, Lehnswesen, S. 161.

[40] Lediglich bei *Heimbach*, Partikuläres Privatrecht, S. 679 f. wird bemerkt, daß die Gerichtshöfe angewiesen sind, das Vorkommen dieser Laudemialverpflichtung nicht als Beweis für das Bestehen erbzinsrechtlicher Verhältnisse zubetrachten.

[41] *Lütge*, Mitteldeutsche Grundherrschaft, S. 67.

[42] *de Rohr*, Hauß=Haltungs=Recht.

neben Zahlung einer Rente auch zur Zahlung des Lehengeldes. Auf diese Art seien die Zinsverpflichtungen und die Laudemiumzahlungen entstanden.

Eine weitere Unterteilung unternimmt Danz; er gliedert nochmals in beschränktes Eigentum auf. Dies liegt vor, wenn der Verkauf an die Einwilligung Dritter gebunden ist[43].

Die Unterschiede des freien Eigentums zu dem – noch später zu behandelnden Nutzeigentum (auch Erbleihe, der sächsische, preußische und österreichische Erbzins oder der mecklenburgische Schulzenlehen genannt[44]) werden in der Literatur nicht genannt, was man wohl, so Lütge[45], als einen Beweis für die Unlösbarkeit dieser Aufgabe werten darf. Er stellt einige plausible Vermutungen auf. So zum Beispiel, daß das freie Eigentum ursprünglich gegen Zahlung eines feststehenden Zinses ausgegeben wurden, ohne daß eine Kaufsumme bezahlt worden wäre, während bei den Erbleihe(zins)gütern das Entgelt aus Kaufsumme zuzüglich Rentenverpflichtung bestand; oder aber, daß solche Verbindlichkeiten als freiwillig übernommene Verpflichtungen gegen Gewähr von Hilfe und Schutz seitens eines Großen oder der Kirche entstanden sind. Seeliger[46] glaubt hingegen, daß es sich bei den freien Eigentumsgütern um alte Precaria der günstigsten Form handelt, wobei die ursprüngliche Leihe zu lebenslänglichem Eigentum geworden war. Alle diese Vermutungen bedürfen der eingehenden Erforschung, um eine abschließende Klärung zu erwarten. Die Situation in Pfalz-Zweibrücken könnte möglicherweise ein „Fingerzeig“ in die eine oder andere Richtung sein. Keineswegs ist also das freie Eigentum seit dem Ausgang des Mittelalters an der Art der Belastung erkennbar, sondern nur an dem (im Einzelfall oft schwer erkennbaren) Eigentumsrecht.

2. Güter, an denen dem Beliehenen das Nutzeigentum (dominium utile), dem Leiher das Obereigentum (dominium directum) zustehen. Hier ergibt sich die Pflicht zur Zahlung des Lehensgeldes eindeutig aus Vertrag oder Gesetz. Der Erbzins wurde nach der deutschrechtlichen Konstruktion der Erbleihe als Entgelt für die Erlaubnis, „aus liegenden Gründen eines andern alle Früchte derselben, natürliche oder hervorgebrachte, an sich zu nehmen“; dagegen sollte die Abgabe nach römischem Recht das zugrunde liegende Rechtsverhält-

[43] *Danz*, Deutsches Privatrecht, Bd. VI, § 266.
[44] *von Schwerin*, Deutsches Privatrecht, S. 147.
[45] *Lütge*, Mitteldeutsche Grundherrschaft, S. 68.
[46] *Seeliger*, Grundherrschaft im frühen Mittelalter, S. 52 ff.

nis immer wieder neu bekräftigen[47]. Bezüglich der weiteren Kennzeichen kann auf das oben zu der Erbleihe Gesagte verwiesen werden. Lediglich ein Punkt verlangt noch Erwähnung: Der Ausdruck Erbleihe- oder Erbzinsgut beweist zunächst nicht ohne weiteres, daß das betreffende Gut vererblich ist, denn „Erbe" bedeutet auch gerade in diesem Kontext nichts anderes als „Gut"[48]. Dies bedeutet, daß auch die Temporalbestandsbriefe von Pfalz-Zweibrücken unter diesem Gesichtspunkt zu untersuchen sind.

3. Güter, an denen der Müller ein veräußerliches unwiderrufliches Nutzungsrecht hat,[49] welches erlischt, wenn der vereinbarte Zins nicht gezahlt wird[50]. Dieses Recht wird als ein dingliches Nutzungrecht angesehen[51]. Allerdings entsteht bei dieser Leihevergabe kein Eigentum, weder als Unter- noch als Obereigentum. Allenfalls sei das Recht eigentumsähnlich. Deshalb hat der Müller in diesem Fall, anders als beim Untereigentum, kein Recht der Vindikation gegen jeden, sondern nur persönlich gegen den Leihegeber. Die Nutzung besteht in der Gewinnung der „Früchte"; sie gehen in das Eigentum des Beliehenen über. Zur Verdeutlichung versucht Schmalz das Recht folgendermaßen zu umreißen: Es sei „nichts anderes als der Kauf künftiger Früchte". Das Nutzungsrecht kann sowohl erblich, dann spricht man von Erbpacht, wie auch zeitlich sein, das sind die sogenannten Zeitpachtgüter[52].

   Aufgrund dieser, für das heutige juristische Verständnis komplizierten, nicht leicht durchschaubaren Situation[53], wurde die Unterscheidung zwischen Erbleihe und Erbpacht angezweifelt; zum Teil wurde sogar die Berechtigung der Differenzierung rundweg abgelehnt mit dem Hinweis, das ältere Recht kenne diesen Unterschied nicht[54]. Diese Auffassung verkennt aber, daß schon im Laufe des 13. Jahrhunderts die Begriffe dominium directum und dominium utile in den Urkunden auftauchen[55]. Gerade diese mittelalterliche Trennung war die Grundlage für das Erbleiheverhältnis; bei der Erbpacht gab

[47] *Schmalz*, Deutsches Privatrecht, S. 94.
[48] *Schmalz*, Deutsches Privatrecht, S. 95.
[49] *Lütge*, Mitteldeutsche Grundherrschaft, S. 73.
[50] *Mittermaier*, Gemeines deutsches Privatrecht, S. 431 f.
[51] *von Schwerin*, Deutsches Privatrecht, S. 147.
[52] *Lütge*, Mitteldeutsche Grundherrschaft, S. 73, 74.
[53] Klarer wird die Abgrenzung zwischen diesem Nutzeigentum und dem Nutzungsrecht, wenn man die später im ALR erfolgte Erläuterung betrachtet (I 8 § 19–20; I 18 § 1). Hier wird dem Obereigentümer die Proprietät der Sache zugeschrieben, dem Untereigentümer ein Miteigentum an der Proprietät und das alleinige Nutzungsrecht.
[54] *Hildebrand*, Agrarstatisitik, S. 7 Anm. 48.
[55] *Hagemann*, Eigentum, Sp. 892.

es jedoch diese Unterscheidung gerade nicht. Die Vertreter der oben dargestellten Auffassung lehnen mit der zu ihrer Zeit herrschend gewordenen Lehre die Unterscheidung zwischen beiden Eigentumsarten ab. Das BGB wie vor ihm schon der Code civil und das sächsische BGB kennen kein geteiltes Eigentum mehr; auch die Romanistik unter dem Eindruck von Thibauts Abhandlung „Über dominum directum und utile" (1801) lehnte das geteilte Eigentum als unrömisch ab, und selbst die Germanistik stand dieser Teilung zwiespältig gegenüber[56].

4. Güter, bei denen der Müller lediglich die Funktion eines Aufsehers hatte und der ganze Ertrag dem Eigentümer der Mühle zustand[57].

5.2.3.1.2 Situation im Herzogtum Pfalz-Zweibrücken

Die einzelnen Variationen und Veränderungen in der Theorie bilden die Grundlage, auf die sich die nunmehr folgende Untersuchung der Praxis in Pfalz-Zweibrücken aufbaut. Um ein möglichst korrektes Analyseergebnis über die Leiheform in den Pfalz-Zweibrückischen Briefen zu erzielen, muß die Praxis umfassend untersucht werden, d.h. es darf sich nicht nur auf den oben dargestellten Brief beschränkt werden, sondern es müssen andere Briefe und auch sonstige aus den Quellen ersichtliche Gegebenheiten berücksichtigt werden.

5.2.3.1.2.1 Der Müller als beschränkter Eigentümer

Als gesichert ist anzunehmen, daß in den Erbbestandsbriefen nie vom freien Eigentum der Müller ausgegangen wurde; denn in den Briefen, die den Müller als Eigentümer erwähnen[58], ist der Zusatz zu finden:„[...] die Erbbeständere und ihre Erben nicht sollen Macht haben, diese Mühle [...] ohne unser [...] Vorwißen und schriftliche Verwilligung anderwerts zu versetzen, zu verfänden oder in andere Wege zu beschweren"[59]. Die Weiterversetzung war somit immer an eine Einwilligung von seiten der Herrschaft gebunden. Deshalb kommt die Vergabe beschränkten Eigentums in Betracht. Auf diese Form deutet der oben genannte Brief hin:

[56] *Hagemann*, Eigentum, Sp. 893.
[57] *Werkmüller*, Mühle, Mühlenrecht, Sp. 718.
[58] KSchA Zw. Rep. II, Nr. 323, Rep. IV, Nr. 265, 1229, LA Sp. B 2, Nr. 5323, 5324, LA Sp. B 3, Nr. 1588.
[59] KSchA Zw. Rep. IV, Nr. 407.

Der Müller soll die Mühle „wie bishero die Herrschaft selbsten genoße unnd beseße, [...], als sein Eigenthumb [...]" besitzen. Auch in einigen anderen Briefen erscheinen solche Formulierungen [60]. Besonders bemerkenswert ist, daß auch in dem Mühlenprotokoll[61], worin sämtliche Mühlen des Oberamts Zweibrücken in ihrer tatsächlichen und rechtlichen Form aufgeführt sind, einige Müller als Eigentümer bezeichnet sind. So wird für die „Ranspacher Flüßgenmühle" unter dem 13. Fragepunkt angeführt: „Die Mühle gehöret dem Müller Adam Bauer eigentümlich", bei der Limbacher Dorfmühle wird unter diesem Punkt angeführt: „Die Gemeinde Limbach hat diese Mühle eigentümlich noch im Erbbestand". Die Vermutung, daß einige Mühlen im beschränkten Eigentum der Müller waren, könnte sich auch dadurch erhärten, daß einige Müller ihre Mühle anderen Müllern als Eigentum verkauften; abgesehen von der Zahlung des laudemiums, das nicht gegen die Annahme von Eigentum spricht, konnten sie den stattlichen Kaufschilling für sich behalten. So führt die Rentkammer zu der Bickenaspacher Mühle aus: „Demnach Hanß Adam Schwalbach bißheriger Erbbeständer von der Bickenaspacher Mahlmühle unterthänigste Supplicando vorgestellet, waß maßem er gedachte Mahlmühle dem Daniel Conrad zu Mimbach pro 2270 Gulden, 30 Kreuzer für erb- und eigentümlich überlassen hat [...]"[62]. Auch an anderer Stelle, in einem Gesuch vom 26. September 1787 um Erteilung eines Erbbestandsbriefes und Kaufgenehmigung wird aufgeführt, daß Georg Wolf zu Wolfersheim am 29. April 1787 dem Müller Wilhelm Schwartz zu Mittelbach die „Mahlmühle, Geschirr und Gebäude vermög beyliegenden Kaufcontract vor Eigenthum für 4000 Gulden [...]"[63] abgekauft habe.

Bei näherer Erforschung ergibt sich ein differenziertes Bild im Hinblick auf die Einräumung beschränkten Eigentums.

Das schon vorhin zitierte Mühlenprotokoll endet mit folgendem Hinweis: Nach dem Protokoll gab es im Oberamt Zweibrücken (1744) 56 Mahlmühlen, „davon gehören gnädigster Herrschaft 39 Mahlmühlen [...], Ihrer hochfürstliche Durchlaucht der verwittibten Herzogin eine Mahl- und Öhligmühle, der fürstlichen geistlichen Güterverwaltung an Mahlmühlen 13 [...], dem alten Baron von Schorrenburg an Mahlmühlen 2 [...], dem jüngeren Baron von Schorrenburg eine Mahlmühle"[64].

Das Wort „gehören" deutet hier auf das gemeingermanische Wort „ei-

[60] KSchA Zw. Rep. IV, Nr. 265.
[61] LA Sp. B 2, Nr. 295/5.
[62] KSchA Zw. Rep. IV, Nr. 265.
[63] LA Sp. B 2, Nr. 1101.
[64] LA Sp. B 2, Nr. 295/5.

gen" (gotisch aigan) hin[65]. Einer Person war etwas „eigen", wenn es zu ihr gehörte und daher unter ihrer rechtlichen Herrschaft stand[66]. Es wurde durch das Wort „eigen" mehr die innere Gewalt über den Gegenstand bezeichnet[67].

In dem Beispiel ist man mithin davon ausgegangen, daß die Mühlen der Herrschaft, der fürstlichen geistlichen Güterverwaltung und der Barone von Schorrenburg eigen sind, obwohl im Vorausgegangenen einige Müller als Eigentümer bezeichnet wurden. Dies läßt vor dem Hintergrund obiger Ausführung den Schluß zu, daß entweder von einer mehrfachen Zugehörigkeit derselben Sache auszugehen ist oder aber die Zugehörigkeit verschiedener Sachen gemeint ist. In den oben angeführten Belegen ist vom Eigentum des Müllers an der „Mühle [...] und den Gebäuden" die Rede, das dann auch verkauft werden konnte. Hier wird also nicht das Nutzeigentum an dem Grund angesprochen, sondern das Eigentum an den Gebäuden.

Einerseits kann dies aus dem für die Erbleihe typischen Recht des Müllers an der Besserung verstanden werden. Denn nach altem deutschem Recht gehört die Besserung auch auf fremdem Grund und Boden ihrem Erzeuger, sofern er nur die Befugnis zum Bau und zur Besserung hat[68]. Wurde der verliehene Gegenstand vornehmlich erst durch eigene Arbeit verdient[69] oder wurde etwas durch eigenen Kapitalaufwand neu hervorgebracht, so gehörte dies dem Beliehenen, soweit nicht fremde Rechte verletzt wurden. Auch wenn das verliehene Haus, gleich dem Boden, vom Grundherrn stammte, war die nachträglich vom Beliehenen herbeigeführte Besserung dessen Eigentum.

Andererseits kann dies auf das ius superficiarium des Römischen Rechtes zurückzuführen sein[70]. Man versteht im Römischen Recht unter der Bezeichnung superficies alles, was über dem Erdboden erbaut wird. Wenn einem das Recht gegeben wird, auf fremdem Grund und Boden superficien, z.B. ein Haus zu errichten, so entsteht ein dominium minus plenum, welches ius superficiarium heißt[71].

Welche der beiden Interpretationen im Herzogtum Pfalz-Zweibrücken galt, läßt sich anhand der Quellenlage nicht mit letzter Sicherheit beantworten. Das vollständige Fehlen der Bezeichnung ius superficiarium

---

[65] *Hagemann,* Eigentum, Sp. 882.
[66] *Puntschart,* Inwärts-Eigen, S. 66 ff.
[67] *Hagemann,* Eigentum, Sp. 882.
[68] *Arnold,* Deutsche Kulturgeschichte, S. 294.
[69] So z.B. bei der städtischen Leihe mußte der Beliehene oft das Haus erst erbauen.
[70] *Ogris,* Erbbaurecht, Sp. 951.
[71] *Höpfner,* Die Heineccischen Institutionen, § 292 S. 219, 220

im gesamten gesichteten Quellenmaterial und der häufige Gebrauch von Besserung, auch bei der Erbauung einer Mühle[72] spricht für erstere Anschauung.

In den oben geschilderten Fällen hatten die Müller ihre Mühlen selbst mit ihren Kosten auf dem Grund und Boden der Herrschaft erbaut und konnten sie demzufolge als ihr Eigentum auch weiterverkaufen. Daran änderten auch die ihnen von der Herrschaft zugestandenen Freijahre am Zins wegen der gehabten Kosten nichts.

Die als Beispiel angeführte Bickenaspacher Mühle wurde in den dreißigjährigen Kriegswirren zerstört. Erst 1709 erhielt Hans Peter Faust von Maßweiler von der schwedischen Rentkammer das Recht auf dem öde liegenden Mühlenplatz eine Mühle auf eigene Kosten errichten zu dürfen. In seinem Erbbestandsbrief waren ihm der Genuß von 4 Freijahren zugebilligt, erst nach deren Ende sollte er den Zins entrichten[73]. 1724 verkaufte er sein Besitztum Johann Maurer von Brenstelbach; 1730 erstand die Mühle Sebastian Krum von Giesingen im Bitscher Land für 750 Gulden. Er baute ein zweites Rad zum Schälgang in die Mühle ein. Erst 1748 erlangte besagter Hans Adam Schwalbach von Peppenkum die Mühle für 1206 Gulden, bis er sie dann, wie oben angeführt, Daniel Conrad zu Mimbach verkaufte[74]. Conrad konnte die Mühle „eigentümlich" verkaufen, da sie seit der Erbauung immer im Eigentum der Müller stand. In den Erbbestandbriefen wurde dieses Recht auf die Besserung allerdings nur selten ausdrücklich erwähnt.

Festzuhalten bleibt, daß die Formulierung, der Müller sei Eigentümer an der Mühle und den Gebäuden, auf die für die Erbleihe typische Besserung hinzeigt. Somit war es möglich, beschränkter Eigentümer der Mühle zu sein und zugleich in einem Erbleihe- oder Erbpachtverhältnis zu stehen.

Der Müller konnte durch den Kauf einer herrschaftlichen Mühle ebenfalls beschränktes Eigentum daran erlangen, wie der oben dargestellte Bestandsbrief der Annweiler Mühle zeigt[75].

Die Umschreibung im Protokoll, daß die Mühlen der Herrschaft u.a. gehören und gleichzeitig einige Müller Eigentümer waren, trägt dem Umstand Rechnung, daß der Müller beschränkter Eigentümer war; es bestand, um mit der Ausgangsthese zu formulieren, mehrfache Zugehörigkeit an derselben Sache. Diese Konstellation „eigen – Eigentum" zielt hier

[72] LA Sp. B 2, Nr. 5316

[73] KSchA Zw. Rep. IV, Nr. 265, 266.

[74] Dies ist ein Beispiel für einen beträchtlichen Wertzuwachs einer Mühle, der dem Müller als Eigentümer zukam.

[75] LA Sp. B 3, Nr. 1588

nicht auf das Ober- und Nutzeigentum ab. Dies ergibt sich vor allem daraus, daß es auch Müller gab, die nicht nur beschränkter Eigentümer der Gebäude, sondern auch des Grund und Bodens waren; trotzdem wurde aber davon gesprochen, daß die Mühle der Herrschaft gehört.

Dies war zum Beispiel der Fall bei der Hornbacher Mahlmühle, die Johann Henrich Weber 1725 auf eigene Kosten errichte; als Standort wurde ein Wiesenplatz, der sogenannte „Brunnen–Garthen" gewählt, der im Eigentum seines Schwiegervaters Ludwig Henrich Weber stand[76]. Auch für diese Mühle heißt es im Protokoll, daß sie der Herrschaft gehört. Die Akten zur Ixheimer Mühle verdeutlichen ebenfalls obige Aussage: Zu Mitte des 18. Jahrhunderts konnte die Zweibrücker Stadtmühle die Fruchtvorräte ihrer Banngäste nicht mehr bewältigen. Deshalb wurde 1751 von der fürstlichen Regierung oberhalb Ixheim, auf Hornbacher Klostergrund, ein Platz zur Errichtung einer Notmühle ausersehen und versteigert. Die Zweibrücker Schloß- und Stadtmüller Weinmüller und Mathias Kramer erstanden den Mühlplatz und erbauten, nachdem ein Kanal gestochen war, eine so stattliche Mühle, daß beider Vermögen darin aufging[77]. In diesen Fällen bleibt für die Annahme eines geteilten Eigentum kein Raum. Das oben erwähnte Recht der Besserung kann als Beleg für ein geteiltes Eigentum nicht eingreifen; denn diese Situation ist hier nicht gegeben; sie setzt gerade fremden Grund und Boden voraus, der hier aber nicht vorliegt. Mithin liegt Eigentum des Müllers vor. Im nachfolgenden Jahr wurde dem Müller der Erbbestandsbrief ausgestellt. Dieser entsprach in Form und Inhalt den übrigen untersuchten Erbbestandsbriefen; auch der Einwilligungsvorbehalt der Herrschaft war enthalten. Das Eigentum des Müllers an dem Grund und Boden sowie an der Mühle und den Gebäuden wurde nicht ausdrücklich darin erwähnt. Dies war jedoch keine Besonderheit; denn auch in den meisten Erbbestandsbriefen derjenigen Müller, die auf ihre eigene Kosten auf herrschaftlichem Boden eine Mühle erbaut hatten, war ein ausdrücklicher Vermerk über diese Eigentümerschaft meist nicht vorhanden[78]. Es bestand auch keine Notwendigkeit einer solchen Formulierung. Denn das Eigentum an dem Grund und Boden wurde dem Müller nicht erst durch den Erbbestandsbrief eingeräumt; dies geschah vielmehr durch den zeitlich davorliegenden Kauf.

All diese konkret dargestellten und für den heutigen Betrachter nur schwer nachvollziehbaren Eigentumsvorstellungen verdeutlichen letzt-

[76] *Schneider*, Hornbacher Mühlen, S. 4.
[77] KSchA Zw. Rep. IV, Nr. 2101, 2102.
[78] Diese Formulierungen ergeben sich vielmehr, wie oben gezeigt, aus den „Kaufcontracten" und aus dem Mühlenprotokoll.

endlich, daß „eigen" keinesfalls immer mit dem Eigentum gleichgesetzt werden kann[79]. Der Herrschaft war die Mühle und der Grund und Boden eigen; den Müllern stand dagegen das Eigentum hierzu nur in beschränkter Form zu.

Vor diesem Erkenntnisstand ist auch Webers Arbeit[80] zu aktualisieren. Er sieht das Eigentum der Müller an den Mühlen, das nach seiner Meinung nur gegeben ist, wenn er den Grund und Boden kauft und darauf auf seine Kosten eine Mühle errichtet, in Abgrenzung zu dem Erbbestand. Das Eigentum des Müllers und sein Erbbestand schlossen sich jedoch nicht gegenseitig aus.

Zusammenfassend kann man sagen: Es existierten zum einen Erbbestandsbriefe von Müllern, die beschränkte Eigentümer entweder der Mühle oder auch noch des Grund und Bodens waren. Hierbei wurde nur das Eigentum an der Mühle durch den Erbbestandsbrief – infolge des Rechts an der Besserung, beziehungsweise infolge des Mühlenkaufs – dem Müller eingeräumt. Das Eigentum an dem Grund und Boden vermittelte der Erbbestand nie, er setzte es allenfalls voraus. Zum anderen gab es auch Erbbestandbriefe von Müllern, die nicht beschränkter Eigentümer der Mühle oder des Bodens waren, sie also nicht erkauft oder erbaut hatten[81].

Ob bei letzteren beziehungsweise neben dem beschränkten Eigentum noch geteiltes Eigentum vorliegen kann, soll nachfolgend untersucht werden.

5.2.3.1.2.2 Der Müller als Nutzeigentümer

Die Tatsache, daß es Formulierungen gibt, die nicht auf das Eigentum des Müllers an den Baulichkeiten oder am Grund und Boden hindeuten, trotzdem aber vom Eigentum des Müllers ausgehen, weisen darauf hin, daß möglicherweise geteiltes Eigentum vorlag[82].

Zudem wird in einigen Briefen vom „dominum directum" gesprochen. In dem Konzept des Erbbestandsbriefs über „die neue von denen Gebrüdern zu Bischweiler am dasigen Moderbach zu erbauende

[79] Dazu auch *Danz*, Deutsches Privatrecht, Bd. 1, § 101b S. 374.

[80] *Weber*, Mühlen und Müllerhandwerk, S. 114.

[81] Diese rechtliche Struktur ist auch bei Höpfner erkennbar; er geht von einem „ius superficiarium" (Recht an dem über dem Erdboden Erbauten) aus, das er als einen besonderen Fall des geteilten Eigentums darstellt; *Höpfner*, Die Heineccischen Institutionen, § 292 S. 219, 220

[82] LA Sp. B 2, Nr. 295/5.

Mahlmühle und den dazugehörigen Wercke "[83] ist zu lesen: „[...] übrigens ist sowohl bey jedesmaliger Veränderung des dominum directum, wenn ab Seiten des Erbbeständers um Confirmation des Erblehens angesucht wird, [...] der Betrag von 200 Gulden ohne Außnahm abzuführen [...]". Zwar muß man mit den damals verwendeten juristischen Begriffen Vorsicht walten lassen; aber solange sich aus dem gesamten Quellenmaterial kein Widerspruch herausbildet, können auch solche Formulierungen zum Beweis herangezogen werden. In diesem Sinne läßt sich auch die Stellungnahme des Oberamts Kusel vom 26. Oktober 1766 verstehen. Das Oberamt berichtet anläßlich der ergangenen Verordnung über das „außer Landes Mahlen". Hierbei wird die sogenannte Streitmühle erwähnt, „wo der Pacht an Churpfalz abgeführt" wird und deswegen „auch das dominum directum" dahin gehört[84]. Ebenso als Beweis für geteiltes Eigentum ist die Textstelle zu werten, die den Streit der beiden Hornbacher Müller Weber und Cron betrifft. Cron ruft im Verlauf des Streites die geistliche Güterverwaltung „qua dominum directum" seiner Mühle an, ihn im Streit zu vertreten[85].

Die Begriffe wie Erblehen (für Erbleihe), Erbzins (Erbleihe) und Erbpacht (dingliches Nutzungsrecht) können zur Unterscheidung jedoch nicht verwendet werden; sie werden völlig unterschiedlich und letzten Endes auch widersprüchlich gebraucht. Im Erbbestandsbrief von 1703 des Annweiler Müllers ist von einem „immerwehrenden Erbpacht" die Rede[86]. Dagegen wird im Konzept des Erbbestandsbriefs über die „neue von denen Gebrüdern zu Bischweiler am dasigen Moderbach zu erbauende Mahlmühle und dazugehörige Werke von einem Zins gesprochen: „[...] zu zahlen, sondern auch zu jährlichem Zinß Gülte vor künftigen Michaelistag 1766 zum erstenmal und zwar die ersten 6 Jahr, alljahrlich 80 Fiertel halb Weizen und halb Korn, [...]"[87]. Beide Begriffe zusammen werden sogar im Erbbestandsbrief über die neue Mahlmühle zu Roßbach[88] benutzt: „[...] und sich mit ihme ad 8 Molter Korn und halb Habern jährlich [...] Erbzinß dergestalten verglichen worden [...]". Später im Text wird dagegen von einer beständigen Erbpacht gesprochen. Die in einigen Briefen[89] sich andeutende Unterscheidung: Zins für Geld- und Pacht für Naturalabgaben wird nicht durchgehalten. Eine inhaltliche Differenzierung je nach der Art der Verwendung ist nicht feststellbar.

[83] KSchA Zw. Rep. IV, Nr. 1229.
[84] LA Sp. B 2, Nr. 2689.
[85] LA Sp. B 2, Nr. 1116/4.
[86] LA Sp. B 3, Nr. 1588.
[87] KSchA Zw. Rep. IV, Nr. 1229.
[88] KSchA Zw. Rep. II, Nr. 323.
[89] KSchA Zw. Rep. IV, Nr. 407 Erbbestandsbriefe für Bickenaspach.

Alle Briefe beinhalten zudem die Punkte, die – wie schon erwähnt – die Bedingungen der Erbleihe darstellen.

5.2.3.1.2.3 Einordnung der Bestandsbriefe

Die Rolle des Müllers als beschränkter Eigentümer oder als Nutzeigentümer legen die Vermutung nahe, daß bei den Erbbestandsbriefen ein Erbleiheverhältnis gegründet wurde. In Frage steht jedoch, ob dies einheitlich der Fall war.

Bei der Durchsicht der Akten fällt auf, daß die Müller in einigen Briefen aufgefordert wurden, einen Erbkaufschilling zu zahlen; so in dem oben dargestellten Brief über die Annweiler Mühle[90], der die Umwandlung des Temporal- in den Erbbestand bei einer schon vorhandenen Mühle betrifft; und auch die Müller der am dasigen Moderbach zu erbauenden Mahlmühle müssen „an Erbkaufschilling die schuldige Summe von 100 Gulden an unsere dasige Renthkammer zahlen"[91]; hier muß eine Mühle aber erst vom Müller auf herrschaftlichem Grund errichtet werden. Die zumindest alleinige Funktion des Erbkaufschillings als Kaufpreis einer schon vorhandenen herrschaftlichen Mühle, scheidet bei diesem verschiedenen Gebrauch aus. Möglicherweise wurde aber erst durch diesen Erbkaufschilling ein Erbleiheverhältnis begründet. Die allgemeine Definition: „Erbkauf ist ein ewiger unwiderruflicher Kauf unter Verzicht des Rückkaufsrechtes"[92], hilft hier nicht weiter; ein solches Rechtsgeschäft kann sowohl beim Erwerb des unwiderruflichen Nutzeigentums, als auch beim Erwerb des unwiderruflichen dinglichen Nutzungsrechts zugrunde liegen. Betrachtet man jedoch die Voraussetzungen der Emphyteuse näher, auf die sich die Erbleihe zurückführen läßt, so stellt man fest, daß dort ein sogenannter Einkaufspreis üblich war[93]. Ausdrücklich wird sogar in Teilen der Literatur bemerkt[94], daß durchaus auch bei der Erbleihe ein solcher Preis gebräuchlich war (wenn auch niedriger). Der Erbkaufschilling könnte also als ein solcher Einkaufspreis angesehen werden. Diese Qualifizierung würde sich auch in die von Lütge angedeutete Unterscheidung vom vollen (oder beschränkten) Eigentumsrecht und dem Nutzeigentum eingliedern lassen. Er vermutet, daß das Eigentum ursprünglich lediglich gegen die Verpflichtung zur Zahlung eines

[90] LA Sp. B 3, Nr. 1588.
[91] KSchA Zw. Rep. IV, Nr. 1229.
[92] *von Künßberg*, Erbkaufschilling, Sp. 89.
[93] *Schmalz*, Deutsches Privatrecht, S. 94, 95.
[94] *Lütge*, Wirtschaftliche Situation S. 70, *Schmalz*, Deutsches Privatrecht, S. 94, 95.

feststehenden Zinses ausgegeben wurde, ohne daß eine Kaufsumme bezahlt worden wäre; bei den Erbleihegütern dagegen habe das Entgelt aus Kaufsumme zuzüglich Rentenverpflichtung bestanden [95].

Vor diesem Hintergrund ließen sich somit nur die Fälle als Erbleiheverhältnis bezeichnen, bei denen ein Erbkaufschilling gezahlt wurde; die anderen Erbbestandsbriefe hätten dann wohl Erbpachtverhältnisse dokumentiert. Hier müssen zusätzliche Quellenstücke herangezogen werden, um festzustellen, ob diese feine Differenzierung in Pfalz-Zweibrücken tatsächlich vorrherrschte und was gegebenenfalls die Gründe dafür waren.

Quellenmaterial, das sich auf den Erbkaufschilling bezieht, ist rar. Lediglich in Zusammenhang mit der Goffingsmühle wird er erwähnt. Der Schwiegersohn Andreas Aulenbacher frägt bei der Rentkammer an, ob der Temporalbestand nicht in einen Erbbestand umgewandelt werden könne und zwar „gegen Bezahlung eines billigen Erkauffsschillings“[96]. Der von ihm angebotene Preis wird aber von der Rentkammer für nicht akzeptabel gehalten, sodaß man versucht, die Mühle in Erbbestand zu versteigern. Da die Versteigerungsgebote zu gering ausgefallen sind, wird der Klosterschaffner angewiesen, Vorschläge zu machen, wie diese Mühle am besten wieder „temporaliter“ begeben werden könnte. Schließlich kommt man nochmal auf Aulenbach zurück und fragt an, ob er die Mühle nicht temporaliter haben wolle. Dieser will die Mühle jedoch in Erbbestand haben. Nach langen Verhandlungen, in denen um die Höhe der Erbpacht wie auch des Erbkaufschillings wiederum gefeilscht wurde, entschloß sich die Rentkammer, die Mühle in Erbbestand dem Aulenbach zu überlassen, wobei überhaupt kein Erbkauffschilling zu entrichten war. Als Grund für die Umwandlung wurde angeführt, daß die Mühle in Anbetracht des bisherigen hohen „Canone“ von 30 Gulden und der Konkurrenz durch Johann Heinrichs Webers neu errichtete Mühle[97] im Temporalbestand nicht mehr zu halten war[98]. Nach dieser Schilderung ist der Erbkaufschilling ein Teil der Entgeltsumme wie etwa die Pacht; die Höhe und letztlich auch die Frage, ob er überhaupt gezahlt werden muß, hing von dem Wert der Mühle ab und war Verhandlungssache. In diesem Fall war der geforderte Zins von 30 Gulden für diese Mühle schon derart hoch, daß es nicht mehr möglich war, daneben noch einen Erbkauffschilling einzufordern.

Mithin war die Bedingung der Zahlung eines Erbkauffsschillings für das

---

[95] *Lütge*, Wirtschaftliche Situation, S. 68.
[96] KSchA Zw. Rep. IV, Nr. 1685.
[97] *Schneider*, Hornbacher Mühlen, S. 4.
[98] KSchA Zw. Rep. IV, Nr. 328, 329, 330.

Bejahen eines Erbleiheverhältnisses durch den Erbbestand unrelevant. Außer diesem Punkt enthalten alle Erbbestandsbriefe die gleichen, oben geschilderten Bedingungen.

Es kann demnach festgestellt werden, daß durch die Erbbestandsbriefe Erbleiheverhältnisse begründet wurden, mit Ausnahme der Fälle, bei denen der Müller beschränkter Eigentümer des Grundes und der Mühle war.

5.2.3.2 Wasserfall

Bei den Erläuterungen der rechtlichen Beziehungen, die durch die Briefe geregelt wurden, ist nicht nur am Text der Briefe zu haften. Man muß über die am Wortlaut orientierte Auslegung hinausgehen und auch eine weitergehende Interpretation vornehmen. Sie soll die Frage beantworten, ob die durch die Briefe geregelten rechtlichen Beziehungen umfassender als das waren, was unmittelbar durch die Worte im Erbbestandsbrief ausgedrückt wurde.

Der Erbbestandsbrief über eine Mühle steht inhaltlich in enger Verbindung mit der Vergabe des Wasserrechts. Grundsätzlich war zwar von der natürlichen Freiheit in Anbetracht des Wasserrechtes, auch Wasserfall genannt[99], auszugehen; stand dem Landesherrn das Recht am Wasser aber ausdrücklich zu oder konnte er auf eine ihn diesbezüglich begünstigende Rechtsgewohnheit zurückgreifen, so war diese Freiheit der Untertanen beschränkt. Dies war die vorwiegend vertretene Meinung im 18. Jahrhundert.

5.2.3.2.1 Literatur

Die in der Rechtsliteratur des 18. Jahrhunderts überwiegende Auffassung, daß grundsätzlich von der natürlichen Freiheit bezüglich des Wasserrechtes auszugehen sei, wird von Westphal wie folgt formuliert: „Die Regalität der Mühlenanlegung, wovon die Vernunft nichts weiß, (laße) sich nicht zur Regel machen. Hat der Landesherr das Herkommen vor sich oder hat er eine solche unumschränkte Gewalt, daß er Einschränkungen der natürlichen Freyheit nach Willkühr machen kann, so ist darwider nichts einzuwenden. Sonst ist vor die natürliche Freyheit der Unterhanen die Vermuthung [...]“[100]. De Rohr schreibt dazu, „daß solange von dem

[99] *Weber*, Mühlen und Müllerhandwerk, S. 110.

[100] *Westphal*, Teutsches und Reichsständische Privatrecht, S. 159; dazu auch *Danz*, Deutsches Privatrecht, Bd. 1, § 104 S. 415.

Landesherrn kein ausdrückliches Verbot vorhanden, daß man ohne seinen Willen und Einwilligung keine Mühle aufbauen soll, man mit Recht Bedencken habe sie zu den Regalibus zu referieren"[101].

Die beiden angeführten Beispiele bezeichnen das Recht, sofern es dem Landesherrn zusteht, als Regal. Die ursprüngliche Bedeutung der Bezeichnung „ius regale" ist ein Recht, „quod regis est"[102]. Erst nach der Karolingischen Zeit entwickelten sich diese Hoheitsrechte des Königs und daraus die Nutzungen, die später unter den Begriff Regal subsumiert wurden. Angesichts der zahlreichen Erörterungen und Beiträge[103] über die Entstehungsgeschichte der Regalien kann man sich kurz fassen.

Seit dem 15. Jahrhundert leitete man die meisten der den Landesherrn schon im Hochmittelalter vom Kaiser übertragenen Regalien aus dem Ursprung der Territorialhoheit ab. Man bemühte sich, alle als Regalien erscheinende landesherrlichen Rechte dem Katalog der constitutio de regalibus zu subsumieren[104]. Es entstand eine von der Souveränitätslehre mitbeeinflußte Haupteinteilung in regalia maiora – darunter verstand man zum Beispiel Gesetzgebung und Privilegienerteilung – und regalia minoria, die Rechte, die vorwiegend dem fiskalischen Interesse diente. In der Folgezeit hat man zwischen wesentlichen Regalien, die Hoheits- und Souveränitätsrechte und den zufälligen Regalien differenziert, die dem Staat infolge eines besonderen Erwerbsgrundes zustehen und veräußerlich sind[105]. Diese veräußerliche Rechte unterteilte man wiederum in zwei weitere Klassen, die Grundregalien, die im Zusammenhang mit der Nutzung des Grund und Boden stehen und den Gewerberegalien, die auf die Ausübung eines bestimmten Gewerbes gerichtet sind[106]. In weiterer Entwicklung führte die Übernahme des römischrechtlichen Fiskusbegriffes zu einer Umgestaltung der regalia minora in privatrechtlich-fiskalische Rechte des Staates. An die Stelle der hohen Regalien traten die reinen Hoheitsrechte[107]. Insoweit war die Trennung von öffentlichem und privatem Recht durchgeführt[108].

Im besonderen läßt sich nach überwiegender Lehre das als Mühlenregal bezeichnete Recht des Landesherrn, Mühlen anzulegen, auf das zu den

---

[101] *de Rohr,* Hauß=Haltungs=Recht, S. 656, 657.

[102] *Wegener,* Regalien, Sp. 472, 473.

[103] *Wegener,* Regalien, Sp. 473, 474; *Mitteis, Lieberich,* Deutsche Rechtsgeschichte, Kap. 24 VI 4, S. 145;; *Willoweit,* Territorialgewalt; *Maurenbrecher,* Lehrbuch Privatrecht, S. 580 ff; *Hüllmann,* Ursprung der Regalien, S. 6, 17, 18.

[104] *Wegener,* Regalien, Sp. 475; *Hüllmann,* Ursprung der Regalien, S. 17, 18.

[105] *Runde,* Gemeines deutsches Privatrechts, § 101c.

[106] *Maurenbrecher,* Lehrbuch Privatrecht, S. 582.

[107] *Hüllmann,* Ursprung der Regalien, S. 19, 20.

[108] *Wegener,* Regalien, Sp. 477.

Grundregalien gehörige Wasserregal zurückführen. Das Nutzungsrecht an öffentlichen Gewässern stand schon in früher Zeit der Obrigkeit zu, weil ihnen das Benutzen am leichtesten möglich war. Dieser geschichtliche Anfang ist bei den Staatsgewässern unverkennbar; daraus folgt jedoch nicht, daß das Nutzungsrecht der Regierungen ein Ausfluß ihres Wassereigentums darstellt[109]. Schon in früher Zeit waren die öffentlichen Flüsse im Gemeingebrauch gewesen; das Recht, die Untertanen von dieser Nutzung auszuschließen, mußte besonders erworben sein[110]. Der notwendige Schutz der Schiffe gegen Räuber und Feinde war ein erster Anlaß für den Erwerb dieses Rechtes. Was sich bei der Schiffahrt auf den öffentlichen Flüssen in dieser Art entwickelt hat, ist auf andere Nutzungen, wie zum Beispiel bei den Mühlen[111], die ähnlichen Schutz bedurften, ausgedehnt worden. Da der besondere Schutz der Obrigkeit auch an den entlegenen Stellen der Privatgewässer nötig wurde, wurde der Unterschied zwischen öffentlichen und privaten Gewässern verwischt[112].

Eine Mindermeinung[113] sieht das Mühlenregal jedoch nicht als ein Teil des Wasserregals, sondern als ein eigenes für sich bestehendes Regal an. Begründet wird diese Ansicht damit, daß schon die alten Glossatoren des liber feudorum dies als selbständiges Regal betrachtet haben; so habe Radevicus die Fischerei und die Mühlen von den übrigen Nutzungen der Wasserkraft getrennt: „[...] adiudicaverunt [...] molendina, piscarias, portus omnenque utilitatem ex decursu fluminum“[114]. Da jedoch nach Radevicus zum Wasserregal das zu verstehen ist, was auf die Benutzung der Kraft (des „decursus“) des Wassers geht, gerade aber das Mühlenregal dem Begriff nach zum Regal der Nutzungen ex decursu fluminum gehört, vermag die Begründung dieser Mindermeinung nicht zu überzeugen.

Grundsätzlich war das Mühlenregal ein ausschließliches Regal[115]. In manchen Gegenden konnte jedoch dieses Recht durch die Einwilligung der nächsten Interessenten oder durch ein Widerspruchsrecht beschränkt sein[116].

[109] *Mittermaier*, Gemeines deutsches Privatrecht, § 222.
[110] *Westphal*, Teutsches und Reichsständische Privatrecht, S. 159.
[111] Zu den Gründen insbesondere *de Rohr*, Hauß=Haltungs=Recht, S. 662, 663.
[112] *Maurenbrecher*, Lehrbuch Privatrecht, S. 627.
[113] Dazu *Maurenbrecher*, Lehrbuch Privatrecht, S. 627 Fn. 4.
[114] *Maurenbrecher*, Lehrbuch Privatrecht, S. 627 Fn. 4.
[115] *Westphal*, Teutsches und Reichsständische Privatrecht, S. 165.
[116] Z.B. in einigen hannoverischen Gebieten, vgl. dazu *Westphal*, Teutsches und Reichsständische Privatrecht, S. 165.

5.2.3.2.2 Situation im Herzogtum Pfalz-Zweibrücken

Im Herzogtum Pfalz-Zweibrücken war das Recht, Gewässer zu nutzen und im besonderen Mühlen anzulegen, ein Regal des Herzogs, der sich auf ein diesbezügliches Herkommen stützen konnte. Niemand konnte ohne seine Einwilligung eine Mühle errichten oder betreiben; deshalb gab es im Herzogtum keine Mühle, die vermöge der natürlichen Freiheit errichtet wurde. Ausdrücklich wird dies von der Rentkammer beschrieben: „[...] was gestalten, wann sächsische und andere dergleichen Juris consulti in den Gegenden und Landen statuieren, ob gehöre das Recht Mühlen zu bauen, Bäche, Flüße und dergleichen zu nutzen, nicht unter die Regalia, solches in hiesigem Herzogthum um so weniger anschlagen könne als darinnen unwidersprechlich und durch die allgemeine Notorietät bestarckt wird, daß von undencklichen Zeiten her das Recht Mühlen zu bauen inter Regalia referiret, [...]"[117]. Aus der gleichzeitigen Nennung der Begriffe „Mühlen bauen, Bäche und Flüße zu nutzen" wird nicht deutlich, ob das Mühlenregal als Teil des Wasserregals oder als eigenständiges Regal gesehen wird. Bachmann erwähnt jedoch in seinem Werk über das „Pfalz-Zweibrückische Staatsrecht"[118] lediglich das Wasserregal, sodaß vermutet werden kann, daß im Herzogtum Zweibrücken das Mühlenregal als Teil des Wasserregals betrachtet wurde.

Das in der Quelle angesprochene Herkommen ist in Pfalz-Zweibrücken durch Weistümer belegt, wobei in früheren Zeiten auch Klöstern dieses Recht zukam, was jedoch im 18. Jahrhundert wiederum zum Teil bestritten wurde. So heißt es in dem Weistum von Glanodernheim von 1360 sinngemäß: „Wir weisen ihre (der Herren vom Kl. Disibodenberg) Mühle als frei und als ihr Eigen, ebenso den Weg für die Bannmähler"[119]. Auch das Weistum von Hornbach besagt Ähnliches. Im Jahre 1558 ist dieses Weistum entstanden, dem letzten Jahr, in dem das Kloster für Mönche bestand, da es mit dem 1. Januar 1559 im Wege der Säkularisation seine Räume zur Unterbringung des Gymnasiums hergab. So heißt es: „Item fragte der Schultheiß, wer da Mühlen und Wasserbau und Badstuben zu bauen habe in Pirmans Lande und Gerichten, und die Schöffen weisten für Recht, daß ein Abt deß Macht haben soll in der Freiheit zu Hornbach und in den neun Höfen und niemand anders, es sei denn mit Wissen und Willen des Abtes oder Vorbringen, von wem er das habe, und trüge je-

[117] LA Sp. B 2, Nr. 1116/4.

[118] *J. H. Bachmann*, Pfalz-Zweibrückisches Staats-Recht.

[119] StA Darmstadt, Disibodenberger Kopialbuch, fol. 115/116; inhaltlich das gleiche formuliert das Weistum von 1387, StA Darmstadt Disibodenberger Kopialbuch fol. 117.

mand den Abt darinnen, soll ein Abt das ziehen aus den neun Höfen in das Gericht zu Hornbach als in seinen obersten Hof"[120].

Das Regal des Herzogs war, wie dies einige Quellen belegen, „unwidersprechlich"[121]. Ein Widerspruchsrecht oder gar eine Einwilligung des (der) nächsten Interessenten war nicht vorgesehen. Dies ergibt sich aus der schon oben erwähnten Akte, die den Streit der Rentkammer mit der geistlichen Güterverwaltung über deren Rechte aus dem Wasserfall und aus dem Bann behandelt. Die Rentkammer verweist auf den von der Güterverwaltung und von dem 2. Müller von Hornbach Goffing angestrebten Prozeß wegen der Errichtung der neuen Mühle in Hornbach. Beide hätten versucht ein „ius contradicendi"[122] zu entwicklen; sie seien aber mit ihrer „vermeintlichen Prohibition"[123] verworfen worden. Sie aber sei von „Regimen"[124] dazu angewiesen worden, mit dem neuen Müller Weber zu „tractiren" und „das Projekt des Erbbestandes (sei) sowohl von Regimen als von Serenissimi Gustavo gnädigst approbiert worden"[125]. Ein Widerspruch gegen das Regal war nach Ansicht der Rentkammer nicht statthaft. Gleichwohl mußte bei der Errichtung der Mühle so verfahren werden, daß niemand, insbesondere ein benachbarter Müller dadurch einen Schaden, etwa durch Wasserentzug erlitt[126]. Durch diese Fürsorge wurde also unter anderem der Schutz der Rechte der anderen Müller unmittelbar realisiert. Ein das Regal beschränkendes Recht wurde den Müllern beziehungsweise anderen Interessenten aber dadurch nicht vermittelt.

5.2.3.3 Bann

Der wortgeschichtliche Ursprung von „Bann" läßt sich nicht eindeutig ermitteln. Er könnte, wie teilweise im 18. Jahrhundert angenommen wurde, in dem „teutschen" Wort „Bahn" zu finden sein[127]; „denn gleichwie diejenigen, die in die kaiserliche Acht erklärt wurden, Bahn und Strasse verboten wird", so dürfen diejenigen, die an „eine gewisse Mühle gewiesen sind, sich keiner anderen Bahne bedienen"[128]. Teilweise wird aber auch vertreten, daß der Bann sich aus dem Wort „Bann" herleiten könne, weil die Untertanen in einer Mühle nur zu mahlen verbunden

[120] *Neubauer,* Weistum von Hornbach, S. 36.
[121] LA Sp. B 2, Nr. 294/5; LA Sp. B 2, Nr. 1116/4.
[122] LA Sp. B 2, Nr. 1116/4.
[123] LA Sp. B 2, Nr. 1116/4.
[124] LA Sp. B 2, Nr. 1116/4.
[125] LA Sp. B 2, Nr. 1116/4.
[126] Dazu ausführlich *Westphal,* Teutsches und Reichsständische Privatrecht, S. 172 ff.
[127] *de Rohr,* Hauß=Haltungs=Recht, S. 711.
[128] *de Rohr,* Hauß=Haltungs=Recht, S. 712.

sind; möglicherweise läßt sich der Bann aber auch auf das Wort „Bann" zurückführen, das einen öffentlichen Ausruf bedeutete[129].

5.2.3.3.1 Literatur

Schon seit jeher war der Bann, insbesondere auch der Mühlenbann, Gegenstand rechtsgeschichtlicher Erörterungen[130]. Dies führte allerdings nicht zu einer einheitlichen Klärung des Begriffes. Von der Bestimmung des Begriffes bis hin zur Entstehungsgeschichte herrscht eine verwirrende Meinungsvielfalt. Ausgelöst ist dies zum einen durch einen unterschiedlichen Gebrauch der Begriffe und zum anderen durch eine andersartige inhaltliche Ausgestaltung der aber ansonsten übereinstimmenden Gegenstände.

Die überwiegende Meinung sieht in dem Bann ein von der Hoheit des Landesherrn abgeleitetes Verbietungsrecht. Die gebannten Gäste seien gehindert ihren Mehlbedarf auf einer anderen als der Bannmühle mahlen zu lassen, nicht aber an und für sich verpflichtet Mehl auf der Bannmühle mahlen zu lassen[131]. Die Bannrechte seien somit als eine Beschränkung der natürlichen Freiheit zu sehen, weshalb auch jede Ausdehnung die Rechtsvermutung gegen sich hat. Diese Beschränkung sei in jedem Fall zu beweisen und dürfe nicht ohne Grund geschehen[132]. Als hinreichender Gründe werden hauptsächlich der dem „Fisco hierdurch zuwachsende Nutzen" und die Wohlfahrt der Bevölkerung angesehen[133]. Das Mühlenbannrecht wird auch als Mühlenzwangrecht bezeichnet, da der Müller die Einwohner eines Bezirkes dazu zwingen darf, ihren Mehlbedarf in seiner Mühle mahlen zu lassen (molendinum bannarium)[134].

Streitig ist der Umfang des Bannrechtes. So wird argumentiert, daß der Mehlkauf keinem Bann- oder Zwangspflichtigen wegen der restriktiven Auslegung des Bannrechtes untersagt werden könne. Der Gast sei vielmehr berechtigt, an jeden beliebigen Müller, ganz willkürlich, sein Getreide gegen Mehl zu vertauschen oder zu verkaufen[135].

Andere hingegen legen den Schwerpunkt auf die Bestimmung der Befugnisse auswärtiger Müller. Das Bannrecht sei auch ein Verbietungsrecht gegen auswärtige Müller.

[129] *de Rohr*, Hauß=Haltungs=Recht, S. 711–712.
[130] Einen ersten Überblick hierzu bietet Kaufmann *Kaufmann*, Bann, Sp. 308–311.
[131] *Runde*, Gemeines deutsches Privatrechts, S. 234–236.
[132] *Schilling*, Handbuch Mühlenrecht, S. 142.
[133] *de Rohr*, Hauß=Haltungs=Recht, S. 712–719.
[134] *Schilling*, Handbuch Mühlenrecht, S. 141; *de Rohr*, Hauß=Haltungs=Recht, S. 711.
[135] *Schilling*, Handbuch Mühlenrecht, S. 143.

Diese dürfen dann keine gebannten Mahlgegenstände bei den Gästen abholen, wenn sie diese Gegenstände für die Gäste auch ausmahlen wollen. Auch schon das Absenden eines fremden Mühlwagens in einen gebannten Ort, in der Absicht, Mahlfrüchte in eine andere als die Bannmühle abzuholen, sei ein sehr empfindlicher Eingriff in das Bannrecht; das Verbot des Verfahrens des Banns durch fremde Müller sei deshalb vom Bannrecht mitumfaßt[136].

Auch wird im Hinblick auf die auswärtigen Müller eine noch weitergehende Ansicht vertreten. Das Bannrecht schließe schon an sich die Befugnis in sich, die Errichtung und den Betrieb einer weiteren Mahlmühle innerhalb des Bannbezirkes zu untersagen. Begründet wird diese Extension mit der Entstehungsgeschichte. Die Errichtung einer Mühle sei in früheren Zeiten mit noch größeren Schwierigkeiten und Kosten verbunden gewesen, sodaß man nur dazu bereit gewesen wäre, wenn die Kundschaft gesichert gewesen wäre. Als etwas Selbstverständliches wurde dabei erachtet, daß die zu errichtende Mühle für den bestimmten Bannbezirk die einzige und ausschließliche sein und bleiben müße[137]. Diese Ausweitung wird heftig bestritten; zwar sprechen sich Eichhorn[138] und Mittermaier[139] in ihren Werken über das deutsche Privatrecht nicht speziell aus; der größte Teil der Lehre aber verweist darauf, daß zwischen dem Mühlenzwang und den Rechten aus dem Privilegium in einem gewissen Distrikt keine Mühle zu dulden, zu unterscheiden sei[140]. Von Rohr führt weiter aus, daß der Landesherr sich ohne „wichtige Raisons" nicht zu Erteilung solcher monopolartigen Privilegien verstehen würde, da diese ausgedehnte Befugnis seinen Machtbereich nicht unerheblich einschränkte[141].

Daneben gibt es, wenn auch wenige Meinungen, die die Begriffe Bann und Zwang in einer völlig anderen Weise gebrauchen und somit das Wesen des Bannes anders definieren. So unterscheidet Weiske[142] streng zwischen dem Mühlenbannrecht und dem Mühlenzwangrecht. Der Mühlenbann bestehe aus einem Verbietungsrecht, wonach der Bannberechtigte die Anlegung einer neuen Mühle in einem gewissen Bezirk verhindern könne. Der Mühlenzwang sei ein Verbietungsrecht, wodurch die Mahlgäste eines gewißen Distrikts gehindert würde, ihren Bedarf an

---

[136] *Hering*, pag. 149, 150; *Böhmer*, S. 564; *Maurenbrecher*, § 353 mit §§ 352, 354; *Anonymus*, S. 124, 125.

[137] *Maurenbrecher*, Lehrbuch Privatrecht, § 354; *Böhmer*, Auserlesene Rechtsfälle, S. 560.

[138] *Eichhorn*, Privatrecht, S. 424.

[139] *Mittermaier*, Deutsches Privatrecht, S. 161, 162.

[140] *Runde*, Gemeines deutsches Privatrechts, S. 287.

[141] *de Rohr*, Hauß=Haltungs=Recht, S. 681.

[142] *Weiske et al.*, Rechtslexikon, S. 246, 247.

Mehl in einer anderen als der Zwangsmühle mahlen zu lassen.

Koehne entfernt sich bei seiner Begriffsbestimmung noch mehr von der gebräuchlichen Verwendung. Durch die Verwendung eines doppelten Bannbegriffes schließt er einen Sachverhalt mit ein, der gemeinhin als Ausdruck des Mühlenregals verstanden wird: Der Mühlenbann sei das Recht der Inhaber der öffentlichen Gewalt, die Errichtung von Mühlen von ihrer Zustimmung abhängig zu machen. Als gewerbliches Mühlenbann- und -zwangsrecht definiert er das Recht des Inhabers der Mühle auf Ausschluß der Benutzung von Konkurrenzanlagen durch die Einwohner einer bestimmten Gegend. Unter den Zwangs- und Bannrechten sei aber wieder die Mühlenbanngerechtigkeit, also das Ausübungsrecht, durch welche den Einwohner eines bestimmten Bezirks verboten sei, das Mühlengewerbe selbst berufsmäßig zu betreiben, und die Mühlenzwangsgerechtigkeit zu unterscheiden, durch welche diese ihren Mehlbedarf nirgends anders als auf der Bannmühle ausmahlen dürfen[143].

In ähnlicher Weise vielschichtig sind auch die Meinungen zu der Entstehung der Bannrechte. Im wesentlichen stehen sich zwei Auffassungen gegenüber. In der einen wird die Ansicht vertreten, daß die Anlegung der Mühlen der Privatinitiative einzelner entsprungen sei. Die andere ist der Meinung, daß die Mühlen von der Gemeinde gemeinschaftlich errichtet worden seien. Letztere sehen den Ausgangspunkt darin, daß die Gemeinde Anstalten zum Vorteil aller Genossen trafen, dann aber auch verlangten, daß sich die Genossen gegen Gegenleistung ausschließlich dieser gewerblichen Gelegenheiten bedienten[144]. Unter den Vertretern, die den Ursprung in der Privatinitiative sehen, sind insbesondere diejenigen zu nennen, die die Bannrechte aus dem grundherrlichen Almendeobereigentum herleiten. Das herrschaftliche Recht, den grundhörigen Hufen die Bedingungen ihrer Produktion sowie die Art und Weise der Ableistung ihrer Pflichten vorzuschreiben, sahen sie als die Grundlage der Entwicklung[145]. Auch diejenigen, die den Ursprung in dem Wasserregal finden, zählen zu der Auffassung. Begründet wird dies damit, daß die constitutio de regalibus des Reichtages von Ronkalia als Ausdruck der dem König im langobardischen Reich zustehenden Rechte, die Mühlen neben den Gewässern und Fischereien nennt[146]. Neben diesen Darstellungen der rechtlichen Grundlagen, die zumindest für einzelne Territorien Gültigkeit haben, versucht Koehne eine darüberhinausgehende ge-

[143] *Koehne*, Mühlenbann und Burgenbau, S. 63.
[144] *Kohler*, Encyclopädie, S. 636; *Schilling*, Handbuch Mühlenrecht, S. 135, 136.
[145] *Hoffmann*, Befugnis zum Gewerbebetrieb, S. 28, 29.
[146] *Mittermaier*, Deutsches Privatrecht, S. 1162; *Weiske et al.*, Rechtslexikon, S. 246.

meinsame Wurzel der Bannrechte zu finden. Er macht deutlich, daß es zur Zeit der Karolinger noch keinen genossenschaftlichen Betrieb der Mühlen gab[147]. Die Lage änderte sich erst mit dem Aufkommen des Burgenbaus im 10. Jahrhundert durch die Normannen und die Verhältnisse im deutschen Ordensstaat. Hier gehörte zu jeder Burg eine Wassermühle, die den Bedarf der Burgeinwohner zu decken hatte; dieser Zusammenhang, so Koehne, bildete einen Anfang der Bannrechte[148].

Die Erwerbung des Bannrechtes kann durch landesherrliche Konzessionen erfolgen; hier ist insbesondere die Privilegierung und die Belehnung zu nennen. Auch durch wechselseitige Verträge, Besitzergreifung landesherrlicher Kammern, städtischer Magistrate, klösterlicher Kooperationen und durch Verjährung ist ein Erwerb denkbar[149].

5.2.3.3.2 Situation im Herzogtum Pfalz-Zweibrücken

Über die Situation im Herzogtum Pfalz-Zweibrücken geben insbesondere einige Aktenstücke Aufschluß, die diesbezügliche Stellungnahmen der Rentkammer enthalten.

Über die Rechtsnatur des Bannrechtes äußert sich die Rentkammer schon 1742 in ihrem Protokoll, das sie anläßlich der Neuvergabe des Bannrechtes über die Bruchmühlbacher Mühle verfertigt hatte: „Das Bannrecht sei ein undisputirliches Regal"[150]. Noch im gleichen Jahr bezeichnet die Rentkammer bei einer Anfrage des Oberamtes Lichtenberg bezüglich der Rechte eines Bannmüllers, das gesamte Mühlenrecht, nämlich das Recht Mühlen anzulegen und dadurch Gewinn und Vorteil von den Untertanen zu ziehen, als ein „unwidersprechliches Regal"[151]. Mithin wird das Recht, die Mühlen mit einem Bann zu versehen, eindeutig dem Landesherrn zugesprochen. Der Herzog konnte auch ein diesbezügliches Herkommen für sich in Anspruch nehmen; so wird aus den Quellen des 16. Jahrhunderts bereits ersichtlich, daß der damalige Herzog Bannrechte an einige Müller vergab[152]. Es kann dagegen nicht hinreichend bestimmt werden, ob sich dieses Bannregal im Herzogtum Pfalz-Zweibrücken auf das Wasserregal zurückführen läßt.

---

[147] *Koehne*, Recht der Mühlen.

[148] *Koehne*, Mühlenbann und Burgenbau, S. 63 ff.

[149] Dazu näher: *Schilling*, Handbuch Mühlenrecht, S. 133–136; *de Rohr*, Hauß=Haltungs=Recht, S. 712–718; *Weiske et al.*, Rechtslexikon, S. 247.

[150] LA Sp. B 2, Nr. 292/4.

[151] LA Sp. B 2, Nr. 294/5.

[152] LA Sp. B 2, Nr. 292/2, 292/3.

Im 18. Jahrhundert wurden die Rechte aus dem Bannregal im Herzogtum Pfalz-Zweibrücken den Müllern im Wege der in den Briefen enthaltenen Privilegserteilungen gewährt. Diese Erteilung wird in zahlreichen Aktenstücken explizit erwähnt; so stellt die Rentkammer gegenüber der geistlichen Güterverwaltung in Ansehung des Banns, der ihr über die Hornbacher Klostermühle zustand, klar, daß sie lediglich ein diesbezügliches Privileg erteilt bekommen haben[153]. Die Bäckerzunft führt 1766 in einer Vorstellung aus, der der Stadtrat von Zweibrücken zustimmt: „Der Bann der Mühlen gehöre zu den Privilegia."[154] Auch der Vorsteher der Gemeinde zu Baumholder beschrieb diese Vergabeart in seinem Bericht über die Einhaltung des Bannes: „ob wir schon diesem (die Nichteinhaltung des Bannes) vorzukommen, amtswegen sie (die Bannmüller) bey ihren übergebenen Privilegien des Bannes vielmahl zu erhalten understanden; jedoch solches etliche zu fallende Uhrsachen und Hindernüssen in wäsentlichen Schwang zu erhalten, nie vermöcht"[155]. Dieses Privileg wurde nicht aus reiner Gnade (ex mera gratia principis) erteilt, sondern die Pachthöhe war an dieser Privilegienerteilung orientiert. So kann man aus dem Aktenmaterial erkennen, daß bei den Bestandsbriefen, die keine Vergabe des Bannrechtes beinhalteten, die Pachthöhe niedriger veranschlagt wurde als bei Briefen, die einen gesicherten größeren Stamm an Mahlgästen aufwiesen[156].

Es läßt sich bezüglich der inhaltlichen Ausgestaltung des Bannes für das Herzogtum Zweibrücken kein einheitliches Bild zeichnen. Jedoch wurde immer als der eigentliche Kern des Bannes das Recht verstanden, den Einwohnern eines bestimmten Bezirkes zu verbieten, ihren Mehlbedarf in einer anderen Mühle als der Berechtigten zu decken. Durch die ausdrückliche Erwähnung dieses Rechtes in den Bestandsbriefen, dem Privilegium, wurde dem Müller das Bannrecht übertragen.

So heißt es in dem schon oben vorgestellten Annweiler Bestandsbrief: „[...] so sollen die darzu gebannte Mahlgäste, nämlich die gesambte Bürgerschaft in gemelter Statt Annweyler, beneben denen Einwohnern in dem nahe darbey gelegene und zur Statt gehörig Dörflein Sarnstall ihre Früchte nirgends anderswohin alß zu dieser Bannmühle allein beyzufahren oder einzutragen und da dasselbe gemahlen, auch ahn wieder von selbsten abzuhohlen, wie herkommlich war, durch das Oberampt Bergzabern, oder durch den herrschaftlichen Vogt und Schultheißen daselbsten, mit sonderm Ernst angehalten oder gegen die Verbrecher gebühren-

[153] LA Sp. B 2, Nr. 1116/4.
[154] LA Sp. B 2, Nr. 2688.
[155] LA Sp. B 2, Nr. 296.
[156] LA Sp. B 2, Nr. 2687.

de und zu längliche Straff andere zum Exempel und Wahrnung, neben Erstattung doppelten Molters vorgenohmen [...]"[157]. Ausdrücklich wird hier auch auf die Schutzfunktion der Obrigkeit gegenüber dem Privilegierten Bezug genommen. Der Schutz wird durch den Landesherrn und seine Ämter versprochen[158].

Eine strikte Unterscheidung zwischen Bann und Zwang, wie Weiske sie vorgibt, wurde im Herzogtum nicht vorgenommen. So ist in dem angesprochenen Annweiler Brief von den „gebannten Mahlgästen" die Rede; gleichzeitig wird aber auch dieses Recht als Mahlzwang bezeichnet. Balthasar Cron, der Beständer der Hornbacher Klostermühle, erklärte zum Beispiel in dem Prozeß gegen den Beständer des Rinckweiler Hofes, daß „der Rinckweler Hof unter meinen Mühlenzwang gehöre"[159], und deshalb die Bewohner verbunden seien, ihr Mehl bei ihm ausmahlen zu lassen; diesbezügliche gleichartige Beispiele ließen sich fortführen.

Inwieweit aber das Bannrecht auch als Verbietungsrecht gegenüber fremden Müllern im Hinblick auf das Hineinfahren des Bannes und den Mehlhandel definiert wurde, schwankte sowohl gebiets- wie auch zeitmäßig. Insgesamt[160] kann man feststellen, daß im 18. Jahrhundert vom anfänglichen fast überall praktizierten freien Mehlhandel zugunsten der Bannmüller abgerückt wurde; erst in der 2. Hälfte des 18. Jahrhunderts wurden diese Beschränkungen des Mehlhandels allmählich wieder zur Wohlfahrt der Bevölkerung aufgehoben.

So war in Annweiler der Mehlhandel schon zu Beginn des 18. Jahrhunderts eingeschränkt; in dem Brief von 1703 hieß es: „[...] und dann achtens nicht gestattet werden, daß durch Einführung fremden Meels einiger Unterschleiff vorgehe, dadurch Er Erbbeständer ahn dem Molter bey dieser Erb- und Bannmühle vorgesetzlich hintergangen und geführet würden"[161]. In Zweibrücken war der Mehlhandel dagegen anfänglich noch gestattet und nicht vom Verbietungsrecht des Bannes umfaßt[162]; dies geht aus einem Bericht des Stadtrates von 1758 hervor. Der Stadtrat plädiert darin, „[...] die Beschränkungen des Mehlhandels aufzuheben und den freye Mehlhandel wie solcher nach der Observanz hier üblich gewesen [...]"[163], zu etablieren. 1747 waren schon erste Beschränkun-

[157] LA Sp. B 3, Nr. 1588.

[158] *Willoweit*, Gewerbeprivileg und „natürliche" Gewerbefreiheit, S. 81.

[159] LA Sp. B 2, Nr. 1116/1–4.

[160] I.S. einer allgemeinen Tendenz; vollkommen gradlinig vollzog sich die Entwicklung nicht.

[161] LA Sp. B 3, Nr. 1588.

[162] LA Sp. B 2, Nr. 2750, so wurde der Mehlverkauf der Landmüller sogar Ende des 17. Jahrhunderts begrüßt angesichts der Hungersnot und der deshalb verhängten Frucht- und Mehlausfuhrsperren.

[163] LA Sp. B 2, Nr. 2687.

gen ersichtlich. So beschwerten sich die Bäcker gegenüber dem Stadtrat wegen der neuen Verordnung, die den Mehlhandel nur mehr samstags und dienstags erlaubte; sie argumentierten, daß diese Verordnung vom Bannmüller letztendlich erschlichen worden sei[164]. In den 50er Jahren werden weitere Beschränkungen zugunsten des Bannmüllers verordnet; nachdem das Hereinfahren und der Mehlverkauf der fremden Müller nur samstags stattfinden sollte, wurde weiter am 10. Januar 1754 geregelt, daß nur der Mehlverkauf von den Früchten verboten sein sollte, die auch in der Stadt gekauft wurden[165]. Allerdings war diese Verordnung praktisch nur schwer zu beweisen[166]. Zwar wurde diese Auffassung noch 1769 durch die Verordnung der Regierung wiederholt, indem sie feststellte, daß „ohne ein speciales Privilegium solche Bannalität sich nicht weiteres als auf diejenige Früchte verstehet, welche in dem Mühlenbann consumiert werden, nicht aber diejenige welche darinnen nur gewachsen und außerhalb denselben consumiert werden"[167]. In der Praxis wurde jedoch immer weniger auf diese Maßgaben geachtet. Der Mehlhandel wurde allmählich großzügiger gehandhabt. So wurde ein zusätzlicher Markttag (mittwochs) für den Mehlhandel eingeführt[168] und schon 1760 wurde eine interimistische Verordnung erlassen, die den Handel alle Tage gestattete[169]; auch in den 70er Jahren wurden derartige Regelungen verordnet, die jedoch wegen ihrer langen Dauer nicht mehr den beim Erlaß vorgegebenen Charakter der Vorläufigkeit besaßen[170].

Das Bannrecht enthielt nicht das Recht, fremden Müllern zu untersagen, das Mühlengewerbe innerhalb des Bannes auszuüben. Es wurden den Müllern keine monopolartigen Rechte aus den Privilegien übertragen; das heißt, daß ihnen nicht gestattet wurde, mit Ausschluß der anderen in einem gewissen Distrikt eine Mühle zu haben. Dieses Verständnis wird insbesondere in einem Streit der Rentkammer mit der geistlichen Güterverwaltung von 1754 über die Auslegung des Bannes der Klostermühle in Hornbach deutlich[171]. Die Güterverwaltung ist der Meinung, daß dem Landesherrn nur noch dort das Recht zukomme, über die Errichtung der Mühlen zu befinden, wo kein Bann vergeben sei; wo dagegen ein Bann erteilt sei, könne der Bannberechtigte über die Errichtung weiterer Mühlen in seinem Bannbezirk befinden. Die Rentkammer stellt hingegen

[164] LA Sp. B 2, Nr. 5316.
[165] LA Sp. B 2, Nr. 2687.
[166] Diesbezügliche Beweisschwierigkeiten werden geschildert in: LA Sp. B 2, Nr. 2687.
[167] LA Sp. B 2, Nr. 292/4.
[168] LA Sp. B 2, Nr. 2688.
[169] LA Sp. B 2, Nr. 2765.
[170] LA Sp. B 2, Nr. 2688.
[171] LA Sp. B 2, Nr. 1116/4.

dar, daß dem Landesherrn dieses Regal immer zustehe, gleichgültig, ob sie bereits für das Gebiet einen Bann vergeben habe. Der dem Kloster erteilte Bann sei lediglich ein einfaches Privilegsrecht; gemäß der Anschauung der Güterverwaltung würden aber, so die Rentkammer, „die Nutzer der Regalien und Privilegien gantz und gar verkehrt"[172] werden; „so folgt weiteres von selbsten, quod ius piviligati et non privilegantis stricta fit interpretationis"[173]. Deshalb sei diese Meinung abzulehnen. Als Beleg für ihre Meinung führt die Rentkammer an, daß die Güterverwaltung schon 1725 bei der Errichtung der neuen Mühle in Hornbach versucht habe, aus ihrem Bannrecht ein „ius contradicendi"[174] zu entwickeln; sie sei aber mit ihrer „vermeintlichen Prohibition verworfen"[175] worden.

5.3 Temporalbestandsbriefe

5.3.1 Ein Brief als Beispiel

Als Beispiel wird ein Temporalbestandsbrief vorgestellt, der ebenso wie der Erbbestandsbrief Anfang des 18. Jahrhunderts entstanden ist. Der Brief „über die Hornbacher Ohlig und Mahlmühle vorm obern Tor vor Gottfried Gopfing"[176] wurde am 6. Oktober 1709 ausgestellt. Er enthielt folgenden Wortlaut[177]:

> „Ihre königliche Mayestät zu Schweden in dero Herzogthumb Zweibrücken verordnete Regierung [...] fügen hiermit zu wißen, demnach Gottfried Goffing, Bürger und Ratgeber zu Hornbach unterthänigst angesucht, ihme alte Mahlmühle, die zu Hornbach vorm oberen Tohr [...], gegen deren Platz über er jetzt eine Lohmühle endlich erbauet, beständlich zu überlassen, daß man zwaren, weilen Supplicanten den alten Pacht zu geben sich nicht unternehmen will, den Erbbestand nicht einwilligen können, jedoch diese auch lange Zeit ödt gelegene Mühle den davon fallenden Pfacht nach und nach wieder in Gang zu bringen, ofterwehnten Goffin uff 12 Jahr lang nachfolgend Temporalbestand geschlossen.

[172] LA Sp. B 2, Nr. 1116/4.
[173] LA Sp. B 2, Nr. 1116/4.
[174] LA Sp. B 2, Nr. 1116/4.
[175] LA Sp. B 2, Nr. 1116/4.
[176] KSchA Zw. Rep. II, Nr. 323.
[177] KSchA Zw. Rep. II, Nr. 323.

1) Soll und will er Beständer obgedenklichen Mühlenplatz mit einer Ohlig und Mahlmühle mit einem Gang uff seine Kosten ohne der Herrschaft oder der Unterthanen Zuthun da nur und wehrschaftlich uffzubauen und auch in seinen Kosten in gutem Bau und Wesen unterhalten und nicht wieder in Abgang oder Verfall kommen zu laßen.

2) Ist weiter mit ihme Beständer verglichen, daß nach den verflossenen Bestandsjahren er wieder einen neuen Bestand machen soll, auch zumahl wann er geben will, was andere anbiethen, der nechste vor denen anderen seyn soll, wo aber er nicht was andere sich erbiethen zu geben gedächte, soll derjenige so die Mühle im Bestand nehmen will, nur die Baukosten zu ersetzen und mit ihme sich deswegen gebührend abzufinden und wird zu zahlen schuldig seyn soll, wozu er auch Herrschaftswegen angehalten werden soll.

3) Soll er Beständer der herrschaftlichen Stattmühle in Hornbach das Wasser uff keinerley Weise uffhalten oder benehmen noch auch deroselben die gebannte Mahlgäste abspannen, es seye dan daß wegen Mangel Wassers oder Bauwesens die Mahlgäste in der Hornbacher Stattmühlen nicht könnten befördert werden, alß dann er solchen und anderen Mahlgästen ihre Früchte, so sie in die Mühle bringen, treulich verwahren, gebührend säubern und zu gutem tüchtigen Mehl mahlen, auch mit dem bißherigen Molter sich begnügen laßen, niemands weiter uff einiger Weiße was abnehmen, oder beschwehren, so dan auch jedermann bescheidentlich begegnen, deßgleichen soll er auch mit denen Reyssaamen und anderen zu Ohlig machen in die Öhlmühle eingebrachten Saamen und anderen getreulich umgehen, das Öhl wohl außpressen, daß nicht den Öhlküchen zu der Leuthe Nachtheil gelaßen, noch auch zu heiß geröst und das Öhl dadurch verbrennt zum Leuthen und anderen Gebrauch verdorben, sondern wohl und gut außgepreßt, auch über den gewöhnlichen Schlaglohn niemand weiter übernommen werde.

4) In deren verwilligten zwölf Bestandsjahren, die mit heutigem Dato ahn und anno 1731 uff heutigen dato wieder zu Ende gehen, soll der Beständer wegen ahnzuwendenden Baukosten und deren Vorschuß vier Jahr ohne Zinß

die Mühle genießen, die nebst hernach folgenden vier Jahr jedes Jahr von der Mahl und Ohligmühle zur Schaffney Hornbach uff seine Kosten und Gefahr 8 Hornbacher Malter Korn, guter marckreiner truckener Frucht uff Martini lieffern, die vier letzten Jahr aber biß zum Beschluß der Bestandszeit jedes Jahr 9 Hornbacher Malter Korn.

5) Damit auch die Herrschaft dieses Pachts und anderer in diesem Bestand verglichenen Puncten habhaft und versichert seyn kan, setzet gedenklicher Erbbeständer nicht allein die ahnzuwendenden Baukosten, sondern auch alle seine übriges liegendes und fahrendes Vermögen zu einem wahren und sicheren Unterpfand, sich Herrschaftswegen darahn soviel zu erholen und zahlt zumachen, biß alle Kosten, rückständigen Pacht oder sonst uffgelauffener Kosten, Verwahrlosung, Versaumnus ersetzt und vergnüget ohne gefährde".

5.3.2 Elemente der Urkunde

Bei einer am Text orientierten Auslegung ergeben sich als die zentralen Elemente: die Verleihung des zeitlichen Bestandes gegen Zahlung einer gestaffelten jährlichen Naturalabgabe für eine Mühle, die der Müller auf seine Kosten zu errichten hat; wobei der Müller auch sämtliche Unterhaltungskosten zu tragen hat, sowie die Mahlgäste, wie auch andere Müller nicht schädigen darf. In diesem Brief sind weder eine Regelung zum Bann, noch eine Bestimmung über die Begrenzung auf einen kleinen Kreis von Mahlberechtigten (wie dies bei den Bauern- und Hausmühlen der Fall war) zu finden; der Kreis der Mahlgäste war nicht festgelegt.

In Frage steht jedoch, wie der sich somit gefundene Regelungsgegenstand juristisch qualifizieren läßt. Möglich wäre, daß der Müller eine Eigentümerstellung innehatte. Allerdings scheidet, wie beim Erbbestand, unbeschränktes Eigentum von vornherein aus. Zwar wird hier nicht ausdrücklich erwähnt, daß eine Weitervergabe ohne herrschaftlichen Konsens nicht möglich ist; in anderen Temporalbestandsbriefen wird jedoch auch darauf nochmals hingewiesen: So im Bestandsbrief über die Stadt- und Schloßmühle in Zweibrücken. Dort heißt es: „10) Der Beständer soll schuldig sein [...] die Mühle keineswegs ohne gnädigste herrschaftliche expressen Consens während sothaner 6jährigen Bestandszeit zu übertragen"[178]; letztendlich ist dieser Gesichtspunkt hier nicht erheblich;

[178] LA Sp. B 2, Nr. 5323.

denn allein durch die zeitlich begrenzte Gewährung im Temporalbestand werden der Herrschaft umfangreiche Rechte gesichert, sodaß ein volles Verfügungsrecht auszuschließen ist. Mit dieser Feststellung korrespondiert die Tatsache, daß auch in dem gesamten durchgesehenen Quellenmaterial nie ein Temporalbeständer als Eigentümer bezeichnet wird (im Gegensatz dazu bei den Erbbestandsbriefen). Jedoch mit einer einzigen Ausnahme: Das oben erwähnte Mühlenprotokoll bezeichnet „Gottfried Goffing" als den „eigentlichen Eigenthumbsherr an der Mühle und den Gebäuen, hat selbige jedoch nur von geistlicher Güterverwaltung in 12jährigem Temporalbestand"[179]. Durch diese Formulierung wird auf das Besserungsrecht hingewiesen. Ein solches Besserungsrecht ist zwar für die Erbleihe charakteristisch; ein Erbleiheverhältnis liegt hier jedoch nicht vor. Zwar scheidet ein solches Verhältnis nicht schon wegen dem Wortbestandteil „Erb" aus, denn dies bedeutet zunächst nicht ohne weiters, daß das betreffende Gut vererblich ist; „Erbe" bedeutet vielmehr in diesem Zusammenhang selbst nichts anderes als Gut[180]. Auch die Tatsache, daß eine solche zeitliche Begrenzung bei den Erbleiheverhältnissen nicht üblich war, kann allenfalls ein Indiz darstellen, denn es gab, wie schon dargestellt, im 18. Jahrhundert viele Veränderungen und Variationen der Leiheverhältnisse. Wichtiger erscheint die Tatsache, daß in den gesamten Aktenstücken nirgends von einem Untereigentum oder dominium utile (beziehungsweise Obereigentum der Herrschaft) des Müllers gesprochen wird. Dies weist eher auf das Vorliegen eines Pachtverhältnisses hin.

Auch direkt aus dem oben dargestellten Brief läßt sich diese Vermutung erhärten. Das Recht auf die Besserung ist im fraglichen Brief ausdrücklich formuliert; bei den Erbbestandsbriefen war dies dagegen nur selten der Fall. Der nach ihm eingesetzte, neue Beständer soll „nur die Baukosten ersetzen und mit ihme sich deswegen gebührend ab(zu)finden und wird zu zahlen schuldig seyn, wozu er auch herrschaftswegen angehalten werden soll"[181]. Der Müller war laut Brief aufgrund der Besserung zwar Eigentümer, er durfte aber von dem neuen Beständer nur die Baukosten ersetzt verlangen. Damit war er also – im Gegensatz zu einem vergleichbaren Erbbestandsmüller – in seinem Eigentumsrecht an der Mühle weiter eingeschränkt. Um diese Einschränkung aber so gering wie möglich zu halten, wurde ihm auch noch zugesichert, daß er nach Ende der Zeit wieder eingesetzt werden würde, wenn er nur das gleiche wie andere bieten würde. Die Begrenzung seines Eigentumsrechtes war

[179]LA Zw. B 2, Nr. 295/5.
[180]*Lütge*, Mitteldeutsche Grundherrschaft, S. 70.
[181]KSchA Zw. Rep. II, Nr. 323.

jedoch auch dringend erforderlich; denn ansonsten konnte der Müller durch überhöhte Kaufpreisforderung an den neuen Beständer jegliche Weiterverleihung blockieren. Der Grund für eine solche ausdrückliche Erwähnung ist darin zu sehen, daß bei der Erbpacht ein solches Besserungsrecht umstritten war; zum Teil wurde dies nur dann bejaht, wenn es eine Folge besonderer Vereinbarung war[182]. Um diesen Anspruch gerecht zu werden, wurde obige Formulierung gewählt.

Auch aus dem übrigen Quellenmaterial[183] wird deutlich, daß es sich bei den Temporalbeständen um zeitliche Pachtverhältnisse handelt. Bei einem Pachtverhältnis waren die abgetretenen Rechtsbefugnisse weniger umfangreich als dies bei der Erbleihe der Fall war; diese Begrenzung geht direkt aus einigen Temporalbeständen hervor. So ist in dem Temporalbestand der Zweibrücker Stadt- und Schloßmühle[184] das Verbot enthalten, die Mühle nicht von jemand anderem – etwa nur durch das Gesinde – verwalten zu lassen. Diese Einschränkung gab es bei den Erbbestandsbriefen nicht; die Erbbeständer machten vielmehr außerordentlich oft von ihrem lukrativen Recht der Weiterverlehnung Gebrauch[185].

Als Fazit kann man festhalten, daß bei den Temporalbriefen zeitliche Pachtverhältnisse vorlagen. Eigentumsrechte an der Mühle wurden im allgemeinen nicht begründet, da der Temporalbeständer die Mühle in der Regel nicht errichtete. Lediglich im Fall der durch den Müller Goffing erbauten Mahlmühle lagen eingeschränkte Eigentumsrechte an der Mühle vor.

Ebenso wie beim Erbbestand waren der Wasserfall und bei einigen Temporalbriefen auch der Bann[186] sowie die mühlenordnungsrechtlichen Gesichtspunkte die zentralen Elemente der Urkunde. Der Wasserfall und gegebenenfalls der Bann flossen als Größe in die Berechnung der Pachthöhe mit ein[187].

[182] *Schröder*, Deutsche Rechtsgeschichte, Bd II S. 186.

[183] So bei der Stadt- und Schloßmühle zu Zweibrücken LA Sp. B 2, Nr. 295/5; der Walshausener Bannmühle LA Sp. B 2, Nr. 295/5; der Limbacher Weihermühle LA Sp. B 2, Nr. 295/5.

[184] LA Sp. B 2, Nr. 5323, 5324.

[185] LA Sp. B 2, Nr. 295/5.

[186] Bannmühlen, die im Bann vergeben waren: Stadt- und Schloßmühle von Zweibrücken LA Sp. B 2, Nr. 295/5; Walshausener Bannmühle LA Sp. B 2, Nr. 295/5.

[187] Die Pachthöhe war abhängig davon, ob noch ein Bann mitvergeben wurde; jedoch war die Pacht beim Temporalbestand grundsätzlich wegen der im Vergleich zum Erbbestand geringeren Rechte, niedriger. Zu Anfang des 18. Jahrhunderts bestand der Pacht, wie auch beim Erbbestand, größtenteils aus Naturalabgaben, daneben wurden nur vereinzelt auch noch Geldabgaben verlangt.

5.4 Lehensbriefe

5.4.1 Elemente der Urkunde

Mühlen, die eigentliche Lehen waren, sind im Herzogtum Pfalz-Zweibrücken während des 18. Jahrhundert nur noch äußerst selten anzutreffen; diese Lehensverhältnisse stammen aus früheren Zeiten. Aus dem Mühlenprotokoll und aus Gerichtsakten geht hervor, daß Freiherr von Schorrenburg eine Lehensmühle besaß[188]; diese wurde dem Adelsgeschlecht von Schorrenburg bereits im Mittelalter als Lehen übertragen[189]. Eine Belehnung, die im 18. Jahrhundert vollzogen wurde, ist aus dem Quellenmaterial für das Herzogtum Pfalz-Zweibrücken nicht ersichtlich. Insgesamt stellt sich die Quellenlage aufgrund der bereits im Mittelalter errichteten Lehensverhältnisse als unzureichend dar. Deshalb kann nicht auf einen konkreten Lehensvertrag beziehungsweise Lehensbrief zurückgegriffen werden, sondern es muß vorwiegend auf allgemeine Literaturerwägungen Bezug genommen werden.

Beim Lehen gehörten Lehensherr und Lehensempfänger zum Adel[190]. Bei einer Erstbelehnung wurden durch einen Lehensvertrag die Verbindlichkeiten der Vertragspartner geregelt. Nach der Belehnung wurde ein sogenannter Lehensbrief ausgestellt[191].

Der Lehensbrief gehörte nicht ursprünglich zum Lehenswesen, sondern wurde vermehrt erst im Spätmittelalter ausgestellt[192]. Die aufgrund der Schriftlichkeit ihm zukommende Beweisfunktion entwickelte sich zunehmend; er wurde vom anfänglichen zusätzlichen Beweismittel – neben dem Zeugnis der Lehensmannen – zum primären Beweismittel. Verständlicherweise trat bei der Belehnung deshalb auch zunehmend die inhaltliche und formale Gestaltung des Lehensbriefes in den Vordergrund[193]. Dieser Brief war eine vom Lehensherr für den Lehensvasallen ausgestellte Urkunde, in der der Lehensempfänger die genaue Bezeichnung des Lehens, die erfolgte Belehnung und die sich daraus ergebenden Pflichten des Vasallen sowie mögliche spezielle Abmachungen[194] festlegte. Die Besitzübertragung der Mühle erfolgte nach Lehensrecht, das ebenfalls auf der Leihe gründete und sich von den anderen Leiheverhältnissen

[188] LA Sp. B 2, Nr. 295/5; LA Sp. B 2, Nr. 2687; LA Sp. B 2, Nr. 1116/1–4.
[189] LA Sp. B 2, Nr. 1116/1–4.
[190] *Dubler*, Müller und Mühlen, S. 19.
[191] *Dubler*, Müller und Mühlen, S. 19, 20.
[192] *Spieß*, Lehnsbrief, Sp. 1701.
[193] *Spieß*, Lehnsbrief, Sp. 1702.
[194] *Ganshof*, Lehnswesen, S. 83.

durch das besondere persönliche Treueverhältnis unterschied, das sich neben der dinglichen Seite ausbildete[195]. Diese Besitzeinräumung wurde verbunden mit der Vergabe des Wasserrechtes in Bezug auf die Mühle[196]. Eine besondere Abmachung konnte auch die Vergabe des Bannrechtes darstellen.

So war die dem Herrn von Schorrenburg als Lehen zustehende Breitfurter Mahlmühle mit einem Bannbezirk ausgestattet[197]. Ob mühlenordnungsrechtliche Bestimmungen in den mittelalterlichen Lehensbriefen vorhanden waren, läßt sich für das Herzogtum Pfalz-Zweibrücken nicht mit Sicherheit sagen. Jedoch noch bis ins 16. Jahrhundert regelten die zeitgenössischen Mühlenordnungen im Herzogtum Pfalz-Zweibrücken die Art und Weise des Mahlens ausführlichst, sodaß derartige Bestimmungen nicht in die Bestandsbriefe aufgenommen werden mußten. Daher läßt sich vermuten, daß diese Regeln auch in den Lehensbriefen fehlten.

5.5 Konfirmationsscheine

5.5.1 Ein Schein als Beispiel

Neben den beiden Hauptgruppen von Bestandsbriefen, dem Erbbestandsbrief und dem Temporalbestandsbrief[198], wird in den Akten immer wieder die Ausstellung von Konfirmationsscheinen erwähnt.

Im Nachfolgenden wird die Urkunde vorgestellt, die Daniel Conrad in Anbetracht der Bickenaspacher Mühle von der Rentkammer am 11. März 1766 ausgestellt wurde. Die Vorstellung beschränkt sich auf eine auszugsweise Darstellung der relevanten Passagen, da diese Urkunde einen Erbbestandsbrief mitenthält.

Die Urkunde begann mit folgendem Wortlaut:

> „Von wegen des durchlauchtigsten Fürsten und Herrn Christian des IV. Pfalzgrafen bey Rhein Hertzogen in Bayern, Grafen zu Veldenz, Sponheim und Karpolzheim, Herrn zu Hohenacker. Fügen hiermit zu wißen: Demnach Hanß Adam Schwalbach bißheriger Erbbeständer von der in hiesigem Oberambt

[195] *Ogris*, Leihebrief, Sp. 1824.

[196] *Weiske et al.*, Rechtslexikon, S. 242.

[197] LA Sp. B 2, Nr. 295/5.

[198] Wobei sogar von einem Mischverhältnis bei der Waltßhauser Mühle berichtet wird, LA Sp. B 2, Nr. 295/5: Die Mühle, die Gebäude und das laufende Geschirr seien erblich, der Canonen und die gebannte Dörfer temporaliter verliehen. Eine nähere Untersuchung war aufgrund des fehlenden Aktenmaterials leider nicht möglich.

gelegenen Bickenaspacher Mahlmühle unterthänigsten Supplicando vorgestellet, waß maßen er gedachte Mahlmühle dem Daniel Conrad zu Mimbach pro 2270 Gulden 30 Kreuzer für erb und eigentümlich käuflichen überlaßen hat, anbey demüthigst angestanden, daß über diesen Kauf und Verkauf sowohl der herrschaftlich gnädigste Consens ertheilet als auch ihme Käufer hierunter ein anderweiter Erbbestandsbrief ausgefertigt werden mögen. Und dann Serenissimi hochfürstliche Durchlaucht auf vorher geschehenen devotesten Cameral Antrag dem Supplicanten in seinem submissesten Begehren zu willfahren, gnädigst bewogen worden. Alß wird ihme Daniel Conrad ermelte Mahlmühle nachfolgender Maßen hiermit erbbeständlich verliehen und zwar [...]"[199].

5.5.2 Elemente der Urkunde

Mit dieser Urkunde wird der neue Erbbestand zu dem neuen Beständer begründet. Außerdem beinhaltet der Schein die Genehmigung über den Kaufvertrag. Da an keiner Stelle in der Urkunde von einem Konfirmationsschein die Rede ist, ist nicht ohne weiteres ersichtlich, warum es sich bei dieser Urkunde um einen Konfirmationsschein handelt. Jedoch schon die Aufbewahrung der Urkunde in einer bereits während des 18. Jahrhunderts zusammengestellten Akte mit der Aufschrift „Confirmationsscheine" spricht dafür, daß die Urkunde als ein solcher Schein anzusehen ist. Bekräftigt wird diese Vermutung, wenn man sich den Bedeutungsgehalt von Konfirmationsscheinen vergegenwärtigt.

Konfirmationsscheine sind stark am Lehensrecht orientiert, das mit der Erbleihe den gemeinsamen Ursprung, nämlich die Grundleihe, hatte[200]. Das Lehensverhältnis endete ursprünglich mit dem Tod des Herrn (sogenannter Herrn- oder Thronfall) wie mit dem Tod des Mannes (Mannfall); das Lehen fiel an den Herrn oder dessen Erben heim. Der Grund war die Höchstpersönlichkeit des Treueverhältnisses. Das heimgefallene Lehen konnte der Herr nach Belieben weiterverleihen. Mit der Zeit entstand jedoch aufgrund der Übung der Weiterverleihung ein (privatrechtlicher) Leihezwang, der in jedem Fall die Vererblichkeit des Lehens bedeutete[201]. Das persönliche Verhältnis bedurfte seinem Wesen nach einer jedesmaligen Neubegründung, die sogenannte Lehensneuerung; der Vasall mußte

[199] KSchA Zw. Rep. IV, Nr. 265, 1229.
[200] *von Schwerin*, Deutsches Privatrecht, S. 150, *Ogris*, Leihe, Sp. 1824.
[201] *Ganshof*, Lehnswesen, S. 151.

das Lehen innerhalb einer bestimmten Frist nachsuchen, worauf es der Herr verlieh[202]. Genau wie beim Lehen das Treueverhältnis zur dinglichen Seite hinzukam, so trat bei der bäuerlichen Leihe zu der bloß dinglichen häufig auch eine personenrechtliche Seite[203] (zum Beispiel gegenseitiger Schutz)[204] hinzu[205]. Infolgedessen entwickelte sich auch bei den Leiheverhältnissen ein der Lehensneuerung ganz ähnlicher Begebungsvorgang.

So ist im Herzogtum Pfalz-Zweibrücken bei den Erbbeständen eine entsprechende Vergabe durch diese Konfirmationsscheine feststellbar. Sie wurden beim Wechsel des dominium utile oder beim Wechsel des dominium directum beantragt. Im Konzept des Erbbestandsbriefs über die „neue von denen Gebrüdern zu Bischweiler am dasigen Moderbach zu erbauende Mahlmühle und dazugehörige verschiedene Wercke"[206] wird die Verbindung der Konfirmation und des neuen Bestandes deutlich. Es wird im Konzept darauf hingewiesen, daß „um Confirmation des Erblehens angesucht" werden soll bei einer „Veränderung des domini directi" oder beim „Absterben des gemeinschaftlichen Lehensträgers" und daß daraufhin ein „frischer Erbbestandsbrief" ausgestellt wird[207]. Auch aus dem Mühlenprotokoll wird ersichtlich, daß zahlreiche Müller einen solchen Schein in Händen halten[208].

Der Grund für die Ausstellung des vorliegenden Scheines war der Verkauf der Mühle, also der Wechsel im dominium utile. Nach alledem ist daher bei der Urkunde von einem Konfirmationsschein auszugehen. Infolgedessen ist es auch verständlich, warum der neue Beständer an die Rentkammer eine diesbezügliche Bittschrift schickt. Denn nicht nur der Kauf wird durch den Schein genehmigt, sondern durch diesen Konfirmationsschein wird der Bestand in der Person des Nachfolgers begründet, sodaß er sich als neuer Nutzeigentümer und rechtmäßiger Besitzer ausweisen konnte.

Jedoch war dieser umfassende Inhalt nicht bei allen Konfirmationsscheinen vorhanden.

---

[202] *Spieß*, Lehnsbrief, Sp. 1708,1709; *von Schwerin*, Deutsches Privatrecht, S. 154.

[203] Wobei die Frohnden nicht unumschränkt dazu zu zählen sind, da sie meist als Reallasten auf einem Hof oder Gut bestanden; ausführlich dazu *Lütge*, Mitteldeutsche Grundherrschaft, S. 89–138.

[204] Auch im Herzogtum Pfalz-Zweibrücken wurden gewisse Schutzrechte gewährt; so wurde z.B. den Brüdern Bertrand von Bischweiler eine prozeßrechtliche Assistenz durch die Herrschaft in ihrem die Mühle betreffenden Prozeß versprochen; KSchA Zw. Rep. IV, Nr. 1229. In LHA Koblenz Best. 33, Nr. 5718 ist ausdrücklich vom Bestandsbrief oder Schutzbrief die Rede.

[205] *Ogris*, Leihebrief, Sp. 1821.

[206] LA Sp. B 2, Nr. 295/5.

[207] KSchA Zw. Rep. IV, Nr. 1229.

[208] LA Sp. B 2, Nr. 295/5.

So kam es vor, daß der Konfirmationsschein keine Kaufvertragsgenehmigung mitumfaßte. Bei einem Wechsel des dominium utile durch den Tod des Lehensträgers mußte den Nachkommen eine Urkunde übergeben werden, die die erbbestandliche Begebung für den Erben und gleichzeitig die Bestätigung des erblich bedingten Wechsels des dominium utile enthielt[209]. Hierbei ist jedoch zu beachten, daß unter „Erben" nur die Deszendenten zu verstehen sind. Anderweitige Vererbung ist im allgemeinen ausgeschlossen und nur zulässig, wo dies ausdrücklich in den Übergabebestimmungen festgelegt wird[210]. Gewöhnlich wurde die Mühle vom ältesten Sohn fortgeführt[211], der die anderen Geschwister, meist durch eine jährlich zu entrichtende Abgabe, auszahlte. So hatten die beiden ältesten Söhne des ehemaligen Müllers der Schwartzenacker Mahl- und Bannmühle die Mühle in „Lehen" und gaben ihren vier übrigen Geschwistern jährlich 85 Gulden Zins davon[212]. Jedoch kam es auch vor, daß die erbrechtlichen und damit auch die erbbestandsrechtlichen Verhältnisse lange Zeit nicht geklärt wurden. So besaß die Mahlmühle am alten Vogelbacher Weg zwar „seit 11 Jahren Johannes Weber, ein Sohn von dem allbereits vor 18 Jahren verstorbenen Friedrich Weber"[213] ohne daß sich Johannes Weber als Beständer durch einen Konfirmationsschein ausweisen konnte. Dieser Zustand wird jedoch im Mühlenprotokoll als „nicht behörig"[214] bezeichnet, da die Witwe von Friedrich Weber die Mühle noch nicht ordnungsgemäß unter den Kindern verteilt hatte, sodaß der notwendige neue Erbbestandsbrief auch noch nicht ausgestellt werden konnte.

Daneben sind auch Fälle bekannt, in denen die Genehmigung des Kaufvertrages beziehungsweise die Bestätigung des erblich bedingten Wechsels des dominium utile und der neue Bestand nicht zusammen in einer Urkunde erteilt, sondern in verschiedenen Schriftstücken vergeben wurden[215].

Beim Wechsel des dominium directum wurde in der Regel eine Urkunde ausgefertigt, welche die neue erbbestandliche Begebung und zugleich die Bestätigung des Wechsels enthielt[216]. Jedoch wurden wegen des hohen Arbeitsaufwandes nicht immer eine Urkunde mit diesem umfassenden Inhalt ausgestellt. Es gab beim Wechsel des dominium directum

---

[209] LA Sp. G 7, Nr. 370.
[210] LA Sp. B 2, Nr. 5314.
[211] *Dubler*, Müller und Mühlen S. 25.
[212] LA Sp. B 2, Nr. 295/5.
[213] LA Sp. B 2, Nr. 295/5.
[214] LA Sp. B 2, Nr. 295/5.
[215] So bei der Ixheimer Mühle KSchA Zw. Rep. IV, Nr. 1229.
[216] LA Sp. B 2, Nr. 296.

auch Fälle, in denen eine Konfirmation lediglich durch eine den Wechsel bestätigende Unterschrift der Obrigkeit auf einem vom altem Erbbestandsbrief separaten Schein stattfand[217].

Gelegentlich wurde die Ausstellung eines Konfirmationsscheines zum Anlaß genommen, Korrekturen, gerade im Hinblick auf die Pachthöhe, vorzunehmen[218]. Für die Bickenaspacher Mühle, die 1709 von Peter Hausten zu Maßweiler als Erbbeständer erbaut wurde, wurden 4 Malter Spelz als Pacht pro Jahr berechnet; nachdem er sein Besitztum 1724 an Johann Maurer zu Brenstelbach verkauft hatte, wurden diesem anfänglich 5 Malter, später jedoch wieder 4 Malter Spelz abverlangt[219]. Jedoch waren solche Nachkorrekturen nicht an der Tagesordnung; oft geschah keine Änderung und es hieß schlicht wie beim Verkauf der einen Hälfte der Ixheimer Mühle: „alß wird gedenklicher Erbbestand welche auff ihme Neumüller und Matheiß Kraemer ausgestellet gewesen und von Wort zu Wort also lautet /:inserat per totum:/ auf Christoph Neumüller und deßen Erben in kraft dieses transcribiret, Zweibrücken 10. May 1759". Für die Ausfertigung eines solchen Scheins mußte eine Konfirmationsgebühr entrichet werden[220]. Diese betrug meist 1 % des Wertes[221].

Damit kann festgestellt werden, daß die Konfirmationsscheine vorwiegend einen neuen Erbbestand begründeten und die Kaufvertragsgenehmigung beziehungsweise die Bestätigung des Wechsel des dominium utile oder dominium directum enthielten.

5.6 Konzessionsscheine

Zwar wird am manchen Stellen der Aktenstücke der Konzessionsschein erwähnt, jedoch war in dem gesichteten Quellenmaterial kein Konzessionsschein ausgewiesen. Daher ist mittelbar aus den ihn benennenden Akten auf seinen Inhalt und seine Funktion zu schließen.

5.6.1 Elemente der Urkunde

In dem Erbbestandsbrief der Gebrüder Bertrand wird deutlich, daß die Mühle bereits lang vor der Erteilung des Erbbestandsbriefes von den

---

[217] LA Sp. B 2, Nr. 1116/4.
[218] So z.B. auch bei der Meisenheimer Stadtmühle, LA Sp. B 2, Nr. 3652.
[219] KSchA Zw. Rep. IV, Nr. 265, 266.
[220] KSchA Zw. Rep. IV, Nr. 1229.
[221] LHA Koblenz Best. 33, Nr. 9519.

Müllern erbaut wurde. Laut Brief wurden diesen „vermög Concessionsschein vom 18. Januar 1758 zur Errichtung der Mahlmühle und anderen Wercken an der Moderbach auf unserem alleinigen Territorio die gnädigste Erlaubnis [...]" erteilt[222]. Demnach werden die Konzessionsscheine dann ausgestellt, wenn noch kein Erbbestandsbrief ausgehändigt wurde, die Mühle aber schon zuvor durch den Müller gebaut werden sollte. Dies bestätigt auch ein Aktenstück[223], in dem der „general Ferme" am 22. September 1789 ein Konzessionsschein zum Bau einer Mühle[224] in Zweibrücken erteilt wurde, wegen aufkommender Streitigkeiten mit anderen Müllern wurde von Seiten der Rentkammer darauf gedrungen, baldmöglichst einen Erbbestandsbrief auszustellen. Inhaltlich wurde darin die Erlaubnis zum Bau der Mühle festgelegt; mithin wird also das Recht am Wasser, der Wasserfall, vergeben. Damit konnte sich der Müller legitimieren; er konnte so rechtmäßig mit dem Bau beginnen oder weiterfahren, obwohl noch kein Erbbestandsbrief ausgestellt war, etwa weil zum Beispiel noch kein „Accord" hierzu gefunden wurde. Inwieweit der Schein differenzierter ausgestaltet war, und ob und wie etwa das Leiheverhältnis in den Scheinen seinen Ausdruck gefunden hat, ist aufgrund des geringen Quellenmaterials schwierig zu erarbeiten. In der schon vorhin benannten Akte heißt es lediglich, daß der Konzessionsschein über den „Erbaubesitz und -genießung" dieser Mühle, sowie die davon zu entrichtende Pacht erteilt ist[225]. Etwas später sah man sich jedoch wegen eines Entschädigungsstreites der „general Ferme" mit dem Müller Hauther genötigt, mitzuteilen, daß eine Entschädigung anderer Müller wegen des Wasserstillstandes aufgrund der neuen Mühle nicht im Schein geregelt war. Nachdem sich die „general Ferme" aber dazu bereit erklärt hatte („als contractmäßig angenommen"), drängte die Rentkammer dies im Erbbestandsbrief aufzunehmen und diesen baldmöglichst mit den genauen Konditionen auszustellen. Anzumerken ist, daß die im Konzessionsschein festgesetzte Pacht schon während der Bauarbeiten bezahlt werden mußte, obwohl der Müller noch nichts einnahm. So mußte Johann Henrich Weber, Müller zu Hornbach, für seine nie errichtete Althornbacher Mühle und die nicht fertiggestellte Öhlmühle aufgrund der Konzessionen die darin geregelte Pacht zahlen; dies trug nicht unwesentlich zu dessen finanziellen Ruin bei[226].

Diese Sachverhalte belegen, daß der Konzessionsschein nur rudimentär

---

[222]KSchA Zw. Rep. IV, Nr. 1229.
[223]LA Sp. B 2, Nr. 5326.
[224]Hierbei handelte es sich allerdings um eine Tabaksmühle, was jedoch für die Beschreibung des Konzessionsscheins unerheblich ist.
[225]LA Sp. B 2, Nr. 5326.
[226]LA Sp. B 2, Nr. 1117.

ausgestaltet war und das Leiheverhältnis allenfalls angedeutet wurde; Rechtssicherheit bot erst der genauer ausformulierte Erbbestandsbrief. Der vorläufige Charakter der Konzessionsscheine zeigte sich auch darin, daß die Erbbestandsbriefe die Regelung im Konzessionsschein nochmal wiederholten und die Scheine dadurch obsolet wurden. So wird zum Beispiel im Erbbestandsbrief der Gebrüder Bertrand, obwohl ein Konzessionsschein für den Mühlenbau bereits ausgestellt war und der Müller schon mit dem Aufbau angefangen hatte, im ersten Punkt des Erbbestandes nochmal erwähnt: „Verwilligen wir denenselben auf dasigen Moderbach a) eine Mahlmühle mit zweyen Gängen [...] nach Anweisung des von der Intendance ergangenen Urtheils dergestalten, daß dadurch die Moderbach an ihrem freyen Lauff nicht behindert werde, auf ihre eigene Kosten und ohne unser einiges Zuthun zu erbauen und aufzurichten“[227].

Somit kann festgehalten werden, daß im Konzessionsschein der Wasserfall geregelt war und vereinzelt, jedoch nur rudimentär, das Leiheverhältnis.

5.7 Renovationsscheine

Ein solcher Renovationsschein war in dem durchgesehenen, umfangreichen Material nicht vorhanden. Zur näheren Bestimmung dieser Scheine muß deshalb auf Aktenstücke zurückgegriffen werden, die auf diese Renovationsscheine Bezug nehmen.

5.7.1 Elemente der Urkunde

Im Mühlenprotokoll des Oberamtes Zweibrücken wird erwähnt, daß einige Erbbeständer ihre Briefe alle fünfzehn oder zwanzig Jahre erneuern lassen mußten. Auch in einigen Erbbestandsbriefen ist dieser Passus direkt enthalten: So zum Beispiel im Erbbestandsbrief der Gebrüder zu Bischweiler[228]: „Solte aber 8) binnen einer Zeit von 15 Jahren diese Mühle weder durch Sterbefälle noch sonstige Alienirung einiger Veräußerung nicht erleiden, so sollen die Erbbeständer schuldig und verbunden seyn, diesen Erbbestand alle 15 Jahre jedoch ohne Entrichtung einiger Abgabe renovieren zu laßen“[229]. Zu der Goffingmühle, die 1753 in Erbbestand

[227] KSchA Zw. Rep. IV, Nr. 1229.
[228] KSchA Zw. Rep. IV, Nr. 1229.
[229] KSchA Zw. Rep. IV, Nr. 1229.

begeben wurde, wird erwähnt, daß der Erbbestand 1767 erneuert wurde[230]. Die geschilderten Sachverhalte zeigen darauf hin, daß es sich beim Renovationsschein lediglich um eine Wiederholung des Erbbestandsbriefes handelt. Im Gegensatz zu den Konfirmationsscheinen, wo infolge des Wechsels des dominium utile die Pacht angepaßt werden konnte, fand hier eine Erhöhung grundsätzlich nicht statt, da, so die Rentkammer, „bei den erbbeständlichen Privatis die einmal geregelte Pacht gilt"[231]. Bei der Renovation konnte die Herrschaft erfassen, ob die im Erbbestand aufgeführten Konditionen und Annahmen nach der Zeit noch tatsächlich vorlagen oder ob eine Änderung eingetreten war. Jedoch waren nicht alle Müller von dieser Renovationspflicht betroffen. Völlig unklar war, ob diese Pflicht auch für diejenigen gelten sollte, in deren Bestandsbrief davon nichts geregelt wurde[232]. Dieser Umstand wie auch die relativ langen Zeiträume für die Renovation – meist waren die Mühlen nach fünfzehn bis zwanzig Jahren wieder verkauft oder an die Erben übertragen – führten dazu, daß es wohl nur wenige solcher Renovationsscheine gegeben hatte.

Festzuhalten bleibt demnach, daß die Renovationsscheine genau wie die Erbbestandsbriefe, den Wasserfall und gegebenenfalls das Erbleiheverhältnis und den Bann wiederholend regelten.

[230] KSchA Zw. Rep. IV, Nr. 1695.
[231] LA Sp. B 2, Nr. 2687.
[232] LA Sp. B 2, Nr. 296.

Kapitel 6

Das Bestandsverhältnis nach Mühlenbriefen

Die in dem vorangegangenen Kapitel beschriebenen Mühlenbriefe vermitteln Rechtsverhältnisse, die als Bestandsverhältnisse und in einigen Akten[1] auch als Bestände bezeichnet werden. Im Folgenden soll nun das Bestandsverhältnis unter den verschiedenen Aspekten untersucht werden: die Beteiligten, die Begebung, die Beendigung und die Gewährleistung. Bei dieser Betrachtung ist zu berücksichtigen, daß das Bestandsverhältnis die Rechte aus dem Wasserfall und gegebenenfalls das Leiheverhältnis und die Rechte aus dem Bann mit einschloß. Diese Komponenten waren, wie bereits gezeigt, durch die Einbindung in einer Urkunde und durch die Pachthöhe formal miteinander verflochten. Da diese Gegenstände, wie sich nachfolgend zeigen wird, auch inhaltlich miteinander verschränkt waren, können sie nicht isoliert untersucht werden; das Bestandsverhältnis ist vielmehr umfassend zu betrachten.

6.1 Die Beteiligten des Bestandes

Beteiligte im Sinne dieses Kapitels sind Bestandsvergeber und Bestandsnehmer, der in den Akten als Beständer bezeichnet wird. Die Frage nach den Beteiligten scheint leicht beantwortbar zu sein. „Der Müller und die Herrschaft" läge als Antwort nahe. Doch auch hier ist der Sachverhalt vielschichtiger und es bedarf der genaueren Untersuchung.

6.1.1 Bestandsvergeber

Zunächst soll sich der „Seite des Bestandsvergebers" zugewendet werden. Bei dem durchgesehenen Aktenmaterial fällt auf, daß die meisten Bestandsbriefe von der Rentkammer und einige von der geistlichen Güterverwaltung ausgestellt wurden (weshalb sie auch Verwal-

[1] LA Sp. B 2, Nr. 1116/2, 2688, 5324.

tungsmühlen genannt wurden). Dies könnte den Schluß nahe legen, daß diese Aussteller auch die Bestandsvergeber waren.

In dem Mühlenprotokoll des Oberamtes Zweibrücken deutet sich hierzu ein noch differenzierteres Bild an: So wird dort – wie zuvor schon erwähnt – angegeben, daß es im Oberamt Zweibrücken (1744) 56 Mahlmühlen gab, „davon gehören gnädigster Herrschaft 39 Mahlmühlen [...], Ihre hochfürstliche Durchlaucht der verwittibten Herzogin eine Mahl- und Öhligmühle, der fürstlichen geistlichen Güterverwaltung an Mahlmühlen 13 [...], dem alten Baron von Schorrenburg an Mahlmühlen 2 [...], dem jüngeren Baron von Schorrenburg eine Mahlmühle"[2]. Dies zeigt darauf hin, daß nicht nur die Herrschaft allein, die Bestände vergab und die eine Seite der Beteiligten bildete. Bestandsvergeber konnte vielmehr derjenige sein, der über die im Bestand vergebenen Rechte verfügungsbefugt war. In jedem Fall mußte dem Bestandsvergeber das Wasserrecht zustehen.

Die Weistümer belegen, daß der Herrschaft und den Klöstern diese Rechte originär zustanden; allerdings war dieses originäre Recht der Klöster im 18. Jahrhundert nicht unumstritten. Den Adligen stand dieses Recht aber nur zu, wenn es ihnen als Lehen übertragen wurde[3]. Gegebenenfalls mußte der Mühlenplatz und die Mühle dem Herrschaftsbereich des Bestandsvergebers (auch) zugehörig sein; dies war bei den im Protokoll Genannten der Fall. Wurde auch der Besitz und die Genießung des Grund und Bodens im Bestandsbrief dem Müller erblich verliehen oder verpachtet, so mußte der Bestandsvergeber auch in Betreff dieser Rechte Berechtigter sein. Solche Berechtigte konnten grundsätzlich die Herrschaft, die Klöster und auch die Adligen sein.

Bestätigt wird diese Annahme, daß die Herrschaft, aber auch die Klöster und die Adligen Bestandsvergeber waren, durch die Quellen[4]. Jedoch muß auch bei den Klöstern infolge der Säkularisation eine differenziertere Betrachtung erfolgen. Durch die Reformation kam es zu einer Neuordnung des Kirchenvermögens[5]. Der Zweck und die Verwaltung des Vermögens wurden anders bestimmt. Direkte Folge der 1559 verfügten Säkularisation über die noch bestehenden Klöster war die Übertragung des Kirchenvermögens auf die sogenannten Klosterschaffneien. Die Kircheneinkünfte wurden von den Kichenschaffneien verwaltet; insgesamt wurden im Herzogtum vier solcher Schaffneien einge-

[2]LA Sp. B 2, Nr. 295/5.

[3]Für den Vasall von Schorrenburg, LA Sp. B 2, Nr. 2687; für den Freiherr Banstein, LA Sp. B 2, Nr. 3109.

[4]LA Sp. B 2, Nr. A 294/7, 295/5.

[5]*Jacobson*, Quellen des evangelischen Kirchenrechts, S. 725 f, 729, 734.

richtet: in den Oberämtern Zweibrücken, Bergzabern, Meisenheim und Kusel. Die Träger solcher Einrichtungen hießen Schaffner[6]. Eine oberste kirchliche Verwaltungsbehörde gab es nicht[7]; die betroffenen Pfarrer oder Gemeinden konnten an der kirchlichen Verwaltung nicht mitwirken; auch der etwa 1570 begonnene Versuch, aus der Mitte der Gemeinden Kirchengeschworene, sogenannte Juraten zu bestellen, scheiterte schon nach wenigen Jahren[8]. Demnach blieb die Rechenkammer die oberste Aufsichtsbehörde.

Die Verwendung des geistlichen Vermögens wurde von Herzog Wolfgang in seinem Testament vom 18. August 1568 genau bestimmt[9]. Er legte fest, daß „solche Clöster und derselben Einkommen zu Erhaltung der Schul Hornbach, Beßerung der Pfarren und Kirchendienern im Fürstenthum, auch Verpflegung etlicher Stipendiaten, und nirgends anders wohin angewendet werden“[10]. Diese Verfügung wurde auch im wesentlichen so in den nachfolgenden Jahrzehnten befolgt. Eine durchgreifende Veränderung für die Verwaltung begann erst im Jahre 1663; Herzog Friedrich Ludwig setzte Johann Hermann Fölckling[11] als Verwalter für alle Kirchengüter und -gefälle ein, und eine Generalkasse zur Aufnahme der Überschüsse der geistlichen Gefälle wurde eingerichtet. Damit wurde die Aufsicht über die Kirchenschaffneien aus dem Zuständigkeitsbereich der Rechenkammer herausgenommen. Die Trennung von geistlichen und weltlichen Gütern wurde fortgesetzt, indem 1665 ein Oberkonsistorium für das ganze Herzogtum eingesetzt wurde[12]; zuständig war diese Konsistorium für die Aufsicht über Pfarrer- und Schulbesoldung. Jedoch war diese Institution, wie auch die geistliche Güterverwaltung, unmittelbar dem Herzog unterstellt[13]. Das Ende dieser gesonderten Verwaltung kam mit der schwedischen Herrschaft[14]; sie ließ das Kirchengut wieder von der Rechenkammer verwalten, es wurde jedoch für die geistlichen Güter eine eigene Rechnung geführt[15]. Im Jahre 1719 wurden das Oberkonsistorium und die geistliche Güterverwaltung wieder eingeführt, jedoch mit dem Reservat von Herzog Gustav Samuel Leopold, „daß [...] der jährliche Überschuß gedachter Gefälle

[6] *Ammerich*, Landesherr und Landesverwaltung, S. 101.
[7] *Herrmann*, Reformation in Nassau-Saarbrücken, S. 100.
[8] *Eid*, Hof und Staatsdienst, S. 233.
[9] *Lipps*, § 5 des Meisenheimer Testamentes.
[10] *Lipps*, § 5 des Meisenheimer Testamentes, S. 149.
[11] Bestallung vom 9.1.1663 in *Sohn*, Kirchenschaffnei Zweibrücken, S. 191.
[12] *Wernher*, Kirchen- und Religionsgeschichte, S. 157 ff.
[13] *Held*, Kirchenschaffnei Meisenheim, S. 68.
[14] *J. H. Bachmann*, Pfalz-Zweibrückisches Staats-Recht, S. 202 ff.
[15] *Sohn*, Kirchenschaffnei Zweibrücken, S. 192.

zu Unserer Disposition verbleibe"[16]. Wiederum, wie 1663/1665, waren diese Institutionen aber direkt dem Herzog unterstellt, was letztlich ihre geringe Eigenständigkeit dokumentierte[17]. Die dadurch entstandenen ständigen Differenzen zwischen Herzog und dem Administrativkollegium[18] gipfelten 1755 in der Auflösung des Oberkonsistoriums[19]. Der Herzog erklärte[20], daß die geistlichen Güter ihm gehörten und daß den Reformierten lediglich die Nutznießung des Besitzes für Kirchen und Schulen zustünde. Die Überschüsse seien jedoch der landesherrlichen Verfügungsgewalt zuzuordnen. Die Aufgaben, die die geistliche Güterverwaltung wahrgenommen hatte, würden auch weiterhin erfüllt; wobei die anfallenden Verwaltungsarbeiten von der Rentkammer erledigt werden könnten; für die geistliche Güterverwaltung bestehe somit kein Bedarf[21]. An dieser Situation änderte sich auch unter Herzog Karl II. nichts[22].

Mithin verstärkten sich die Zugriffe auf das geistliche Vermögen von Seiten der Herrschaft während des 18. Jahrhunderts immer mehr. Tatsächlich bedeutete dies, daß immer größere Mengen an Getreide und Geld[23] zuerst als Darlehen, später ersatzlos an die Kellereien zu liefern waren[24].

Ausdruck dieses Wandels ist auch die veränderte Auffassung der Obrigkeit zum Recht der Klöster, Mühlen anzulegen oder zu verändern. Vor der Säkularisation wurde dieses Recht auch den Klöstern originär zugestanden. Doch mit zunehmender Säkularisation wurde ihnen dieses ursprüngliche Recht streitig gemacht. Dies belegt ein Streit der geistlichen Güterverwaltung mit der Rentkammer aus dem Jahre 1754. Die geistliche Güterverwaltung beruft sich auf ein Weistum aus dem Jahr 1558, wonach ihr das Recht zukommt, Mühlen anzulegen und zu verändern: „Item äußert der Schöffe, daß ein Abt soll haben vier Mühlen, nemlich vier Reder in der Freyheit zu Hornbach und sollen die Mühlen gestellt seyn nach Erkanntniß des Gerichts, und alle die in dem Bann und Gericht sitzen, es sey edel oder unedel, Pfaff oder Leye, sollten getrungen und gezwungen seyn, zu mahlen zu den Mühlen, wer das nit thut und hinweg fährt, ist verfallen die höchste Frevel"[25]. Die Rentkammer hin-

[16] KSchA Zw. Rep. IV, Nr. 194; *Wernher,* Kirchen- und Religionsgeschichte, S. 42.

[17] KSchA Meisenheim, Abt. III, Nr. 261.

[18] *Sohn,* Kirchenschaffnei Zweibrücken, S. 195.

[19] KSchA Zw. Rep. IV, Nr. 793.

[20] KSchA Zw. Rep. IV, Nr. 802.

[21] *Ammerich,* Landesherr und Landesverwaltung, S. 103.

[22] KSchA Zw. Rep. IV, Nr. 1782.

[23] Dazu *Wernher,* Kirchen- und Religionsgeschichte, S. 100.

[24] Dazu Rechnungen und Übersichten für das Kloster Meisenheim im KSchA Meisenheim, Abt. IV A; Abt. II, A a 13.

[25] LA Sp. B 2, Nr. 1116/4.

gegen stellt heraus, daß „auch keine einzige Mühlen in hiesigem Herzogthum wird genennet werden können, welche ohne dergleichen fürstliche Landesconcession wenigstens a Seculis, als wovon die Acta noch vorhanden und solches ausweisen, wäre erbauet worden oder noch existire"[26]. Weiterhin führt sie aus, „daß von undencklichen Zeiten her das Recht Mühlen zu bauen inter Regalia referiret, mithin eine solche Mühle oder Mühlenconcession nicht als eigenes Dominium vel Juris proprium, sondern vielmehr zu allen und jeden Zeiten als ein Closterprivilegium angesehen und gehalten wurde"[27]. Letztendlich kann sich die geistliche Güterverwaltung mit ihrer Meinung nicht durchsetzen.

Demnach kann man feststellen, daß im 18. Jahrhundert die Klöster immer mehr lediglich formal als Beteiligte zu sehen sind; verfügungsberechtigt über die im Bestand vergebenen Rechte war die Herrschaft.

Im Gegensatz zu solchen eindeutigen Zuordnungen auf der Seite des Bestandsvergebers gab es auch „Mischformen". So war der Müller Beständer und aber auch oftmals nahm er eine ähnliche Funktion wie die oben geschilderten Bestandsvergeber wahr. So wird in dem Mühlenprotokoll des Oberamtes Zweibrücken oft angegeben, daß die Mühle vom Beständer an einen Lehensmüller vergeben wurde. Einige solcher weiterverlehnten Mühlen waren: die sogenannte Aspacher Pletsch- und Notmühle, die Nünschweiler Pletschmühle. Diese sollen als einige der zahlreichen Beispiele genügen. Bei der Limbacher Dorfmühle, deren Erbbeständer die Gemeinde Limbach war, wird erwähnt, daß Valentin Cron Afterbeständer sei und er sich durch einen auf ihn eingerichteten Bestandsbrief legitimiere. Nach dieser Schilderung ist man versucht anzunehmen, daß es zwei Arten von „Weiterbeliehenen" gab: einmal den Afterbeständer und zum anderen den Lehensmüller. Ein weiteres Quellenstudium belegt jedoch, daß diese formale Unterscheidung nicht greift; die beiden Begriffe wurden synonym gebraucht. So wird Lorenz Cron, der Müller von Contwig, einmal als Afterbeständer und dann in der gleichen Akte als Lehensmüller bezeichnet[28]. Es darf jedoch nicht verkannt werden, daß gleichwohl ein Unterschied bei den verschiedenen Lehensmüllern existierte. Im Protokoll wird nur bei der Limbacher Mühle darauf hingewiesen, daß sich der Lehensmüller durch einen auf ihn eingerichteten Bestandsbrief legitimieren konnte; bei den übrigen Mühlen wird nur darauf hingewiesen, daß sich der „verleihende" Müller auf einen Bestandsbrief stützen konnte. Im ersteren Fall mußte die Pacht direkt von dem Lehensmüller entrichtet werden und die Herrschaft konnte

[26]LA Sp. B 2, Nr. 1116/4.
[27]LA Sp. B 2, Nr. 1116/4.
[28]LA Sp. B 2, Nr. 5323.

sie auch direkt von ihm fordern; dies bedeutete, daß aber auch er sich an die Herrschaft wenden konnte (zum Beispiel für herrschaftliches Holz zum Bau). So heißt es in dem Protokoll, daß die Limbacher Dorfmühle, die, wie oben erwähnt, von einem durch Bestandsbrief legitimierten Lehensmüller verwaltet wurde, Fruchtpacht und einen Geldzins entrichtete; die Gemeinde als Erbbeständerin der Mühle habe dafür die Bürgschaft übernommen[29]. Konnte sich der Lehensmüller nicht durch einen eigenen Brief ausweisen, so blieb es bei der Pachtschuldigkeit des verleihenden Müllers. Inwieweit er diese Pacht jedoch auf den Lehensmüller umlegte, war Verhandlungssache. In jedem Fall mußte der Lehensmüller einen stattlichen Geldzins für die Weiterverlehnung an den verleihenden Müller zahlen[30]. Die Weiterverlehnung erfolgte nur auf Zeit und war meist bei den Erbbestandsmühlen zu finden[31]; dies gehörte zu den Rechten des Erbleihers, ohne daß er dazu eines herrschaftlichen Konsenses bedurfte, da eine Wechsel im dominium utile nicht vorlag; der verleihende Müller blieb weiter Nutzeigentümer. Jedoch bedurfte es einer Einwilligung, wenn die Mühle an den Lehensmüller verkauft wurde, obwohl auch hier kein Wechsel des Nutzeigentümers in Anbetracht des Grund und Bodens stattfand; die Erbbestandsbriefe enthielten nämlich einen auf diesen Eigentumswechsel abzielenden Passus. Konsequenterweise wurde im Protokoll Herr de Vaux als Haupterbbeständer der „Ranspacher Flüßgen Mühle“ bezeichnet, obwohl er seine Mühle an Adam Bauer als Lehensmüller verkauft hatte[32]. Die Temporalbeständer konnten in aller Regel eine solche Weiterbelehnung nicht vornehmen.

6.1.2 Beständer

Mit der oben dargelegten Schilderung über Mischformen ist auch schon ein Teil der Frage geklärt, wer Beteiligter im Sinne der Beständer sein konnte: neben den Müllern, die nur Beständer waren, auch solche Müller, die Hauptbeständer waren und Müller, die Lehensmüller waren. Dabei konnten auch durchaus mehrere Müller die gleiche Funktion wahrnehmen. So geht aus dem Erbestandsbrief über „die am dasigen Moderbach zu erbauende Mahlmühle“ hervor, daß sie den beiden Brüdern Bertrand verliehen wurde. Jedoch wird weiter geregelt: „So wird zwar erläutert,

[29]LA Sp. B 2, Nr. 295/5.

[30]LA Sp. B 2, Nr. 295/5; so zahlt der Lehensmüller der Aspacher Pletschmühle dem Erbbeständer jährlich 45 Gulden; der Contwiger Lehensmüller Cron zahlte sogar 1000 Gulden für zehn Jahre auf einmal.

[31]LA Sp. B 2, Nr. 3109.

[32]LA Sp. B 2, Nr. 295/5.

daß diese Erbbestandsmühle von mehrer Personen beseßen und benutzet werden könne, damit aber gnädigste Herrschaft wegen der jährlichen abzuführenden Canons und anderer Praestationen nicht unnöthige Weitläufigkeiten haben, so sollen die Gemeiner einen Lehensträger setzen, an welchen sich die Herrschaft alleinig halten könne"[33]. Es kam aber auch vor, daß die Beständer keine Müller waren. So sind zum Beispiel ganze Gemeinden[34] oder ein Zusammenschluß von Bauern[35] als Beständer angeführt oder auch Frauen als Beständerinnen[36]. Zwar könnte man nun vermuten, daß es für die Vergabe einer Mühle unerheblich war, ob der Beständer den Beruf des Müllers erlernt hatte; bei näherem Quellenstudium läßt sich jedoch erkennen, daß solche Beständer die Ausnahme bildeten und daß ihr Besitztum jeweils auf besonderen Gründen beruhte.

So wurden ganzen Gemeinden Mühlen überantwortet, damit die Mehlversorgung dauerhaft und zum Besten gesichert war. 1711 mußten zum Beispiel „samtliche Einwohner zu Heyweiler, in Betrachtung sie bisher Mahlwerk auf benachbarten Herrn territorium" suchen, „zu ihrem Gemeinsamen besten Nutzen eine eigene Mühl"[37] errichten[38]. Der gleiche Grund für die Vergabe lag auch bei den Bauernmühlen beziehungsweise Hausmühlen vor. Darunter sind, wie oben schon erwähnt, Mühlen zu verstehen, die meist von mehreren Bauern betrieben wurden und nur für einen begrenzten Bereich, meist nur zu ihrer Haushaltung, mahlen durften[39]. Diese Funktion ergab sich aus der Rechtsgewohnheit oder wurde direkt durch Bestandsbriefe geregelt[40]. Das Oberamt Kirchberg[41] stellte 1775 fest, daß „[...] Brod Mangel [...] der Beweggrund gewesen, [...] sothane Mühlen zu errichten"[42]. In den Pfalz-Zweibrückischen Kernlanden waren diese Formen nur sehr selten anzutreffen[43]; sie konzentrierten sich auf die Hintere Grafschaft Sponheim. Die schlechten Wasserverhältnisse

[33]KSchA Zw. Rep. IV, Nr. 1229.
[34]So bei der Limbacher Mühle, LA Sp. B 2, Nr. 295/5.
[35]LHA Koblenz, Best. 33, Nr. 9517.
[36]LA Sp. B 2, Nr. 5324.
[37]LHA Koblenz, Best. 33, Nr. 9001.
[38]Simons, in *Simons*, Genossenschaftliche Bauernmühlen, S. 173, nennt Heyweiler als Beispiel für den Hunsrücker Raum, das somit auch auf die Pfalz-Zweibrücker Gebiete in der Hinteren Grafschaft Sponheim zutreffend ist.
[39]*Simons*, Genossenschaftliche Bauernmühlen, S. 164, 165, 186, auch im Hinblick auf die begrenzte Mahlfunktion LHA Koblenz, Best. 33, Nr. 203, 9518.
[40]LA Sp. B 2, Nr. 295/5; LHA Koblenz, Best. 33, Nr. 9001.
[41]Simons *Simons*, Genossenschaftliche Bauernmühlen stellt das Oberamt Kirchberg als Beispiel heraus für die Erklärungsversuche der Oberämter und Rentkammer über den Entstehungsgrund der Bauernmühlen. Insoweit ist es auch auf die dortigen Pfalz-Zweibrückischen Gebiete anwendbar.
[42]LHA Koblenz, Best. 33, Nr. 912.
[43]Eines der wenigen Beispiele war die „Ranspacher Flüßgen Mühle", LA Sp. B 2, Nr. 295/5.

bei den kurzen und schwachen Hunsrückbächen in den engen und tief eingesenkten Tälern bildeten ungünstige Bedingungen[44] für eine noch lohnende Arbeit der Müller[45]. Waren Frauen Beständerinnen, so ergibt sich aus den Quellen, daß ihnen die Mühlen jedoch nie direkt übergeben wurden, sondern sie wuchsen quasi in die Rolle der Beständerin hinein. Dies geschah meist im Todesfall des Müllers; beim Erbbestand konnte sie als Erbin neue Beständerin werden (wenn sie die Mühle nicht an die Kinder verteilte)[46], beim Temporalbestand endete der Bestand nicht mit dem Tod des Müllers, sondern erst mit dem Ablauf der Pachtzeit und so konnte die Frau, wieder in ihrer Position als Erbin, in den Bestand eintreten[47]. Eine längere Zeit dauerte ihr Bestand jedoch meist nicht, da sie sich in der Rolle als Müllerin überfordert sahen und auf Beendigung des Bestandes drängten. So schreibt die Witwe von Balthasar Cron, dem verstorbenen Temporalbeständer der Zweibrücker Stadt- und Schloßmühle, am 15. Juni 1781 der Herrschaft, daß sie vom „Pachtcontract", der noch bis 1783 dauert, loskommen wolle, da sie „als eine Frau einem solchem Betrieb nicht wie eine Mannsperson vorstehen könne", und sie immer auf das Gesinde angewiesen wäre; dies wäre jedoch, auch wenn es noch so gut wäre, immer auf seinen eigenen Vorteil bedacht[48].

Demnach kann festgehalten werden, daß sowohl Müller als auch Personen, die dieses Handwerk nicht erlernt hatten, als Beständer vorkamen.

6.2 Die Begebung des Bestandes

Von der Herrschaft wurden die Bestände sowohl im einfachen Antragsverfahren als auch durch die aufwendigere Versteigerung vergeben.

6.2.1 Antragsverfahren

Begebungen des Bestandes im Antragsverfahren wurden bereits vorgestellt. Bei einem Wechsel des dominium utile (Verkauf, Tausch[49], Sterbefall) oder des dominium directum wurde auf Antrag ein Konfirmationsschein ausgestellt, wodurch der Bestand neu begründet wurde[50]. Die Re-

[44] *Simons*, Genossenschaftliche Bauernmühlen, S. 186.
[45] Dies verbessert sich erst mit der Einführung wirkungsvollerer Triebwerke.
[46] So bei der Walsheimer Mühle, KSchA Zw. Rep. IV, Nr. 265, 266.
[47] LA Sp. B 2, Nr. 295/5 bei der Waltzhaußer Bannmühle.
[48] LA Sp. B 2, Nr. 5324.
[49] LA Sp. B 2, Nr. 1101, der Tausch der Mittelsbacher Mahlmühle.
[50] LA Sp. B 2, Nr. 1116/4.

novation, also die Erneuerung des Bestandes, wurde ebenfalls auf Antrag gewährt[51]. Herrschte über die einzelnen Punkte des Bestandes noch keine Klarheit, so wurde ein lediglich rudimentäres Bestandsverhältnis in einem solchen Antragsverfahren durch den Konzessionsschein begründet[52].

Aber auch die Ausfertigung von Erbbestandsbriefen, wodurch der Bestand begründet wurde, konnte im Antragsverfahren geschehen[53]. Ein solches Verfahren kam bei Erbbestandsbriefen in der Regel[54] aber nur dann in Frage, wenn die Mühle vom Müller und nicht von der Herrschaft erbaut wurde. Der interessierte Müller mußte bei der Rentkammer beziehungsweise direkt bei dem Herzog einen Antrag auf Errichtung und Betreibung einer Mühle mit einer entsprechenden Begründung einreichen. Einen solchen Antrag stellte Johann Henrich Weber am 27. Oktober 1725 und begündete ihn damit, daß durch das starke Anwachsen der Bevölkerung die bestehenden Mühlen überfordert seien und deshalb viele Einwohner von Rimbschweiler, Dietrichingen, Brenschelbach, Rießweiler und mehrere Höfe ihre Früchte außerhalb des Landes mahlen ließen und der herzoglichen Verwaltungskasse damit beträchtliche Einnahmen entzogen würden[55]. Eine solche Begründung der Anträge ist immer wieder zu finden. Auch der Rinntaler Müller Johann Sebastian Disquet begründete seinen Antrag mit der Überforderung der umliegenden Mühlen aufgrund des starken Anwachsens der Bevölkerung[56]. Nach vorangegangener Untersuchung der Örtlichkeit mit positivem Ergebnis wurde der Bestand erteilt.

6.2.2 Versteigerungsverfahren

Grundsätzlich durch Versteigerung wurden Mühlen im Temporalbestand oder Mühlen im Erbbestand von der Herrschaft vergeben, wenn sie die Herrschaft errichtet hatte, wenn die Kinder die Mühle nicht übernehmen konnten oder wenn der Müller in Konkurs gefallen war[57], da im allgemeinen nur so die höchstmögliche Pacht zu erreichen war. Der Ab-

[51] KSchA Zw. Rep. IV, Nr. 1229.
[52] KSchA Zw. Rep. IV, Nr. 1229.
[53] Z.B. Bickenaspacher Mahlmühle, KSchA Zw. Rep. IV, Nr. 265, 266; die Aspacher Pletsch- und Nothmühle LA Sp. B 2, Nr. 295/5.
[54] Nur wenige Ausnahmen: z.B. die Umwandlung des Bestandes der Annweiler Stadtmühle, LA Sp. B 3, Nr. 1588.
[55] *Schneider*, Hornbacher Mühlen.
[56] *Kiefer*, Mühlen zu Rinnthal, S. 46.
[57] LA Sp. B 2, Nr. 1117.

lauf einer Versteigerung orientierte sich an der Versteigerungsordnung von 1706[58] und soll im Überblick veranschaulicht werden.

Zunächst wurde meist die Oberkellerei beauftragt, eine Mühle zu versteigern. Ihr oblag es dann, einen Termin festzusetzen und die Versteigerungskonditionen zu publizieren[59]. Die Publikation erfolgte durch Ausschreiben „im ganzen herrschaftlichen Wochenblatt und Zeitungen, wie auch in den angrenzenden verschiedenen herrschaftlichen Ländern per Requisitoriales"[60]; zudem wurde die Nachricht „ausgeschellt"[61] für die Bevölkerung, die des Lesens nicht mächtig war. Die Versteigerungsbedingungen waren von der Rentkammer neu festgesetzt worden, falls es noch keine Mühle gab, die Versteigerung also erstmalig war. War jedoch eine Mühle bereits vorhanden, so wurden die alten Bestandsbedingungen in der Regel in groben Umrissen übernommen. Hatte sich jedoch bereits ein „Liebhaber" mit einem Angebot gemeldet oder war für die Herrschaft infolge ihrer Erkundigungen zu erwarten, daß die Nachfrage groß war und sich günstigere Bedingungen, insbesondere ein höherer Preis erzielen lassen würden, wurden bereits die verbesserten Konditionen verkündet. So wurden bei der Zweibrücker Stadt- und Schloßmühle, als sie nach Bestandsaufkündigung durch die Witwe von Balthasar Cron 1781 erneut versteigert wurde, lediglich die alten Konditionen übernommen: „Hierauf wurde der Ansatz nach dem bisherigen Canone gemacht [...]"[62]; bei der Versteigerung wurden die Bedingungen, nachdem sich ein Liebhaber mit einem Angebot gemeldet hatte, entsprechend dieser Offerte formuliert: „[...] die hiesige Schloßmühle, welche der Ludwig Cron auf 6 Jahr in Lehnung hat und wovon die Bestandszeit sich mit Ende dieses Jahres endiget auf eine weitere 9jährige Temporallehnung unter Referierung nachstehender Conditionen als welch man deme Umstamd vor die Versteigerung deutlich vorgelesen und bekandt gemacht hat, öffentlich versteiget, als [...]"[63]. Weiter unten heißt es: „Hierauf wurde der Ansatz nach weiteren Geboten gemacht und zwar mit 40 Malter Weitzen, 8 Malter Speltz, 861 Malter Korn zu steigen mit ein Malter Korn aufwärts"[64]. Dies war bereits der erhöhte Pacht.

Eine besonders wichtige Versteigerungsbedingung war der Punkt, ob die Versteigerung mit oder ohne Ratifikation erfolgte. Die Bedeutung dieser Ratifikation ist nicht einfach zu erschließen. Ratifikation bedeutet nach

[58] LA Sp. B 2, Nr. 2766.
[59] Versteigerungsordnung, Punkt XV in LA Sp. B 2, Nr. 2766.
[60] LA Sp. B 2, Nr. 5324.
[61] LA Sp. B 2, Nr. 5324.
[62] LA Sp. B 2, Nr. 5324.
[63] LA Sp. B 2, Nr. 5324.
[64] LA Sp. B 2, Nr. 5324.

der Begriffserläuterung des Hilfswörterbuchs für Historiker[65] „Genehmigung". Tatsächlich sind in den Quellen auch dieser Definition entsprechende Stellen zu finden. So wird einige Tage nach der Versteigerung selbige ausdrücklich durch die Rentkammer oder aber vom Herzog direkt ratifiziert[66] oder, wie auch formuliert wurde, genehmigt[67]. Bei näheren Untersuchung fällt jedoch auf, daß auch die Versteigerungen ohne Ratifikation ratifiziert wurden. So wurde bei der Versteigerung der Stadt- und Schloßmühle 1787 nach dem Antrag der Rentkammer die Versteigerung ohne Ratifikation vornehmen zu dürfen, dies am 28. Februar 1787 von Herzog Karl genehmigt: „Approbatur die Versteigerung ohne Ratifikation" vorzunehmen[68]. Und auch nach erfolgter Versteigerung ratifizierte sie die Rentkammer[69]. Damit stellt sich die Frage, worin liegt der Unterschied. Die Antwort gibt eine Quelle[70], die eine Streitigkeit um die Rechtmäßigkeit der Versteigerung von 1787 beinhaltet. Der vorherige Beständer Ludwig Cron der Zweibrücker Stadt- und Schloßmühle klagt, er habe die vorgehaltenen Konditionen überhaupt nicht verstanden und sei „also gantz übereilet worden". Er habe sich aber jetzt entschlossen, ein höheres Gebot vorzuschlagen und bittet darum, die Versteigerung zurückzunehmen und ihm „die Mühle des Nachgebotts halber zu versichern". Der Rat Böttger berichtet hierauf, daß von einer Übereilung nicht gesprochen werden könnte, zumal Ludwig Cron die Mühle zu den, bis auf die Pachthöhe, gleichen Bestandsbedingungen inne hatte. Außerdem sei publiziert worden, daß die Versteigerung ohne Ratifikation geschehen sollte und noch mit der ausdrücklichen Bemerkung, daß „kein Nachgebott statt finden solle". Der Müller sei „zur Ruhe zu verweisen, dann auf meine Versteigung, welche ohne Ratifikation ordnungsgemäß vorgenommen worden, kann wohlen niemahlen ein Nachgebott, so starck es auch immer seyn sollte, jemahlen angenommen werden". Aus dem Beispiel wird deutlich, daß bei einer Versteigerung ohne Ratifikation kein Nachgebot erfolgen konnte; die Versteigerung war insoweit vorbehaltlos; nur die obligatorische Ratifikation, die bei jeder Versteigerung vorgenommen werden mußte, war noch nötig: Diese war jedoch nunmehr reine Formsache (wenn nicht schwerwiegende Gründe gegen den Steigerer sprachen; hiervon ist jedoch in den Akten kein einziges Beispiel ersichtlich) und wurde daher meist von der Rentkammer vorgenommen. Eine solche Art der Versteigerung war aufgrund der größeren Sicherheit

[65] *Haberkorn, Wallach*, Hilfswörterbuch für Historiker, „Ratifikation", S. 508.
[66] LA Sp. B 2, Nr. 1117, 5324.
[67] LA Sp. B 2, Nr. 5324.
[68] LA Sp. B 2, Nr. 5324.
[69] LA Sp. B 2, Nr. 5324.
[70] LA Sp. B 2, Nr. 5324.

für den ersteigernden Müller vorteilhafter; für die Herrschaft bedeutete sie jedoch auch zugleich einen Verzicht auf weitere günstigere Möglichkeiten durch die Nachgebote. Daher war vor einer solchen Versteigerung die ausdrückliche herrschaftliche Einwilligung einzuholen.

Wurde eine Versteigerung mit Ratifikation als Versteigerungsbedingung angegeben, so wurde nach der Versteigerung eine Frist gesetzt, innerhalb derer Nachgebote möglich waren. In der Akte, die die Streitigkeiten bezüglich der Versteigerung der Hornbacher Mühle von Henrich Weber beinhaltet, wird angegeben, daß nach der Versteigerung „die stipulierte Ratificationszeit von dato 3 Wochen laufet"[71].

Die eigentliche Versteigerung fand meist im Rathaus statt; sie war öffentlich. Die Versteigerungsbedingungen wurden jetzt noch einmal vorgelesen. Es wurde an den Meistbietenden zugeschlagen[72].

Gesteigert wurde, wie in dem obigen Beispiel erwähnt, aufwärts; es kam aber auch vor, daß abwärts gesteigert wurde[73]; dies hing von dem getroffenen Ansatz und den Erwartungen ab. Fiel die Versteigerung jedoch zu gering aus, so wurde nicht ratifiziert. Eine Obergrenze – etwa in Anbetracht der Mühlenkapazität – gab es nicht. So ist auch die Erklärung des Kellers Schmeltzer am Ende des „Steigprotokolls" bezüglich der Zweibrücker Stadt- und Schloßmühle von 1787 zu verstehen: „[...] darbey dieselbe (Versteigerung) aber sehr hoch gekommen, daß dem Steiger zu wünschen, daß er keine Mißjahre und üble Zeiten während dieser 9jährigen Bestandszeit bekommt, auch besser als sein Vorfahrer aufsiehet, ansonsten er darbey den größten Schaden und zu einem armen Mann werden könnte"[74]. Tatsächlich übernahmen sich finanziell nicht wenige Müller.

Die Bieter waren Müller, bis auf die sich immer mehr verringernden, obig geschilderten Ausnahmen; diese Tendenz wurde verstärkt durch die 1731 erlassene Reichsverordnung wegen Abstellung der Handwerksmißbräuche und die sich daran anschließenden einzelnen Zunftsordnungen, die die Ausübung des Handwerks nur den zunftangehörigen Meistern gestattete[75]. Eine besondere Prüfung der Eignung wurde nicht vorgenommen. Lediglich ein Fall ist bekannt, in dem ein Müller von der Versteigerung ausgeschlossen war. Dies war Henrich Weber zu Hornbach, der von 1723 die Hornbacher Klostermühle im Bestand hatte; die Mühle sollte vor Beendigung der Bestandszeit versteigert werden, da das Geschirr

[71] LA Sp. B 2, Nr. 1117.
[72] Versteigerungsordnung, Punkt XXIV in LA Sp. B 2, Nr. 2766; LA Sp. B 2, Nr. 5324.
[73] LA Sp. B 2, Nr. 1117.
[74] LA Sp. B 2, Nr. 5324.
[75] LHA Koblenz. Best. 33, Nr. 912.

verdorben war und der Müller die Pacht nie ohne „Execution" gezahlt hatte und auch noch schuldig war, die Kaution für den „Steigschilling" zu erbringen. Wegen dieser Unzulänglichkeiten wurde ihm nicht erlaubt zu steigern[76]. Überwiegend wurde jedoch lediglich auf den Höchstbietenden abgestellt. Diese Wahl brachte für die Bevölkerung oft erhebliche Nachteile mit sich, da der finanzkräftigste Müller nicht immer der geeignetste war; oft genug wurden allerlei Betrügereien seitens der Müller unternommen, um überhaupt die hohe Pacht zahlen zu können[77]. Diese Präferenz bedeutete jedoch nicht, daß man den Klagen der Bevölkerung und auch der Bäcker gegen die Einsetzung eines bestimmten Müllers (meist war es der Müller, der die Mühle bereits in Besitz hatte) keine Beachtung schenkte. In einem solchen Fall war man bemüht, einen anderen, aber auch finanzstarken Müller zu finden[78].

Den Ablauf der Versteigerung dokumentierte ein „Steigprotokoll", das von der Kellerei verfaßt wurde. In einem solchem Protokoll[79] wurden die vorherige Publikation und die Versteigerungsbedingungen geschildert, außerdem behielt man sich die Kammertax, eventuell auch die Ratifikation vor. Dann wurde aufgeführt, wie hoch der Ansatz gemacht und zu welchem Preis die Mühle ersteigert wurde. Desweiteren wurde der Name des Steigerers und des Bürgen genannt. Zum Schluß mußten der Steigerer und der Bürge sich zu den Bedingungen und der Versteigerung „vermög eigener Unterschrift bekennen"[80] und der Keller mußte durch seine Unterschrift attestieren, „daß vorstehende Versteigerung ordnungsgemäß abgehalten und nicht höher zu bringen gewesen"[81]. Das „Steigprotokoll" wurde dann zur Ratifikation an die Rentkammer beziehungsweise an den Herzog gesandt. War eine Versteigerung mit Ratifikation erfolgt, so wurde, wie schon erwähnt, die Versteigerung erst nach Ablauf der Frist ratifiziert.

Die Nachgebotsfrist wurde in zweierlei Hinsicht „mißbraucht". Zum einen war es für andere Müller eine willkommene Gelegenheit, gegen die eigentliche Versteigerung vorzugehen; zahlreiche Fälle sind erwähnt, in denen der Nachbietende zuerst versucht, gegen die seiner Meinung nach unrechtmäßige Versteigerung vorzugehen; erst danach gab er ein höheres Gebot ab. Zwar wäre es auch möglich gewesen, nach Ablauf der Frist rechtlich gegen die Versteigerung vorzugehen; dies war jedoch mit Kosten und einem ungewissen, sich meist lang hinziehenden Ausgang

---

[76] LA Sp. B 2, Nr. 1117/1.
[77] *Göbel*, Die Mühle in der Stadt, S. 76.
[78] LA Sp. B 2, Nr. 5323.
[79] LA Sp. B 2, Nr. 5324.
[80] LA Sp. B 2, Nr. 5324.
[81] LA Sp. B 2, Nr. 5324.

verbunden; der Weg über das Nachgebot bei nur minimaler Erhöhung des „Steigschillings" war sicherer und auch vielfach günstiger. So versuchten die Kinder von Johann Henrich Weber, dessen Mühle zu Hornbach 1759 versteigert wird, zuerst die Unrechtmäßigkeit der Versteigerung aufgrund der unsachgemäßen „Abschazung" und aufgrund der ungebührenden Publikation hervorzuheben; und geben dann zur Sicherheit noch ein höheres Angebot innerhalb der Nachgebotsfrist ab[82]. Dieses Nachgebot war aber nicht wirksam, da sie keinen Bürgen[83] für den „Steigschilling"[84] benennen konnten, sodaß sie nach der Frist eine Bittschrift direkt beim Herzog einlegten, was jedoch letztlich auch nicht zum Erfolg führte. Dieser erklärte nur: „bei der Versteigung soll es sein Bewenden haben"[85].

Zum anderen wurde das Nachgebotsverfahren dazu benutzt, die Mühle letztlich doch zu einem relativ günstigen Preis zu bekommen. Enthielt sich der Nachbieter bei der eigentlichen Versteigerung, so konnte die Versteigerung durch (meist) fehlendes Überbieten nicht so hoch getrieben werden; durch eine geringe Erhöhung des Gebots im Wege des Nachverfahrens konnte man sich die Mühle sichern, da hier, wenn überhaupt, nur eine geringe Steigung der Nachbieter zu verzeichnen war. So muß letztlich auch das Vorgehen von Ludwig Cron, dem vorherigen Beständer der Zweibrücker Stadt- und Schloßmühle, gewertet werden. Cron erklärte, er habe bei der Versteigerung die „Steigbedingungen garnicht verstanden und bin also gantz übereilet worden."[86] Er überbietet den „Steigschilling" und bittet ihm die Mühle „des Nachgebots halber zu sichern"[87]. Die Erklärung verwundert um so mehr, weil besagter Cron die Mühle zu ähnlichen Bedingungen sechs Jahre in Lehnung hatte. Der Eindruck eines geschickten Taktierens drängt sich auf.

Erst nach der Ratifikation konnte der Bestandsbrief ausgefertigt werden. Hierzu war erforderlich, daß die sogenannte Kammertax[88], die Gebühr, die bei der Aufstellung von Bestandsbriefen fällig wurde, bezahlt wurde[89]. Da die Versteigerungsbedingungen nur „Eckpunkte" (Pacht, Dauer des Leihe) darstellten, mußte jetzt zunächst einmal ein ausführlicheres „Concept" eines Bestandsbriefes verfaßt werden[90]. Dies entwarf die Rent-

[82] LA Sp. B 2, Nr. 1117.

[83] Die Bestellung eines Bürgen sowie die Verpfändung des gesamten Vermögens zur Sicherheit für die Pacht, bezeichnete man auch als Stellung einer Kaution, dazu LA Sp. B 2, Nr. 5323.

[84] Darunter versteht man die gesamte Summe zu der der Gegenstand ersteigert wird.

[85] LA Sp. B 2, Nr. 1117.

[86] LA Sp. B 2, Nr. 5324.

[87] LA Sp. B 2, Nr. 5324.

[88] Sie betrug 1 % des Wertes.

[89] LA Sp. B 2, Nr. 5324.

[90] LA Sp. B 2, Nr. 5324.

kammer. Dieses Konzept ging meistens ohne inhaltliche Abänderung im Bestandsbrief auf; jedoch wurde das Konzept nochmals von anderer Stelle überprüft. Es sind nämlich am Rande einiger Konzepte andersschriftliche Anmerkungen zu finden. Eine Unterschrift dazu fehlt; aus dem Inhalt einer Notiz[91] – es wird auf das Referat hingewiesen – ist aber auf die Regierung (Regierungskollegium) als Überprüferin zu schließen.

Mit der Abfassung des Bestandsbriefes wurden die betreffenden Räte der Oberkellerei angewiesen, „das signierte Exemplar dem Beständer zuzustellen, den Revers aber von demselben und seinen [...] Bürgen unterschreiben zu lassen, Abschrift davon zu nehmen und den jährlichen Pacht nach Maasgab des Bestandbriefes zu erheben und zu verrechnen, nicht weniger die Abschazung des laufenden Geschirrs zu seiner Zeit beyzuwohnen und zur herzoglichen Renthkammer einzuschicken"[92]. Es kam jedoch vor, daß der Müller den fertigen Bestandsbrief nicht unterschrieb und damit nicht annehmen wollte, weil er nicht seinen Erwartungen entsprach. So beschwerte sich Balthasar Cron am 16. Januar 1747 über den Erbbestandsbrief, den ihm Klosterschaffner Leyser vorgelesen zustellen wollte, „mich aber bey Anhörung der darinnen abgefaßten Conditionen höchstens graviert befinde"[93]. Er beklagt, daß der Bann nicht genügend spezialisiert sei. Der Klosterschaffner sollte auf Befehl der Regierung die Sache mit Hilfe von Klosterrechnungen und Akten näher untersuchen. Da der Schaffner bezüglich der genauen Auflistung des Bannes fündig wurde, wurde der Brief abgeändert.

Jedoch war die Rentkammer nicht immer so entgegenkommend. Auch der Annweiler Müller Maurer[94] weigerte sich, den Brief anzunehmen und den Revers[95] zu unterschreiben, da ihm in dem Brief die Bedingung gestellt war, daß er kein Geld auf dieses Anwesen aufnehmen dürfe. Bei längerer Weigerung wird ihm mit Zustellung der Schußbretter gedroht. Da nun der Amtsschreiber Klick von Bergzabern weiter in ihn drang, den Brief anzunehmen, hat er sich in „vielen desparaten und unziemlichen Expressionen"[96] geäußert. Klick riet deshalb, man solle ihn, da er „nächstens mit Papieren nach Zweibrücken komme, dort festhalten und

[91] Concept des Bestandsbriefs für Joseph Hauther LA Sp. B 2, Nr. 5324.
[92] LA Sp. B 2, Nr. 5324.
[93] KSchA Zw. Rep. IV, Nr. 1674.
[94] Hier handelte es sich zwar um eine Papiermühle; die Annahme des Bestandsbriefs ist jedoch vergleichbar.
[95] *Spieß*, Lehnsrevers, Revers ist eine Urkunde, in der der Beständer dem Bestandsvergeber den Erhalt der Leihe bestätigt.
[96] *Müller*, Pfälzische Mühlen, S. 28.

zwingen"[97]. Diese Mittel hatte scheinbar Erfolg, denn der betreffende Revers war kurze Zeit später ausgestellt worden.

Dann wurde die „Abschazung"[98] durchgeführt. Darunter ist eine Aufstellung über das „lauffende Geschirr" und auch, falls vorhanden, die sonstigen baulichen Veränderungen zu verstehen. So konnte man den Wert der Mühle bestimmen; bei einem Vergleich mit der vorhergehenden „Abschazung" konnte die Überbesserung und damit auch der Vergütungsanspruch des alten gegen den jetzigen Beständer festgestellt werden. Die „Abschazung" wurde entweder, wie im obigen Beispiel angeführt wird, mit der Fertigstellung des Bestandsbriefs anbefohlen oder wurde, wenn eine Mühle vom Müller errichtet wurde und dann versteigert wurde, vor der Versteigerung durchgeführt, da man nur so einen Anhalt über ihren Wert hatte. Durchgeführt wurde sie von „unpartheyischen" Experten[99]. Dies waren Fachleute, mit denen sich der vorherige und jetzige Beständer einverstanden erklären mußten[100]. Bei der „Abschazung" der Zweibrücker Stadt- und Schloßmühle, die wie oben berichtet, bereits am 15. Mai 1787 (Tag der Fertigstellung des Bestandsbriefs) anbefohlen, jedoch erst am 31. Dezember 1787 durchgeführt wurde, waren als Experten zuständig: zwei Müller, zwei Zimmermänner, ein „Schmidtmeister" und ein Schreinermeister[101]. Sämtliches Geschirr beziehungsweise Baulichkeiten mußten im Beisein von dem alten und neuen Beständer, sowie dem „Gefäll Verweser" aufgeführt und dann ihr Wert in Geld veranschlagt werden. Das Protokoll, das die „Abschazung" dokumentierte, mußte von allen Anwesenden unterschrieben werden. Erst mit dieser „Abschazung" war das Versteigerungsverfahren beendet.

Zwar wurde in der Regel ein Mühle im Temporalbestand oder eine Mühle in Erbbestand, wenn sie die Herrschaft errichtet hatte, wenn die Kinder die Mühle nicht übernehmen konnten oder wenn der Müller in Konkurs gefallen war[102], durch Versteigerung vergeben. Es gab jedoch hiervon Ausnahmen.

Ein Beispiel dafür ist die Umwandlung des Annweiler Temporalmühlenbestands in einen Erbbestand[103]. Eine solche Umwandlung geschah in der Regel auch durch eine Versteigerung. Der Grund für ein anderes Vorgehen war im Annweiler Fall die hohe Entgeltsumme, die Johann Michel Keyßer bereit war, zu zahlen. Das finanzielle Interesse der Herrschaft war der hervorragende Beweggrund, ob eine Versteigerung stattfand oder

[97] *Müller*, Pfälzische Mühlen, S. 28.
[98] Vgl. Dokumentenanhang A.2.
[99] LA Sp. B 2, Nr. 5324.
[100] LA Sp. B 2, Nr. 1117.
[101] LA Sp. B 2, Nr. 5324.
[102] *Schneider*, Hornbacher Mühlen, S. 5.
[103] LA Sp. B 3, Nr. 1588.

die Mühle ohne Versteigerung begeben wurde. Ein anschauliches Beispiel für diese Motivation der Herrschaft bieten die Vorgänge bei der Goffingmühle in Hornbach. Nachdem der Schwiegersohn von Goffing bei der Rentkammer angefragt hat, ob die Temporalbestand in einen Erbbestand gegen Bezahlung einer bestimmten Summe umgewandelt werden könnte, wurde von Seiten der Rentkammer aber eine Versteigerung anberaumt, da ihr das gebotene Entgelt zu niedrig erschien. Die Versteigerung fiel enttäuschend aus; deshalb wurde der Klosterschaffner angewiesen, Vorschläge zu machen, wie solche am besten weiterhin „temporaliter“ begeben werden könnte. So kommt man schließlich nochmal auf den Schwiegersohn zurück und fragt an, ob er die Mühle in Temporalbestand haben wolle. Da dieser dies jedoch verneinte, entschloß man sich, ihm die Mühle doch erbbeständlich, zwar ohne Erlegung eines Erbkauffschillings, aber mit einer höheren Pacht zu überlassen[104].

Die Frage, ob eine Versteigerung stattfinden soll, war letztlich eine meist langwierige und schwierige Verhandlungssache; nur wenn die Herrschaft annahm, daß es keine weitere Interessenten gab, wurden keine Verhandlungen durchgeführt (dann wurde zum Beispiel der Temporalbeständer in der Mühle belassen)[105]. Eine Vergabe ohne Versteigerung wurde zwar von den Müllern angestrebt, um so die Mühle möglichst schnell und gegebenenfalls unter Ausschaltung der Konkurrenz zu bekommen; jedoch war dies wegen der meist hohen Entgeltforderungen der Herrschaft, die sie direkt in einem solchen Verfahren an den Müller stellte oder die sie sich von einer Versteigerung versprach, kaum zu realisieren. Jeder Schritt mußte bei den Verhandlungen sorgfältig bedacht sein. Um ihre Position zu unterstreichen, machten die Müller nur ein einmaliges Angebot für einen höheren Pacht, das im Fall der Versteigerung jedoch nicht mehr gelten sollte.

Beispiele für dieses Taktieren bieten die Begebungen der Zweibrücker Stadt- und Schloßmühle aus den Jahren 1787 und 1765. So wollte zwar der Müller Ludwig Cron, der die Zweibrücker Stadt- und Schloßmühle im Temporalbestand besaß, der aber auf Neujahr 1786/87 zu Ende ging, weiterhin im Bestand halten[106]. Jedoch seine Beteuerungen, nur so könnte er die noch rückständige Pacht bezahlen, verfehlten ihre Wirkung. Die Rentkammer fragte bei der Oberkellerei an, ob sich noch andere Liebhaber gemeldet hätten. Diese berichtete, daß es wegen des unordentlichen Mahlens des Müllers viele Klagen gegeben hätte; daß sich „ein rechtschaffener Mann“ bei ihr gemeldet hätte, der die Mühle zu den bishe-

[104]KSchA Zw. Rep. IV, Nr. 1685.
[105]LA Sp. B 2, Nr. 5324.
[106]LA Sp. B 2, Nr. 5324.

rigen Konditionen, jedoch bei erhöhter Pacht übernehmen wollte. Dieser hätte sich aber vorbehalten, „daß sein Name nicht ehender genannt werde, bis die Offerte angenommen werde, da wenn er abgewiesen und die Mühle ersteigert werde, er auch an sein jetziges Gebot nicht mehr gehalten sein will". Der „Landschreiberey Gefäll Verweser Johan Valerian Böttger" schlug vor, das „Offertum" anzunehmen, da man auf diese Art wisse, was man an jährlicher Pacht bekomme, durch eine Versteigerung aber vielleicht einen „üblen" Beständer und weniger Pacht bekommen könnte. Jedoch auch dieser Vorschlag war für die Rentkammer unzureichend. Sie beauftragte den Oberkeller, die Mühle zu versteigern. Der offerierende Müller unterbreitete danach nochmals einen Vorschlag: Er sei mit der Ansetzung der Versteigerung von seinem Gebot wieder frei, „unter den nachfolgenden Bedingungen wollt er aber sein Wort halten". Man sollte die Mühle mit der von ihm vorgeschlagenen erhöhten Pacht ansetzen, würde hierzu kein Liebhaber gefunden, so würde er Temporalbeständer, falls sich aber welche einfinden würden, so könnte er mitsteigern. Dieser Vorschlag – eine Versteigerung ohne Ratifikation – wurde schließlich von Herzog Karl II. August am 28. Febr. 1787 genehmigt. Der offerierende Müller mußte jedoch bei der Versteigerung eine nochmals erhöhte Pacht bieten, damit ihm die Mühle zugeschlagen wurde; die Rentkammer hatte somit ihr Ziel, eine möglichst hohe Pacht, erreicht.

Aber nicht immer war die Rentkammer so unnachgiebig; eines der wenigen Beispiele, in denen sich der anbietende Müller mit seinen Vorschlägen durchsetzte, ist die Begebung der Stadt- und Schloßmühle im Jahre 1765[107]. Lorentz Cron bat die Herrschaft um Vergabe der Mühle, da er die Mühle schon einmal temporaliter besessen habe und die Gäste gut bedient habe; so würde er allen Klagen, die gegen den jetzigen Beständer anhängig waren, abhelfen können. Doch allein dieser Vorschlag nützte nichts; die Rentkammer beauftragte den Oberkeller Erkundigungen einzuziehen, „ob nicht noch mehrere Liebhaber bei vorzunehmender Versteigung der Mühle sich einfinden würden". Der Oberkeller berichtete daraufhin, daß sich niemand bereit erklärt hätte, eine höhere Pacht zu zahlen als ihn inzwischen Lorentz Cron angeboten hätte; zudem hätte sich Cron verpflichtet, keine weitere „Indemnisation" aufgrund der herrschaftlichen „Müntz" wegen des Wasserabgangs zu begehren. Dies war ein Punkt, der zu vielerlei Querelen mit dem vormaligen Beständer geführt hatte. So ist es verständlich, daß Böttger der Rentkammer vorschlug, auf dieses Angebot einzugehen; „man könne keine Versicherung geben, ob es durch eine Versteigerung höher gebracht werden könne". Man hätte „zwar den Cron zu überzeugen versucht bei diesem Gebot

[107] LA Sp. B 2, Nr. 5323.

stehen zu bleiben, daß wenn die Stadtmühle durch eine anderweite Versteigung nicht höher gebracht werden kann, er der Nächste sein würde, hierzu wollte er sich [...] aber nicht verstehen". Nachdem an Hand der Oberkellereirechnungen genau ausgerechnet worden war, wieviel man dem vorigen Müller an Schadensersatz wegen des Wasserabgangs aufgrund der „Müntz" gewährt hatte, stimmte die Herrschaft der Vergabe ohne Versteigerung zu. Dies jedoch nicht ohne vorher noch einmal versucht zu haben ein früheres Angebot des Müllers bezüglich der Bannaufhebung in die Verhandlungen miteinzubeziehen.

Die Begebung durch die Klöster[108] geschah analog, zuerst eingeleitet durch die geistliche Güterverwaltung, später durch die Rentkammer; die Begebung durch Adlige als Vasallen geschah durch einfachvertragliche Regelung.

6.3 Die Gewährleistung im Bestand

Eine präzise, ausdrückliche Regelung über die Gewährleistung wurde nicht in die Bestandsbriefe eingebracht. Jedoch war schon der Grundleihe eine Gewährleistung in einfacher Form immanent. So konnte bei Nichtentrichtung des Zinses sowie bei Nichteinhaltung der Bestimmungen über die Begebung des Rechtes aus der Grundleihe sowie wegen Verschlechterung des Grundstückes (Verwahrlosung) die Leihe beendet werden[109].

Auch bei der Erbleihe und der Pacht lehnte man sich an diese Gewährleistung weitgehend an, wobei sich aber aus den Akten eine etwas differenziertere Verwendung ergibt. So ist im „Concept des Erbbestandsbriefs über die neue von denen Gebrüdern zu Bischweiler am dasigen Moderbach zu erbauende Mahlmühle und dazugehörige verschiedene Wercke"[110] zu lesen: „Wann im übrigen mit Entrichtung des Canons nicht eingehalten wird und die Gülte von 3 Jahren einander erreichen, so soll es wie in allen anderen Stücken nach Erblehensrecht gehalten werden und die Mühle an uns oder unsere fürstliche Nachfolge heimfallen [...]"[111].

Es kristallisieren sich folgende Gewährleistungsfälle heraus:

[108] KSchA Zw. Rep. IV, Nr. 1679.
[109] *Klein-Bruckschwaiger*, Erbleihe (Erbpacht), Sp. 969.
[110] KSchA Zw. Rep. IV, Nr. 1229.
[111] KSchA Zw. Rep. IV, Nr. 1229.

6.3.1 Schuldhafte Bestandsverletzung der Beteiligten

Die schuldhafte Bestandsverletzung war ein typischer Leistungsfall; hielt man sich nicht an die Bestimmungen im Bestandsbrief, so konnte eine Indemnisation (Schadloshaltung) verlangt werden. Darunter war sowohl Minderung als auch Schadensersatz zu verstehen; meist wurde Pachtnachlaß begehrt oder aber der Pacht wurde direkt einbehalten, vereinzelt wurde sogar der Erbkaufschilling zurückgefordert beziehungsweise einbehalten oder Übernahme der Gerichtskosten verlangt. Falls die Weiterführung des Bestandes aber durch den Verstoß unzumutbar war, wurde neben den obig geschilderten Rechten auch ein Beendigungsrecht zuerkannt.

Zum Teil ging der Gewährleistungsforderung ein Gesuch voraus, ihn (den Müller) im Bestand zu „manutenieren", d.h. zu bekräftigen. Eine notwendige Voraussetzung zur Geltendmachung der Gewährleistungsansprüche war dies jedoch nicht.

Ein Beispiel, das die Übernahme der gerichtlichen Kosten wie den Schadensersatz als aber auch die Aufkündigung anspricht, ist das schon oben erwähnte Schreiben des Hornbacher Müller Cron an die geistliche Güterverwaltung am 2. November 1751. Nachdem die Güterverwaltung das Ansinnen des Müllers wegen Gerichtskostenübernahme in seinen Bannalitätsprozeßen abschlug, teilte er dieser mit, „daß ein jeder Erbbeständer schuldig seye, die Processe auf seine Kosten zu führen, man sich der angesuchten Gewehrleistung nicht verstehen könne, ehe und bevor etwas durch Urteil und Recht gesprochen worden. Alldieweilen aber ein jeder Verkäuffer schuldig ist, die verkauffte Sache an die Käufer zu übergeben und Possesionen vacuam zu überliefern, widrigenfalls der Käufer ein Jus retentionis auf den Kaufschilling, solange zusteht, biß die verkauffte Sache eingehändiget worden; dabey aber hochfürstliche geistliche Güterverwaltung mich niemahlen in das Exercitum der verkaufften Bannalität immittiret, sondern den Unterthanen gleich ab initio als ich die Bannalität nur excercieren wollen, sich dagegen gesetzt. So viel hierdurch nochmahlen ab Betreibung dieses Processus unterthänigst gebeten, widrigenfalls aber declarirt haben, daß künftighin nicht nur die Pacht retinieren, sondern alle meine gehabte Kosten und Schäden praetendiren werde"[112].

Die Verhandlungen des Müller Hans Adam Wolf mit der geistlichen Güterverwaltung vom 1. Februar 1735 geben ein Beispiel für die Forderung nach Pachtnachlaß. Er fordert „in Ansehung der mir gebrochen

[112] LA Sp. B 2, Nr. 1116/2.

wordenen Bannalität", einen „billigmäßigen Nachlaß solchen nach des Pachts"[113].

Eine Gewährleistung wegen schuldhafter Bestandsverletzung leitete sich für die Herrschaft, wie schon erwähnt, aus der Grundleihe her und ist auch in einigen Bestandsbriefen direkt geregelt: „Wann im übrigen mit Entrichtung des Canons nicht eingehalten wird und die Gülte von 3 Jahren einander erreichen, so soll es wie in allen anderen Stücken nach Erblehensrecht gehalten werden und die Mühle an uns oder unsere fürstliche Nachfolge heimfallen [...]"[114]. Diese in den Bestandsbriefen ausformulierte Gewährleistung wegen Bestandsverletzung wurde aus Gründen der Ausgewogenheit auch dem anderen Beteiligten des Bestandes, dem Müller, in analoger Weise zugestanden; eine vom Herrschaftswillen unabhängige und selbständig einklagbare Gewährleistung aus schuldhafter Bestandsverletzung wurde anerkannt. Nicht zuletzt ergibt sich dies daraus, daß die Müller in diesen Fällen meist nicht erst um Pachtnachlaß oder eine Kündigung die Herrschaft ersuchten, sondern direkt, wie das obige Beispiel zeigt, die Pacht einbehielten oder den Bestand aufkündigten, wie folgendes Beispiel zeigt: Der Müller Cron erklärt, daß „soviel im Fall dieser Bannalität mir nicht geliefert wird, bey solchem notablen Defect den ganzen Erbbestand hierdurch aufgekündigt und mir alle Meliorations und andere Kosten referiert haben"[115].

6.3.2 Sonstige Gewährleistungsfälle

Eine Gewährleistung wurde auch in dem Fall anerkannt, daß die Mühle aus Gründen stillstand, die nicht dem Müller als schuldhaft zuzurechnen waren. Zu diesem Punkt wurden gerechnet: der Stillstand aufgrund höherer Gewalt, aufgrund größerer notwendig gewordener Bauarbeiten an der Mühle oder aber wegen Veränderung von Umständen, die dem Bestand aber zugrundelagen. Auch hier wurde die Indemnisation und daneben, in besonders gravierenden Fällen, das Kündigungsrecht geltend gemacht.

Zahlreiche Fälle gab es, in denen die Müller wegen der höheren Gewalt um Pachtnachlaß suchten. Vorwiegend wurde als Grund der Stillstand wegen des winterlichen Eises oder wegen großer Regenfälle angeführt. So auch folgendes Beispiel: Henrich Becker, der Müller der Zweibrücker

[113] KSchA Zw. Rep. IV, Nr. 1673; ebenso Balthasar Cron's Gesuch wegen Pachtnachlaß und Ersetzung der Advokatskosten, KSchA Zw. Rep. IV, Nr. 1674.
[114] KSchA Zw. Rep. IV, Nr. 1229.
[115] LA Sp. B 2, Nr. 1116/2.

Stadt- und Schloßmühle, bittet am 15. Februar 1764 darum, daß ihm die Pacht erlassen werden sollte, „er habe 1/4 Jahr wegen des großen Wassers seine Mühle still halten müssen“[116]. Dies wurde ihm auch zugestanden: „Approbatur Zweibrücken in Consilio 29. Februar 1764 ex speciali Mandato Serenissimi“[117].

Auch die Gewährleistung, die wegen des Stillstandes infolge von Reparationen ausgelöst wurde, war keine Seltenheit. So reichte der Beständer der Zweibrücker Stadt- und Schloßmühle am 25. Oktober 1765 eine Bittschrift bei der Herrschaft ein, in der er angibt, keine Pacht zahlen zu wollen für die Zeit des Stillstandes seiner Mühle aufgrund der Reparation, die sieben Wochen und drei Tage andauerte; auch will er die Kosten für das Gesinde, das er auch in dieser Zeit bezahlen mußte[118]. Die Rentkammer führt am 11. Dezember 1765 dazu aus: „Da die vorgenommene äußerst nötige Reparation der hiesigen Stattmühle bekannt die Zeit des dadurch causirenden Stillstandes auch von dem Beständer verificirt worden ist, so wäre man des unterthänigsten Dafürhaltens, daß selbigen auf die ohne Verdienst geseßene 7 Wochen, 3 Tag, der Pacht mit 2 Malter 5 Faß Weizen, 48 Malter Korn und 1 1/2 Malter Speltz von Serenissimi [...] erlassen werden mögten“[119]. Herzog Christian IV. genehmigte dies am 20. Dezember 1765[120]. Auffallend ist hier, daß der Schadensersatz nicht dem Müller in vollem Umfang zugebilligt wurde, da die Kosten für das Gesinde nicht ersetzt wurden.

Eine Gewährleistung wegen Veränderung von Umständen, die dem Bestand zugrundelagen, wurde vor allem dann beansprucht, wenn neue herrschaftliche Entscheidungen eingeführt wurden, die den Bestand beeinträchtigten. So beschwerte sich Henrich Becker gegen eine neue herrschaftliche Entscheidung in Betreff des Mehlhandels; er forderte umgehend eine Schadensbegrenzung, andernfalls will er wegen des nunmehr ausgeweiteten Mehlhandels vom Bestand losgesprochen werden, „da bei jedem Contract die Klauseln rebus hic stantibus subintellegiret wird“[121]. Nach der Untersuchung des Oberamtes wird dem Müller jedoch lediglich mitgeteilt, daß es dabei belassen werde, man aber strikte auf Übertretungsfälle Acht geben würde. Auch der Annweiler Müller Conrad Münch schreibt am 20. Februar 1746 an die Herrschaft, daß er die Pacht gerne entrichten würde, falls auch die übrigen Punkte seines Bestandsbriefes betreffend den Bann und das Verbot des Mehlhandels eingehal-

[116]LA Sp. B 2, Nr. 5323.
[117]LA Sp. B 2, Nr. 5323.
[118]LA Sp. B 2, Nr. 5323.
[119]LA Sp. B 2, Nr. 5323.
[120]LA Sp. B 2, Nr. 5323.
[121]LA Sp. B 2, Nr. 5323.

ten würden. Würde jedoch die neue Entscheidung, die das auswärtige Mahlen unter gewissen Umständen erlaubt, publiziert werden, so könne er die Pacht nicht mehr entrichten[122]. Die Regierung war bemüht, keine veränderte Umstände zu schaffen, aber trotzdem den Publikumsinteressen Rechnung zu tragen. Sie entschied, daß das auswärtige Mahlen verhindert werden sollte und daß der Handel auf den Wochenmärkten erlaubt sei, aber nur wenn der Müller nicht deshalb Pachtnachlaß begehren könne[123]. Unter diesen Punkt sind auch die Fälle zu rechnen, in denen wegen „landesverderblicher Umstände", so ist es in einigen Bestandsbriefen formuliert, die Mühle stillstand. Gemeint sind damit Kriege und Unruhen. In zahlreichen Fällen verlangen die Müller im ausgehenden 18. Jahrhundert die Minderung des Pachts wegen der aufgehobenen Bannalität infolge der französischen Herrschaft[124].

Es fällt auf, daß bei diesen Gewährleistungsgründen in vielen Fällen die Müller erst Gesuche um Pachtnachlaß oder um Beendigung des Bestandes stellten und die Regierung sehr verhalten reagierte. Öfters wurden die Bittschriften abgewiesen oder es wurde ihnen nur teilweise stattgegeben. Der Grund lag darin, daß diese Gründe nur dann als Gewährleistungsrechte anerkannt wurden, wenn sie auch in dem Bestandsbrief ausdrücklich erwähnt wurden. Falls dies nicht der Fall war, war die Anerkennung ein Gnadenakt des Herrschers. So wurde zum Beispiel im Bestandsbrief der Zweibrücker Stadt- und Schloßmühle von 1765 geregelt: „wogegen ihm nichts außer Herr- oder Landverderblichen Zeiten, welchenfalß ihme auf behörig vorher beschehene Anzeige ein proportionierter Nachlaß wiederfahren wird, schützen noch schirmen soll, dergestalten jedoch, daß ihme wegen allzu klein oder großer Gewässer auch wegen des Eises wann der Müller ein oder anderer Ursachen wegen stillhalten mußte, überhaupt jährlich /:außer was ihme wegen denen in Artikel 2 bemelten 36 Malter puneto der Ixheimer Mühle vergütet wird:/ annoch am Pacht sechs Malter und mehr nicht abgeschrieben werden solle"[125]. Der Zweibrücker Stadt- und Schloßmüller Cron ersucht die Herrschaft 1765, wie schon oben erwähnt, nachdem ihm schon sechs Malter wegen Eisschäden gutgeschrieben waren, um Pachtnachlaß wegen der Reparation der Mühle. Das Oberamt berichtet hierauf an die Rentkammer und fragt nach: „Ob noch weiter vergütet werden soll [...]", Resolution sei von höherer Stelle erforderlich. Die Rentkammer befindet, daß der von Cron ersuchte Pachtnachlaß „von Serinissimi in Gnaden erlassen wer-

[122] LA Sp. B 2, Nr. 5314.
[123] LA Sp. B 2, Nr. 5314.
[124] KSchA Zw. Rep. IV, Nr. 2500.
[125] LA Sp. B 2, Nr. 5323.

den mögten". Herzog Christian IV. genehmigt dies[126]. Auch die Supplik von Ludwig Cron 19. April 1784 an die Herrschaft spricht für die Annahme, daß grundsätzlich nur die im Bestandsbrief geregelten Rechte als Gewährleistungsrechte anerkannt werden. Er schreibt, daß er einen Nachlaß an Pacht wegen Überflutung und Eingefrierens haben wolle, er wisse zwar, daß er laut Bestandsbrief nichts verlangen könne, aber der Bestandsbrief sei nur auf „den gewöhnlichen Casus solto nicht auf den Casus insoltissimo" begriffen[127]. Daraufhin vergütet ihm die Rentkammer am 24. Mai 1784 zwölf Malter Korn. Der Müller versucht also anzudeuten, daß der Bestandsbrief zumindest nicht ein solches Recht ausdrücklich ausschließen will, sondern den Fall nicht bedacht hat. Damit will er sein Recht dokumentieren und nicht nur auf die Gnade des Herrschers angewiesen sein. Deutlicher wird diese Tendenz der Argumentation, aber auch das Beharren des Herrschers auf Vorliegen einer Gnadenentscheidung im folgenden Beispiel. Joseph Hauther, der Müller der Zweibrücker Stadt- und Schloßmühle, schreibt am 24. März 1789, daß die Mühle wegen des strengen Winters ausweislich seines Tagebuchs 52 Tage und Nächte still gestanden und daß ihm die zu der Zeit verlorenen 123 1/2 Malter zu erlassen seien. Sein Bestandsbrief bestimme zwar in Artikel 8, daß ihm wegen des Eises zwölf Malter erlassen werden, weiter hieße es, daß in verderblichen Zeiten ein proportionierter Nachlaß gewährt werden solle; der Bestandsbrief gehe also von den gewöhnlichen Jahren aus und bei außerordentlichen Fällen erfordere die Gerechtigkeit und Billigkeit, daß ein Nachlaß proportional zu veranschlagen sei[128]. Nachdem vom Oberamt festgestellt wird, daß seine Berechnung richtig sei, genehmigt Herzog Karl II. einen Pachtnachlaß: „Wenngleich der letzte Winter und dies seitdem erfolgte große Wasser unter die gantz ohngewöhnlichen zu rechnen sind, auch der nach Abzug des Pachtes übrig bleibende Molter wegen der Theuerung des Mehls ein beträchtliches mehr als sonsten wert ist; so wollen wir jedoch den Hauther ex speciali gratia und ohne Consequenz überhaupt dreißig Malter Pacht nachlaßen [...]"[129].

Damit kann festgestellt werden, daß die Gewährleistungsrechte, die sich direkt aus der alten Grundleihe herleiten (schuldhafte Nicht- oder Schlechterfüllung der Regeln des Bestandsbriefs)[130], für beide Beteiligte galten; darüberhinaus wurden Gewährleistungsrechte als selbständige, einklagbare Rechte nur anerkannt, wenn sie im Brief ausdrücklich erwähnt waren; ansonsten verblieb es bei der Gnadenentscheidung des Herrschers.

[126] LA Sp. B 2, Nr. 5323.
[127] LA Sp. B 2, Nr. 5325.
[128] LA Sp. B 2, Nr. 5325.
[129] LA Sp. B 2, Nr. 5325.
[130] *Klein-Bruckschwaiger*, Erbleihe (Erbpacht), Sp. 969.

6.4 Die Beendigung des Bestandes

Da die Bannrechte, die im Bestand mitenthalten sein konnten, in den Mühlenbriefen von der Herrschaft im Wege der Privilegierung auf die Müller übertragen wurden, muß die Beendigung des Bestandes im Zusammenhang mit der Widerrufsproblematik bei Privilegien gesehen werden. Hierzu muß auf den Kontext der herrschaftlichen Rechtsaussage im Mühlenbrief, dem Privileg, reflektiert werden.

Grundsätzlich konnten die privilegia conventionalia nicht von dem Privilegierenden revidiert werden; im Gegensatz zu den ad beneplacitum vergebenen Privilegien, die vom wechselnden Willen des Landesherrn abhängig waren. Dies ist die opinio communis doctorum[131]. Die in Ansehung der Widerrufsproblematik nahezu einheitliche juristische Literatur stellt demnach vorwiegend auf den Rechtserwerb durch den Empfänger des Privilegs ab. Bei den privilegia conventionalia waren die privilegierende Obrigkeit ebenso wie gewöhnliche Privatpersonen an die Vereinbarung gebunden[132]. Die Zurücknahme dieser Privilegien kam nur beim Vorliegen eines schwerwiegenden Grundes in Betracht. Begründet wurde dies wiederum mit dem Erwerb. Dieser erfolge auch bei den Privilegien in modus donationis; genau wie beim Kauf würde das dominium im Wege der traditio auf den Erwerber übertragen[133]. Ohne hinreichenden Grund könne deshalb eine Zurücknahme nicht erfolgen[134]. Nur sehr vereinzelt wird eine andere Auffassung vertreten. Nach dieser Mindermeinung kann der Landesherr die von ihm mit dem Privileg erlassenen lex privata jederzeit wieder aufheben, da das Gesetz allein von seinem Willen abhängig ist[135].

6.4.1 Gewöhnliche Beendigungsgründe

Unter den gewöhnlichen Beendigungsgründen sind solche zu verstehen, die bereits in den Bestandsbriefen als Beendigungsgründe ausgeführt waren. Solche Gründe waren: Tod des Erbbeständers, Verkauf der Mühle oder der Ablauf der Bestandszeit.

---

[131] *Willoweit*, Gewerbeprivileg und „natürliche" Gewerbefreiheit, S. 102.
[132] *Willoweit*, Gewerbeprivileg und „natürliche" Gewerbefreiheit, S. 102.
[133] *Willoweit*, Gewerbeprivileg und „natürliche" Gewerbefreiheit, S. 103.
[134] *F. M. Bachmann*, De iure imperantis, § 1.
[135] *Schaumburg*, Quae naturam privilegiorum, § 21.

So entschloß sich die Herrschaft 1765 den Bestand der Stadt- und Schloßmühle von Zweibrücken „[...] zum Vorstand des herrschaftlichen Interesses wieder [...] auf 6 Jahre [...]"[136] zu begeben. Im Brief wurde formuliert: „Als wird in Rücksicht dessen Lorentz Cron diese Mahlmühle nachfolgender Maßen verliehen: Erstlich der Bestand sechs Jahre dauern, und zwar den 1.ten July lauffenden Jahrs anfangen und um gemelte Zeit 1771 sich wiederum endigen soll"[137]. In dem schon mehrfach erwähnten Brief der Gebrüder zu Bischweiler wird die Beendigung des Bestandsverhältnisses zu dem alten Beständer sowohl im Veräußerungsfall, als auch im Fall des Absterbens des gemeinschaftlichen Lehensträgers angedeutet[138].

6.4.2 Außerordentliche Beendigungsgründe

Hierunter sind die Fälle zu verstehen, die nicht bereits in den Briefen als Beendigungsgründe aufgeführt sind und bei denen ein weiteres Festhalten am Bestand als unzumutbar erscheint. Infolge der fehlenden schriftlichen Dokumentation ist ein gewisser Grad der Willkür von Seiten der Herrschaft ebenso wie bei den Gewährleistungsfällen zu erkennen.

Ein Temporalbestand endete grundsätzlich erst nach Ablauf der Bestandszeit. Beim Tod des Temporalbeständers traten die Frau beziehungsweise die Kinder in das Pachtverhältnis. Insofern muß Schneider's [139] Aussage, der Temporalbestand sei nur auf die Person verliehen, vervollständigt werden. Nur ausnahmsweise und durch Gadenentscheidung war in einem solchen Fall die Aufkündigung des Verhältnisses möglich. Dies belegt das Beispiel der Aufkündigung des Bestandes durch die Witwe von Balthasar Cron. Nachdem Balthasar Cron verstarb, versuchte seine Witwe die Mühle für die noch verbleibenden zwei Bestandsjahre weiterzuführen. Da sie sich jedoch sehr bald überfordert fühlte, reichte sie bei der Rentkammer eine Bittschrift ein, in der sie ausführte, sie wolle vom Bestand loskommen, da sie nicht der Mühle „wie eine Mannsperson vorstehen könne"[140]. Erst nachdem sich die Rentkammer genauestens nach den Pachtbedingungen erkundigt hatte und festgestellt hatte, zum einen, wie wirtschaftlich bedeutend die Mühle war und welche Kapazität die Mühle hatte und zum anderen, daß die Pachtzeit nur noch zwei Jahre dauert, gab sie ihr Einverständnis; allerdings

[136] LA Sp. B 2, Nr. 5323.
[137] LA Sp. B 2, Nr. 5323.
[138] KSchA Zw. Rep. IV, Nr. 1229.
[139] *Schneider*, Hornbacher Mühlen.
[140] LA Sp. B 2, Nr. 5324.

mit der Maßgabe, daß, wenn die Pacht bei der Versteigerung unter den jetzigen falle, die Witwe oder die Miterben den „Abmangel nachzutragen verbunden wären"[141]. Die Bittschrift der Witwe, auf den Differenzbetrag zu verzichten, da ihr die geringere Pacht nicht zur Last gelegt werden könne sowie auch die Vorstellung des Oberkeller Böttger, die Witwe könne die Mühle nicht ohne Ruin weiterführen, halfen nicht[142]. Die Rentkammer beschloß, daß es beim Reskript verbleibe. Glücklicherweise wurde die Mühle bei der Versteigerung um ein Malter mehr als die bisherige Pacht zugeschlagen, sodaß damit die Witwe aus dem Bestand ausschied.

Ein Ausscheiden war im Herzogtum in Anlehnung an die allgemeine juristische Literatur auch grundsätzlich durch unsachgemäßes Verhalten möglich. Es konnte sowohl dem Bestandsvergeber als auch dem Beständer vorgeworfen werden. Unsachgemäß war ein Verhalten, wenn es den Regeln des Bestandsbriefes widersprach. Jedoch verstand man darunter nicht jeden Widerspruch, sondern nur ein Verhalten, das eine gravierende Diskrepanz zum Bestandsbrief darstellt.

Unter diesen außerordentlichen Beendigungsgrund ist auch der Fall des Henrich Weber von Hornbach zu rechnen[143]. Er zahlte seit längerer Zeit überhaupt keine Pacht mehr für seine Mahl- und für seine Öhlmühle zu Hornbach[144]. Deshalb wurde eine Versteigerung anberaumt und Weber aus seinem Bestand entlassen.

Das Feststellen eines solchen Pflichtverstoßes war schwierig und verlangte eine genaue Untersuchung. So wurden dem Beständer der Zweibrücker Stadt- und Schloßmühle Henrich Jacob Becker eine Vielzahl von Betrügereien vorgeworfen[145]; der Stadtrat mußte all diesen Vorwürfen nachgehen und die betreffenden Parteien vernehmen. Hierbei stellte sich heraus, daß der Müller den größten Teil der fehlenden Frucht ersetzt hatte und weiter, daß die Mahlgäste ihr Mehl und ihre Frucht nicht in der Mehlwaage hatten wiegen lassen, sodaß es an Beweismittel fehlte. Es stand jedoch fest, daß der Müller unberechtigterweise den Fuhrlohn berechnet hatte. Damit habe er aber, so die Regierung „nur etwas die Ordnung überschritten"[146]. Ihm wurde befohlen, er solle sich in Zukunft an die Regelungen seines Bestandsbriefes halten, ansonsten würde der Bestand aufgehoben.

[141] LA Sp. B 2, Nr. 5324.
[142] LA Sp. B 2, Nr. 5324.
[143] LA Sp. B 2, Nr. 1117.
[144] Zudem konnte er auch die Zinsen für das aufgenommene Darlehen zur Errichtung der Öhlmühle bei der Rentkammer nicht mehr tilgen.
[145] LA Sp. B 2, Nr. 2688.
[146] LA Sp. B 2, Nr. 2688.

Ein unsachgemäßes Verhalten wurde aber auch der Herrschaft vorgeworfen; infolgedessen wurde von den Bständern beantragt, den Bestand aufzuheben. So wollte 1761 Balthasar Cron, der Erbbeständer der Hornbacher Klostermühle, daß „hochfürstliche Durchlaucht sich gnädigst geneigt finden wollten gegen zu Rückzahlung des Erbkaufschillings und Ersezung meiner gehabten Baukosten, nach deren vorgegangen pflichtmäßigen Aestimation, woran doch allemahl noch 1000 Gulden schwinden laßen will, die Hornbacher Closter Mühl gnedigst an und mir ab zu nehmen“[147]. Er sah sich von der Herrschaft nicht genügend bei seinem Erbbestand „manuteniert“[148], da der Bann, der ihm im Brief zugesagt worden war, ständig vor Gericht durchgesetzt werden mußte. Auch schon am 2. November 1751 machte er eine ähnliche Eingabe: „Dabey aber hochfürstliche geistliche Güterverwaltung mich niemahlen in das Exercitum der verkaufften Bannalität immittiret [...]. Und weilen die Bannalität dieser beiden Dörfer das Hauptstück bey der verkauften Mühle mit ist, die übrige wenige Unterthanen aber nichts importieren und wofern ich dieses gewußt hätte, die Mühle nimmermehr angenommen, vielweniger 6000 Gulden nebst 40 Molter Frucht und 24 Gulden 8 Reichsthaler pro Canone stipuliert haben würde, so viel im Fall dieser Bannalität mir nicht geliefert wird, bey solchen notablen Defect den ganzen Erbbestand hierdurch aufgekündigt und mir alle Meliorations und andere Kosten referiert haben“[149]. Insgesamt muß aber festgehalten werden, daß solche Verfahren infolge eines unsachgemäßen Verhaltens nur sehr selten vorkommen; im allgemeinen wurde nicht mit der Bestandsbeendigung gedroht und auch die Untersuchung bezüglich der Unterschleife von Henrich Jacob Becker hatte einen anderen Hintergrund[150].

Auch konnte ein Bestand aufgehoben werden, wenn dies „zum Wohle der Bevölkerung“ notwendig wurde. Dieser Grundsatz galt zwar im Herzogtum, obwohl dies in der juristischen Literatur nicht unbestritten war. Im Verlauf des 18. Jahrhunderts wurde diese Möglichkeit von einigen Autoren verstärkt betont, da sich die Privilegien häufig als Hindernis für die weitere wirtschaftliche Entwicklung darstellten. Tatsächlich hat sich im Herzogtum aber die mit der Unbestimmtheit des Begriffs verbundene Gefahr einer ungebührenden Anwendung nicht realisiert. So wurde zwar in dem schon oben geschilderten Fall des Henrich Jacob Becker von der Rentkammer versucht, „in favoram publici“ den Bestand aufzuheben[151]. Dies geschah, nachdem die Bäckerzunft gebeten hatte, diesen

[147]KSchA Zw. Rep. IV, Nr. 1674.
[148]KSchA Zw. Rep. IV, Nr. 1674.
[149]LA Sp. B 2, Nr. 1116/2.
[150]LA Sp. B 2, Nr. 2688.
[151]LA Sp. B 2, Nr. 2688.

Müller aus dem Bestand zu entlassen und an seine Stelle Lorentz Cron zu setzen. Er erlaube ihnen, bei anderen Müllern mahlen zu lassen bei gleichbleibender Pacht; nur so könnten alle Gäste befördert werden. Der Müller wollte jedoch auf mündliches Anfragen der Rentkammer den Bestand weder „continuieren" zu den neuen Bedingungen „noch quittiren" und verwies nur darauf, daß er den Bestand unter den Bedingungen „sub publica auctoritate" ersteigert hätte[152]. Erst daraufhin berichtet die Rentkammer der Regierung, daß das Publikum zu stark daran interessiert sei, als daß man „schlechterdings bei der Regel bleiben" könne, deshalb erwachse „ex hoc Capite" eine starke Befugnis, den Bestand aufzuheben[153]. Die Regierung lehnt jedoch diesen Grund ab; der Nutzen sei zwar unverkennbar, aber der Müller sei bei einem solchen Vorgehen berechtigt, Schadensersatz zu verlangen; vielmehr müsse der Müller von „rechtswegen verdrängt werden, indem man ihm Unterschleife wider den Bestand nachweise". Hiernach werden alle Schriften, die bei der Herrschaft eingegangen waren und eine Beschwerde gegen den Müller enthielten, gesucht und das Verfahren, wie oben geschildert, wieder aufgerollt. Demnach war nicht das unsachgemäße Verhalten für die Untersuchung ausschlaggebend, sondern das Angebot von Cron.

In diesem Fall zeigt sich eine deutliche Parallele zu einem bei Willoweit[154] beschriebenen Sachverhalt. Er schreibt, daß sich die friderizianische Regierung in einem Fall, bei dem ein Widerruf eines vertraglichen Privilegs wegen Beeinträchtigung des öffentlichen Wohls in Frage stand, sich „dieses Argumentes, obwohl schon naheliegend, noch nicht (bediente), sondern (sie) berief sich lieber auf die Vertragsverletzung des Privilegierten"[155]. Hierin zeigt sich bei beiden Landesherrn ihre noch verhaltene Reaktion auf die wirtschaftlichen Neuerungen; man respektierte die altbewährte Regelung, welche die auf gegenseitiger Vereinbarung beruhende Privilegienerteilung darstellte; deshalb wollte man auch den althergebrachten und dieser vereinbarten Regelung innewohnenden Beendigungsgrund, nämlich der schwerwiegenden Bestands- beziehungsweise Vertragsverletzung, heranziehen und so doch noch der wirtschaftlichen Veränderung aufgeschlossen gegenüberstehen. Daß dieser Spagat zunehmend mißglückte, wurde bereits dargestellt.

Einen weiteren besonderen Beendigungsgrund konnten auch veränderte Umstände darstellen. So wollte Henrich Becker von seinem Bestand losgesprochen werden, da sich der Mehlhandel in der Stadt stark aus-

[152] LA Sp. B 2, Nr. 2688.
[153] LA Sp. B 2, Nr. 2688.
[154] *Willoweit*, Gewerbeprivileg und „natürliche" Gewerbefreiheit.
[155] *Willoweit*, Gewerbeprivileg und „natürliche" Gewerbefreiheit, S. 105.

geweitet hätte und „bei jedem Contract die Klauseln rebus hic stantibus subintellegiret werden“[156]. Die auf Befehl der Rentkammer angeordnete Untersuchung des Oberamtes ergab, daß der Handel ausgeweitet wurde, damit die Bevölkerung keinen Mangel leide. Die Rentkammer ließ es darauf beruhen, versicherte dem Müller aber, daß auf Übertritte strengstens geachtet werden würde.

Es sei zu diesen Beendigungsgründen nochmals angemerkt, daß sie nur Ausnahmen darstellten.

[156] LA Sp. B 2, Nr. 5314.

Kapitel 7

Mühlenbriefe als hoheitliche Rechtsgestaltung zwischen Privileg und Vertrag

Nachdem in den beiden vorangegangenen Kapiteln Form und Inhalt der Mühlenbriefe sowie die durch sie etablierten Rechtspositionen dargestellt wurden, folgt in diesem Kapitel ihre rechtliche Qualifikation[1].

7.1 Mühlenbriefe als Privileg oder Vertrag

7.1.1 Formen der Einzelfallregelungen

Neben den gerichtlichen Entscheidungen sind im 18. Jahrhundert Privilegien und Verträge Formen der Einzelfallregelungen. Solche Einzelfallregelungen nahmen im Rechtsleben der vorkonstitutionellen Zeit eine zentrale Rolle ein[2].

Die nachfolgende Untersuchung über den Privilegien- und Vertragscharakter der Mühlenbriefe scheint befremdlich, wenn man Privilegien als einseitige hoheitliche Einzelfallregelungen versteht und sie in einen Gegensatz zu dem auf gegenseitige Rechte und Pflichten angelegten Rechtsakt, einem Vertrag, stellt. Legt man jedoch den für diese Arbeit gewählten Privilegienbegriff[3] zugrunde, wonach das Privileg als Rechtsaussage eines Herrschaftsträgers in Urkundenform zu begreifen ist, so erscheint Privileg und Vertrag nicht mehr notwendig gegensätzlich. Bestätigt wird dies von der Privilegienlehre des 18. Jahrhunderts. So waren den privilegia conventionalia Vertragselemente immanent; eine solche Privilegierung wurde vom Privilegierten bezahlt. Die Obrigkeit war dadurch gebunden; sie konnte diese Privilegierung nicht willkürlich wieder ändern

[1] Zwar sind unter Mühlenbriefen die bereits behandelten verschiedenen Arten von Urkunden zu verstehen; da aber den Scheinen lediglich eine ergänzende Funktion zukam, kann man sich bei der Einordnung auf die Bestandsbriefe konzentrieren.

[2] *H. K. Schulze*, Dominium (öffentl.-rechtl.), Sp. 167.

[3] Kapitel 2.2.1.2.2.

oder aufheben[4]. Es galt der Grundsatz: „privilegia conventionalia in concedentis arbitrio non sunt; quoaniam in naturam contractus transierunt"[5].

Eine scharfe Abgrenzung zwischen den Formen der Einzelfallregelungen ist also im 18. Jahrhundert nicht möglich; vielmehr ist auch von Zwischenformen auszugehen.

7.1.2 Mühlenbrief als Privileg?

Es konnte bereits festgestellt werden, daß der in dem Bestandsbrief geregelte Bann durch Privilegierung vergeben wurde. Dies rechtfertigt allerdings noch nicht die Annahme, daß die Erteilung der Briefe grundsätzlich als Privilegierung zu sehen ist; die Bannmühlen stellten nämlich in Anbetracht der Gesamtzahl der Mühlen nur einen relativ geringen Teil dar.

Damit stellt sich die Frage, ob auch in den Bestandsbriefen der Mühlen, die keine Bannmühlen waren, Privilegien enthalten waren; ob also mit anderen Worten die Privilegienvergabe ein wesentliches Charakteristikum der Briefe war. Möglicherweise wurde der Wasserfall, der, wie bereits untersucht wurde, in jedem Brief als Regelungselement implizit enthalten war, durch Privilegien vergeben.

Grundsätzlich wurde das Mühlenregal durch landesherrliche Konzession verliehen. Vornehmlich beurteilt sich der Erwerb und der Verlust der Gerechtigkeit, d.h. das Recht, das ein Privatmann als Regalbeliehener erwerben kann[6], nach der Theorie der Privilegien[7]; aber auch durch Belehnung konnte die Konzession erteilt werden[8]. Die Gerechtigkeit aus dem Regal bezieht sich nicht auf die Substanz des Regals, sondern bloß auf dessen Ausübung; dieses Ausübungsrecht stellt ein selbständiges, wohlerworbenes Recht dar[9].

Zwar ist in den mühlenrechtlichen Bestandsbriefen des Herzogtums Pfalz-Zweibrücken das Wort „Privileg" nicht erwähnt. Gleichwohl wird aber ausdrücklich darauf hingewiesen, daß dem betreffenden Müller erlaubt ist, eine Mühle zu erbauen oder zu betreiben. So heißt es in dem Erbbestandsbrief der neuen Mahlmühle zu Roßbach: „[...] Johannes Schwambacher von Roßbach eine Mahlmühle unten am bemelten Dorf

[4] *de Rohr,* Hauß=Haltungs=Recht, S. 668, 669.
[5] *Höpfner,* Die Heineccischen Institutionen, § 50.
[6] *Maurenbrecher,* Lehrbuch Privatrecht, S. 582.
[7] *Mittermaier,* Gemeines deutsches Privatrecht, S. 486.
[8] *de Rohr,* Hauß=Haltungs=Recht, S. 668.
[9] *Maurenbrecher,* Lehrbuch Privatrecht, S. 583.

auf Zweibrücker Grund und Boden allwo zuvor keine gestanden, aufzubauen und erblich zu besizen, Herrschaftswegen erlaubt [...]"[10]. Diese Erlaubnis wird auch mit Konzession gleichgesetzt. Dies geht aus einigen Quellenstücken hervor. So erklärte die Rentkammer auf das Gesuch der Bannmüller, den Bann auch auf außerhalb gekaufte Früchte auszuweiten: „Sothane Intention in den Inhalt der Concessionen nicht gegründet ist, alß welche schwerlich weiter alß auf die Früchten so innerhalb dem Banndistrict zur Mühlen gefaßt werden, zu deuten stehen"[11]. Mit dem Begriff „Concessionen" wurden in diesem Kontext also die Bestandsbriefe bezeichnet, die die Erlaubnis zum Bau und Besitz der Mühle regelten. An anderer Stelle geht die synonyme Verwendung noch deutlicher hervor; die Rentkammer weist in besagter Quelle auf folgendes hin: „Ist heutiges Tages das Mühlenrecht und zwar hauptsächlich in hiesigem Fürstentums und Landes wohl ein unwidersprechliches Regali und kommt überhaupt dahero Mühlen anzulegen [...] keinem zu, alß denen solches von den Landesherrn concediret und auf gewiße vorgeschriebene Art vergönnet wird, [...]"[12]. Mit „concediren" wird also auf die Erlaubniserteilung in den Briefen hingewiesen. „Concedirt" kann dann aber, wie der Vergleich dieser Textstelle mit den Bestandsbriefen ergibt, nichts mehr und nichts anderes beinhalten, als was mit dem Begriff „erlauben" auch ausgedrückt wird. Die Rentkammer nimmt auch ausdrücklich zur Vergabe des Wasserfalls durch Privilegierung Stellung; sie führt in einem Streit mit der geistlichen Güterverwaltung über deren Rechte in Ansehung des Wasserfalls und des Bannes aus, „quod ius molendinas erigendi, fit Regali et fide hoc Privato cuidam aliquid conceditur, fit Privilegium"[13]. Die Konzessionerteilung geschieht also durch Privilegierung. Letztlich handelt es sich also bei den konzedierten Privilegien um die Erlaubniserteilungen in den Briefen.

Die einheitliche Privilegierung und Begründung von Leiheverhältnissen im Mühlenbrief war im Mühlenwesen nicht ungewöhnlich. Schon Weiske[14] führte aus, daß „Mühle und Wassernutzung als untrennbare Dinge [...] gelten. Gutsherren und städtische Obrigkeiten konnten freilich nicht an sich darauf fußen; hier aber half das Lehenrecht nach, wornach Regalitätsrechte aller Art als abgeleitete Rechte mit dem dominum utile des Lehens zugleich in Anspruch genommen wurden".

Die Privilegien sind direkt aus den Briefen ersichtlich. Explizit dokumen-

[10] KSchA Zw. Rep. II, Nr. 323.
[11] LA Sp. B 2, Nr. 292/4.
[12] LA Sp. B 2, Nr. 294/5.
[13] LA Sp. B 2, Nr. 1116/4.
[14] *Weiske et al.*, Rechtslexikon, S. 242.

tiert wurde dies in den Erbbestandsbriefen nur dann, wenn eine Mühle vom Müller neu errichtet werden sollte[15]. Ansonsten fand eine solche Privilegserteilung nur mittelbar Ausdruck. In den Aktenstücken wird immer wieder erwähnt, daß die Pacht für den Wasserfall gezahlt wird. So berichtet der Schultheiß zu Hornbach vom 6. Oktober 1789 in Betreff des Gipsmahlen: „[...] Jacob Neuerlich [...] zahlt jährlich 1 Gulden 30 Kreutzer vor den Wasserfall"[16]; in dem Oberamtsbericht von Zweibrücken wird auch in Betreff des Gipsmahlens auf den Wasserfall eingegangen: Eine besondere Abgabe der Müller wegen des Gipsmahlens sei deshalb schon nicht gegründet, da „sie bereits für das im Erbbestand verliehene Wasser einen Pacht entrichten"[17]; und auch im Mühlenprotokoll des Oberamtes Zweibrücken von 1744, daß „die Ranspacher Flüßgen Mühle [...]" an das Kloster Hornbach „für den Wasserfall 6 Gulden Erbzins" zahlt[18]. Diese Beispiele belegen, daß die Pacht in den Erbbestandsbriefen nicht nur für das Erbleiheverhältnis in Ansehung der Mühle, des Grund und Bodens sowie eventuell wegen des übertragenen Bannrechts entrichtet wurde, sondern daß sie auch für die Privilegsvergabe in Bezug auf den Wasserfall gezahlt wurde; tatsächlich machte sich dies dann in der Höhe des Zinses bemerkbar. Damit war diese Privileg, ebenso wie die Privilegierung in Bezug auf den Bann, kein Gnadenerweis, sondern es wurden privilegia conventionalia vergeben. Aus den Quellen wird somit ersichtlich, daß bei dieser Privilegienerteilung sowohl auf eine besondere Urkunde, als auch auf die ausdrückliche, wörtliche Hervorhebung im Brief verzichtet wurde. Dadurch wird aber nicht die Bedeutung der Regelung über den Wasserfall in den Bestandsbriefen beeinträchtigt; neben der Leihe und dem Bann stellt dieses Recht ebenfalls eine Essentiale der Briefe dar. Die Verbindung von Privilegien und Leihe bildet eine eigentümliche Konstruktion. Diese Sonderform des Leiheverhältnisses, das die bäuerliche Leihe zum Vorbild hatte, aber auch ganz bestimmte gewerbliche Belange regelte, wird von Dubler[19] und Bader[20] auch als sogenannte „Mühlleihe" bezeichnet.

Solche Priviligierungen gab es in großer Zahl. Deshalb muß hier Lillig[21] aktualisiert werden, der sich bei seiner Suche nach Privilegien vornehmlich auf enge formale Kennzeichen zu stützen scheint und erklärt: „Die eingesehenen Archivalien lassen nicht erkennen, daß im Herzogtum

[15]Dazu Bestandsbrief der Bickenaspacher Mühle, KSchA Zw. Rep. IV, Nr. 265.
[16]LA Sp. B 2, Nr. 5315.
[17]LA Sp. B 2, Nr. 5315.
[18]LA Sp. B 2, Nr. 295/5.
[19]*Dubler*, Müller und Mühlen, S. 20.
[20]*Bader*, Dorf und Dorfgemeinde, S. 36 ff.
[21]*Lillig*, Rechtsetzung, S. 146.

Pfalz-Zweibrücken echte Privilegien in größerem Umfang erteilt wurden".

Insoweit wird nun auch verständlich, daß auch einem Müller, der Eigentümer sowohl des Grund und Bodens, als auch der Mühle ist, ein Erbbestandsbrief ausgestellt wird; er muß den Pacht für den Wasserfall zahlen und sich im übrigen genauso ordnungsgemäß wie die anderen Erbbeständer verhalten. Ebenso erhellt vor diesem Erkenntnishintergrund, warum die Herrschaft oder ein Kloster den Wasserfall für eine Mühle einziehen konnte, obwohl diese Mühle auf fremdem Territorium lag. So war dem Kloster Hornbach vorbehalten, den Wasserfall in Höhe von 16 Gulden und vier Münzen von der Mühle zu Böckweiler zu ziehen, obgleich sie auf lothringischem Territorium lag[22]. Hier hatte das Kloster das Recht an dem Wasser, nur hierauf kam es für den Wasserfall (so wurde auch die Pacht für die Wasservergabe genannt) an.

7.1.3 Mühlenbrief als Vertrag?

7.1.3.1 Vertragselemente

Um eine mögliche Vertragsnatur der Bestandsbriefe zu bestimmen, ist es erforderlich, zunächst die Regelungsgegenstände zu betrachten. Der Bestandsvergeber, meist war es die Herrschaft, vergab in den Briefen das Wasserrecht (den Wasserfall) sowie u.U. den Bann und begründete ein Leiheverhältnis. Der Beständer entrichtete dafür die Pacht. Naheliegend ist dies als zwei einander entsprechende, auf Leistung und Gegenleistung gerichtete Willenserklärungen[23], als einen Vertrag zu sehen. Jedoch muß die Festlegung einer Gegenleistung nicht zwingend für das Vorliegen eines Vertrages sprechen[24]. Auch weil der Wasserfall ein Recht der Obrigkeit darstellt und das Bannrecht ebenfalls der Herrschaft zustand, wäre es möglich, dies als einseitige hoheitliche Entscheidung zu beurteilen, für die lediglich eine Art Gebühr zu zahlen wäre. Aus der Literatur wird zwar erkennbar, daß beim Lehen von einem sogenannten Lehensvertrag gesprochen wurde, in dem die Verbindlichkeiten der Vertragspartner geregelt wurden[25]. Dies ist jedoch hier wenig hilfreich; beim bäuerlichen Leihebrief wurde differenziert. So wurde eine Urkunde über die Einräumung des Leiherechts vom Leihegeber vielfach als Antwort

[22] KSchA Zw. Rep. IV, Nr. 407.
[23] *Danz*, Deutsches Privatrecht, Bd. 2, § 184 S. 150 ff.
[24] *de Rohr*, Hauß=Haltungs=Recht, S. 668, 669.
[25] *Spieß*, Lehnsvertrag, Sp. 1749, 1750.

auf eine entsprechende Bitte des Leihemannes gewertet[26]; dies zielt mehr auf eine einseitige Begebung. Darüberhinaus wurden vom Leihemann auch Empfangsrevers unterzeichnet; unklar ist jedoch, bei welchen Leihen die Ausstellung eines Briefes zur Begründung des Leiheverhältnisses genügte[27], beziehungsweise wann der unterzeichnete Revers notwendig war. Der letztere Fall würde aufgrund der größeren Gestaltungsmöglichkeit des Beliehenen mehr auf eine Vertragsgestaltung hindeuten.

Schon in den Quellen wird in direkter Weise auf die vertraglichen Elemente hingewiesen. So enthält die Bittschrift der Witwe von Cron auf Auflösung des Bestandes die Formulierung: sie wolle „von dem Pachtcontract" loskommen[28]; in dem Bestandsbrief über die Hornbacher Mühle von Gottfried Gopfing[29] heißt es: „2) Ist weiter mit ihme Beständer verglichen, [...]". In dem Konzept des Bestandsbriefes über die Stadt- und Schloßmühle zu Zweibrücken vom 11. März 1765 wird von einem mit dem Müller getroffenen „Accord"[30] gesprochen. Sogar direkt wird der Bestand als Vertrag bezeichnet in einem Schreiben der Regierung an die Rentkammer am 23. Oktober 1762, nachdem feststand, daß der bisherige Müller nicht aus dem Bestand treten wollte und auch nicht die von dem an der Mühle interessierten Müller vorgeschlagenen Bedingungen übernehmen wollte. Es wird formuliert: Der Müller könne „anders nicht als von Rechtswegen verdrängt werden, indem man ihm Unterschleife wider seinen Vertrag nachweist"[31].

Jedoch ist grundsätzlich bei den damaligen verwendeten Ausdrücken Vorsicht geboten und es sind, falls vorhanden, zusätzliche Indizien heranzuziehen.

Aus dem Aktenmaterial wird auch deutlich, daß dem Müller eine Reihe von Mitwirkungsrechten und Mitbestimmungsrechten zustanden, die auf das Vorliegen von übereinstimmenden Willenserklärungen der Herrschaft und des Müllers hindeuten. Dies ist vor allem deshalb ein starkes Indiz für das Vorhandensein von Vertragselementen, da diese Rechte der Müller zu den Gestaltungsrechten der Herrschaft in einem direkten Gegenseitigkeitsverhältnis standen und daher nicht nur als Nebenbestimmungen eines Herrschaftsaktes zu qualifizieren sind.

In formaler Hinsicht wird dies deutlich durch die Notwendigkeit der beiderseitigen Unterzeichnung des Bestandsbriefes. So mußte der Brief

---

[26] *Ogris*, Leihebrief, Sp. 1825, 1826.
[27] *Ogris*, Leihebrief, Sp. 1825, 1826.
[28] LA Sp. B 2, Nr. 5324.
[29] KSchA Zw. Rep. II, Nr. 323.
[30] LA Sp. B 2, Nr. 5323.
[31] LA Sp. B 2, Nr. 2688.

von der Rentkammer beziehungsweise geistlichen Güterverwaltung signiert werden und der Revers vom Müller unterschrieben werden. Die Rentkammer wies an, „das signierte Exemplar dem Beständer zuzustellen, den Revers aber von demselben [...] unterschreiben zu lassen“[32]. Die Notwendigkeit einer solchen Mitwirkung im Hinblick auf die Wirksamkeit zeigt auch das folgende, bereits oben geschilderte Beispiel: Als der Müller von Annweiler, der den Revers nicht unterzeichnen wollte, weil er die Mühle nicht beleihen durfte, sich in Zweibrücken befand, wurde von herrschaftlicher Seite, die sich nicht auf eine Abänderung verstehen wollte, auf ihn eingewirkt und er wurde nicht eher aus Zweibrücken entlassen, bis er den Revers unterschrieben hatte und der Brief somit wirksam wurde[33]. Demnach konnte erst durch den unterzeichneten Revers der Bestand begründet werden.

Der Müller konnte auch direkt erfolgreich auf die inhaltliche Gestaltung des Briefes und damit auch auf die inhaltliche Gestaltung des Bestandes einwirken. So weigerte sich der Hornbacher Müller nicht nur den Bestandsbrief in der von der Rentkammer abgefaßten Form anzunehmen, sondern er drängte auf Abänderung des Briefes und machte hierzu Vorschläge. Schließlich willigte die Rentkammer ein; sie fügte die von dem Müller gewünschte Auflistung der gebannten Dörfer und Höfe in den Brief ein[34].

Letztendlich stützt auch die Anspruchnahme von Gewährleistungsrechten die Vermutung. In den Akten sind eine Fülle von solchen Beispielen zu finden; einige Fälle sollen dies veranschaulichen. So verlangt zum Beispiel der Müller Cron von der Zweibrücker Stadt- und Schloßmühle am 12. Oktober 1769, daß die Herrschaft ihn „bei seinem Bestand“ besser „manutenieren“ sollte, da die im Bestandsbrief zugesicherten Mahlgäste in andern Mühlen mahlen ließen[35]. Einen Hinweis auf die gegenseitigen Gewährleistungsrechte geben auch die Verhandlungen des Zweibrücker Stadt- und Schloßmüllers Joseph Hautter mit der Herrschaft wegen des Setzens eines Wehres, das ihm im Bestandsbrief zugesagt worden war. Die Rentkammer führt dazu aus, daß das neue Wehr nichts nützen würde und auch zu teuer sei; der Müller will nur dann davon absehen, wenn er andere bauliche Verbesserungen von der Herrschaft bekomme oder diese ihm Entschädigung leiste. Schließlich einigt man sich im Hinblick auf die baulichen Verbesserungen[36]. In einem Schreiben des Müllers Cron von

[32] LA Sp. B 2, Nr. 5324.
[33] *Müller*, Pfälzische Mühlen, S. 28.
[34] KSchA Zw. Rep. IV, Nr. 1674.
[35] LA Sp. B 2, Nr. 5323.
[36] LA Sp. B 2, Nr. 5324.

Hornbach 1751 zur geistlichen Güterverwaltung werden die Gewährleistungsrechte direkt benannt. Da die Verwaltung sich auf „die angesuchten Gewehrleistung nicht verstehen könne, ehe und bevor etwas durch Urteil und Recht gesprochen worden"[37], führt Cron aus: „Alldieweilen aber ein jeder Verkäuffer schuldig ist, die verkauffte Sache an die Käufer zu übergeben und possessionen vacuam zu überliefern, widrigenfalls der Käufer ein jus retentionis auf den Kaufschilling, solange zusteht, biß die verkauffte Sache eingehändiget worden; dabey aber hochfürstliche geistliche Güterverwaltung mich niemahlen in das Exercitum der verkaufften Bannalität immittiret, sondern den Unterthanen gleich ab initio als ich die Bannalität nur excercieren wollen, sich dagegen gesetzt. So viel hierdurch nochmahlen ab Betreibung dieses Processus unterthänigst gebeten, widrigenfalls aber declarirt haben, daß künftighin nicht nur die Pacht retinieren, sondern alle meine gehabte Kosten und Schäden praetendiren werde"[38]. Auch in einem Schreiben, das er zehn Jahre später, 1761 verfaßt, verweist er auf die Gewährleistungsrechte: „Wie es aber nicht genug, daß ehemalige geistliche Güterverwaltung eine große Bannalitaet nur zu Papier gesetzt und durch diesen versprochenen ansehnlichen Mühlenbann effectuiert, daß mich zu einem hohem Erkauffsschilling und recht beträchtlichen jährlichen Erbpacht verstanden, sondern ein jeder Verkäufer oder Verleiher de iure schuldig und verbunden ist, daß er das dem Käufer oder einem Erbbeständer begeben, behörig liefere und ihn darin immittire"[39].

Nach den geschilderten Ausführungen ist der Bestand als ein Vertragsverhältnis zu werten. Die Tatsache, daß in den Briefen auch Privilegien enthalten waren, ändert daran nichts. Solche Privilegien konnten nicht nur als Gnadenerweise, sondern durchaus auch entgeltlich vergeben werden, so die zeitgenössische Literatur[40]. Die direkte Einbindung des Privilegs in einen Vertrag mit Rechten und Pflichten war aber allgemein (d.h. außerhalb des Mühlenrechtes) eher selten, wenngleich Willoweit in seiner Untersuchung für das Gebiet Preußen schreibt: „Die Quellen zeigen ferner, daß wir uns die Privilegierung nicht selten als einen Rechtsakt vorzustellen haben, dem eine vertragliche oder – vielleicht häufiger – vertragsähnliche Abrede vorgegangen ist"[41]. Insoweit reiht sich die Situation im Herzogtum Pfalz-Zweibrücken in diese Beobachtung mit ein; sie stellt sogar eine stärkere Ausprägung dar. Diese feste Verbindung führt auch dazu, daß bei Vorliegen eines Beendigungsgrundes, beispielswei-

[37] LA Sp. B 2, Nr. 1116/2.
[38] LA Sp. B 2, Nr. 1116/2.
[39] KSchA Zw. Rep. IV, Nr. 1674.
[40] *de Rohr,* Hauß=Haltungs=Recht, S. 680, 681.
[41] *Willoweit,* Gewerbeprivileg und „natürliche" Gewerbefreiheit, S. 80.

se wegen Verletzung der Pflichten aus dem Leiheverhältnis, sich dieser auf den gesamten Bestand bezieht; die Rechte aus dem Privileg, die bei Erbbeständen entweder unwiderruflich oder bei Temporalbeständen befristet erteilt wurden, enden damit vorzeitig und werden also durch die vertragliche Einbindung relativiert.

Auch das in den Beispielen angedeutete Über- und Unterordnungsverhältnis, das sich zum Beispiel darin äußert, daß in einigen Gewährleistungsfällen die Pacht nicht sofort zurückbehalten, sondern erst um einen Pachtnachlaß gebeten wird, widerspricht nicht der Annahme einer Vertragsgestaltung. Ein solches subordinationsrechtliches Verhältnis konnte auch bei einem Vertrag vorliegen[42].

7.1.3.2 Differenzierung in privat- oder öffentlichrechtlichen Vertrag?

Eine Differenzierung der Bestandsbriefe, die sich an den Begriffen privat- und öffentlichrechtlich orientiert, ist für das 18. Jahrhundert besonders schwierig. Neben der für den heutigen Betrachter grundsätzlich schwierigen Erfassung der damaligen Unterscheidung von privatem und öffentlichem Recht, ist bei den Briefen eine besonders nahe Verbundenheit der Rechtsgebiete festzustellen. Die Briefe regeln nämlich Bereiche, die schon seit dem Mittelalter derart eng verschränkt sind, daß auch eine Grenzziehung für das 18. Jahrhundert nicht sinnvoll erscheint. Am prägnantesten zeigt sich dies bei der Regelung des Leiheverhältnisses. Das Leihewesen und das Lehenswesen haben sich aus dem privatrechtlichen Institut der Grundleihe heraus entwickelt. Das Lehenswesen wurde aber durch die Verwendung von öffentlichen Ämtern und Hoheitsrechten als Lehensobjekt zu einem wesentlichen Element der mittelalterlichen Verfassung. Diese Tendenz zeigt sich auch bei den Leiheverhältnissen, da mit ihnen auch Privilegien vergeben wurden; zudem hat sich, das Leiheverhältnis von dem rein dinglichen Charakter entfernt, die Beziehung zwischen Müller und Obrigkeit wurde zunehmend herausgestellt, zum Beispiel durch Schutzrechte und -pflichten.

Diese Vermischung von öffentlichem und privatem Recht zeigt sich jedoch nicht nur bei der Beurteilung des Leiheverhältnisses, sondern auch bei der rechtlichen Charakterisierung des Regals, welche die Lehre des 18. Jahrhunderts trifft. So wird von einem Großteil der Lehre zwar eindeutig das Recht, Mühlen anzulegen und zu erbauen, als zum Staatsrecht

[42] *H. K. Schulze*, Dominium (öffentl.-rechtl.), Sp. 162, 163.

gehörig interpretiert[43]. Der Privilegierte erhalte ein Recht gegen die Regierung, ihn bei der Ausübung des Regals zu erhalten und zu schützen; dagegen bleibe das Recht seiner Substanz nach bei der Obrigkeit und der Privilegierte sei an die Bedingungen der Konzession gebunden als auch den Hoheitsrechten des Regenten unterworfen[44]. Dies wird als das staatsrechliche Verhältnis beim Regal bezeichnet. Jedoch ist man sich ebenso einig, daß diese Rechte aus den Regalien auch Privatrechte sind[45]. So schreibt Maurenbrecher[46]: Die Regalien seien „von jeher Gegenstände des deutschen Privatrechtes, da sie in Folge derselben im Privatverkehre d.h. als Gerechtigkeiten[47] der Privaten erscheinen. Sie sind Privatrechte und nicht bloß Rechte der Regierungen". Das privatrechtliche Verhältnis besteht darin, daß durch die Privilegierung dem Müller ein gegen jeden Dritten wirkendes Recht begeben wurde. Auch werden zum Teil in den Briefen die Verhältnisse eines Mühlenberechtigten zu dritten Personen direkt bestimmt, zum Beispiel die Regelungen über die Art und Weise des Mahlens, die Regelungen, die die „Abschazung" betreffen. Deshalb wird gemeinhin eine Einordnung in die eine oder andere Rechtsgattung vermieden. Nur vereinzelt wird sie vorgenommen. So sieht Maurenbrecher, trotz des privatrechtlichen Aspekts, die besondere Natur der Rechte aus Regalien aber danach bestimmt, daß diese Rechte ihrem Fundament nach Rechte der Regierungen seien und die Einzelnen sie nur als Stellvertreter der betreffenden Staatsregierungen ausüben würden[48]. Daraus folge, daß das Staatsrecht die ausschließliche Entscheidungsquelle über den Umfang dieser Rechte sei, wogegen die Parteiwillkür von ihr gänzlich ausgeschlossen sei.

Auch wird eine völlige Zuordnung zum Privatrecht vereinzelt vertreten. Eine Auffassung, die von einigen Germanisten[49] vertreten wird, sieht die Regalien als Beschränkung des Eigentums. Sie betrachten nur die sogenannten Grundregalien. Dies sind Regalien, die im Zusammenhang mit dem Grund und Boden- oder aber direkt mit dem Grund und Boden vergeben werden. Als Grundregale gelten das Jagd-, Fisch-, Berg-, Salz-, Wasser-, Landstraßen- und Deichregal[50]; das Mühlenregal wird als

---

[43] *Westphal*, Privatrecht, S. 158; *Weiske et al.*, Rechtslexikon, S. 15.

[44] *Mittermaier*, Gemeines deutsches Privatrecht, S. 487; *Maurenbrecher*, Lehrbuch Privatrecht, S. 585, 586.

[45] *Weiske et al.*, Rechtslexikon, S. 243, *Anonymus*, Mühlennbannrecht, S. 124, 125.

[46] *Maurenbrecher*, Lehrbuch Privatrecht, S. 580, 581.

[47] Gerechtigkeit aus einem Regal bedeutet das Ausübungsrecht eines Privatmannes in Ansehung eines Regals, das meist durch Privilegien verliehen wurde, *Maurenbrecher*, Lehrbuch Privatrecht,S. 581 Fn. 3.

[48] *Maurenbrecher*, Lehrbuch Privatrecht, S. 584, 585.

[49] *Eichhorn*, Privatrecht, §§ 265 ff; *Mittermaier*, Gemeines deutsches Privatrecht S. 479–580.

[50] *Maurenbrecher*, Lehrbuch Privatrecht, S. 587.

eine Kategorie (neben dem Schiffahrts- und Brückenregal) des Wasserregals angesehen und ist somit als ein Grundregal zu verstehen[51]. Daneben werden einige Regale als sogenannte Gewerberegale klassifiziert; darunter sind das Post-, Münz-, Lotterie- und Branntweinregal zu zählen[52]. Die Vertreter dieser Meinung stellen damit die Gerechtigkeit aus den Regalien gegen den Eigentümer auf; dabei übersehen sie aber, daß solche auch von ihm, dem Grundeigentümer[53], erworben werden können[54]. Letztendlich liegt jedoch überhaupt keine Eigentumsbeeinträchtigung vor, da auch der Eigentümer eines Grund und Bodens niemals Inhaber des Regals aus seinem Eigentumsrecht sein kann. Auch Maurenbrecher[55] widerspricht der Einordnung der, wie er sie nennt, „neuen Systematiker". Er fügt weiter hinzu: „Vollends treten die Gerechtigkeiten als Institute des Sachenrechtes nicht, wie sich's gehört, hervor, wenn man sie mit den durch die Souverainität bewirkten Beschränkungen des Eigenthums durcheinanderwirft, wie dies die neuesten Systematiker thun. Dies thun schon ihre Überschriften [...]". Als Beispiel dazu führt er die Überschrift bei Eichhorn an: „Beschränkungen des Eigenthums durch Rechte der höchsten Gewalt", worunter dieser alle Souveränitätsrechte und Regalien versteht. Auch Mittermaier wird zitiert: „Von den Beschränkungen, welche durch Regalität oder Oberaufsichtsrechte des Staates in Bezug auf Sachen begründet sind"; man findet darunter in §§ 237–240 das Mühlenrecht[56]. Von Gerber[57] wendet ebenfalls ein, daß zwischen dem eigentlichen Regal, das beim Staat als zugrundeliegendes Recht verblieben sei und den durch die Verleihung seitens des regalberechtigten Staates begründeten Vorrechten zu unterscheiden sei.

Vor diesem Hintergrund wird deutlich, daß eine genaue Gewichtung der verschiedenen rechtlichen Aspekte und damit eine präzise Einordnung nicht möglich ist; öffentlichrechtliche Punkte sind zwar unverkennbar, jedoch wird es von der Lehre auch unterlassen, das Mühlenregal als ein eindeutig dem öffentlich Recht zugehöriges Gewerberegal zu charakterisieren, sondern man ordnet es den in der rechtlichen Qualifikation umstrittenen Grundregalien zu. Auch eine grundsätzliche privatrechtliche Systematisierung erscheint fragwürdig wegen der Verflochtenheit von öffentlichem und privatem Recht.

---

[51] *Maurenbrecher,* Lehrbuch Privatrecht, S. 627.

[52] *Maurenbrecher,* Lehrbuch Privatrecht, S. 588.

[53] Auch dem Eigentümer wurde durch den Brief der Wasserfall begeben.

[54] Hierin liegt nach Maurenbrecher der wesentliche Unterschied zwischen den Gerechtigkeiten aus Regalien und den Servituten. Von letzterem heißt es: res propria neminiservit; dazu *R. Maurenbrecher,* Lehrbuch Privatrecht, S. 584.

[55] *Maurenbrecher,* Lehrbuch Privatrecht, S. 580, 581.

[56] Dazu weitere Hinweise bei *Maurenbrecher,* Lehrbuch Privatrecht, S. 580, 581.

[57] Carl Fiedrich von Gerber im Aufsatz *Wegener,* Regalien, Sp. 478.

Festzuhalten bleibt, daß in den Briefen öffentlichrechtliche wie privatrechtliche Regelungselemente enthalten waren.

7.1.4 Einordnung der Mühlenbriefe

In der vorhergehenden Untersuchung konnte festgestellt werden, daß die Bestandsbriefe Privilegien enthielten; es konnte weiterhin gezeigt werden, daß die Bestandsbriefe Vertragselemente aufwiesen. Diese Aussagen rechtfertigen aber nicht die Feststellung, daß der Bestandsbrief nur entweder als Privileg oder Vertrag aufzufassen sei. Beide Komponenten hingen eng miteinander zusammen und waren von zentraler Wichtigkeit für das Wesen der Briefe ohne daß von der Dominanz einer Komponente gesprochen werden konnte. So war den privilegia conventionalia – das Wasserrecht wurde im Herzogtum Pfalz-Zweibrücken durch ein privilegium conventionalium verliehen[58] – das Vertragselement immanent ohne daß sie ihren Charakter als Privileg verloren hätten[59]; gleichzeitig fungierten diese Privilegierungen als Elemente bei der Vertragsgestaltung der Briefe.

Man muß also Abstand davon nehmen, die Privilegien und die Vertragselemente in den Bestandsbriefen als Gegensatz zu begreifen. Gerade die Verbindung von Privilegierung und Vertragsgestaltung war das Charakteristikum der mühlenrechtlichen Bestandsbriefe im Herzogtum Pfalz-Zweibrücken. Hierin unterschieden sie sich von den Bestandsbriefen für Höfe. Diese regelten lediglich das Leiheverhältnis und waren nur als Vertrag ausgestaltet[60].

Die mühlenrechtlichen Bestandsbriefe im Herzogtum Pfalz-Zweibrücken waren also letztlich Zwischenformen in dem vielschichtigen Regelungsspektrum des 18. Jahrhunderts, in welchem Privileg und Vertrag nur Extrempunkte darstellen.

---

[58] KSchA Zw. Rep. II, Nr. 323.

[59] *F. M. Bachmann*, De iure imperantis, § 1; *Schaumburg*, Quae naturam privilegiorum, § 21.

[60] KSchA Zw. Rep. IV, Nr. 1228; LA Sp. B 2, Nr. 4467.

7.2 Mühlenbriefe als hoheitliche Rechtsgestaltung

7.2.1 Mühlenbriefe im Bereich der vorkonstitutionellen Gesetzgebung?

Da im vorangegangenen festgestellt werden konnte, daß die mühlenrechtliche Bestandsbriefe als Zwischenformen im Hinblick auf Vertrag und Privileg einzuordnen sind, kann nun nachfolgend untersucht werden, inwieweit sie Ausdruck der hoheitlichen Rechtsgestaltung in der vorkonstitutionellen Gesetzgebungsgeschichte des 18. Jahrhunderts im Herzogtum Pfalz-Zweibrücken waren.

Für den heutigen Betrachter scheint die Einordnung der Bestandsbriefe unter diesen Punkt in zweifacher Hinsicht verwunderlich. Zum einen wird sehr häufig mit den Bestandsbriefen lediglich ein Leihe- oder Pachtverhältnis verbunden, sodaß man versucht ist, das Verhältnis in den Bereich der Privatautonomie einzuordnen; zum anderen sind die Briefe nur für den jeweiligen Müller ausgestellt. Da dies dem heutigen, von der Rechtswissenschaft verwendeten Gesetzgebungsbegriff widerspricht, der von einer Schaffung abstrakter, normierter Regelungen für eine Vielzahl von Fällen ausgeht[61], wird der Zusammenhang mit der Gesetzgebungsgeschichte leicht übersehen.

Ein solches modernes, von der Gewaltenteilungslehre und dem Gleichheitspostulat des ausgehenden 19. Jahrhunderts geprägtes Verständnis kann aber bei der Einordnung der Briefe nicht zugrunde gelegt werden, sondern es sind die bereits dargestellten, von der neueren Gesetzgebungsgeschichtsforschung entwickelten Merkmale zur Konkretisierung von Gesetzen oder gesetzesähnlichen Regelungen heranzuziehen, da nur sie eine vollständige und präzise Erfassung der hoheitlichen Rechtsgestaltung unter dem Aspekt vorkonstitutioneller Gesetzgebung ermöglichen.

Ausschlaggebend für eine Einordnung der Bestandsbriefe als hoheitliche Rechtsgestaltung in der Zeit vorkonstitutioneller Gesetzgebung ist daher, ob die Briefe die von der Forschung bestimmten Merkmale: autoritative Setzung oder Darstellung von Recht, der allgemeine Charakter der Norm und die Urkundsfassung aufweisen können.

Demnach wäre zu klären, ob in den Bestandsbriefen eine autoritative Regelung zu sehen ist. Bei der Kennzeichnung von der Stelle der ge-

[61] *Krause*, Gesetzgebung, Sp. 1606

benden Institution wird in der Regel ein „irgendwie geartetes Überordnungsverhältnis des Normerlassers gegenüber der Gesamtheit der jeweils Rechtsbeteiligten vorausgesetzt"[62]. Diese übergeordnete Autorität erscheint für einen großen Teil der historischen Gesetzgebung im Hinblick auf das fürstliche Gebotsrecht und die absolutistische Gesetzgebung sowie auch für die Gesetzgebung in konstitutioneller Zeit geradezu typisch. Besonderes Augenmerk verdient dieser Punkt, da, wie oben bereits festgestellt, die Briefe Vertragselemente aufweisen. So erkennt Moser eine Anordnung, die zweiseitig ist, auf der Zustimmung der Betroffenen beruht und als deren freie vertragsartige Verwilligung zu werten ist, nicht dem Bereich der Gesetzgebung zu[63]. Insbesondere die Steuererhebung war, nach Moser, durch diese Zweiseitigkeit charakterisiert und unterschied sich deshalb sowohl „qualitativ wie juristisch" von der Gesetzgebung. Auch Pütter vertritt, ähnlich wie Moser, einen hoheitlich geprägten Gesetzesbegriff. Deutlich wird dies dadurch, daß er die Steuergewalt selbständig neben die potestas legislatoria stellt[64]. Diese Unterscheidung der zweiseitigen Anordnungen von den Gesetzen findet sich in der Reichsstaatsrechtlehre, unter anderem bei Scheidemantel[65], Häberlin[66] und Gönner[67] immer wieder.

Obwohl der vertragliche Charakter der Briefe somit der zeitgenössischen Beurteilung als Gesetz widerspricht, steht dies einer möglichen rechtsgestaltenden Funktion der Briefe nicht entgegen. Schon in der oben angesprochenen Literatur wird hervorgehoben, daß neben der potestas legislatoria eine weitere Rechtssetzungsgewalt vorhanden ist, deren Akte durch das Merkmal des Konsenses der Beteiligten geprägt sind[68]. Der hoheitliche Charakter einer vertrags- oder vergleichsförmigen Regelung würde aber negiert, wenn man sie lediglich in den Bereich der Privatautonomie als Ausdruck rechtsgeschäftlichen Handelns einordnet. Bei der Vergabe des Wasserrechts durch Privilegierung werden Rechte herrschaftlicher Art, wenn auch nicht ausschließlich, vergeben; die Tatsache, daß sich die Beteiligten „auf einer Ebene gegenseitiger Anerkennung als Träger der Rechte über die disponiert werden soll"[69] begegnen, ändert nichts daran, da verbindlich gegenüber Dritten gehandelt wur-

[62] S. 161.

[63] *Moser*, Landeshoheit, S. 192, 193.

[64] *Pütter*, Institutiones iuris publici germanici, § 214, S. 199, 200, *Pütter*, Teutsches Staats- und Fürstenrecht, S. 210, 320.

[65] *Scheidemantel*, Staatsrecht, Bd. 1, § 93 S. 149–152.

[66] *Häberlin*, Teutsches Staatsrecht, Bd. 2, S. 142–144, 172, 173.

[67] *Gönner*, Staatsrecht, § 273 S. 418, § 275 S. 422.

[68] *Moser*, Landeshoheit, S. 192; *Pütter*, Institutiones iuris publici germanici, § 214 S. 199, 200, § 217 S. 203.

[69] *H. K. Schulze*, Dominium (öffentl.-rechtl.), Sp. 163.

de. Grundsätzlich waren die Rechte aus dem Privileg von jedem zu achten; der Privilegierte durfte nicht in seiner Rechtsausübung gestört werden[70]. Niemand, weder andere Müller noch die Mahlgäste, durften den Beständer deshalb bei der Mühlenerbauung, bei dem Mühlenbetrieb und eventuell in seinem Bannrecht schaden; so wird in einigen Bestandsbriefen ausdrücklich angesprochen, daß die Müller den Bann der anderen nicht schädigen sollen: „[...] soll Erbbeständer, die sich bei ihm einfindenden Mahlgäste, deren er gleichwohl keinen denen gebannten Mühlen abzuspannen, noch an sich zu ziehen, [...]"[71]; im Bestandsbrief der Hornbacher Gopfingmühle ist zu lesen: „Soll er Beständer der herrschaftliche Stattmühle in Hornbach das Wasser uff keinerley Weise uffhalten oder benehmen noch auch deroselben die gebannte Mahlgäste abspannen, [...]"[72]. Zusätzlich mußte das Bannrecht, gegebenenfalls, von den Mahlgästen befolgt werden; es heißt: „Was aber die Einwohner des Dorfes Ixheim anbelangt, bleibt selbigen frei gestellt entweder in der hiesigen Schloßmühle oder in der Ixheimer Mühle ihre Früchte zu mahlen, außer diesen beiden Mühlen aber ist selbigen nicht erlaubt andere Mühlen zu frequentieren [...]"[73]. Gleichsam bildete eine solche Handhabung ein Tätigkeitsverbot für nicht privilegierte Müller. Ersichtlich wird dies aus einem Schreiben der Rentkammer an die Klosterverwaltung Hornbach 1754, in dem sie das Mühlenregal als einzig der Herrschaft gehörig umschreibt und dann weiter: „Wie dann auch keine eigene Mühlen in hiesigem Herzogthum wird genennet werden können, welche ohne dergleichen fürstliche Landesconcession wenigstens a Seculis, als wovon die Acta noch vorhanden und solches ausweisen, wäre erbauet worden oder noch existire"[74]. Nur der ausdrücklich erlaubte Mühlenbetrieb war zulässig: „[...] In hiesigem Fürstentum und Landes [...] kommt dahero Mühlen anzulegen und dadurch Gewinn und Vortheil vondenen Unterthenen zu ziehen keinem zu, alß denen solches von den Landesherrn concediret und auf gewiße vorgeschriebene Art vergönnet wird"[75]. Eine Betreibung der Mühle ohne ein solches Privileg war demnach nicht möglich.

Das Vorhandensein eines Über- und Unterordnungsverhältnisses erscheint also auch für diese Akte als selbstverständlich. Demnach ist es gerechtfertigt, auch bei den Bestandsbriefen in ihrer vertraglichen Gestaltung von einer autoritativen Regelung auszugehen.

[70] *de Rohr*, Hauß=Haltungs=Recht, S. 668.
[71] Aus dem Erbbestandsbrief für die Bickenaspacher Mühle, KSchA Zw. Rep. IV, Nr. 265.
[72] KSchA Zw. Rep. II, Nr. 323.
[73] Aus dem Bestandsbrief der Zweibrücker Stadt- und Schloßmühle, LA Sp. B 2, Nr. 5324.
[74] LA Sp. B 2, Nr. 294/4.
[75] LA Sp. B 2, Nr. 294/5.

Die Urkundenfassung wird seit dem Mittelalter als weiterer Anhaltspunkt verstanden[76]. An dem Urkundencharakter der Briefe läßt sich nicht zweifeln. Zum einen wurde direkt in den Briefen selbige als Urkunde bezeichnet[77]; zum anderen hat sie im wesentlichen auch die Aufbauform, die die Diplomatik für die mittelalterlichen Urkunden herausgearbeitet hat[78]. Der Brief enthält das Eingangsprotokoll, das mit der Intitulatio beginnt. In dem Brief bezüglich der Mühle zu Bickenaspach von 1728 heißt es: „Von Gottes Gnaden Wir Gustav Samuel Leopold, Pfalzgraf bey Rhein, in Bayern, zu Jülich, Cleve und Berg, Herzog, Fürst zu Mörß, Graf zu Veldenz und Sponheim, der Marck, Ravenspurg und Rixingen, Herr zu Ravenstein, Ritter des Ordens Sancti Huberti [...]"[79]. Die Arenga, die allgemeine Begründung, wurde meist mit der Narratio, der Geschichtserzählung, als Teil des eigentlichen Textes vermischt: „fügen hiermit zu wißen, demnach Gottfied Goffing, Bürger und Ratgeber zu Hornbach unterthänigst angesucht, ihme alte Mahlmühle, die zu Hornbach vorm oberen Tohr [...], gegen deren Platz über er jetzt eine Lohmühle endlich erbauet, beständlich zu überlassen, daß man zwaren, weilen Supplicanten den alten Pacht zu geben sich nicht unternehmen will, den Erbbestand nicht einwilligen können, jedoch diese auch lange Zeit ödt gelegene Mühle den davon fallenden Pfacht nach und nach wieder in Gang zu bringen, ofterwehnten Goffin uff 12 Jahr lang nachfolgend Temporalbestand geschlossen"[80]. Dann folgt die Dispositio, die rechtliche Regelung des Briefes und damit das Hauptstück der Urkunde. Zur besseren Übersicht wurde dieser Text mit Ziffern gegliedert. Die Sanctio, die sich daran anschließt und zur unablässigen Beobachtung des Rechtsbefehls ermahnt, enthält auch die Strafandrohung. Jedoch war dieser Punkt bei den Briefen im 18. Jahrhundert zu folgender Aussage zusammengeschrumpft: „Dann man auch Herrschaftswegen obgedachte Erbpacht jährlich gesichert seye und alles anderen in diesen Bestand enthaltenen oder dazugehörigen Puncten, so setzet er Erbbeständer vor sich und seine Erben nicht allein künftigen Mühlenbau und darzu angewandte Kosten zu einem wahren und sicheren Unterpfandt, sondern auch alles übrige liegend und fahrendes gegenwärtiges und zukünftiges Vermögen, sich Herrschaftswegen so lang und viel daran zu erholen und Schadensvergnügen und Ersetzung hat, ohngefährde"[81]. Im 17. Jahrhundert war dagegen die Poenformel noch vorhanden: „sie dem Innhallt dieser Erb-

[76] *Wolf*, Gesetzgebung, S. 519.
[77] Vgl. dazu der Bestandsbrief von Bickenaspach von 1709 in KSchA Zw. Rep. IV, Nr. 265.
[78] *P. Spies*, Gesetzgebung der Kurpfalz.
[79] KSchA Zw. Rep. IV, Nr. 265.
[80] KSchA Zw. Rep. II, Nr. 323.
[81] KSchA Zw. Rep. IV, Nr. 265.

bestendtnuß, weniger nicht allß der jezige Bestender, bey Vermeidung voranngedeutenen Straff, würcklich und ohne Fehll nachzukommen und zu geleben schuldig sein. Wie dann er der Erbbestender vor sich und seine Erben unns deswegen einen Reuersbrief zu unserer Rechencammer übergeben hatt, alles getreulich sonder Arglist und Gefehrde, dessen zu wahren verkundt, haben wir unns mit eigener Handt underschrieben und unserer Rechencammer Decret, wißentlich hierann hencken laßen, [...]"[82]. Den Abschluß bildet das Eschatokoll: „In Urkund dessen, ist dieser Erbbestandsbrief doppelt außgefertigt, ein Theil uff Pergamen ihme Erbbeständern zu sein und seiner Erben Sicherheit zugestellt, das andere aber uff gestempelt Papier von ihnen Beständern unterzeichnet anstatt Revers zu denen Actis geleget worden. Gegeben zu Zweibrücken 4. September 1709, königlich schwedische Renthcammer in Herzogthumb Zweibrücken"[83].

Obgleich schon das Über- und Unterordnungsverhältnis wie auch die äußere Form wichtige Anhaltspunkte sind zur Beurteilung des Zusammenhangs der Briefe und der vorkonstitutionellen Gesetzgebung, wird die Untersuchung jedoch erst durch die Feststellung des Charakters der Regelung abgerundet. Die Allgemeinheit der Norm dient hierbei als wichtiges Kennzeichen. Für den modernen Gesetzesbegriff ist sie neben „der Rechtssicherheit verheißenden Gewißheit der Norm"[84] zu einer Essentialie geworden; im 19. Jahrhundert wurde die Allgemeinheitsanforderung als Bedingung für die Gleichheit vor dem Gesetz verstanden; im Mittelalter bildete diese Anforderung den Unterschied von Gesetz und Privileg[85]. Es ist insoweit fraglich, ob bei den Bestandsbriefen des 18. Jahrhunderts von solch einer Allgemeinheit auszugehen ist, da die Briefe als wesentliche Regelung das Privileg in Ansehung des Mühlenregals und eventuell zusätzlich bezüglich des Bannes enthielten. Die Zuordnung der Privilegierung zur Gesetzgebung oder doch ihre Auffassung als verwandte Form der Rechtssetzung richtet sich danach, ob die Privilegierung nicht nur die Verleihung der subjektiven Berechtigung enthielt, sondern zugleich objektive Rechtsnormen setzt; dies wird unterschiedlich beurteilt.

In der mittelalterlichen Rechtslehre diente die Allgemeinheit der Norm zur Kennzeichnung von Gesetz gegenüber dem Privileg[86]. Auch nachfolgend, im 18. Jahrhundert, ist diese Auffassung wiederzufinden. Nach

[82] Aus dem Bestandsbrief von Aspach von 1610 in KSchA Zw. Rep. IV, Nr. 265.
[83] Aus dem Bestandsbrief von Bickenaspach von 1709 in KSchA Zw. Rep. IV, Nr. 265.
[84] *R. Schulze*, Neuere vorkonstitutionelle Gesetzgebung, S. 167.
[85] *Wolf*, Gesetzgebung, S. 520.
[86] *R. Schulze*, Neuere vorkonstitutionelle Gesetzgebung, S. 167.

Moser unterfällt das Gewerberecht nicht dem Gesetzgebungsbereich, da es unter anderem seinerzeit durch Privilegien geregelt wurde[87]. Sogar Gönner, der spezielle Anordnungen (iura singularia) für einzelne Klassen und Personen oder Sachen zu den Gesetzen zählt, weil sie abstrakt sind, nimmt die Privilegien davon aus; diese würden begrifflich „allemal ein Individuum als das privilegierte Subjekt voraussetzen"[88]. Auch fast ausschließlich abgestellt auf den subjektiven Charakter haben von Gierke[89] und sogar noch Kern[90], da meist nur der ausdrückliche Adressat der Begünstigte war. Indes wird in neuerer Zeit eine andere Auffassung vertreten. So zählte W. Ebel das Privileg zwar nicht zu den „Grundformen des Gesetzes"[91]; er sah vielmehr das von ihm so bezeichnete normative Privileg und das Generalprivileg als „im Effekt bedenklich in die Nähe einer Gesetzgebung gebracht"[92]. Thieme[93], der von der Kompensationsfunktion der Privilegien für fehlende Gesetzgebung spricht, und Krause[94] haben jedoch hervorgehoben, daß das Privileg als Gestaltungsmittel herrschaftlicher Ordnung bereits im Mittelalter mit dieser Funktion bekleidet war. Krause hebt hervor, daß der Herrscher Einzelprivilegien dazu nutzen konnte, generalisierende Ergebnisse zu erzielen, wenn er solche Privilegien an eine Vielzahl von Empfängern verteilte. „Man könne", so Krause, „ein ganzes einheitliches Rechtssystem durch planmäßige Summierung von Einzelakten schaffen". Mohnhaupt[95] und Schmelzeisen[96] haben für die Neuzeit die Zuordnung der Privilegierung als Setzung objektiver Rechtsnormen zum Bereich der Gesetzgebung begründet. Der objektive Charakter ergebe sich bei dem Großteil der Privilegien in den zwangsläufig, zumindest konkludent mit ihnen verbundenen Geboten an Dritte, zum Beispiel Schädigungsverbot, Tätigkeitsverbot. Jedoch klafft zwischen den Feststellungen von Krause und Thieme, die sich auf das Hochmittelalter beziehen und den Beobachtungen für die Neuzeit eine zeitliche Lücke. Diese Lücke schließt nunmehr Diestelkamp[97], der das Privileg als durchgehendes Phänomen aufzeigt und somit dem Privileg wirklich den Rang einer Grundform (um in den Worten von Ebel zu verbleiben) zuerkennt. Er belegt dies unter anderem durch die in der Grafschaft Geldern und später auch in der Land-

[87] *Moser*, Landeshoheit, 1772 S. 192, 193.
[88] *Gönner*, Staatsrecht, § 293 S. 460, 461.
[89] *von Gierke*, Genossenschaftsrecht, Bd. II.
[90] *Kern*, Recht und Verfassung, S. 41, 68, 72 f.
[91] *W. Ebel*, Geschichte der Gesetzgebung, S. 39 f.
[92] *W. Ebel*, Geschichte der Gesetzgebung, S. 40, 41.
[93] *Thieme*, Funktion der Regalien, S. 68.
[94] *Krause*, Königtum und Rechtsordnung, S. 22.
[95] *Mohnhaupt*, Privileg und Kodifikation, S. 81.
[96] *Schmelzeisen*, Objektives und subjektives Recht, S. 101 ff.
[97] *Diestelkamp*, Gesetz in vorkonstitutioneller Zeit.

grafschaft Hessen und in der Pfalz zu beobachtende Tendenz der Angleichung der Stadtrechte, um dadurch ein im Territorium allgemeinverbindliches Recht zu schaffen; auch die 1495 in der Stadt Neustadt an der Weinstraße erlassene Polizeiordnung, die mit fast gleichem Wortlaut in anderen Dörfern und Städten der Pfalz erteilt wurden, führt er an.

Die neueren Untersuchungen belegen demnach, daß man die Vielfalt der Entwicklungen in der Rechtswirklichkeit in der Betrachtung bezüglich der Allgemeinheit[98] berücksichtigen muß. Wenngleich für das Mittelalter Vorsicht walten muß, da nicht ohne weiteres von einer Verfügbarkeit des Rechtes durch einen Berechtigten ausgegangen werden kann[99], fügt sich das Privileg jedenfalls im Absolutismus in den Rahmen landesfürstlicher Gesetzgebung ein. Dies geschieht in zweifacher Hinsicht. Zum einen stellt die jeweilige Privilegierung inhaltlich die einseitige hoheitliche Schaffung objektiven Rechtes dar. Zum anderen handelt es sich bei dem durch die Vielzahl von gleichgerichteten Privilegien geschaffenen Recht um das Ergebnis autoritativer Setzung von Recht, „so wie es der harte Kern des Gesetzesbegriffes erfordert“[100].

Auch im Herzogtum Pfalz-Zweibrücken fügten sich die Bestandsbriefe mit den darin enthaltenen Privilegierungen der Müller in Betreff des Wasserfalls und des Banns in den Bereich der landesfürstlichen Gesetzgebung ein.

Der objektive Rechtscharakter der Briefe erweist sich dadurch, daß die Bestandsbriefe sich an Dritte, an die Mahlgäste und andere Müller richten, die die Rechte aus den Privilegien nicht stören durften. In nicht wenigen Briefen geschah dies sogar ausdrücklich, wobei jedoch konkrete Beispiele benannt wurden[101]. Die Allgemeinverpflichtung aller, den Privilegierten bei der Ausübung seines Rechtes nicht zu stören, war in den Briefen jedoch nur konkludent vorhanden. Die zahlreichen Klagen, die wegen der Störung geführt wurden, belegen dies[102].

So beschwerte sich 1765 der Müller Cron diesbezüglich bei der Rentkammer[103]; er führte ein ganze Anzahl von Personen auf, die, seiner Meinung nach, ihn bei der Ausübung seiner Rechte aus den Privilegien stören. Zum ersten wendet er sich gegen die Landmüller, die zu jederzeit mit

[98] Auch die formale regelungstechnische Allgemeinheit wie *R. Schulze*, Neuere vorkonstitutionelle Gesetzgebung, formuliert S. 204.

[99] *Wadle*, Gewohnheitsrecht, Privileg, S. 123; *Dilcher*, Mittelalterliche Rechtsgewohnheit, S. 39.

[100] *Diestelkamp*, Gesetz in vorkonstitutioneller Zeit, S. 397.

[101] Im Erbbestandsbrief für die Bickenaspacher Mühle, KSchA Zw. Rep. IV, Nr. 265; im Bestandsbrief der Hornbacher Gopfingmühle KSchA Zw. Rep. II, Nr. 323.

[102] LA Sp. B 2, Nr. 2687, 2689, 5316, 3109, 294/5, 296, 1116/4, 1117.

[103] LA Sp. B 2, Nr. 5316.

Mehl in der Stadt handeln und so seinen Bann beeinträchtigen; dann beschwert er sich gegen die Bäcker, die überhaupt nicht mehr zum Mahlen kämen, aber nach dem Bestandsbrief bei ihm gebannt seien. Desweiteren klagt er gegen den Hofgärtner und die Waschweiber, die ihn beim Mahlen störten: „4) Der Hofgärtner pflegt bei Regenwetter die obig am Canal sich befindende Schleuse sogleich aufzuziehen und dadurch das Wasser durch den Canal abzuleiten, wodurch aber geschiehet, daß das Hinterwasser unter die Räder meiner Mahlmühle zurücksteiget und solche still stehen machet"[104]. Hierdurch würde er am Mahlen gehindert und es entstehe ihm großer Verlust. „Diese demselben aber um da weniger zukommet, als ein zeitlicher Müller dafür da ist und wenn Not fürhanden zu seyn anscheinen will, dieser selbst weiß was er zu tun und eines andere vorläufiger und ihme dem Müller schädlicher Hülfe nicht nötig hat. 5) Die herrschaftlichen Waschweiber pflegen bei ihrer tuenden Wasch, die Münzschleuse eigenmächtiger Weise und ohnbefugter Weise zu zustellen, dadurch das Wasser zu schwellen beginnt"[105]. Deshalb würde das Wasser so von seiner Mühle genommen und er „am Mahlen verkürzt"[106].

Die Störung der Rechte aus den Privilegien durch andere Müller und die Mahlgäste wird besonders deutlich in einer Bittschrift des Vorstehers der Gemeinde zu Baumholder. Er ersucht die Herrschaft, den Bannmüllern die Pacht nachzulassen und den Müllern aufzulegen, die den Bann stören; dazu erklärt er: „Wie nemlich in wenig Jahren als dan auch noch thäglich, neben den Bann Müllen etliche neuwe doch von Privat Personen, aus Müßvergonst vielleicht mehr dann Nothdurfft und gemeinglichen under Praetext des sie ohne Hindernis und Abtrag den Bann Müllen, dieweil sie nichts weiteres dan ihre Haußhaltung erfordert /:daruff sie dann auch also nach Gelegenheit ihres Fürgebens bepfächtet:/, zu mahlen verheißen, gebauwet und erkauffet worden. Bey dem sie doch hernachher nicht geblieben, sondern nuhn mehr dahin kommen und sie auch bey ihrem geringen Pacht, der etwas uff 2, drey oder zum höchsten uff 4 Malter beyden Frücht laufen mag, schien nahe das beste Gemähls an sich gezogen haben. Hergegen aber unsere Müller unangesehen, sie ihre Besserung umb schwären Pacht in Vertröstung des Bannes von der Obrigkeit bestanden, oftermals ja auch bey des Wassers wenig und bevorab wen das Gemähls am besten und einträglichsten sein soll, stille stehen und also die Zeytt mit Verlust gleichsam schließen müssen. Wölches dan nicht allein ihnen Ahnhöbung und Entrichtung ihres uffgelegten Pfachts abbrüchlich, sondern auch zu einem Verueff und scheinbarlichen Ab-

[104] LA Sp. B 2, Nr. 5316.
[105] LA Sp. B 2, Nr. 5316.
[106] LA Sp. B 2, Nr. 5316.

gang geraichlich ist und ob wir schon diesem vorzukommen, amtswegen sie bey ihren übergebenen Privilegien des Bannes vielmahl zu erhalten understanden; jedoch solches etliche zu fallende Uhrsachen und Hindernüssen in wäsentlichen Schwang zu erhalten, nie vermöcht"[107].

Durch diese inhaltliche Regelung (Drittwirkung) in den Briefen wird einseitig und hoheitlich objektives Recht geschaffen. Dieser Charakter wird auch im Herzogtum Pfalz-Zweibrücken bestärkt durch die Menge der vergebenen Privilegien in Mühlensachen. Schon das letzterwähnte Beispiel, das Ende 17. Jahrhundert datiert ist, deutet auf die Vielzahl der vergebenen Bestandsbriefe mit den darin geregelten Privilegierungen hin. Diese Tendenz setzte sich weiter im 18. Jahrhundert fort.

Zum Teil geschah dies wegen eines weiteren Mühlenbedarfs aufgrund der stark anwachsenden Bevölkerung[108]. So wird die Erteilung des Erbbestandsbriefes der Bischweiler Mühle wie folgt begründet: „Fügen hiemit zu wißen, demnach in Erwegung, daß die Bischweiler Mühlen wegen öfterem Mangel des Wassers nicht hinreichend gewesen, die Bürger und Inwohner unserem herrschaftlichem Bischweiler mit dem nötigen Mahlwerck zu versehen, auch viele Handwerker wegen Ermangelung der nöthigen Walck, Reib und Stempel Mühlen auch anderer Wercker sich in der Nothwendigkeit gefunden, mit schweren Kosten zu ihren und des Publici Nachtheil auswärtige Wercke zu suchen, wir denen beyden Handelsleuthen und Brüdern Abraham und Isaac Bertrand von Bischweiler vermög Concessions/ Scheins/ Briefs vom 18. Januar 1758 zur Errichtung einer Mahlmühle und anderen Wercken an der Moderbach auf unserem alleinig Territorio die gnädigste Erlaubniß ertheilt habe, [...]"[109].

Anderenteils gab es jedoch auch Fälle, die von einer solchen Notwendigkeit nicht geprägt waren; hier waren rein finanzielle Gründe entscheidend. Ein Beispiel dafür ist die Situation in Hornbach bezüglich der Mühlen. So beschwerte sich Gottfried Gopfing 1725, daß er eine so schwere Pacht in Anbetracht der wenigen Mahlgäste zahlen müsse. Er könne für diese nur mahlen, wenn die Hornbacher Kloster- und Bannmühle diese Gäste nicht bedienen kann. Zudem wendet er sich gegen den neuen Konkurrenten, den Müller Henrich Weber, der nunmehr auch die Erlaubnis erhalten hatte, in Hornbach eine Mühle zu betreiben. Dieser begündete zwar seinen diesbezüglichen Antrag mit dem starken Anwachsen der Bevölkerung; tatsächlich führte jedoch diese dritte

[107] LA Sp. B 2, Nr. 296.
[108] Dazu auch LA Sp. B 2, Nr. 2687.
[109] KSchA Zw. Rep. IV, Nr. 1229.

Mühle in Hornbach zu einem „Mühlenüberangebot". So deutete Gopfing dem Klosterschaffner an, daß er von Weihnachten 1727 bis Ostern 1728 kein einziges Korn zum Mahlen bekommen hatte. Auch weiterhin kam es der Herrschaft hier im wesentlichen auf den finanziellen Aspekt an. So heißt es, nachdem Hornbach bereits mit drei Mühlen ausgestattet war und die Müller ständig klagten, daß sie am „Bettelstab"[110] gingen, in einem Bericht der Kommission von 1757 weiter: „daß ihm (Weber) 1737 ein Mühlenplatz unter der Baubedingung überlassen wurde und er dafür jährlich Pacht entrichten sollte. Ansonsten hätte ein anderer Liebhaber den Platz gekauft und die Renthcammer die Anlegung einer weiteren Mühle gestattet. Dies hätte seinen vollständigen Ruin bedeutet"[111]. Weber sah sich also genötigt diesen Platz zu kaufen, um so die infolge der von der Herrschaft vergebenen vielen Mühlenkonzessionen hervorgebrachte Konkurrenz auszuschalten. Dies war kein Einzelfall. So heißt es im Mühlenprotokoll bezüglich der Mimbacher Blies- und Verwaltungsmühle: „Als vor 20 Jahren jemand etwa 1/2 Stund von hier eine Haußmühle bauen und davon jährlich 2 Malter Korn entrichten wollte, so hat der Erbbeständer dieser Mühl sothane 2 Malter Korn, damit die Erbauung unterbleibe, weiters auf sich genommen[112]".

Im Herzogtum Pfalz-Zweibrücken wurden bei dieser Privilegienvergabepraxis auch generalisierende Ergebnisse erzielt, da die Bestandsbriefe nicht nur formal gleich aufgebaut waren, sondern auch inhaltlich in den Essentialien übereinstimmten. Zwar wurden die von der kurfürstlichen Verwaltung gedruckten Formblätter für die Bestandsbriefe, soweit es das durchgesehene Quellenmaterial ergab, nicht verwandt; deutlich ist jedoch die Anlehnung daran erkennbar. So enthalten alle Briefe neben der Vergabe des Wasserrechts meist auch die Erbleihe- beziehungsweise Pachtvergabe mit den dazu gehörigen Rechten und Pflichten der Beteiligten, den Hinweis auf das Recht benachbarter Bannmüller beziehungsweise die Verleihung des Bannrechtes, einige Passagen, die aus der Mühlenordnung entlehnt sind, wie zum Beispiel die Vorschriften über die Behandlung der Mahlgäste, die Höhe des Mahllohns (Molter), und die Verpfändung des Hab und Guts als Sicherheit für den Bestandsvergeber. Diese wesentlichen Punkte sind in allen untersuchten Bestandsbriefen während des ganzen 18. Jahrhunderts zu finden. Inwieweit diesen inhaltlichen Angleichungen allgemeine Rechtsgedanken im Hinblick auf eine einheitliche Gewerbeordnung zugrunde lagen, müßte durch eine nähere Untersuchung in mehreren anderen Gewerbebereichen des Herzogtums überprüft werden.

[110] *Schneider*, Hornbacher Mühlen.
[111] LA Sp. B 2, Nr. 1116/4.
[112] LA Sp. B 2, Nr. 295.

Insgesamt kann festgestellt werden, daß es sich bei den mühlenrechtlichen Briefen im Herzogtum Pfalz-Zweibrücken um hoheitliche Rechtsgestaltung handelt, die in den Bereich der vorkonstitutionellen Gesetzgebung einzuordnen ist.

7.1.1 Mühlenbriefe als hoheitliche Rechtssetzung oder Rechtsdarstellung?

Um die Briefe als Ausdruck hoheitlicher Rechtsgestaltung möglichst genau zu erfassen, muß untersucht werden, inwieweit sie als Rechtssetzung – im Sinne einer Schaffung neuer Normen – oder als Rechtsdarstellung – im Sinne der Fixierung und Ordnung bestehendes Rechts – zu verstehen sind[113]. Damit diese spezifizierten Arten der Rechtsgestaltung näher herausgearbeitet werden können, ist es zunächst notwendig, die Bestandsbriefe des gesamten 18. Jahrhunderts im Hinblick auf ihren Inhalt und insbesondere auch auf Veränderungen zu betrachten.

7.1.1.1 Einordnung der Briefe zu Beginn des 18. Jahrhunderts

7.1.1.1.1 Konstante und variable Briefelemente

Die Briefe wiesen am Anfang des 18. Jahrhunderts bemerkenswerte Übereinstimmungen auf. Sämtliche Bestandsbriefe enthielten im wesentlichen den bereits geschilderten Aufbau. Nur in ganz wenigen Briefen wurden darüberhinaus noch andere Punkte, wie zum Beispiel die Frohndfreiheit und der Weinausschank in der Annweiler Mühle, geregelt[114]; neben diesem Unterschied durch die Aufnahme von zusätzlichen Punkten in den Bestandsbriefen gab es jedoch auch einige wenige Fälle in denen zwar keine neuen Punkte aufgenommen wurden, in denen aber einzelne Punkte anders ausgestaltet wurden.

Diese andersartige Ausgestaltung betraf den Bann; so wurden nicht nur bestimmte Mahlgäste zum Mahlen zur Mühle gewiesen, sondern der Mehlhandel wurde auch verboten. Eines dieser, wenn auch wenigen Beispiele bietet der Annweiler Brief: „ [...] und dann achtens nicht gestattet werde, daß durch Einführung frembden Meels einiger Unterschleiff vorgehe, dadurch er Erbbeständer ahn dem Molter bey dieser Erb und

[113] *R. Schulze*, Neuere vorkonstitutionelle Gesetzgebung, S. 166.
[114] LA Sp. B 3, Nr. 1588.

Bannmühle vorgesetzlich hintergangen und geführt würde"[115]. Dies geschah, obwohl fast überall im Herzogtum „nach der Observanz der freye Mehlhandel hier üblich gewesen"[116]. Zu diesem Schritt sah man sich gezwungen, da aufgrund der zunehmenden Konkurrenz, die auch schon zu Anfang des 18. Jahrhunderts zu erkennen war, die Existenzgrundlage der Bannmühlen bedroht war; durch Einschränkungen des Handels versuchte man dieser Misere zu begegnen. Diese Maßgaben wurden jedoch selten in den Briefen formuliert; vorwiegend geschah dies in der Form von Verordnungen. Solche protektionistischen Verordnungen wurden während des ganzen Jahrhunderts erlassen und stehen mit merkantilistischen Bestrebungen, die sich auch im Mühlengewerbe bemerkbar machten, in direktem Zusammenhang.

Zum Verständnis ist es unumgänglich, einen groben Überblick bezüglich dieser Verordnungen zu geben. Man versuchte zunächst, den freien Mehlhandel überall rigoros zu beschränken; so wurde für die Stadt Zweibrücken 1747 eine Verordnung erlassen, daß nur samstags und dienstags Mehl verkauft werden durfte[117]; am 10. Juni 1755[118] erging desweiteren eine Verordnung, daß nur nochmehr samstags auf dem Wochenmarkt Mehl verkauft werden dürfe. Diese doch beträchtliche Einschränkung war jedoch nicht von langer Dauer; zu groß waren die Klagen der Bevölkerung, Bäcker und umliegenden Müller[119]; man wollte die inzwischen zahlreich gewordenen Mühlen auch für sich nutzen und die Vorteile in preislicher, qualitativer wie quantitativer Hinsicht weiterhin beanspruchen; der Wunsch des Bannmüllers, den Handel ganz zu verbieten, wurde mit dem Verweis, der Handel sei gut fürs Publikum und den Kommerz, lapidar abgelehnt[120]. Schon am 6. Mai 1760 wird dann diese Verordnung insoweit aufgehoben, daß der Handel zu allen Tagen in der Mehlwaage gestattet würde; diese Aufhebung wurde infolge des Brotmangels nötig und geschah mit Einwilligung des Bannmüllers. Doch nachdem der gröbste Mangel beseitigt war, verlangte der Bannmüller wieder nach einer Beschränkung; deshalb wurde diese Verordnung am 9. Dezember wieder aufgehoben[121]. Am 21. Januar 1766 wird jedoch wieder ausdrücklich klargestellt, daß den Bäckern und den Müllern der Handel nach ihren privaten Zunftartikeln erlaubt sei, den anderen nur im kleinen und gegen Erstattung einer gewissen Restribution von einem Gulden

[115] LA Sp. B 3, Nr. 1588.
[116] LA Sp. B 2, Nr. 2687.
[117] LA Sp. B 2, Nr. 5316.
[118] LA Sp. B 2, Nr. 2765.
[119] LA Sp. B 2, Nr. 2687.
[120] LA Sp. B 2, Nr. 2687.
[121] LA Sp. B 2, Nr. 2765.

jährlich[122]. Schließlich wird am 11. Juli 1770[123] der Handel in der Mehlwage wieder an allen Tagen erlaubt, lediglich der Verkauf von Kleien und Mehl zusammen wird nicht gestattet; am 17. Dezember 1772 wird dies nochmals bestätigt; die Gesuche des Bannmüllers nach Aufhebung dieser Verordnung führten jedoch auch nachdem der Frucht- und Mehlmangel behoben war und die Fruchtsperre beseitigt war, nicht zum Erfolg[124]. Erkennbar wird die Tendenz, daß die anfänglich stark den Handel beschneidenden Verordnungen mit der Zeit immer mehr zugunsten eines freien Handels zurückgedrängt wurden. Insoweit sind diese Restriktionen, die nur sehr vereinzelt Eingang in die Briefe Anfang des 18. Jahrhunderts gefunden haben, als Einleitung zu einem merkantilistischem Denken zu sehen; im wesentlichen ist aber die merkantilistische Politik in den einzelnen Verordnungen durchgedrungen.

Die Einordnung des Mehlhandelverbots als erste rigide Reaktion auf die Schwierigkeiten, die mit dem starken Angebot an Mühlen hervortraten und bereits als Ausdruck einer merkantilistisch geprägten Haltung zu verstehen sind, wird bei der Durchsicht von älterem Quellenmaterial bestätigt. Dieses Verbot ist in früheren Zeiten nicht zu finden; es stellte also Anfang des 18. Jahrhunderts eine Neuerung dar, die aus dem oben angedeuteten Hintergrund erklärbar wird. Eine Umgestaltung wird aber auch in anderen Punkten erkennbar; die bereits aufgezeigte inhaltliche Darstellung der Briefe war in den älteren Quellen so noch nicht zu finden und noch im 17. Jahrhundert stellte sich die Situation anders dar. Mithin waren die Briefe, die Anfang des 18. Jahrhunderts ausgestellt wurden, auch bereits das Ergebnis von Veränderungen.

Betrachtet man die Briefe aus dem 17. Jahrhundert, so fällt auf, daß diese Bestandsbriefe im wesentlichen – abgesehen von dem schon oben behandelten Mehlhandelsverbot – zwei Unterschiede zu den Briefen des 18. Jahrhunderts aufwiesen. Auffallend ist zum einen, daß die Briefe, die noch aus dem 17. Jahrhundert stammten, weitaus mehr an die mittelalterliche Urkunde angelehnt waren.

So enthielt der Aspacher Brief von 1610 die Sanctio (Poenformel): „[...] und sie dem Innhallt dieser Erbbestendtnuß, weniger nicht allß der jezige Bestender, bey Vermeidung voranngedeutenen Straff, würcklich und ohne Fehll nachzukommen und zu geleben schuldig sein"[125]; der Brief wurde auch in Form eines „Reuersbriefes" bekräftigt: „Daß ich derawegen hiemit und inn kraft dieß vor mich meine Erben und Nachkomme

[122] LA Sp. B 2, Nr. 2765.
[123] LA Sp. B 2, Nr. 5314.
[124] LA Sp. B 2, Nr. 5314.
[125] KSchA Zw. Rep. IV, Nr. 265.

gereden und versprechen thue, denn Innhallt solcher Erbbestendtnuß, inn allen einnverlaibten Puncten getreulich, fleißig, würcklich nachzukommen und zugeleben. Darwider nicht zuthun noch schaffen, bewilligen oder zulaßen, gethann zu werdenn, inn keinerley Weiß noch Wege, getreulich sonder Arglist und Gefehrde, deßen zu wahrem Uhrkundt, weill ich schreibens unnerfahren, habe ich mit Fleiß gebetten und erbetten den threuesten hochachtbaren Herrn Jost Kneupeln fürstlichen Palzgrävischen Landschreiber zu Zweibrücken, daß er diese, Reuerß meinetwegen underschrieben und mit seinem Pitschaft bekreftiget, doch ihme und seinen Erben allweg ohnne Schaden und Nachtheill gegeben undt geschehen uf Jahr und Dag wie obinnserirte Bestendnuß ausweißt"[126]. Weder diese Poenformel, noch diese Bekräftigungsformel sind in den im 18. Jahrhundert ausgestellten Briefen zu der Bickenaspacher Mühle zu finden[127]; die neuen Briefe sind somit vom starren mittelalterlichen Urkundenaufbau abgewichen.

Der zweite Unterschied, der bei einem Vergleich zu verzeichnen ist, ist inhaltlicher Art. Die Bestände des 17. Jahrhunderts enthalten keinerlei Hinweise auf die Art und Weise, wie der Müller zu mahlen hatte; hingegen ist in allen Briefen des 18. Jahrhunderts ein solcher Passus zu finden[128]. Solche Bestimmungen wurden ausführlich in den Mühlenordnungen behandelt. Die Ordnung für die Mühlen zu Zweibrücken wurde jedoch schon im 16. Jahrhundert erlassen und galt immer noch fort, da im 17. wie auch im 18. Jahrhundert keinerlei neue Mühlenordnungen erlassen wurden. Aufgrund des großen zeitlichen Abstandes war die Mühlenordnung für die Bevölkerung weniger präsent. Dies zeigte sich vor allem auch darin, daß die Bestimmungen großenteils nicht mehr eingehalten wurden. So stellt sich bei der Untersuchung von 1763 über die Unterschleife des Zweibrücker Stadt- und Schloßmüllers Henrich Jacob Becker heraus, daß weder die Frucht, noch das Mehl nach der Ordnung gemäß gewogen wurden[129]. Dies, wie auch die Tatsache, daß die Müller vermehrt Betrügereien begingen, um bei der zunehmenden Konkurrenz ihre Pacht überhaupt zahlen zu können, machen verständlich, warum in den Briefen nochmals auf ein ordnungsgemäßes Verfahren abgestellt wurde. In dem Brief der Zweibrücker Stadt- und Schloßmühle von 1765 war dementsprechend zu lesen: „4) Alle zum Mahlen einkommende Früchte in der Mehlwag gegen Entrichtung des gwöhnlichen Wiegegeldes sowohl wann dieselben in die Mühle als auch nachgehendes das Mehl wie-

[126] KSchA Zw. Rep. IV, Nr. 265.
[127] KSchA Zw. Rep. IV, Nr. 265.
[128] KSchA Zw. Rep. IV, Nr. 407, 1229, 265; Rep. II, Nr. 323.
[129] LA Sp. B 2, Nr. 2688.

der daraus gebracht wird, ohn Unterschied gewogen [...]"[130].

7.2.2.1.2 Rechtliche Klassifikation der Briefelemente

Durch die betrachteten Briefe vom Anfang des 18. Jahrhunderts wurde sowohl Recht gesetzt als auch Recht dargestellt.

So wurde durch die Vergabe des Wasserrechtes, eventuell auch des Bannrechtes (die Regelungen bezüglich des Mehlhandels inbegriffen) und auch die Begründung des Leihe- beziehungsweise Pachtverhältnisses in Anbetracht einer bestimmten Mühle und für einen bestimmten Müller neues Recht geschaffen.

Die Hinweise auf die Mühlenordnung hatten jedoch lediglich wiederholenden Charakter. Hierdurch, wie im übrigen auch durch Verordnungen, die ebenfalls mühlenordnungsrechtliche Punkte zum Gegenstand hatten – so die Verordnung vom 1. Februar 1749 „Alles in hiesige Stadt gebracht werdende Mehl soll in der publiquen Stadt Waage niedergestellt und ordentlich ausgewogen und verkauft werden"[131] – sollten der Bevölkerung die Ordnungsvorschriften nocheinmal eingeschärft werden; die Einbindung in die Bestandsbriefe sollte demnach zur Ordnung des bestehenden Rechtes führen; insoweit wurde Recht dargestellt.

Aber die Darstellung beschränkte sich nicht nur auf diese Punkte; auch rechtsgewohnheitliche Regeln wurden in den Briefen dargestellt. So ist in den Briefen immer wieder zu finden, daß der Müller die Mühle „im guten Stand halten nebst dem laufenden Geschirr, wozu er das Holz nach bisheriger Observanz aus den herrschaftlichen Waldungen gratis bekommen kann"[132]; auch wird in den Briefen zum Teil die Frohndfreiheit der Bestandsmüller angesprochen: „[...] er [...] diejenigen Freyheiten und Immunitäten, so die bisherige Temporalbeständer genoße, ohngekrenckt männiglichs zu genieße haben, derhalben dann dieser Mühl und Gebäuden halber, von andere Stattbeschwehrten und Chargen allerdings frey sein"[133]. Diese Freiheiten leiteten sich aus der Rechtsgewohnheit her. Zwar bieten die Briefe hierzu keinen unmittelbaren Anhaltspunkt; auf die Rechtsgewohnheit wird nicht in ausdrücklicher Weise hingewiesen. Jedoch geben die Akten über die Frohndfreiheit der Müller näheren Aufschluß. So stellt die Rentkammer 1754 fest, daß sich in allen Oberamtsbezirken bezüglich der Frohndfreiheit nach der „hergebrachten auch mehrentheils in den alten Erbbeständen exprimierten Observanz gerichtet"

[130] LA Sp. B 2, Nr. 5323.
[131] LA Sp. B 2, Nr. 2765.
[132] Bestandsbrief der Zweibrücker Stadt- und Schloßmühle von 1765, LA Sp. B 2, Nr. 5323.
[133] Bestandsbrief der Annweiler Mühle LA Sp. B 3, Nr. 1588.

wird[134]. Hierbei wird, nicht wie bei den mühlenordnungsrechtlichen Gesichtspunkten, lediglich das Recht von einer Regelungsform in eine andere überführt; sondern es werden nicht aus staatlicher Regelung entsprungene Normen überhaupt erst in die obrigkeitliche Regelung einbezogen. Ein grundsätzlicher Vorrang des Gesetzesrechtes kann dabei nicht ohne weiteres angenommen werden.

Es bedarf der Untersuchung, ob die gesetzgeberische Darstellung bereits bestehenden Rechtes lediglich einen Wandel der Überlieferungsform, vom ungeschriebenen zum geschriebenen Recht betrifft, oder inwieweit sich der Geltungsgrund der Regelung verändert, d.h. ob sie nunmehr nicht mehr kraft Herkommen, sondern kraft obrigkeitlichen Erlaßes gilt[135]. Dies ist in Anbetracht der rechtsgewohnheitlichen Regeln in den Bestandsbriefen schwierig zu beurteilen, da eindeutige Hinweise in den Quellen diesbezüglich nicht zu finden sind. Jedoch sind einige allgemeinere Anmerkungen zu finden, die sich auf den Zusammenhang von Rechtsgewohnheit und geschriebenem Recht beziehen. Die Rentkammer stellt bezüglich einer Untersuchung über das Verbot des außer Landes Mahlen fest, daß das Verbot nur „nach wohlhergebrachter alter Observanz, als in expressa legem sich begründet habe". Diese Observanz soll „zu mehr Deutlichkeit und damit sich ein jeder besser vor Strafe hüten kann, per legem expressam gerneraliter, in den ganzen herrschaftlichen Gebieten zu bestätigen und einzuführen sein"[136]. Diese Motivation für die gesetzgeberische Darstellung der Rechtsgewohnheit zusammen mit der Beobachtung, daß auch in den nachfolgenden Briefen der Zweibrücker Stadt- und Schloßmühle, obwohl in den vorhergehenden Bestandsbriefen eine solche Regelung bereits enthalten war, immer noch von der Observanz bezüglich des Gebrauchs des herrschaftlichen Holzes für Reparationen gesprochen wird, – so in dem Bestandsbrief von 1781: „das laufende Geschirr in gutem Stand halten, das Holz hierzu aus den herrschaftlichen Waldungen nach der Observanz jedesmahlen ohnentgeltlich erhalte"[137]; in dem Bestandsbrief von 1787: „wozu ihm das nötige Holz in den herrschaftlichen Waldungen nach bisheriger Observanz jedesmahlen ohnentgeltlich angewiesen und verabfolget werden wird"[138] – legen den Schluß nahe, daß bei den Bestandsbriefen lediglich die Rechtsgewohnheit in eine andere Überlieferungsform umgewandelt wurde. Herausgestellt wurde, daß die Regelung – wie bisher – kraft Herkommen galt, gleichgültig, ob sie zuvor schon in den Briefen enthalten war. Die Gründe

[134] LA Sp. B 2, Nr. 3109.
[135] *R. Schulze*, Neuere vorkonstitutionelle Gesetzgebung, S. 166, 167.
[136] LA Sp. B 2, Nr. 2689.
[137] LA Sp. B 2, Nr. 5324.
[138] LA Sp. B 2, Nr. 5324.

für die bestandliche Regelung waren demnach wohl die dadurch hervorgebrachte Rechtsdeutlichkeit und Rechtseinschärfung; insoweit liegt eine Parallele zu den mühlenordnungsrechtlichen Regelungselementen vor, wobei jedoch die Rechtsgewohnheit als die Grundlage der betreffenden Regelung im Bestandsbrief hervorgehoben wurde, die Mühlenordnung wurde hingegen nicht mehr als die eigentliche rechtliche Grundlage gesehen.

Insoweit kann festgehalten werden, daß durch die Briefe zu Anfang des 18. Jahrhunderts vor allem neues Recht gesetzt wurde und daß die Briefe aber auch in einem gewissen Maß Recht darstellten. Allerdings muß bezüglich der Rechtsdarstellung in den Briefen angemerkt werden, daß diese noch sehr mit der Entwicklung der Rechtsgewohnheit verzahnt ist und sich insoweit noch nicht zu einem „gebotsrechtlichen Gesetzesrecht im modernen Verständnis der Gesetzgebung“[139] entwickelt hat.

7.2.2.2 Einordnung der Briefe im Verlauf des 18. Jahrhunderts

7.2.2.2.1 Konstante und variable Briefelemente

Auch die Briefe, die im Verlauf des 18. Jahrhunderts ausgestellt wurden, behielten im wesentlichen den bereits beschriebenen Aufbau bei. Nur einige wenige Veränderungen sind im Verlauf des 18. Jahrhunderts feststellbar. Größtenteils machen sich diese Veränderungen bei den Temporalbestandsbriefen bemerkbar; aber auch die Erbbestandsbriefe wurden anders gestaltet.

Bei den Erbbestandsbriefen lassen sich im wesentlichen zwei Veränderungen feststellen. Zum einen wurde in den Briefen vermehrt auf die meist alle fünfzehn Jahre vorzunehmende Renovation[140] abgestellt. Zum anderen wurde im Verlauf des 18. Jahrhunderts die Pacht, meist kontinuierlich, erhöht[141]. Das finanzielle Interesse der Herrschaft war neben der Förderung des Wohls der Bevölkerung die Haupttriebfeder bei der Gestaltung des Mühlenrechtes; dies zeigte sich insbesondere in der schon erwähnten Vergabepraxis, aber auch bei der direkten inhaltlichen Gestaltung, zum Beispiel der Pachthöhe und der finanziellen Absicherung, kam diese Gesinnung zum Ausdruck.

Auch bei den Temporalbestandsbriefen machten sich die im Vergleich zum 17. Jahrhundert und zum Anfang des 18. Jahrhunderts gravierenden Veränderungen in der Pachthöhe bemerkbar. So pendelte sich die

---

[139] *R. Schulze*, Neuere vorkonstitutionelle Gesetzgebung, S. 167.
[140] KSchA Zw. Rep. IV, Nr. 1229.
[141] KSchA Zw. Rep. IV, Nr. 265, 266, Bestandsbriefe der Bickenaspacher Mühle.

Pacht der Zweibrücker Stadt- und Schloßmühle laut den Rechnungen von 1571–1699 zwischen 200 und 300 Malter Korn im Durchschnitt und auf 20 bis 30 Malter Weizen ein; im 18. Jahrhundert dagegen wurden im Jahre 1719 332 Malter Korn und 30 Malter Weizen geliefert, aber schon 1737 stieg die Kornlieferung auf 580 Malter, 1746 auf 802 Malter und sogar 1753 auf 1002 Malter Korn an bei gleichbleibenden 40 Malter Weizen[142]. Nicht feststellen läßt sich allerdings, ob es auch zu einer Veränderung der Abgabenart zugunsten der Geldabgabe kam. Das Quellenmaterial bietet keine hinreichende Gewähr für die Richigkeit einer solchen Aussage. Denn oftmals werden in den Akten, Registern und Rechnungen die Abgaben noch unter der Naturalbezeichnung erwähnt ohne dabei irgendwie zum Ausdruck zu bringen, daß sie bereits in Geld umgewandelt sind[143]. So war zwar die Bickenaspacher Erbpacht eine Naturalabgabe; vier bis fünf Malter Spelz mußten laut Erbbestandsbriefen geliefert werden. Diese Bestimmung der Naturalabgabe enthielt der Brief zwar noch, als er 1779 an den Täufer Jacob Lehmann ausgegeben wurde; jedoch wurde die Pacht nachfolgend in Geld gezahlt. Wegen der großen Gefräßigkeit des Wildbrets konnte kein Spelz mehr auf den Feldern angebaut werden; deshalb wurde jedes Malter Korn zu 1 Gulden 45 Kreuzer berechnet[144].

Neben der Pachthöhe können bei den Temporalbestandsbriefen im wesentlichen drei weitere Veränderungen angeführt werden. So wurden die Bestandszeiten etwas verkürzt. Desweiteren wurden in den Briefen der Stadt- und Schloßmühle Zweibrücken im Verlauf des 18. Jahrhunderts erstmals Verordnungen direkt angesprochen und erstmals wurde ein Passus betreffend die Freimähligkeit[145] aufgenommen.

Der Anlaß für die Regelung über die Freimähligkeit war ein Reskript von 1745 mit dem Inhalt, daß die Landmüller nicht mehr in die Stadt fahren durften, um bei den „Ungefreyten“[146] Früchte zum Mahlen abzuholen; sie durften dies nur noch bei den „Gefreyten“, den „herrschaftlichen geistlichen Civil- und Forstbedienten, dergleichen unbegüterte Schützen und Hirten“[147] tun. Das Reskript erging aufgrund der Beschwerden des Zweibrücker Stadt- und Schloßmüllers gegen die hereinfahrenden Landmüller; der Stadtmüller verwies auf seinen Bestandsbrief, wonach alle Einwohner gebannt seien und demnach alle bei ihm zu mahlen hätten. Jedoch waren die Klagen dadurch keinesfalls beendet; die

[142] LA Sp. B 2, Nr. 5324.
[143] Zu diesem Problem vgl. *Lütge*, Mitteldeutsche Grundherrschaft S. 139.
[144] KSchA Zw. Rep. IV, Nr. 265, 266.
[145] Freimählig waren diejenigen, die nicht dem Bann unterworfen waren; dies waren vor allem die herrschaftlichen Bediensteten.
[146] LA Sp. B 2, Nr. 2687.
[147] LA Sp. B 2, Nr. 2687.

Landmüller, aber auch wiederum der Stadt- und Schloßmüller beschwerten sich. Die Rentkammer schreibt: „Dieweilen aber in dem an das Oberamt erlaßenen Rescripto nicht deutlich genug exprimiret oder determinieret worden ist, wer eigentlich unter den gefreyten zu verstehen seyn und nunmehr ein jeder welcher nur den Namen eines Bedienten vor sich hat, unter die Zahl derer Gefreyten begriffen seyn, der Mühlenbeständer dahingegen die general Clausel seines Bestandes, nach welchem alle Einwohner gebannt seyn sollen, vor sich allegiret". Weiterhin führt die Rentkammer aus, daß bei der näheren Bestimmung der Freimähligen auch die nächste Versteigerung zu berücksichtigen sei, da „ein zeitlicher Beständer jedesmahlen bey der Versteigerung auf die Anzahl der Banngäste reflectiret und nach solcher den Anschlag des davon zu ziehenden Molters und jährlich zu übernehmenden Pachtes machet. Damit nun weder zu viel noch zu wenig zu thun, ein beständiges Regulativum und bey hier nächstiger Versteigung hiesiger Mühlen publiciret werden könne, so wäre man bey fürstlicher Renthkammer des ohnmaßgeblichen Dafürhaltens [...]", daß der Artikel zwei des Mühlenbestandsbriefes in Bezug auf eine nähere Konkretisierung der Freimähligen zu ändern wäre. Da auch die Regierung einsah, daß der Bann der Stadtmühle einzuschränken war, da sie aufgrund des starken Anwachsens der Bevölkerung nicht mehr alle Mahlgäste gehörig befördern konnte, stimmte sie der Änderung, aber erst nach Ablauf der Bestandszeit[148], zu; verlangte jedoch auch gleichzeitig, daß die Dorfmüller für den dadurch gewinnenden Vorteil eine „Recognition"[149] zahlen. Es wurde in den Brief eingefügt: „Sollen die Einwohner der hiesigen Stadt und Vorstadt wie auch alle herrschaftlichen Bedienten /:worunter zwar sämtliche Herrn Ministeriale, ingleichen die bei fürstlicher Regierung, Renthkammer, Oberforstamt stehende Herrn Räte, Secretary und Registratores:/, jedoch dergestalten ausgeschlossen sein, daß ihnen frei stehen soll in der allhiesigen oder der Ixheimer Nothmühle mahlen zu laßen"[150]. Die Aufnahme eines solchen Passus erfolgte also, weil man es für nötig befand, ein „beständiges Regulativum" zu haben. Dieses Eingebundensein in den Brief bot zumindest eine gewisse Gewähr für die Rechtsbeständigkeit. Eine Abänderung dieser Regelung war im Gegensatz zur Abänderung von Verordnungen nur in besonderen Fällen möglich; die Herrschaft respektierte den Inhalt und scheute eine direkte andere Gestaltung; dies machte sich auch insbesondere in diesem Fall bemerkbar: Die Regierung ging auf das Ansinnen der Rentkammer nicht ein, den momentan geltenden Brief zu ändern, da der Wortlaut eindeu-

[148] Wegen seines eindeutigen Wortlautes.
[149] LA Sp. B 2, Nr. 2687.
[150] LA Sp. B 2, Nr. 2687.

tig keinerlei Ausnahme vom Bann vorsah[151]. Aber auch der Müller mußte sich als der andere Beteiligte an diese vorgegebene Situation bei seinem Bestandsantritt halten. Die Rentkammer formuliert dies so aus: „[...] nach welcher Limitation und Ausbehalt also sich ein jeder Steiger achten könnte"[152]. Insoweit kann man also durchaus von einer Rechtsbeständigkeit sprechen. Ebenso wurde durch die genaue inhaltliche Bestimmung im Brief Rechtssicherheit geschaffen; der Müller wußte nun genau, wer freimählig war und konnte sich in seinem Klageverhalten darauf einrichten.

Bemerkenswert ist, daß in einigen Briefen auch direkt auf Verordnungen hingewiesen wurde.

In den Briefen der Zweibrücker Stadt- und Schloßmühle wurde ab 1781 folgender Zusatz aufgenommen: „auch übrigens ihn bei den ergangenen Verordnungen vom 10. Juny 1755 und 11. July 1770 wovon ihme auf Begehren Abschrift sollen zugestellt werden, zu schüzen, gleich dann auch er seines Orts zu deren Nachlebung angewiesen werden wird"[153]. Diese Verordnungen betrafen den Mehlhandel, der zwar alle Tage in der Woche erlaubt war; das Mehl mußte jedoch in der öffentlichen Waage abgestellt werden und durfte nur zentnerweise und nie zusammen mit den Kleien verkauft werden[154]. Es drängt sich die Frage auf, warum solche Verordnungen in den Bestandsbriefen aufgenommen wurden. Der Wortlaut spricht den Schutz des Müllers in Betreff der Vorschriften und die Nachlebung durch den Müller an, wobei ihm zur Deutlichkeit auch diese Verordnungen übermittelt werden können. Durch diese Regelung will man also ein Mehr an Rechtsdeutlichkeit gewinnen. Bei der Fülle der erlassenen Verordnungen war es für die Bevölkerung, die meist durch Ausschellen[155] von der neuen Regelung gewahr wurde, nicht leicht, den Überblick über die momentan geltenden Normen zu erlangen. Hier konnte die Aufnahme der geltenden Verordnungen in die Briefe Hilfe leisten. Dadurch wurde auch ein Mehr an Rechtssicherheit geschaffen. Nicht nur, daß der Müller wußte, welche Regeln momentan rechtlich verbindlich waren; er konnte sich auch über deren genauen Inhalt vergewissern. Somit konnte er ersehen, wie er sich rechtmäßig zu verhalten hatte und auch was er gegenüber der Herrschaft an „Manutentenz" verlangen konnte; die vielfach durch die Unwissenheit hervorgerufenen Klagen waren vermeidbar. Darüberhinaus bietet die Aufnahme in den Brief auch praktisch für den

[151] LA Sp. B 2, Nr. 2687.
[152] LA Sp. B 2, Nr. 2687.
[153] LA Sp. B 2, Nr. 5324.
[154] LA Sp. B 2, Nr. 2687, 2688.
[155] LA Sp. B 2, Nr. 5324.

Müller einen größeren Schutz. Er konnte auf eine beständigere Rechtssituation vertrauen als dies bei der Regelung nur durch Verordnungen der Fall gewesen wäre, da durch die Briefe mit ihren vertraglichen Privilegierungen eine gewisse Bindung des Herrschers erreicht wurde. Anders war die Situation bei den Verordnungen; sie wurden in großer Zahl erlassen und binnen kurzer Zeit wieder abgeändert. Aber auch für die Herrschaft bot die Aufnahme Vorteile. Sie war ebenfalls, wie schon oben angesprochen, an einer beständigeren Rechtssituation interessiert. Allein ihre Bemühungen, eine neue Mühlenordnung zu schaffen, um sich so aus dem Gewirr von einzelnen Verordnungen zu lösen, ist als ein solcher Ausdruck zu werten. Durch die Aufnahme der Verordnungen in den Brief und die damit verbundene Kenntnisverschaffung des Müllers war es für den Müller keinesfalls mehr möglich, sich auf die Unwirksamkeit der Verordnungen gegenüber ihm aufgrund Nichtkenntnis zu berufen und die Abänderung oder Aufhebung zu verlangen.

Vor dieser Regelung war die Herrschaft mit zahlreichen Klagen, die auf die fehlende Kenntnis abstellten, befaßt; in den Verfahren wurde die Schwierigkeit, die Kenntnis nachzuweisen, offenbar. Zum Teil versuchte die Herrschaft, auf die potentielle Kenntnis abzustellen. Ein Beispiel dafür ist die Behandlung des Gesuchs von Balthasar Cron, dem Erbbeständer der Hornbacher Klostermühle von 1761 um Aufhebung der Verordnung vom 15. Dezember 1744, wonach Pfarrer, Schultheißen, Hirten und Schützen unter keinerlei Bannalität begriffen seien[156]. Diese Verordnung hätte man ihm, so der Müller, bei der Ersteigerung anno 1746 mitteilen müssen, da er unter diesen Umständen keine so hohe Pacht geboten hätte. Diese Bitte wird abgewiesen mit dem Hinweis auf die grundsätzliche Möglichkeit der Kenntnisnahme durch die Publikation: „Wenn der Supplikant danach seine Mühle bekommen habe, so ist er von der Verordnung, die allen Untertanen publiziert worden, dennoch nicht frei [...]“[157] ansonsten würden sich alle darauf berufen „[...] und der Effect der Verordnung enerviret“[158]. Beim Abstellen auf die potentielle Möglichkeit der Kenntniserlangung lief man jedoch immer Gefahr, daß danach die ordnungsgemäße Publikation angezweifelt wurde, was zumindest langwierige Untersuchungen nach sich zog[159]. Zum anderen Teil versuchte man auf die positive Kenntnis abzustellen. So im Fall des Supplikverfahrens des Zweibrücker Stadt- und Schloßmüller Cron von 1756. Seinem Gesuch auf Abänderung der Verordnung vom 10. Juni 1755,

[156] LA Sp. B 2, Nr. 2687.
[157] LA Sp. B 2, Nr. 2687.
[158] LA Sp. B 2, Nr. 2687.
[159] LA Sp. B 2, Nr. 1116/4, 2687.

die den Mehlhandel samstags auf dem Wochenmarkt gestattete, wurde nicht stattgegeben, da „[...] er dies (die Verordnung) beim Bestandsantritt gewußt habe“[160]. Jedoch war auch diese positive Kenntnis oft schwer zu beweisen[161]. Durch die in den Briefen getroffene Regelung war der Beweis der Kenntnisnahme unproblematisch geworden.

7.2.2.2.2 Rechtliche Klassifikation der Briefelemente

Auch im Verlauf des 18. Jahrhunderts wurde durch die Briefe Recht gesetzt und dargestellt. Durch die Regelungen über die Privilegierungen, über die Pachthöhe und über die Renovation wurde neues Recht geschaffen.

Ob auch durch die Einfügung des Passus über die Freimähligkeit Recht gesetzt wurde, erscheint fraglich. Möglicherweise wäre dieser Punkt als Ausdruck der Rechtsgewohnheit und damit als Rechtsdarstellung zu verstehen. Bei der der Einfügung vorausgehenden, die Rechtslage betreffenden Untersuchung wurde festgestellt, daß bei anderen Bannmühlen „seit einiger Zeit observiert worden“, daß zu den gefreiten Personen „alle und jede Bediente ohne Unterschied gerechnet werden“. Aber nicht nur bei den Bannmühlen, sondern auch bei den anderen Mühlen wurde laut eingezogenen Berichten der Ober- und Unterämter die Freihmähligkeit in diesem Sinn verstanden und sich danach verhalten, sodaß die Rentkammer festhalten konnte, daß dies „durchgängig und hergebrachte Observanz sei“. Diese Rechtsgewohnheit hat allerdings, soweit es das durchgesehene Quellenmaterial ergab, nur in einer obrigkeitlichen Entscheidung Ausdruck gefunden; bei der Vergabe der Traumer Mühle an Henrich Lahmen 1743 wurde schon vor Ausstellung des Bestandbriefes „einsweilen pro resolutione“ dem Müller bedeutet, daß er bei allen gefreiten Personen die Früchte zum Mahlen abholen dürfe; ob diese Regelung auch in den Brief aufgenommen wurde, läßt sich aus den Akten nicht herleiten.

Vor diesem Hintergrund liegt der Schluß nahe, die Regelung im Brief als Darstellung der Rechtsgewohnheit zu sehen; jedoch ist diese Schlußfolgerung verfrüht und wird deshalb dem Sachverhalt nicht gerecht. Bei näherer Untersuchung fällt nämlich auf, daß die rechtsgewohnheitsmäßig begründete Bestimmung der freimähligen Personen – dies

[160] LA Sp. B 2, Nr. 2687.

[161] So beim Beweis der Kenntnis des Schifliker Müllers von der Verordnung vom 10. Januar 1754 bezüglich des Mehlhandels LA Sp. B 2, Nr. 2687.

waren alle herrschaftlichen, geistlichen, Zivil- und Forstbedienten, desgleichen unbegüterte Schützen und Hirten – so nicht in den Briefen Anklang gefunden hat. Ausdrücklich hatte die Rentkammer darauf hingewiesen, daß diese undifferenzierte Auffassung über den Begriff der freimähligen Personen nicht einfach übernommen werden könnte. „So wird nach fürstlicher Renthkammer Erachten dasjenige was bey anderen Bannmühlen in Ansehung der gefreyten Persohnen zu welchem alle und jede Bediente ohne Unterschied gerechnet werden seit einiger Zeit observiert werden, nicht wohl füglich in einem so weit ausschweiffenden Verstand auf hiesige Mühle, welche herrschaftlich ist und nur temporaliter verliehen wird, appliciret und extendiret werden können, maßen bei den erbbeständlichen Privatis die einmal regulierte Erbpacht beständig fortdauert, es mag sich die Anzahl derer Banngäste vermehren oder verringern, dahingegen bey der hiesigen herrschaftlichen Mühl ein zeitlicher Beständer jedesmahlen bey der Versteigung auf die Anzahl der Bangäste reflectiret und nach solcher den Anschlag des davon zu ziehenden Molters und jährlich zu übernehmenden Pfachts machet"[162]. Man war also in Anbetracht des bei jeder Versteigerung neu zu erzielenden, möglichst hohen Pachtzinses darauf bedacht, möglichst wenige Personen vom Bann auszuschließen; deshalb übernahm man die in anderen, erbbeständlichen Bannmühlen herrschende Observanz nicht in diesem Umfang. Obwohl also nur ein Teil der Rechtsgewohnheit übernommen wird, wird diese Regelung in ihrem inhaltlichen Charakter nicht derart verändert, daß von der Schaffung neuen Rechts gesprochen werden könnte; wesentliche Punkte wurden beibehalten; so war ein großer Teil der herrschaftlichen Bedienten weiterhin freimählig. Der Brief stellte insoweit Recht dar.

Schwierig ist jedoch die Feststellung, ob es sich bei dieser Darstellung von Recht lediglich um einen Wandel in der Überlieferungsform handelt oder ob der Geltungsgrund der Norm verändert wird; das Quellenmaterial ist insoweit wenig ergiebig; nur einige indirekte Hinweise können herangezogen werden. Herauszustellen ist zum einen die Tatsache, daß in den Briefen, die diesen Passus beinhalteten, nie auf die Rechtsgewohnheit verwiesen wurde; in den Fällen aber, bei denen in den Briefen die Rechtsgewohnheit lediglich in der Überlieferungsform umgewandelt wurde, sind meist solche Hinweise zu finden, zum Beispiel durch direkte Formulierungen: „das Holz nach bisheriger Observanz"[163] oder aber durch Umschreibungen zu finden z.B.: „gewöhnliche Waag-

[162] LA Sp. B 2, Nr. 2687.
[163] LA Sp. B 2, Nr. 5323.

geld"[164] oder durch das Wort „herkömmlich"[165]. Andererseits ist festzuhalten, daß zwar kein neues Recht durch die Veränderung gesetzt wurde, aber sehr wohl eine Veränderung der Rechtsgewohnheit insoweit eintrat, daß die Regelung nicht mehr insgesamt, wie dies seit Jahren der Fall war, sondern nunmehr nur noch partiell Geltung haben sollte; eine einfache inhaltliche Übernahme der Rechtsgewohnheit lag also auch gerade nicht vor; der Inhalt wurde vielmehr, im obig geschilderten Rahmen, von der Obrigkeit gestaltet. Beide hier angesprochenen Punkte könnten auf eine Veränderung des Geltungsgrundes hindeuten. Die Regelung könnte nunmehr nicht mehr „kraft Herkommen", sondern „kraft obrigkeitlichen Erlasses" gegolten haben.

Die Aufnahme einiger Verordnungen in den Text der Bestandsbriefe stellt eine Wiederholung schon vorhandenen Rechtes dar. Durch diese Fixierung und Ordnung des Rechts sollte eine größere Rechtseinschärfung, Rechtsdeutlichkeit und auch Rechtssicherheit herbeigeführt werden. Insoweit ist demgemäß von einem rechtsdarstellenden Charakter der Regelung auszugehen.

Auch im Verlauf des 18. Jahrhunderts sind die Briefe als hoheitliche Rechtssetzung und Rechtsdarstellung zu verstehen; in Bezug auf die Einbindung der Rechtsgewohnheit läßt sich eine erste Lösung der Gesetzgebungsgeschichte aus der Verzahnung mit der Entwicklung der Rechtsgewohnheit erkennen.

7.2.3 Flexibilität der Rechtsgestaltung

In den vorhergehenden Abschnitten wurde gezeigt, daß die Mühlenbriefe als Mittel hoheitlicher Rechtsgestaltung zu vestehen sind. Es bleibt die Frage zu klären, inwieweit sich in den Briefen die Flexibilität des einzelgesetzlich und einzelgesetzähnlich gestaltenden Instrumentariums des Absolutismus ausgeprägt hat. Zur genauen Beantwortung dieser Frage muß auch hier der gesamte Verlauf des 18. Jahrhunderts diesbezüglich zu untersucht werden; denn nur so können auch Veränderungen im Hinblick auf diese Instrumentalität dargestellt werden.

Das Verständnis des Privilegs als Regelungsinstrument in der Hand der landesfürstlichen Gewalt zeigt sich bereits in der Verwendung für die im Laufe des 18. Jahrhunderts zunehmenden Bestandsvergaben. Die Bestandsbriefe waren stets direkt nur jeweils auf einen Adressat ausgerich-

[164] LA Sp. B 2, Nr. 5324.
[165] LA Sp. B 2, Nr. 5324.

tet und boten dadurch die Möglichkeit einer individuelleren Ausgestaltung als dies bei einem im Vergleich dazu starren Gesetz möglich gewesen wäre, das auf eine Vielzahl von Betroffenen zugeschnitten war.

Diese Flexibilität, die sich durch die Vergabe von den Briefen ergab, kann jedoch nicht darüber hinwegtäuschen, daß der Landesherr die Aktivitäten der wirtschaftenden Individuen offenbar nicht unbeschränkt steuern konnte; war ein solches Mühlenprivileg einmal ergangen, so stand es unter landesherrlichem Schutz und konnte, da es nicht auf Gnadenbasis, sondern aufgrund eines Vertrages erteilt wurde, nicht ohne hinreichenden Grund wieder zurückgenommen werden. Diese Selbstbindung des Landesherrn schränkte demnach die bewegliche Handhabung der Briefe ein. So ist es nicht verwunderlich, daß Tendenzen feststellbar sind, sich aus dieser Gebundenheit zu lösen. Jedoch erwies sich dies für die Herrschaft als schwierig.

Zwar boten die Temporalbestandsbriefe, in denen kurzfristig die Privilegien erteilt und Leiheverhältnisse begründet wurden, ein geeignetes Mittel zur Erreichung einer höheren Flexibilität; die Selbstbindung dauerte hier ja aufgrund ihrer Befristung nur einige Jahre; danach konnte der Bestand zu völlig neuen Bedingungen vergeben werden. Eine wirklich spürbare Vermehrung der Erteilung von Temporalbeständen kann jedoch nicht festgestellt werden. Zum einen scheiterte dies an den Müllern, die daran interessiert waren, zu einer möglichst großen Sicherheit zu gelangen, „da man die Erbpacht nicht erhöhen kann"[166]. Der Widerstand der Herrschaft gegen die Erteilung eines Erbbestandsbriefes beziehungsweise die Umwandlung in einen Erbbestandsbrief war auch relativ leicht durch die angebotene Höhe der Pacht zu brechen. Das schon an anderer Stelle geschilderte Beispiel der Umwandlung des Temporalbestandsbriefes der Goffingsmühle zeigt dies in eindringlicher Weise. Die Herrschaft schlägt das erste Angebot des Schwiegersohns von Aulenbach für die Erbpacht aus, da es ihr zu niedrig erscheint; sie hält an der temporalen Verleihung fest; erst nachdem kein angemessenes Angebot eingeht, läßt sie sich wieder auf die Verhandlungen mit dem Schwiegersohn ein, die schließlich auch zur Umwandlung führen[167]. Zum anderen war das Interesse der Herrschaft letztendlich an der Einführung von Temporalbeständen wegen des schon oben angedeuteten finanziellen Aspekts weniger groß. Die vermehrte Vergabe von Bestandsbriefen führte dazu, daß ein flächendeckendes Netz von Mühlen entstand. Aufgrund dieser Dichte sank die Pacht bei den Temporalbeständen immer mehr ab, denn bei

[166]LA Sp. B 2, Nr. 2687.
[167]KSchA Zw. Rep. IV, Nr. 1685.

dem „[...] Temporalbestand (wird) auf Banngäste reflektiert [...]"[168], hingegen bei den „[...] erbbeständlichen Privatis die einmal geregelte Pacht gilt, gleich wieviel Gebannte"[169].

Es ist lediglich festzustellen, daß die Temporalbestandsbriefe im Verlauf des Jahrhunderts in etwas kürzeren Fristintervallen vergeben wurden. So war der Bestand der Goffingmühle 1709 noch auf zwölf Jahre angelegt[170]. Für eine Verlängerung der Frist über zehn Jahre bei der Zweibrücker Stadt- und Schloßmühle gingen zwar verschiedentlich Gesuche[171] ein. Diesen wurde jedoch nicht entsprochen; die Frist pendelte sich auf sechs beziehungsweise neun Jahre ein. Der Hinweis, die Frist richte sich danach, ob der Bewerber für „raisonabel"[172] befunden wurde, vermag dabei nicht zu überzeugen. Einerseits wurde, wie schon festgestellt, die Geeignetheit der sich bewerbenden Müller nicht besonders geprüft; andererseits wurde, auch wenn das Oberamt einen Müller besonders empfahl, die Frist nicht über zehn Jahre verlängert[173].

Ein weiteres Mittel einen Einfluß auf die Bestände zu nehmen, boten die Renovationsscheine, wenn auch nur im begrenzten Maß. Durch sie konnte nachgeprüft werden, ob der tatsächliche Bestand noch der erteilten Erlaubnis entsprach; bei entsprechendem Ergebnis konnte auch nachgebessert werden. Auffallend ist, daß gegen Ende des 17. Jahrhunderts[174] und auch noch Anfang des 18. Jahrhunderts[175] von einer solchen Renovation weder in den Erbbestandsbriefen noch in dem sonstigen Quellenmaterial aus dieser Zeit die Rede ist. Aus den Mühlenprotokollen für das Oberamt Zweibrücken[176] von 1744 und auch für das Oberamt Lichtenberg[177] von 1743 geht hervor, daß für einige, vornehmlich neuere Bestände, wie zum Beispiel den der Mimbacher Blies- und Verwaltungsmühle von 1743, eine solche Renovationspflicht bestand. Bei der weiteren Durchsicht der Bestandsbriefe, die in der zweiten Hälfte des 18. Jahrhunderts erteilt wurden, läßt sich erkennen, daß der Passus, der die Renovation betraf, verstärkt aufgenommen wurde[178]. So ist auch die An-

---

[168] LA Sp. B 2, Nr. 2687.

[169] LA Sp. B 2, Nr. 2687.

[170] KSchA Zw. Rep. II, Nr. 323.

[171] LA Sp. B 2, Nr. 5323, Anfrage des Lorentz Cron vom 8. Jan. 1765; LA Sp. B 2, Nr. 5324 Anfrage des Ludwig Cron vom 14. Okt. 1786.

[172] LA Sp. B 2, Nr. 5323.

[173] LA Sp. B 2, Nr. 5324 Oberkeller weist insbesondere am 20. November 1786 gegenüber der Rentkammer auf die Rechtschaffenheit des neuen Bewerbers Joseph Hauther hin, was jedoch auch nicht zu einer Verlängerung der Frist über zehn Jahre führt.

[174] KSchA Zw. Rep. IV, Nr. 407.

[175] KSchA Zw. Rep. IV, Nr. 265.

[176] LA Sp. B 2, Nr. 295/5.

[177] LA Sp. B 2, Nr. 294/7.

[178] KSchA Zw. Rep. IV, Nr. 1229.

frage der Kellerei Lichtenberg aus den 70er Jahren nicht verwunderlich, „ob auch diejenigen in deren Erbbestandsbrief von der Renovation nichts erwähnt sey, derley bey ihnen auch noch niemahlen eine Renovation zugemuthet wurde, darunter zu rechnen wären"[179]. Leider schweigt die Akte über das weitere Vorgehen. Jedoch zeichnet eine aus dem Jahre 1791 vom Oberamt Lichtenberg stammende Aufstellung der Erbbeständer, die ihre Bestandsbriefe nach den abgeflossenen fünfzehn Jahren zu renovieren haben, eine recht umfassende Erneuerungspflicht[180].

Natürlich boten auch die außerordentlichen Beendigunggründe Einflußmöglichkeiten, eine ungewollte Bindung durch die Briefe zu beseitigen. Eine zunehmende Tendenz im Laufe des 18. Jahrhunderts diese vorzeitigen Beendigungmöglichkeiten wahrzunehmen, ist zwar spürbar. Gab es Anfang des 18. Jahrhunderts keinerlei Fälle, in denen die Herrschaft solche Beendigungsgründe heranzog, so sind bereits Mitte des 18. Jahrhunderts einige diesbezügliche Fälle bekannt. Die Umstände, die die vorzeitige Weitergabe der Zweibrücker Stadt- und Schloßmühle von 1762 und 1763 betrafen, bieten dazu ein anschauliches Beispiel[181]. Jedoch blieb es lediglich bei den Versuchen; auf den Grund „in favoram Publici" ließ man sich nicht ein; die auf Bestandsverletzungen basierenden Gründe griffen letztendlich nie durch.

Die Flexibilität der Briefe zeigt sich weniger in Abänderungen ihres Inhalts. Es werden zwar in der inhaltlichen Ausgestaltung der Briefe durchaus Einflüsse eines wachsenden merkantilistischen Denkens bemerkbar. So versuchte man, wie bereits dargestellt, zuerst durch rigide Regelungen – zum Beispiel durch das Verbot des Mehlhandels für fremde Müller, durch die Einschränkung der Freimähligkeit und damit eine weitere Konzentration auf den Bann – den aufkommenden Wettbewerb einzuschränken[182]; aber erst allmählich, im vierten Quartal des Jahrhunderts, wurden Verordnungen direkt in die Briefe aufgenommen, die diese strenge Regelungen wieder auflockerten[183]. In Anbetracht der Fülle von Verordnungen, die im Verlauf des 18. Jahrhunderts gerade im Hinblick auf eine weiter zunehmende Lockerung des Bannes und des Mehlhandels erlassen wurde, und auch in Anbetracht der besseren direkten Einflußmöglichkeiten auf die Briefe, die man sich durch die Verkürzung der Vergabezeiten und durch die Renovation geschaffen hatte, war aber die Einbindung der neuen Rechtsauffassung in die Bestandsbriefe eher ge-

[179] LA Sp. B 2, Nr. 296.
[180] LA Sp. B 2, Nr. 296.
[181] LA Sp. B 2, Nr. 2688.
[182] LA Sp. B 2, Nr. 5324, 2687, 2688.
[183] LA Sp. B 2, Nr. 2687, 2688.

ring. Zurückzuführen ist dies auf die Respektierung der auf vertraglicher Grundlage ausgestalteten Bestände. Man versuchte vorwiegend durch Verordnungen Veränderungen herbeizuführen.

Gleichwohl könnte die neue Rechtsauffassung einen Wandel der materiell- und prozeßrechtliche Funktion der Mühlenbriefe im Verlauf des 18. Jahrhunderts bewirkt haben. Dies ist im nachfolgenden Abschnitt zu klären.

7.3 Materiell- und prozeßrechtliche Funktion der Mühlenbriefe im Wandel

7.3.1 Funktion der Mühlenbriefe

Die Briefe, insbesondere die Bestandsbriefe waren die rechtliche Basis nach der sich das Verhalten der Beteiligten und eventuell auch Dritter (der Gebannten) richtete. Verhielt man sich entsprechend, so konnte man darauf vertrauen, rechtmäßig gehandelt zu haben; ebenso bildeten sie bei Nichteinhalten ihrer Regelungen die Anspruchsgrundlage. Sie stellten mithin die Rechts- und Anspruchsgrundlage dar und wurden in dieser Funktion in gerichtlichen Streitigkeiten und Supplikverfahren herangezogen.

In diesen Streitverfahren wird aber nicht nur die materiellrechtliche Funktion der Briefe deutlich, sondern es wird auch ihre prozeßrechtliche Funktion sichtbar. So waren die Briefe in ihrer Urkundeneigenschaft bei der Beweisführung ein äußerst wichtiges Beweismittel. Außerdem hatte der Brief Auswirkungen auf die Beweislastverteilung; der klagende Müller, der einen Brief in Händen hielt und Ansprüche aus dem Brief geltend machte, mußte nicht die Beweislast tragen.

Der Brief vermittelte demnach eine starke Position in materiell- und prozeßrechtlicher Hinsicht. Diese Funktion war aber im Verlauf des 18. Jahrhunderts Änderungen unterworfen.

7.3.2 Wandel der Funktion der Mühlenbriefe

7.3.2.1 Wandel im Verhältnis des Müllers zu Dritten

Bei den Bannstreitigkeiten mit den Mahlgästen genügte die Vorlage des Briefes zur Geltendmachung des Anspruches und die Beschuldigten mußten ihre Unschuld beweisen, wobei diese Beweisverfahren in aller Kürze geführt wurden.

So verklagte der Annweiler Müller etliche bei ihm gebannte Mahlgäste wegen des auswärtigen Mahlens. Die darauffolgende Untersuchung bestand lediglich in der Anhörung der gegenseitigen Stellungnahmen, dem „Contradictio", das am 16. Mai 1742 erfolgte. Die Beklagten wurden zuerst gehört und versuchten, ihr Verhalten zu erklären, gegebenfalls zu rechtfertigen, wobei sie auch Anschuldigungen wegen des schlechten Mahlens gegen den Müller erklärten. Auf diese Stellungnahmen reagierte der Müller jedoch nur kurz. So sagte Ludwig Schiemer von Sarnstall, er lasse nur die auswärts gekauften Früchte auswärts mahlen, die anderen aber ließe er in Annweiler mahlen. Der Müller verweist daraufhin lediglich auf das im Bestandsbrief geregelte Bannrecht. Johannes Matz von Sarnstall gibt zur Entschuldigung, daß der Müller die Früchte so schlecht gemahlen habe, daß er kein Brot daraus backen konnte, er hoffe nicht, daß er bei „diesen Umständen etwas Strafbares "getan habe, er müsse sein Brot hart in den „Rödern" verdienen und könne nicht „für sein Mehl um die Wege gehen"[184]. Der Müller geht hierauf überhaupt nicht ein und verlangt Bestrafung nach seinem Bestandsbrief. Mit diesen floskelhaften Erklärungen des Müllers, daß die Anschuldigungen der Beklagten falsch seien und daß er sich auf seinen Bestandsbrief berufe, war die Untersuchung beendet und die Resolution, die meist die Bestrafung der Beklagten vorsah, wurde ausgesprochen. Allein wichtig dabei war, daß gegen den Bestandsbrief verstoßen wurde; selbst wenn der Beklagte einen Verstoß verneinte, wurde er auf das Betreiben des Müllers in gemäßigter Form bestraft. So entschuldigt sich Conrad Hertel Schmidt zu Sarnstall, daß er nur wenig Frucht habe und deshalb Brot und Mehl gekauft habe. Der Müller entgegnete darauf: „er könne nicht glauben, daß er nur Mehl kaufe, sondern er werde Früchte kaufen und mahlen lassen wie alle andere auch". Die Resolution lautete dann: „Weil man nicht glauben kann, daß der Beklagte nur Mehl gekauft habe, so muß er die Hälfte seiner Hausconsumtion an doppelten Molter zahlen"[185]. Rechtfertigungsgründe wurden nur in besonderen Fällen berücksichtigt.

Schon 1749, als der Befehl der Rentkammer an das Oberamt gelangte, die 1742 angesetzte Strafen endlich einzuziehen, kam es aber zu einer ersten Verunsicherung[186]; zwar ordnete das Oberamt die Zahlung durch die Straftäter an; nachdem sich jedoch einige beschwerten, daß sie nichts Unrechtes getan hätten, da sie nicht außer Landes mahlen ließen und in

[184] LA Sp. B 2, Nr. 5314.
[185] LA Sp. B 2, Nr. 5314.
[186] LA Sp. B 2, Nr. 5314.

Zweibrücken eine Verordnung existiere, wonach dies erlaubt sei, sprach das Oberamt keine Resolution gegenüber den Betroffenen aus, sondern verlangte nach einem Verhaltensbefehl[187]. Was noch vor wenigen Jahren völlig eindeutig und schnell selbst geregelt wurde, war jetzt fraglich. Der Grund für diese Veränderung lag darin, daß nunmehr herrschaftliche Entscheidungen erlassen waren, wonach das außer Landesmahlen verboten war und das auswärtige Mahlen nur erlaubt war, wenn die auswärts gekauften Früchte auch dort, wo sie gekauft wurden, gemahlen wurden. Allerdings war diese Entscheidung noch nicht in Annweiler publiziert. Diese herrschaftlichen Erlasse traten neben die Bestandsbriefe als Rechtsgrundlage und verdrängten ihre umfassende Rechtsverbindlichkeit in solchen Fällen (Bannstreitigkeiten mit Mahlgästen) immer mehr.

Diese abgeschwächte Funktion wird aus einer Supplik von Balthasar Cron, dem Beständer der Hornbacher Klostermühle, aus dem Jahre 1761 deutlich. Er beschwert sich, daß das Oberamt ihn bei der Untersuchung abgewiesen habe, da er den Bann für die Höfe (Bicken Hecken Aspacher Höfe, Heybeldingen und Althornbach) durch die alleinige Vorlage des Erbbestandsbriefes nicht habe beweisen können. Der Müller sagt, daß „angezogenen Höfe bey dem mir gewordenen Erbbestand, samt und sonders dem Althornbacher Hof längstens incorporirt gewesen, mithin ganz incontessablement unter dem Mühlen Bann begriffen und verstanden worden“[188]. Obgleich dieser Tatsache sei er abgewiesen worden, da er habe „bloß aus meinem Erbbestandsbrief agiren müßen und keinen andere Beweis oder Documenta vor mir hatte“[189].

Auch Lorentz Cron, der Beständer der Zweibrücker Stadt- und Schloßmühle, beschwerte sich 1769 wegen der abgeschwächten Funktion des Briefes in ganz ähnlicher Weise[190]. Er führt an: Es sei nicht genug, „daß er nach seinem Bestand eine so starken Pacht zahlen müße, es müße auch nach ihm gehandhabt werden. Hierauf könne er beim Oberamt nichts oder wenig sehen. Vormals hat man ad Implorationes eines zeitlichen Beständers, wann dieser oder die seinigen einen Banngast entdeckt oder gar auf der Tat ertappt haben, daß er seine Früchte in eine Mühle außer Bann bringt oder das gemachte Mehl nach Haus führen wollte, den angegebenen Contravenienten über die Beschaffenheit sonder viel Weisung eidlich vernommen und nach Befund zur gesetzmäßigen Strafe gezogen. Nunmehro aber werde ich öfters bei ähnlichen Fällen mit solcherley ohnparteyischen Beweisführung beladen, daß man schon zum voraus weiß

[187] LA Sp. B 2, Nr. 5314.
[188] KSchA Zw. Rep. IV, Nr. 1674.
[189] KSchA Zw. Rep. IV, Nr. 1674.
[190] LA Sp. B 2, Nr. 5323.

wie solchen aufzubringen einer mehr im stande sei und dabei muß mir es noch vielmals zum Glück nehmen, wann nebst der Amtsgebühr, nicht auch den Bauern den Gang zahlen muß; diese wissen dieselben, derohalben laßen sie ihre Früchte mahlen wo sie wollen, hohlen das Mehl nachts und abends ab und werden sie auch 10mal von meinen Leuten erwischt, so gilt deren Testimonium nichts und der Contravenient ist frei, ich dagegen habe die Kosten, ja ich kann wohl sagen, daß man den Bauern meiner zu äußerst und von einem Richter nie zu erwarteten Prostitution, bey seiner Contravention noch Muth zu machen sucht. Dann als vorige Woche, wie anliegendes Extractus protocolli zeiget, der Henrich Jacob von Auerbach bey dem Oberamt geklagt, was maßen mein Mühlknecht ihm 3 Faß Mehl, so er von dem Müller zu Schiflik gekauft und auf dem Pferd geführet, abgeworfen habe, fort um die Restitution gebeten, von mir hingegen begehret worden, daß er schwören solle, wie es würcklich gekauft und kein von seinen Früchten gemachtes Mehl seye, wovon sich aber im Protcollo nichts, wohl aber die Müller notiert findet, wurde hier auch nicht reflektiret, sondern das in fine bemelte Extractus gesetzete Resolutum erteilt"[191].

Diese deutliche Änderung im Prozeß ging einher mit der geschmälerten materiellrechtlichen Bedeutung, die schon in den obigen Beispielen angedeutet wurde; sie wurden gegen Ende des 18. Jahrhunderts überwiegend nicht mehr als alleinige Anspruchsgrundlage angeführt, sondern es wurden die betreffenden herrschaftlichen Entscheidungen vom 10. Juni 1755 und 11. Juli 1770 mitgenannt. So klagte der Zweibrücker Stadt- und Schloßmüller 1788 gegen die auswärtigen Müller, die Mehlhandel nicht nur an den Wochenmarkttagen betrieben. Dabei berief er sich auf seinen Erbbestandsbrief und die herrschaftlichen Entscheidungen. Die Rentkammer ordnete daraufhin dem Oberamt an: „Diese Sache unausgesetzt zu untersuchen" und „nach Vorschrift der Verordnung und des Bestandsbriefs zu verfahren"[192].

Die hier aufgezeigte Tendenz macht sich nicht nur im Supplik-, sondern auch im Gerichtsverfahren bezüglich der Bannstreitigkeiten bemerkbar.

So klagt der Pfestelbacher Müller 1743 gegen die Gemeinde Schwarzenerden, da selbige bei ihm gebannt sei, aber nicht bei ihm mahle. Da er sich jedoch nur auf das Pfestelbacher Kirchenweistum diesbezüglich berufen und sich nicht auf einen Bestandsbrief stützen kann, da ein solcher ihm noch nicht ausgestellt wurde, wird die Klage vom Oberamt durch ein sogenanntes Interlocut abgewiesen. Auch die Regierung erklärt dar-

[191] LA Sp. B 2, Nr. 5323.
[192] LA Sp. B 2, Nr. 5324.

aufhin im Hinblick auf die abschließende Sentenz, daß der Müller die Bannalität nicht hinlänglich erweisen könne, da er keinen Bestandsbrief vorlege[193].

Aber schon 1763 ergab sich ein anderes Bild. Der Hornbacher Müller Cron klagt gegen den Althornbacher Hof und den Rinckweiler Hof, da solche bei ihm nicht mahlten, der Erbbestandsbrief aber von der Bannalität der Stadt Hornbach und des Althornbacher Hof und des Rinckweiler Hof spreche[194]. Er stellt zuerst die Vorgeschichte dar: Als er die Bewohner des Rinckweiler Hofes ertappte, daß sie in der Bickenaspacher Mühle mahlten, habe er ihr Mehl pfänden lassen. Deshalb sei es zur Klage gekommen. Dabei sei vom Oberamt ein besonderer Beweis der Bannalität gefordert worden, den er allein durch seinen Brief jedoch nicht habe erbringen können; er sei abgewiesen worden. „Das Urteil sei von der Art, daß sein Bestand zum Beweis nicht dienen soll, er so gegen alle Bürger einen Process alsbald führen müße, da sie sich entziehen wollten, woraus folge, daß entweder die Mühle leer stehe oder er beständig Proceßse führen müßte, wobey er beständig abgewiesen würde, da er keinen anderen Beweis als den Brief habe“[195]. Durch dieses Verhalten werde „sein Erbbestandsbrief vom Oberamt verworfen“, und er habe appelliert, da im Erbbestandsbrief das „Principium generale ohne einige Ausnahme festgesetzt. Sei dieser Punct constatiret, so ist meine Intention dergestalten begündet, daß der Gegentheil, der dem ohngeachtet zu meiner Mühle nicht gebannt seyn behaupten will, seine diesfalsige Exemtion rechtsbeständig beweisen muß“[196]. Es ist anzumerken, daß der Müller es aber bis dahin nicht für nötig befunden hatte, seinen Originalbrief vorzulegen, dies geschah erst beim Beweisantritt nach der Urteilsverkündung des Oberamtes. Da der Müller sich im Verlauf des Prozesses aber nicht nur auf seinen Brief beschränkte, sondern auch ein Weistum und Rechnungen vorlegte, wurde ihm der Bann im ersuchten Umfang vom Gericht zugesprochen[197]. Nachdem aber die Gegenpartei ihrerseits eine Appellation einlegte und nun die Zahlung des 24. Teil des Molters forderte, wie ihn das Weistum vorschrieb, wurde diesem Begehren stattgegeben[198]. Man stellte also nicht auf die Regelung im Brief ab; lediglich die Rentkammer erklärte auf die Denuntiationsschrift, daß das Weistum durch die Bestandsbriefe diesbezüglich abgeändert worden sei; deshalb seien die Bestandsbriefe, die den 12. Teil vorschreiben, alleinig maßgebend.

---

[193] LA Sp. B 2, Nr. 294/4.
[194] LA Sp. B 2, Nr. 1116.
[195] LA Sp. B 2, Nr. 1116.
[196] LA Sp. B 2, Nr. 1116.
[197] LA Sp. B 2, Nr. 1116.
[198] LA Sp. B 2, Nr. 1116.

Diese Veränderungen vollzogen sich allmählich; es gab keine ununterbrochene Entwicklung; hin und wieder kam es vor, daß die Bestandsbriefe wieder ihre umfassende Funktion innehatten. Von einer solchen Sicht auf Seiten der Bevölkerung, die jedoch mehr und mehr nur noch vereinzelt vorlag, zeugt auch folgendes Beispiel. Anläßlich der Zwistigkeiten der drei Hornbacher Müller über den Bann in den fünfziger Jahren des 18. Jahrhunderts legte der Hornbacher Müller Henrich Weber einen verfälschten Erbbestandsbrief vor, um den zweiten Bann vor der Goffingsmühle schnell und vollkommen zu beweisen[199]. Das Oberamt erkannte die Täuschung und vermerkte: „so producierte er seinen Bestand, worinnen ongefehr die Worte enthalten: Wann der Müller zu Hornbach nicht befördern könne, so sollte er der Bannmüller seyn. Da man es aber genau besehe, so hat man die Radierung und gefunden, daß es folgender gestalten geheißen: Wann die Müller zu Hornbach nicht befördern können. Wäre mithin aus dem Plurali der Singularis gemacht"[200]. Das Oberamt legte ihm daraufhin das Purgatorium auf. Obgleich solche Fälle ab und an vorkamen, erkennt man jedoch, wenn man den gesamten Verlauf des 18. Jahrhunderts betrachtet, daß dies Ausnahmen waren und der obig geschilderten Tendenz dadurch kein Abbruch zugefügt wird.

7.3.2.2 Wandel im Verhältnis des Müllers zur Herrschaft

Auffallend ist, daß es, bei Durchsicht des gesamten Quellenmaterials, während des ganzen Jahrhunderts zahlreiche Fälle gab, in denen die Briefe ihre anfängliche Funktion in materiell- und prozeßrechtlicher Hinsicht bewahrten. Dies scheint im Widerspruch zu dem obigen Ergebnis zu stehen; bei einer differenzierten Betrachtung tritt jedoch Klärung ein. In allen Fällen, bei denen der Brief als Rechts- und Anspruchsgrundlage zwischen der Herrschaft und dem Müller fungierte und die nicht den Bann[201] zum Gegenstand hatten, hat er seine umfassende Bedeutung nie eingebüßt.

Ersichtlich wird dies am Beispiel des Supplikverfahrens des Zweibrücker Stadt- und Schloßmüller Joseph Hauther von 1790. Er ersucht die Rentkammer, eine andere Regelung zu treffen, als dies im Bestandsbrief bezüglich des Mehlwiegens vorgesehen sei[202]. Nach Artikel 1 seines Bestandsbriefes sei er schuldig, das Kommis in dem Verhältnis zu mahlen,

[199] LA Sp. B 2, Nr. 1116/4.
[200] LA Sp. B 2, Nr. 1116/4.
[201] Im weitesten Sinne, also den Mehlhandel mitbegriffen.
[202] LA Sp. B 2, Nr. 5325.

daß jeder Malter Korn, welches im Durchschnitt 136 bis 140 Pfund wiegen soll, 110 Pfund Mehl und 15 Pfund Kleien ergebe. Da er aber habe feststellen müssen, daß das Malter im Durchschnitt weniger als 138 Pfund wiege, er aber gleichviel Mehl und Kleien liefere, so bedeute dies für ihn einen großen Verlust. Deshalb fordert er, daß „von nun an alles Commiss nicht nach dem im Bestand vorgeschriebenen Regulativ, sondern nach dem Gewicht gemahlen werde“[203]. „Die Mühlenordnung weist die Müller an, auf das Gewicht zu mahlen und ein jeder Mahlgast kann nicht mehr (fordern) [...] als das Gewicht seiner Frucht nach Abzug des Molters Kleyen und Flug beträgt. Dieser Ordnung will ich mich beym Commissmahlen auch unterwerfen, mithin nach dem Gewicht mahlen, wobey die Herrschaft und der Müller nichts verlieret, es mag das Korn wiegen so viel es will“[204]. Die Rentkammer geht auf den Änderungswunsch nicht ein, sondern bleibt im Rahmen, den der Bestandsbrief vorgibt; sie bewilligt nur eine Vergütung, wenn das Maltergewicht sich nicht in den vom Bestandsbrief festgesetzten Grenzen bewegt.

Aber nicht nur in den für die Herrschaft positiven Fällen, wenn sie den Bestandsbrief als Anspruchsgrundlage nutzte, hatte der Brief seine angestammte Wichtigkeit. Auch in den Fällen, in denen der Brief als rechtliche Grundlage dem Müller zugute kam, entfaltete er seine volle Wirkung. Die Zwistigkeiten der drei Hornbacher Müller von 1757 können hierzu als Beispiel dienen[205]. Der Müller Henrich Weber hatte in seiner Mühle kaum etwas zu mahlen, da die beiden anderen Mühlen zu Hornbach, die Bannmühlen, ihre Werke verstärkt hatten; die Hauptmühle mit einem Gang ao. 1754, die Goffingmühle mit einem neuen Rad ao. 1732. Dies geschah jedoch ohne Genehmigung der geistlichen Güterverwaltung. Deshalb kam man von Herrschafts wegen zu dem Schluß, daß diese Mühlen wieder in ihren ursprünglichen Zustand versetzt werden müßten. Dagegen legte Andreas Aulenbacher, der Beständer der Goffingsmühle, eine Vorstellung „ad manus clemetissomus“ ein. Er hätte die Mühle mit dem weiteren Rad ao. 1753 laut Erbbestandsbrief „im damaligen Stand [...] übernommen“[206]. Der Herzog sollte deshalb die Benutzung der zwei Räder verordnen. Schon die Rentkammer befand hierauf in ihrem Gutachten, daß Aulenbach das Rad behalten sollte, da dies im Brief geregelt wäre und gegenteilige Regelungen nicht nachweisbar wären. Die Regierung pflichtete ihr bei und bestimmte, daß die Aulenbacher Mühle „in Stata“ erhalten werden sollte[207]. Demgegenüber hatte jedoch Balthasar

[203] LA Sp. B 2, Nr. 5325.
[204] LA Sp. B 2, Nr. 5325.
[205] LA Sp. B 2, Nr. 1116/4.
[206] LA Sp. B 2, Nr. 1116/4.
[207] LA Sp. B 2, Nr. 1116/4.

Cron, der Beständer der Hauptmühle mit seiner Supplik keinen Erfolg; er konnte auf keine entsprechende Stelle in seinem Brief verweisen. Deshalb wurde er abgewiesen und mußte seine Mühle wie zuvor einrichten[208].

Diese unumschränkte Bedeutung kam dem Bestandsbrief in den Fällen, die direkt die Herrschaft und den Müller betrafen und den Bann als Gegenstand hatten, nicht immer zu.

Festzustellen ist, daß die Herrschaft bei der Wahrnehmung ihrer Pflichten in Bezug auf den im Brief zugesicherten Bann im Verlauf des 18. Jahrhunderts verhaltener wurde. So wollte die geistliche Güterverwaltung schon im Jahre 1751 nur dann für die Einhaltung des Bannes Sorge tragen, „ehe und bevor [...] (dies) durch Urteil und Recht gesprochen worden"[209]. Deutlich wird diese Tendenz auch und gerade, wenn man die Handhabung der Gesuche der Müller betrachtet, den Bestand zu „manutenieren". Diese Gesuche gingen, wie erwähnt, öfters der eigentlichen Gewährleistungsforderung voraus; der Müller bat dadurch die Herrschaft, ihn in seinem Bestand zu bekräftigen, gegebenenfalls das Notwendige zu veranlassen, zum Beispiel im Hinblick auf die Banngäste. Das Gesuch war somit weniger massiv als die eigentliche Gewährleistung und deshalb auch anfälliger für Veränderungen. Im Laufe des 18. Jahrhunderts wurden die Reaktionen von Seiten der Herrschaft auf diesbezügliche Ansuchen immer passiver, wobei jedoch grundsätzlich die Notwendigkeit der „Manutentenz" nicht angezweifelt wurde. Dies stellte die Rentkammer 1782 ausdrücklich bei einer Anfrage der Polizeikommission bezüglich der Abschaffung einer Verordnung[210] über „Schleifhändel"[211] fest; sie war für Beibehaltung der Verordnung und sagte, der Bestand sei, „[...] wenn er versprochen ist, auch zu manutenieren"[212].

1746 ersuchte der Beständer der Annweiler Stadtmühle, Conrad Münch die Rentkammer um „Manutentenz" seines Bestandes, da entgegen seines Bestandsbriefes in der Stadt vermehrt Mehlhandel getrieben werde[213]. Als Beweis hierfür legte er seinen Bestandsbrief vor, der eine Regelung über das Verbot des Mehlkaufs enthielt. Das Oberamt berichtete daraufhin zur Rentkammer, daß nach ihrer Meinung der Bestand aufs „kräftigste manuteniert" werden müßte[214]; auch die Rentkammer schloß sich die-

---

[208] LA Sp. B 2, Nr. 1116/4.

[209] LA Sp. B 2, Nr. 1116/2.

[210] Verordnet wurde, daß das Mehl nicht zusammen mit den Kleien auf den Markt gebracht werden durfte.

[211] LA Sp. B 2, Nr. 2688.

[212] LA Sp. B 2, Nr. 2688.

[213] LA Sp. B 2, Nr. 5314.

[214] LA Sp. B 2, Nr. 5314.

ser Meinung an und erklärte, man müßte die Banngäste anhalten, nicht auswärts zu mahlen. Letztendlich kam auch die Regierung zu diesem Ergebnis; sie fügte jedoch hinzu, daß die Mehleinfuhr nicht behindert werden dürfe soweit sie nicht zu Beeinträchtigungen des Bestandes führe[215].

Noch 1753 bemüht man sich von herrschaftlicher Seite um gehörige „Manutentenz". Ein Reskript der Rentkammer behandelt Punkte, wie der Zweibrücker Stadt- und Schloßmüller in seinem Bestand wirkungsvoller als zuvor „manuteniert" werden könne[216]. Unter anderem wird aufgeführt: 1. den Beständern sämtliche Namen der Banngäste zuzustellen, damit er so besser selbst auf Unterschleife achten könne. 2. den Banngästen nochmal einzuschärfen hier mahlen zu lassen und nur bei Nichtförderung zur Ixheimer Mühle zu gehen. 3. Verbot an die Landmüller zu erlassen, außer Samstags nicht mit Mehl herein zu fahren[217].

Jedoch schon 1761 erkennt man im Supplikverfahren des Balthasar Cron von Hornbach ein passiveres Verhalten von Seiten der Herrschaft. Cron bittet um „Manutentenz" des Bannes, da einige Höfe obgleich sie ausweislich des Briefes gebannt seien, nicht bei ihm mahlen ließen[218]. Von herrschaftlicher Seite wird darauf erklärt, daß es erst ihm, dem Müller obliege, „die Renitenten zu ihrer Schuldigkeit" anzuhalten. Gerade dies wurde aber noch einige Jahre zuvor von der Herrschaft selbst vorgenommen. Dementsprechend fordert er, „so man mich nicht manuteniren möchte, mir einen proportionirt und billigmäßigen Indemnisation um so mehr gerechtest wiederfahren laße [...]"[219].

Auch 1763 während des Gerichtsverfahrens des Jacob Bachmann, Beständer des Rinckweiler Hofes, gegen Balthasar Cron wegen Pfändung des Mehls, ersucht Cron um „Manutentenz". Die Rentkammer weist ihn jedoch sogleich ab, da sie sich nicht „in einen Bannalitätsproceß" einmischen könne[220].

7.3.3 Integrität der Mühlenbriefe

Die Veränderung in der Funktion der Briefe legt die Annahme nahe, daß diese sich auch in den Briefen selbst ausdrückte. Diese Annahme wird

[215]LA Sp. B 2, Nr. 5314.
[216]LA Sp. B 2, Nr. 2687.
[217]LA Sp. B 2, Nr. 2687.
[218]KSchA Zw. Rep. IV, Nr. 1674.
[219]KSchA Zw. Rep. IV, Nr. 1674.
[220]LA Sp. B 2, Nr. 1116/4.

durch die Quellen aber nur partiell bestätigt. Die Herrschaft vermied grundsätzlich direkte inhaltliche Eingriffe in den einzelnen, bereits bestehenden Brief; die Integrität der einzelnen Briefe wurde gewahrt.

So zeigt die Bestrebung, möglichst das Wesen des Briefes unangetastet zu lassen, auch das schon erwähnte Beispiel bezüglich des Aufhebens des Bestandes von Henrich Jacob Becker, dem zeitlichen Beständer der Zweibrücker Stadt- und Schloßmühle im Jahre 1762 [221]. Nachdem Cron der Herrschaft gerade in puncto Bannlockerung ein attraktives Angebot für die vorzeitige Bestandsübernahme unterbreitet hatte, versuchte nun die Rentkammer, den damaligen Müller Becker zuerst freiwillig und dann mit Hilfe eines besonderen Beendigungsgrundes, aus dem Bestand zu drängen. Obwohl die Regierung in dieser Zeit mit der Wahrnehmung ihrer den Bann betreffenden Pflichten bereits verhaltener war, verwehrte sie sich jedoch gegen ein solches Vorgehen und bestand darauf, daß der Müller mit „Fug und Recht" aus dem Vertrag zu entlassen sei[222]; man sollte deshalb prüfen, ob er nicht Unterschleife begangen hätte, die zu einer Beendigung berechtigten. Mithin kam es der Regierung darauf an, den Beständer durch die schon im Brief festgelegten Beendigungsgründen zu entlassen; es sollte der Bestand mit den im Brief festgesetzten Mitteln geändert, d.h. aufgehoben werden[223].

Eine Änderung wurde grundsätzlich erst nach der Bestandszeit (bei Temporalbeständen) vorgenommen. Die Regierung nahm zwar bereits Mitte des 18. Jahrhunderts ihre den Bann betreffenden Pflichten aus den Briefen nur noch eingeschränkt wahr; gleichzeitig wies sie aber die Bitten der Landmüller ab, in ihren bestehenden Briefen Passagen aufzunehmen, in denen sich eine solche Bannlockerung manifestierte.

So entschloß sich 1745 die Rentkammer auf Drängen der umliegenden Landmüller, einige besonders definierte Personengruppen aus dem Bann des Zweibrücker Stadt- und Schloßmüllers auszunehmen und für freimählig zu erklären. Jedoch änderte sie den Brief und damit den zeitlichen Bestand nicht wie gewünscht sofort, sondern wartete mit der Änderung erst den Ablauf der Bestandszeit ab[224]. Auch wurde die Anfrage des Schiflicker Müllers Andreas Mahler von 1759 wegen Änderung seines Briefes negativ beschieden. Er bat darum, die Gäste, falls sie weder in der Stadtmühle noch bei dem Ixheimer Müller gefördert werden könnten, ihm zum Verdienst zukommen zu lassen. Das Oberamt, Rentkammer,

[221] LA Sp. B 2, Nr. 2687.
[222] LA Sp. B 2, Nr. 2687.
[223] Wobei dies am Bejahen der außerhalb des Briefes liegenden Beendigungsgründe nichts änderte; lediglich in der Art ihrer Anwendung – nicht vorrangig – war dies von Bedeutung.
[224] LA Sp. B 2, Nr. 2687.

wie auch die Regierung ließen sich hierauf nicht ein, sondern bemerkten lediglich, daß der Kläger „kein Recht auf die Mahlgäste ausweislich seines Bestandsbriefes habe“[225]. Die Bitte des Ixheimer Müllers von 1761, seinen Brief derart zu ändern, daß es jeden Tag in der Woche erlaubt sei, Mehl in die Stadt zu führen, da er ja kein fremder Müller sei, wurde ebenfalls schnell mit dem Verweis auf den Bestandsbrief abgewiesen, man räumte jedoch ein, dies gegebenenfalls nach der Bestandszeit anders zu regeln[226].

Ein weiteres Beispiel für eine wandlungsbedingte Abänderung des Briefes erst nach der Bestandszeit ist der Temporalbestandsbrief der Zweibrücker Stadt- und Schloßmühle von 1781[227]. In diesem Brief wurden erstmalig die bezüglich des Mehlhandels erlassenen Verordnungen erwähnt, die vom Müller geachtet werden sollten. Neben der Rechtsdeutlichkeit und -sicherheit, die durch diese Einbindung in den Brief geschaffen wurde, wurde aber hierdurch gleichzeitig auch der Funktionswandel des Briefes hervorgehoben; der Brief sollte nur noch mehr neben den Verordnungen als Anspruchsgrundlage fungieren.

Während man im 18. Jahrhundert direkte Eingriffe in den einzelnen Brief vermied, neigte man jedoch dazu, indirekt eine Mehrzahl von Briefen zu beschränken, indem man Verordnungen erließ.

So wandte sich 1746 Conrad Münch, der Beständer der Annweiler Mühle, gegen die Publikation und damit gegen die Einführung der Verordnung von 1745, die das auswärtige Mahlen bei auswärtig gekauften Früchten mit der Maßgabe gestattete, daß die Früchte auch an dem Kaufort gemahlen werden[228]. Er erklärte, dies verstoße gegen seinen Bestandsbrief, da ausweislich dessen alle gebannt seien. Das Oberamt und die Rentkammer waren sich in ihren Berichten darüber einig, daß die Verordnung in Annweiler nicht publiziert werden sollte, da sie ganz offenbar gegen den Bestandsbrief verstieße; schließlich erklärte sich auch die Regierung damit konform[229].

Aber schon wenige Jahre später wurde bei der Einführung von neuen Verordnungen weit weniger Rücksicht auf vorhandene Bestandsbriefe genommen. So beschwerte sich 1756 Sebastian Disquet, der Müller von Rinntal, in der Gemeinschaft Falkenburg gelegen, gegen das Verbot des Mahlens außer Landes[230]. Bisher seien die Ilbesheimer Bürger zum Mah-

[225] LA Sp. B 2, Nr. 2687.
[226] LA Sp. B 2, Nr. 2687.
[227] LA Sp. B 2, Nr. 5324.
[228] LA Sp. B 2, Nr. 5314.
[229] LA Sp. B 2, Nr. 5314.
[230] LA Sp. B 2, Nr. 2689.

len gekommen und nur so konnte er die im Brief festgelegte hohen Pacht erbringen; nunmehr gelte er aber als ausländischer Müller, obwohl er einen Erbbestandsbrief von der Rentkammer in Händen halte und auch die Hälfte der Pacht zum Herzogtum Zweibrücken abführe. Jedoch seine Vorstellung nützte nichts, es blieb bei der Verordnung und auch bei der Extension auf seine Mühle[231].

Der Stadt- und Schloßmüller von Zweibrücken Henrich Becker wandte sich 1764 gegen die Verordnung, die den Mehlhandel zu den Wochenmärkten erlaubte. Seiner Meinung nach würde sein Bannrecht dadurch verkürzt, da niemand mehr in seine Mühle zum Mahlen käme. Die Rentkammer erklärte jedoch nach Kenntnisnahme des Oberamtsberichtes, daß der Mehlhandel belassen würde, da „ansonsten auf das Publicum ein zu großer Zwang ausgeübt werden würde"[232].

Ebenfalls keinen Erfolg mit seiner Supplik hatte Joseph Schetting, der Erbbestandsmüller von Bliesdahlheim. Er erklärte 1770 der Herrschaft, daß er alle Nahrung durch den Handel suchen müßte und nur so in der Lage wäre die erbbeständliche Pacht zu zahlen[233]. Da nunmehr aber eine neue Verordnung ergangen wäre, daß er keine Kleien mehr verkaufen dürfte, hätte er einen solchen Überschuß an Kleien, daß er seinen Handel nicht mehr wie vorher betreiben könnte. Er bat deshalb in seiner Sache um Veränderung der Verordnung. Die Regierung ging darauf nur scheinbar ein; sie konkretisierte lediglich die Verordnung vom 11. Juli 1770, die vorsah, daß Mehl und Kleien nicht zugleich verkauft werden dürften. Der Herzog stellte jetzt fest, daß die Kleien an besonderen Tagen verkauft werden dürften, aber nicht zusammen mit dem Mehl[234].

Zwar führte man mehr und mehr Verordnungen ein, die sich im Widerspruch zu den bestehenden Bestandsbriefen befanden, jedoch gestattete man den Müllern ein Antragsrecht auf Abänderung der Verordnungen. So erklärte die Regierung 1756, daß der Zweibrücker Müller Cron zwar in seiner früheren Bestandszeit ein Antragsrecht bezüglich einer damalig erlassenen Verordnung hatte, ein nochmaliges Antragsrecht könnte ihm aber nicht zugebilligt werden, da die fraglichen Verordnungen bereits bei seinem neuen Bestandseintritt vorgelegen hätten[235]. Damit erkannte man den Müllern einen Vertrauensschutz im Hinblick auf die durch den Bestandsbrief vermittelte Rechtsposition zu. Jedoch hatte dies im Verlauf

[231] LA Sp. B 2, Nr. 2689.
[232] LA Sp. B 2, Nr. 5314.
[233] LA Sp. B 2, Nr. 2688.
[234] LA Sp. B 2, Nr. 2688.
[235] LA Sp. B 2, Nr. 2687.

des 18. Jahrhunderts zunehmend formalen Charakter, da auch diese Anträge meist nichts ausrichten konnten; lediglich bei den interemistischen Verfügungen waren die Anträge noch längere Zeit vom Erfolg gekrönt. So wurde auf Antrag des Zweibrücker Stadtmüllers Henrich Becker 1760 die vorläufige Verordnung, die den täglichen Mehlhandel gestattete, wieder aufgehoben. Die Begründung des Müllers, durch die Verordnung könnte er seine Pacht nicht mehr zahlen und der Brotpreis hätte sich durch das Fruchtaufkaufen der Müller nicht vermindert, überzeugten die Regierung[236]. Als jedoch 1770 und 1772 die tägliche Mehleinfuhr durch Verordnungen wieder gestattet wurde und sich Cron mehrmals dagegen beschwerte, wurde er mit dem lapidaren Vermerk auf die anhaltende Frucht- und Mehlteuerung abgewiesen[237].

Die Obrigkeit hatte also mit der Respektierung der Bestände Mühe. Mag zwar durch die Briefe eine ernsthafte Selbstbindung des Souveräns und seiner Verwaltung bewirkt worden sein, die Beschränkung des Handelsspielraumes fand aber in der Souveränität des Herrschers seine Grenze. Der Herzog wollte, entsprechend den wirtschaftlichen Veränderungen, die durch Bevölkerungswachstum und Expansion des Gewerbewesens ausgelöst wurden, flexibel regelnd zum Wohle der Bevölkerung eingreifen.

Eine ähnliche Tendenz zeigte sich im 18. Jahrhundert auch in Preußen[238]. Hier wollte der König zwar die von ihm erteilten Monopolprivilegien achten. Es wurden jedoch mehr und mehr einfache Privilegien erteilt, weil es das „Bedürfnis des Publici"[239] erforderte; gegenüber den Berechtigten der Monopolprivilegien wurde dies mit zum Teil fadenscheinigen Begründungen, wie etwa die Versicherung wäre nur bedingungsweise erteilt worden, gerechtfertigt[240]. In Preußen wurde eine Anpassung an die geänderten wirtschaftlichen Verhältnisse also zunächst nur über die vermehrte Erteilung von einfachen Privilegien erreicht; hingegen mußte man sich im Herzogtum Pfalz-Zweibrücken nicht lediglich auf diesen Umweg beschränken um den veränderten wirtschaftlichen Verhältnissen gerecht zu werden; aufgrund der fehlenden Stufe der Monopolprivilegien lag es nahe, nicht nur vermehrt Privilegien auszugeben, sondern auch direkt über einzelne Verordnungen einzugreifen.

Insgesamt läßt sich feststellen, daß die umfassend materiell- und prozeßrechtliche Funktion der Briefe in der Beziehung der Müller zu Dritten

[236] LA Sp. B 2, Nr. 2687.
[237] LA Sp. B 2, Nr. 2688.
[238] *Willoweit*, Gewerbeprivileg und „natürliche" Gewerbefreiheit, S. 86, 87, 108.
[239] *Willoweit*, Gewerbeprivileg und „natürliche" Gewerbefreiheit, S. 87.
[240] *Willoweit*, Gewerbeprivileg und „natürliche" Gewerbefreiheit, S. 86, 87, 108.

abgeschwächt wurde. Im rechtlichen Verhältnis zwischen der Obrigkeit und dem Müller wurde zwar versucht die umfassende Funktion der Briefe zu respektieren, unverkennbar ist jedoch, daß diese Funktion im Hinblick auf den Bann mehr und mehr aufgeweicht wurde.

Ursache dieses Wandels war die durch die sich verändernden wirtschaftlichen Verhältnisse ausgelöste schwindende Akzeptanz der Briefe mit ihren alten überkommenen Regelungen. Verordnungen, die sich vorwiegend auf den Bann bezogen, sollten der neuen wirtschaftlichen Situation gerecht werden. Diese Verordnungen übernahmen zunehmend die rechtliche Funktion der Briefe. Dieser Bedeutungsverlust der Briefe war jedoch lediglich Folge dieser neuen Verordnungen; gezielte einzelne Eingriffe in bestehende Briefe fanden hingegen nicht statt. Insoweit war ihre Verbindlichkeit absolut; ihre Integrität wurde gewahrt.

Kapitel 8

Mühlenrecht im Wechselspiel von Mühlenbrief, Mühlenordnung und Mühlenrechtsgewohnheit

Nachdem Mühlenbrief, Mühlenordnung und Mühlenrechtsgewohnheit jeweils einzeln detailliert herausgearbeitet wurden, kann auf die Relation zwischen diesen grundlegenden Elementen des Mühlenrechtes eingegangen werden.

Die Mühlenrechtsgewohnheit hatte im 18. Jahrhundert ihre Funktion als alleinbestimmendes Element des Rechtslebens verloren. Gleichwohl hatte die Rechtsgewohnheit im 18. Jahrhundert aber noch Geltungskraft. Rechtsgewohnheitliche Regeln flossen nämlich zumeist ohne inhaltliche Abänderung in die Mühlenbriefe ein[1]. Auf die Geltung dieser Regelung kraft Herkommen wurde in den Mühlenbriefen wörtlich hingewiesen[2]. Auch in der Rechtspraxis ist dieses Nebeneinander von Mühlenrechtsgewohnheit und Mühlenbrief zu finden[3].

Eine ähnliche Tendenz ist auch bei dem Einfluß der Mühlenrechtsgewohnheit auf die Mühlenordnung aus dem 16. Jahrhundert zu vermuten. Zwar hatte bereits zu dieser Zeit die Rechtsgewohnheit ihre umfassende rechtliche Funktion eingebüßt; es kann jedoch angenommen werden, daß die Rechtsgewohnheit zumindest teilweise durch die Aufnahme in die Mühlenordnung erneut Rechtswirkung entfalten konnte[4].

Die Mühlenordnung, die im 16. Jahrhundert als das maßgebende gesetzte Recht anzusehen war, hatte im 18. Jahrhundert an Bedeutung verloren. Sie wurde nur fragmentarisch und teilweise abgeändert in die Briefe eingeführt[5]. Anders als die Rechtsgewohnheit hatte die Mühlenordnung keine Erwähnung in den Mühlenbriefen und meist keine Erwähnung im Rechtsleben gefunden[6].

[1]LA Sp. B 3, Nr. 1588; KSchA Zw. Rep. II, Nr. 323; Rep. IV, Nr. 265, 407, 1229.
[2]LA Sp. B 2, Nr. 5323.
[3]LA Sp. B 2, Nr. 1116/2, 1116/4, 3109.
[4]LA Sp. B 2, Nr. 292/3.
[5]LA Sp. B 2, Nr. 5323, 5324.
[6]LA Sp. B 2, Nr. 296, 1116/1-4.

Es kann also durchaus von einem Einfliessen des einen rechtlichen Regelungsinstitutes in das zeitlich folgende gesprochen werden. Die Regelungselemente der Mühlenrechtsgewohnheit und der Mühlenordnung, die sich bewährt hatten und die man als zeitgemäß empfand, wurden in die Mühlenbriefe aufgenommen.

Für den Bereich des gesetzten Rechtes, der Mühlenordnung und der Mühlenbriefe muß diese Aussage differenziert werden. Eine Ablösung der Mühlenordnung durch die Mühlenbriefe ist insoweit erkennbar, als im wesentlichen nur noch die Mühlenbriefe als rechtliche Grundlage genannt wurden. Die Briefe waren im Vergleich zu den starren Mühlenordnungen das willkommene bewegliche Regelungselement in der Zeit der beginnenden wirtschaftlichen Veränderungen.

Die zentrale Rolle der Mühlenbriefe im Bereich des Mühlenrechtes wird hier offenbar. Es kann hieraus jedoch nicht abgeleitet werden, daß die Briefe während des ganzen 18. Jahrhunderts als das zeitgemäße rechtliche Regelungsinstrument angesehen wurden. Die im Vergleich zu der Mühlenordnung größere Beweglichkeit dieses Regelungselementes erwies sich in Anbetracht der großen Dynamik der wirtschaftlichen Entwicklung im Mühlenwesen des 18. Jahrhunderts als unzureichend; die Briefe wurden den rechtlichen Anforderungen, die durch die Expansion des Gewerbes entstanden, immer weniger gerecht[7].

Es mußten neue rechtliche Lösungen gefunden werden. Eine solche schienen die (Einzel-) Verordnungen zu bieten. Die Briefe wurden durch diese Verordnungen, die vornehmlich auf eine Bannlockerung und eine Ausweitung des Mehlhandels abzielten[8], indirekt abgeändert und verdrängt[9].

Jedoch auch diese Verordnungen waren kein rechtlich zufriedenstellendes Regelungsinstrument; sie wurden meist in kurzer Zeit von der wirtschaftlichen Entwicklung überholt. Deshalb mußten ständig neue Verordnungen erlassen werden, die wegen der Zeitnot meist ungenau juristisch formuliert waren. Der dadurch entstandenen Rechtsunsicherheit sollte nun mit einer neuen Mühlenordnung begegnet werden, die beständig und umfassend die neuen Wirtschaftsverhältnisse regeln sollte; man griff also wieder auf das ältere Regelungsinstrument zurück.

[7] LA Sp. B 2, Nr. 2687, 2688.
[8] LA Sp. B 2, Nr. 2687, 2688.
[9] LA Sp. B 2, Nr. 2689, 5314.

Zusammenfassung

Im 18. Jahrhundert, dem Jahrhundert, in dem sich eine merkantilistische und physiokratische Politik vor allem unter der Regierung von Christian IV. ausbreitete, waren die Mühlenrechtsgewohnheit, die Mühlenordnung und die Mühlenbriefe zentrale Elemente des Mühlenrechtes im Herzogtum Pfalz-Zweibrücken. Es muß sowohl nach den Rechtsverhältnissen, die durch diese rechtlichen Elemente angesprochen werden, als auch nach deren Geltungsgrund differenziert werden: Das Mühlenrecht im Herzogtum Pfalz-Zweibrücken breitet sich nämlich innerhalb der Ordnungskriterien ungesetztes Recht und von der Obrigkeit gesetztes Recht aus.

Die Rechtsgewohnheit, für die in den Quellen die Begriffe Observanz, Gewohnheit und Herkommen nuancenreich verwendet werden, wurde vor allem dazu genutzt, Handlungen, Befugnisse und Rechte zu legitimieren. Wurden diese Termini im Zusammenhang mit dem gesetzten Recht verwendet, so wurden sie zusätzlich mit Adjektiven versehen, die auf die „gegründete" Rechtsgewohnheit hinwiesen. Diese Ausdrücke sollten die Gleichrangigkeit der Rechtsgewohnheit mit dem gesetzten Recht betonen.

Für den Bereich des Mühlenwesens kann man für den Großteil des 18. Jahrhunderts von einem Nebeneinander von legislatorischem Gestaltungsstreben und traditionalistischen, vom Herkommen geprägten Anschauungen sprechen; lediglich in den einzelnen Verordnungen zeichnet sich allmählich deutlicher die Tendenz ab, die Rechtsgewohnheit abzuändern und auch zu verdrängen.

Die Mühlenordnung war neben den Mühlenbriefen und den Einzelverordnungen Ausdruck des obrigkeitlich gesetzten Rechtes.

In den Aktenstücken des 18. Jahrhunderts wird auf eine Mühlenordnung aus dem Jahre 1596 hingewiesen. Die Ordnung von 1596 war ausführlich gestaltet und richtete sich hauptsächlich gegen die Unterschleife in der Mühle. Vorwiegende Adressaten der Ordnung waren zum einen der

Mühlschreiber, dessen Pflichten als Befehlshaber detailliert geregelt waren und zum anderen der auf die handwerkliche Arbeiten beschränkte Müller selbst; die Bevölkerung wurde in wenigen und meist nicht strafbeschwerten Vorschriften angesprochen.

Die neue Mühlenordnung entwickelte sich aus der Ordnung von 1587. Wenngleich auch einige Punkte nach zahlreichen Beschwerden der Bevölkerung geändert wurden, so ist die Struktur der Ordnung von 1587 durchaus noch erkennbar. Bei der Veränderung, aber insbesondere beim Entwurf der Ordnung von 1587, hatten andere Mühlenordnungen, Landesordnungen, aber auch speziell für Städte bestimmte Ordnungen, als Vorlage gedient.

Die Ordnung von 1596 blieb bis ins 18. Jahrhundert in Kraft. Zwar ist aus dem Quellenmaterial nicht eindeutig feststellbar, ob sie für Gebiete außerhalb der Stadt Zweibrücken noch Gültigkeit hatte; dies läßt sich allenfalls vermuten. Die Tatsache, daß aus den Quellen weder eine diesbezügliche Landesordnung noch spezifizierte Mühlenordnungen hervorgehen, kann ein Beleg für diese Annahme sein. Aus den Aktenstücken geht aber eindeutig hervor, daß die Mühlenordnung von 1596 für die Stadt Zweibrücken noch im 18. Jahrhundert insofern Geltung hatte, als sie die zuletzt erlassene Ordnung war. Diese eigentümliche Konstellation hatte wirtschaftliche Gründe; erst im 18. Jahrhundert fühlte sich die Bevölkerung aufgrund der sich verändernden wirtschaftlichen Situation nicht mehr an die alte Ordnung gebunden. Da vorhandene Mittel (die alte Mühlenordnung, Verordnungen) nicht mehr ausreichten, eine rechtliche Ordnung zu gewährleisten, versuchte man neue Wege zu gehen.

Die merkantilistischen und physiokratischen Ideen zeigten auch in Bezug auf die Mühlenordnungen im 18. Jahrhundert ihre Wirkung. Das gesamte Mühlenwesen sollte von oben her geordnet, ganz in den Rahmen dieser Wirtschaftspolitik eingefügt werden. Dies nahm in der Mühlenrenovation unter Christian IV. den Anfang; der Entwurf einer neuen Mühlenordnung ist als weitere Konsequenz zu sehen. Das Verfahren zum Entwurf dieser neuen Ordnung wurde auffallend schwerfällig und unsystematisch geführt; zudem wurden Differenzen zwischen der Rentkammer und der Herrschaft ersichtlich. Die Rentkammer stellte die finanziellen Interessen der Obrigkeit in den Vordergrund und versuchte demzufolge durch rigide Bestimmungen die durch die aufkommende Konkurrenz belebte Situation handhabbarer zu machen. Die Herrschaft hingegen empfand zunehmend die Konkurrenz förderlich für die Bevölkerung; das Wohl des Volkes und die herrschaftlichen Interessen wurden miteinander verbunden. Gleichwohl sollte diese Wohlfahrt durch obrigkeitliche Regelung gesteuert sein. Es kann deshalb nicht verwundern, daß die Herrschaft zwei, für die damalige Zeit fortschrittliche Ordnungen, die sächsische wie die preußische Mühlenordnung bei dem Entwurf heranziehen wollte. Daß es letztlich beim Versuch des Entwurfes blieb, mag auf die einsetzenden Kriegswirren 1793 zurückzuführen sein; wohl ausschlaggebender dürften aber die ständig neu eintretenden Veränderungen gewesen sein, die in die Richtung eines freien Handels wiesen. Das ganze Mühlwesen befand sich im Fluß und konnte nicht den Rahmen für eine beständige, allgemeingültige und umfassende Regelung abgeben.

In rechtlicher Hinsicht ist die Mühlenordnung als ein Gesetz mit einer beachtlichen Regelungsbreite zu qualifizieren. Obgleich eine Unterscheidung in privat- oder öffentlichrechtliches Gesetz im 18. Jahrhundert grundsätzlich schwierig zu treffen ist, ist beim Regelungsgehalt der Mühlenordnung die öffentlichrechtliche Natur erkennbar. Letztendlich ist die Mühlenordnung nämlich Ausdruck des hoheitlichen Rechtes, Mühlen anzulegen; gerade die staatsrechtliche Seite dieses Rechtes wird in der Ordnung besonders hervorgehoben.

Trotz dieser Gesetzesqualität und der ihr im 16. Jahrhundert zukommenden Rechtssetzungsfunktion war die Ordnung in ihrer Gesamtheit während des 18. Jahrhunderts nur noch formal ein zentrales Element des Mühlenrechtes. Sie hatte nämlich sowohl für die Bevölkerung als auch für die Obrigkeit im wesentlichen ihre Bedeutung verloren und wurde von den Mühlenbriefen aus ihrer ursprünglichen Funktion verdrängt; einzelne ihrer Regelungsgegenstände wurden fragmentarisch in die Bestandsbriefe eingefügt.

Die Mühlenbriefe sind zu unterteilen in Erbbestands-, Temporalbestands-, Lehensbriefe, sowie Konfirmations-, Konzessions- und Renovationsscheine. Eine Mühle konnte nur derjenige rechtmäßig besitzen, der seinen Besitz auf einen Erbbestands-, Temporalbestands-, oder Lehensbrief zurückführen konnte. Die Konfirmations-, Konzessions- und Renovationsscheine ergänzten den Erbbestandsbrief und hatten bestätigenden, vorläufigen, beziehungsweise erneuernden Charakter.

Die Mühlen waren größtenteils im für den Müller vorteilhafteren Erbbestand vergeben. Der Erbbestandsbrief, wie auch der Temporalbestandsbrief waren inhaltlich und in ihrem Aufbau an die von der kurfürstlichen Verwaltung in Heidelberg vorgedruckten Formblätter angelehnt. Trotz einer im Einzelfall unterschiedlichen und differenzierten Ausgestaltung hatten Erb- und Temporalbestandsbriefe gewisse Essentialia gemein. Dies waren die Bestimmung über den Wasserfall, über die mühlenordnungsrechtlichen Gesichtspunkte und gegebenenfalls über das Leiheverhältnis und den Bann; auch die Lehensbriefe enthielten mit Ausnahme der mühlenordnungsrechtlichen Elemente diese Schwerpunkte.

Das Leiheverhältnis beim Erbbestand leitete sich aus der Erbleihe, einer besonderen Art der bäuerlichen Leihe, her. Der Müller hatte lediglich das dominium utile an Grund und Boden und, falls die Herrschaft die Mühle erbaut und nicht an ihn verkauft hatte, auch an der Mühle, den zusätzlichen Gebäuden und dem Geschirr; der Obrigkeit stand das dominium directum zu. Verbesserte der Müller eine solche Mühle, so wurde er Eigentümer dieser Besserung. Auf diesem Weg konnte der Müller auch Eigentümer einer neuen Mühle werden, wenn er diese auf herrschaftlichem Grund auf seine Kosten errichtete und nicht nur eine vorhandene verbesserte. Daneben gab es auch Erbbestandsverhältnisse bei denen der Müller beschränktes Volleigentum am Grund und Boden und der Mühle hatte. Dies war dann der Fall, wenn der Müller auf seinem eigenen Grund und Boden und auf seine Kosten eine Mühle errichtete. Beschränkt war das Eigentum insofern, als der Müller nur mit Einwilligung der Herrschaft die Mühle oder den Grund und Boden verkaufen oder verpfänden durfte. Hatte der Müller eine solche Eigentümerstellung bezüglich des Grund und Bodens sowie der Mühle inne, wurde durch den Brief kein Leiheverhältnis geregelt. Ansonsten aber gingen die Leiheverhältnisse als Größe in die Berechnung des Erbzinses beziehungsweise Erbpachtes in die Briefe mit ein. In einigen Fällen wurde bei der Erbleihe auch der sogenannte Erbkaufschilling gezahlt; beim Kauf der Mühle von der Herrschaft mußte dieser Schilling gezahlt werden; ansonsten war die Leistung eines solchen Schillings Verhandlungssache zwischen der Obrigkeit und dem Müller.

Beim Leiheverhältnis, das im Temporalbestandsbrief geregelt war, wurde ein dingliches Nutzungsrecht an fremden Grund und Boden und auch meist der Mühle dem Müller auf Zeit übertragen. Die gegenüber dem Erbleiheberechtigten mindere Rechtsstellung des Temporalbeständers äußerte sich zum Beispiel darin, daß er die Mühle nicht durch andere verwalten lassen durfte; die Erbbeständer machten hingegen von ihrem lukrativem Recht der Weiterbelehnung oft Gebrauch. Auch das Recht auf Besserung war bei diesen Leiheverhältnissen nicht obligatorisch, sondern mußte ausdrücklich im Temporalbestandsbrief vermerkt sein.

Die Besitzübertragung beim Lehensbrief erfolgte nach Lehenrecht; diese Leiheart war insbesondere durch das persönliche Treueverhältnis zwischen der Herrschaft und dem Vasall, der zum Adel gehörte, geprägt.

Oftmals wurde in den Briefen auch der Bann geregelt. Dieses Recht wurde im Herzogtum schon seit einigen Jahrhunderten als ein Regal angesehen. Nicht hinreichend bestimmt werden kann aber, ob dieses Regal aus dem Wasserregal hergeleitet wurde. Das Recht wurde den Müllern in den Briefen im Wege der Privilegierung gegen Entgelt, den Erbzins, gewährt; bei der Belehnung wurde dieses Recht nur selten mitvergeben. Die inhaltliche Ausgestaltung des Bannrechtes variierte. Zwar verstand man das Bannrecht immer als ein Verbietungsrecht gegen die Einwohner eines bestimmten Bezirkes; diese durften ihren Mehlbedarf nicht in einer anderen als der Bannmühle decken. Im Zug der sich ausbreitenden merkantilistischen Politik wurde, als eine erst rigide Maßnahme gegen das expandierende Gewerbe, dieses Bannrecht auch auf das Verbietungsrecht gegenüber fremden Müllern in Ansehung ihres Mehlhandels und „Verfahrens" des Bannes ausgedehnt. Erst im letzten Drittel des 18. Jahrhunderts gewann ein freiheitlicheres wirtschaftliches Denken Raum; die Beschränkungen gegenüber den fremden Müllern wurden nicht mehr unter das Bannrecht subsumiert und aufgehoben.

Der Wasserfall, das Recht am Wasser, stand im Herzogtum ebenfalls schon seit einigen Jahrhunderten der Obrigkeit zu; das Recht Mühlen anzulegen und zu betreiben wurde als Teil des Wasserregals angesehen. Dieses Mühlenregal war nicht durch ein hemmendes Widerspruchsrecht oder gar eine Einwilligung der nächsten Interessenten beschränkt.

Der Konfirmationsschein wurde, in Anlehnung an den Herrn- oder Mannfall des Lehen, bei jeglichem Wechsel des dominium utile oder des dominium directum ausgestellt. Vorwiegend wurde durch ihn ein neues, oft auch im Vergleich zum vorherigen verändertes Erbleiheverhältnis begründet und eine Kaufvertragsgenehmigung oder nur eine Bestätigung des Wechsels des dominium utile beziehungsweise dominium directum erteilt.

Der Konzessionsschein wurde dann erteilt, wenn eine neue Mühle durch den Müller erbaut werden sollte und man sich noch nicht auf alle Einzelheiten des Bestandes verständigen konnte; er regelte deshalb den Wasserfall und rudimentär das Leiheverhältnis.

Der Renovationsschein stellt lediglich eine Erneuerung des ursprünglichen Erbbestandsbriefes dar.

Die Beteiligten des Bestandes waren der Bestandsvergeber und der Beständer. Bestandsvergeber war vorwiegend die fürstliche Herrschaft, der das Wasserrecht originär zustand; aber auch einige Adelige und die geistliche Güterverwaltung sind als Bestandsvergeber anzusehen; jedoch waren die Klöster lediglich formal Beteiligte; der Verfügungsberechtigte über die im Bestandsbrief vergebenen Rechte war infolge der Säkularisation die Herrschaft. Aber auch Erbbestandsmüller konnten durch Weiterverlehnung eine dem Bestandsvergeber ähnliche Funktion wahrnehmen. Beständer waren einfache Müller, Hauptmüller und Lehensmüller, in besonderen Fällen aber auch andere Personen oder Personengruppen, die dieses Handwerk nicht erlernt hatten.

Die Mühle konnte im Antrags- oder im Versteigerungsverfahren vergeben werden. Ersteres fand bei der Vergabe von Erbbestandsbriefen dann statt, wenn der Müller die Mühle selbst erbaute. Letzteres wurde vor allem bei der Vergabe von Temporal- und Erbbeständen bei herrschaftlichen Mühlen gewählt, aber auch vereinzelt bei der Umwandlung eines Temporalbestandes in einen Erbbestand, wenn sich die Herrschaft einen finanziellen Vorteil dadurch versprach. Das Versteigerungsverfahren konnte zum einen mit Ratifikation – d.h. es konnte noch nach der Versteigerung bis zur endgültigen Genehmigung geboten werden – und zum anderen ohne Ratifikation – d.h. ohne Setzung einer Nachgebotsfrist – erfolgen.

Im Hinblick auf die Gewährleistung kristallisierten sich zwei Gruppen von Fällen heraus: die schuldhafte sowie die von keinem Beteiligten zu vertretende Bestandsverletzung. Die Gewährleistungsrechte, die sich direkt aus der alten Grundleihe herleiteten, nämlich bei schuldhafter Bestandsverletzung, galten für beide Beteiligte; darüberhinaus wurden Gewährleistungsrechte als selbständige, einklagbare Rechte nur anerkannt, wenn sie im Brief ausdrücklich erwähnt waren; ansonsten verblieb es bei der Gnadenentscheidung des Herrschers.

Das in den Bestandsbriefen geregelte Verhältnis konnte auf zweierlei Arten beendet werden: auf eine gewöhnliche Weise, wobei diese Beendigungsgründe im Bestandsbrief ausdrücklich formuliert waren, sowie aufgrund von außergewöhnlichen Umständen, die ein Festhalten am Bestand als unzumutbar erscheinen ließen. Insbesondere zu erwähnen sind die Beendigungsfälle wegen schwerwiegenden bestandswidrigen Verhaltens und wegen der Veränderung der Umstände, die dem Bestand zugrunde lagen. Eine Beendigung „zum Wohle der Bevölkerung" wurde zwar anerkannt, in der Praxis kam dieser Grund aber nie zum tragen.

Die Mühlenbriefe im Herzogtum Pfalz-Zweibrücken waren Zwischenformen im vielschichtigen Regelungsspektrum des 18. Jahrhunderts, in welchem Privileg und Vertrag nur Extrempunkte darstellen. Die Konzessionserteilung bezüglich des Wasserfalls geschah durch entgeltliche Privilegierung. Direkten Anklang in den Bestandsbriefen fand dieses Recht jedoch vorwiegend nur als Berechnungsgröße für den Erbzins; wörtlich dokumentiert wurde es nur im Fall der Neuerrichtung einer Mühle durch den Müller. Die Mühlenbriefe enthielten auch vertragliche Elemente. Dem umfangreichen Leistungskatalog des Müllers standen weitreichende Leistungen der Herrschaft gegenüber. Beide Beteiligten trugen zur konkreten inhaltlichen Gestaltung bei; der Müller hatte ein nicht unwesentliches Mitsprache- und Mitwirkungsrecht. Obgleich die direkte Einbindung der Privilegien in einen Vertrag im Vergleich zum Vorgehen in anderen herrschaftlichen Territorien eher selten war, widerspricht dies nicht dem Vertragsaspekt, da anerkannt war, daß die Privilegien nicht nur als Gnadenerweis, sondern auch entgeltlich vergeben werden konnten.

Die Mühlenbriefe enthielten öffentlich- wie privatrechtliche Regelungselemente; eine eindeutige Zuordnung zu einem Rechtsgebiet ist nicht möglich aufgrund des den Regalien immanenten staats- wie privatrechtlichen Verhältnisses, sowie aufgrund der Tatsache, daß sich auch das Leiheverhältnis von seinem ursprünglich rein dinglichen Charakter entfernt hatte und die Beziehungen zwischen dem Müller und der Obrigkeit zunehmend herausstellte.

Im Herzogtum fügt sich die Vergabe der Bestände als hoheitliche Rechtsgestaltung in den Bereich der landesfürstlichen Gesetzgebung ein; der objektive Rechtscharakter dieser autoritativen, in Urkundenform gefaßten Regelungen erwies sich zum einen durch die in den Bestandsbriefen dokumentierte Drittwirkung und zum anderen durch die Vielzahl der ausgegebenen, gleichgerichteten Privilegien. Im Verlauf des 18. Jahrhunderts wurde durch die Briefe vor allem Recht gesetzt, aber auch Recht dargestellt. Allerdings war die Rechtsdarstellung zu Anfang des 18. Jahrhunderts noch sehr mit der Entwicklung der Rechtsgewohnheit verzahnt und hatte sich insoweit noch nicht zu einem „gebotsrechtlichen Gesetzesrecht im modernen Verständnis der Gesetzgebung“[10] entwickelt; erst im Verlauf des 18. Jahrhunderts läßt sich eine erste Lösung der Gesetzgebungsgeschichte aus der Verknüpfung mit der Entwicklung der Rechtsgewohnheit erkennen. Trotz ihrer Funktion als hoheitliche Rechtsgestaltung hat sich inhaltlich in den Briefen die Flexibilität des einzelgesetzlich gestaltenden Instrumentariums des Absolutismus kaum realisiert. In der inhaltlichen Ausgestaltung der Briefe werden zwar durchaus Einflüße eines zunehmend merkantilistischen Denkens bemerkbar. Vorwiegend wurde der neuen wirtschaftsrechtlichen Auffassung aber durch eine große Zahl von einzelnen Verordnungen Ausdruck verliehen.

Die Mühlenbriefe stellten die wichtigste rechtliche Grundlage dar, nach der sich das Verhalten der Beteiligten und gegebenenfalls auch Dritter (Gebannte) zu richten hatte; außerdem waren sie ein äußerst wichtiges

[10] *R. Schulze*, Neuere vorkonstitutionelle Gesetzgebung, S. 167.

Beweismittel und hatten Auswirkungen auf die Beweislastverteilung. Im Laufe des 18. Jahrhunderts wurde diese umfassende materiell- und prozeßrechtliche Funktion der Briefe in der Beziehung der Müller zu Dritten abgeschwächt. Im rechtlichen Verhältnis zwischen der Obrigkeit und dem Müller wurde zwar versucht, die umfassende Funktion der Briefe zu respektieren und ihre Integrität zu wahren. Unverkennbar ist jedoch, daß die Funktion im Hinblick auf den Bann mehr und mehr aufgeweicht wurde.

Ursache dieses Wandels war die schwindende Akzeptanz der Briefe mit ihren alten überkommenen Regelungen, ausgelöst durch die sich verändernden wirtschaftlichen Verhältnisse.

Betrachtet man die Entwicklung des Mühlenrechtes, so kann teilweise durchaus von einem Einfließen eines rechtlichen Regelungsinstitutes in das zeitlich folgende gesprochen werden. Die als zeitgemäß empfundenen Regelungselemente der Mühlenrechtsgewohnheit und der Mühlenordnung wurden in die Mühlenbriefe aufgenommen. Die Briefe waren im Vergleich zur starren Mühlenordnung das willkommene bewegliche Regelungsinstrument, gleichwohl wurden auch sie den rechtlichen Anforderungen, die durch die Expansion des Gewerbes entstanden, immer weniger gerecht. Auch die zahlreichen, daraufhin erlassenen Einzelverordnungen, die die Briefe indirekt veränderten, und sie so aus ihrer angestammten Position verdrängten, erwiesen sich nicht als zufriedenstellend. So griff man letztendlich auf das ältere Regelungsinstitut, die Mühlenordnung, zurück; eine neue Mühlenordnung sollte die entstandene Rechtsunsicherheit beseitigen. Aber der Boden war für eine beständige, umfassendere Regelung aus den besagten Gründen noch nicht bereitet.

Anhang A

Dokumentenanhang

A.1 Erbbestandsbrief von der Annweiler Stadtmühle aus dem Jahre 1703

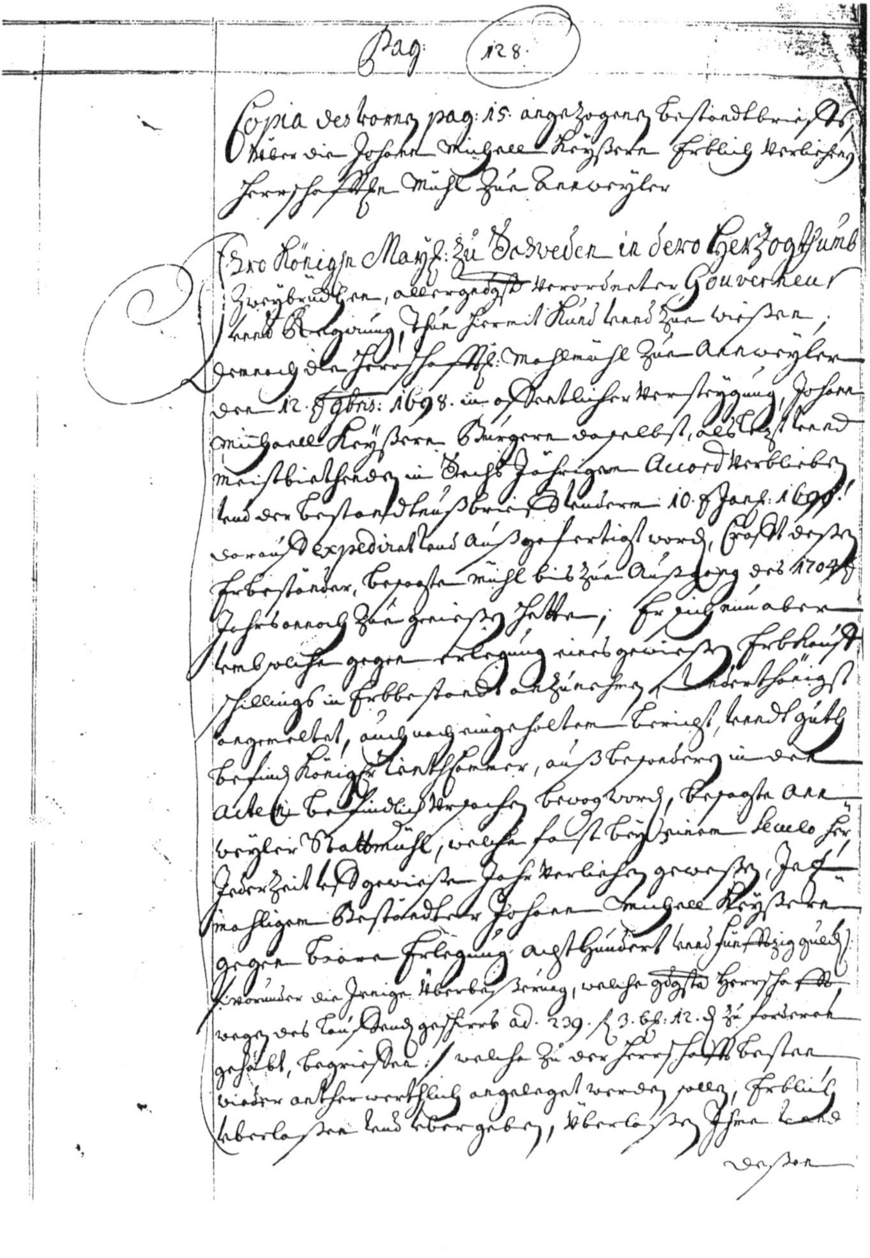
Pag: 128.

Copia des vornen pag: 15. angezogenen bestandbriefs über die Johann Michael Kayßern erblich verliehene herrschaftliche Mühl zu Annweyler

Ihro Königl. Majt: zu Schweden in dero Herzogthumb Zweybrücken, allergnädigst verordneter Gouverneur und Regierung, thun hiermit kund und zu wißen, demnach die herrschaftl: Mahlmühle zu Annweyler den 12. 8bris: 1698. in öffentlicher versteigung Johann Michael Kayßern Burgern daselbst, als letzt und meistbietenden in sechsjährigen Accord verblieben, und der bestandsbrief darüber unterm 10. Jan: 1699. darauf expedirt und ausgefertigt worden, krafft deßen [illegible] besagte mühl bis zu Ausgang des 1704ten Jahrs [illegible] zu genießen hatte, [illegible] [illegible] gegen erlegung eines gewißen Erbkauff schillings in Erbbestand anzunehmen [illegible] angemeldet, [illegible] königl. Rentkammer, [illegible] acten [illegible] beygelegt [illegible] Stattmühl, [illegible] Jahrzeit [illegible] Johann Michael Kayßern gegen [illegible] erlegung acht hundert und fünfzig gulden [illegible] [illegible] Erblich [illegible] überlaßen und übergeben, überlaßen ihme [illegible] [illegible]

Pag: 129

deßen Erben und nachkommen auch besitzen möge, Ist maaß undt
weiß wie hernach folget; Undt zwar Erstlich soll Er Johann
Michael Kayßer oder seine Erben gemelte Mühle, mit samt dem
darzu gehörig angebäudten, auch allen Zugehörung, wie solche bis-
hero die herrschafft gehabt, undt genoßen undt beseßen, nichts aus-
genohmen, als sein eygenthumb, mit samt denen darbey herge-
brachten undt von einem Zeitlich bestander ohn behinträglichst männiglich
genoßenen immunitaeten, gerechtigkeit undt freyheiten, Erblich Jnhaben
nutzen undt genießen, deren Mahlgänge mit Steinen undt Läufern geschirr,
wie auch sonst zugehörig bäumen, Kämmen undt Waßer Rädern, Schauffeln
undt anderem, wie auch das Wehr, waßer oder dergleichen bau, Es
mag flickh oder grund arbeit seyn; zu gutem stand, undt da es nöthig
von grund auß wehrschafftlich machen undt repariren laßen;
das reparirte so dann in stäten bau undt beßerung erhalten
wie nicht weniger das Mühlen gebäude; undt was darzu gehört,
es seye undt sey Thür, Schwellen, fenstern, Laden, öfen undt
anderem, es habe nahmen wie es wolle, auf seinem eigenem
Costen, ohne gdgste herrschafft einiges Zuthun, vermög Erbbe-
standtniß rechts, aufrecht unterhalten, keines weegs aber
wieder in abgang kommen noch gerathen laßen. Zweytens
weilen bey der Mühlen noch ein Leeren platz, vornen gegen der
Straße zu sich befindet, welchen Er bestander zu verbauen
intentioniret ist. Alß wird Ihme solches, weil es zu bestem
undt melioration der Mühlen zugleich gereichet, hierdurch
nicht allein verstattet, sondern darbey auch erlaubet, Zur
mehrer facilitirung, solchen neuen gebäudes, den Stein
ahn dem alten in der Nähe am berg ruinirten Schloßes, sich
hierzu zu bedienen, wie Ihme dann nicht weniger, daß
darzu benöthigte bauholtz in dem herrschafftlichen gewäldt,
dem Trimmelberg genant, durch den förster guter ver-
anstaltung

Pag: 130.

anstaltung des dortig herrschaftlichen Vogts, krafft dießes ohnehin schädliche
orthen angewiesen, und als ein steuer zum bauwesen gratis
verabfolget werden kann, und weilen drittens, wann zu Zeiten
die herrschafft mit Wein vorrath gesegnet, und solchen
aus handen zu lassen intention hatte, soll der beständer sich
erbotten, solchen in gdgster herrschafft nahmen, jedoch die mühl
hierzu, als welche an der strasse stehend, sonderlich bequem gelegen
ist, gegen geniessung 10 xr vom fuder, für seine bemühung
und dann die 10te maas abgang, wie solches von gdgster
herrschafft anderwertlich reguliret, auszuschencken, und
das daraus erlösende geld gehöriger orthen, richtig auszu
liefern, worbey Ihm aber auch ohnverwehrt seyn solle
ausländischen wein für eigenen gebrauch, gegen das gewöhnl.
und vorhero hergebrachte Umbgeld, gleich andern würthen
thun, vorbey zu verzapfen und zu debitiren, Ob
auch gleich Viertens die Mühle Ihme Keyßern und seinen
Erben solcher gestalten übergeben worden, so solle Er
Erbbeständer nicht desto weniger dieser Mühlen halben
weilen Er eine als andern weeg, als ein herrschaftl.
beständer zu consideriren, die jenige freyheiten und
immunitäten, so die bißherige temporal beständer
genossen, fürterhin ohngehindert männiglichs zu geniessen
haben, derhalben dann dießer mühl und gebäuden
halber, von anderen der Statt beschwerden und Chargen
allerdings frey seyn, so fortan, was derselben Erbbestand
concerniret, gleich bißhero nicht under dasigem Statt
rhats, sondern dem Ober Amt, und auch von gdgster
herrschafft dort angesetzten Vogts, und fürstlichen Kellerei zu Neuhaustree
Justitz und botmäßigkeit stehen, darbey seine handierung, wie
bißhero ruhig ohne hinderliche beeinträchtigung treiben könnte

Pag. 131.

Hinzugegeben auch von dem ins Oberamt bestelten Amptkäuffen und L-
dontig herrschafftlicher Wohnung, so weilen jenige Mittburgern oder ihren
Nahrung nicht zu besonderem nachtheil gereichete, nach inhalt
dieses Erbbestandts, kräfftigst manuteniret werden; Wann
auch künfftig wegen des herrschafftl: Zolls daselbsten, hinkünfftig
eine Veränderung mit dem dermahlig Zollhaüsser vorgienge, daß
man denselben anderwerts begeben möchte, und Er Beständer
wegen bequemer Wohnung ahn dem Statt thor und Strassen
sich hierzu verstünde, ist man herrschafftswegen nicht
ungeneigt, Ihme dasselbe gegen die darbey sich befindende
gebühr, vor andern zu überlassen, und bey Ihme niederle-
zu legen. Drittens, weilen auch, bißhero verschiedentlich ge-
klagt worden, welcher gestalten durch des Statt [illegible]
und Rathsgenossens daselbsten Daniel Goßlers gegen dem
mahlmühl überstehenden Lohemühlen, dem Beständer durch
Wasserstämmung bey kleinem wasser, öfters merckliche
abbruch am mahlen zugefüget worden; diese Lohemühl aber,
nach inhalt der alten Rechnung und jenen Goßlers inhabenden
bestandbrieffs: gestalten welche jährlich nicht mehr dann
2. fl. also einen sehr geringen Zinß abgestattet: Auf die
expresse condition zu erbauen erlaubet worden ist, daß winters
Zeit, wann sich zeige, der Beständer welcher viel abbruch
und der mahlmühlen kein hindernuß, noch abbruch thuen
solle; als bleibet es dießorts selben, bey der ahn
den jetzmahlig herrschafftlichen Vogten zu Annweyler, Johann Michael
[illegible], unterm 25 Januarius ergangenen Verordnung, daß ermelter
Er Goßling bey kleinem wasser, es seye zur Sommer oder
wintersZeit und bald das wolle, der Mahlmühlen
kein hindernuß geben, sondern mit seiner Mühle einhalten
und seinem bestandt allerdings gemäß leben, dargegen
wird Er Erbbeständer [illegible], Ihme Goßling, der Lohmühlen

Sich

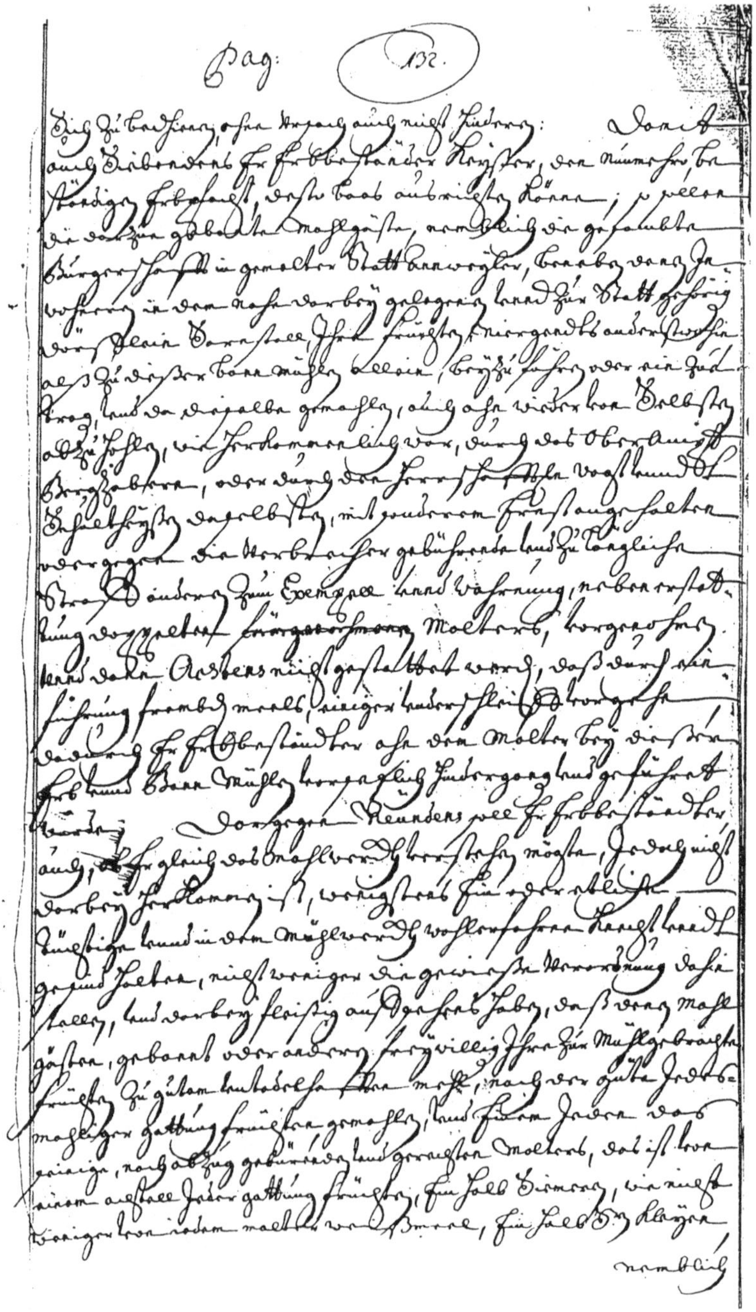
Pag: 132.

Pag: 133.

fünf Simmern grobs, und fünf Simmern Korn, gleich wie bishero gebräuchlich, dar-
gegen der Erbbeständer seine Erben und Nachkommen, wann bishero das
gantze Vieh und Liecht darfür zu stellen gehalten ist, getreulich werden
gelieferet und Niemand über gebühr, ob sonsten gemeinnützigen
Vorzügliche, Wachtgelder und dergleichen, werden durch Ihn, noch
sein gesind, beschwehret werden, damit sich Niemand
darwieder zu Graviren befugte Ursach habe, oder ge-
wärtig zu seyn, daß der Erbbeständer bey dem nicht haltenden gegen=
fall, ohnweg zu wohlverdienter straff, gezogen werden.
Besonders, was der Erbbeständer vor die Erben nun und
dann, ahn Mühlsteinen, so im Künftig gebrochen werden, von
nöthen haben würden, sollen Ihme, wie von alters
und seinen Vorfahren beschehen, durch die so es zu thun schuldig
durch Veranstaltung eines jemahligen Zöllers Kellers, deme der
des selben Fuhren in Zeiten nachricht zu geben, in der Frohnd
herbey und zu der Mühlen geschafft, dieselbe aber durch Ihn
auf der gruben bezahlt werden, nicht weniger, da der Erbbeständer
seine Erben und Nachkommen zu Unterhaltung des Wasser-
baues (Bäch, greinen und dergleichen) so Ihme am gleichmäßig
obliegt: / oder auch zu Unterhaltung des Laufständen geschirrs
als Holtz zu denen Rädern, Schaufflen und Kämmen, grob Holtz
benöthigt wäre, soll Ihme dasselbe auch nothdürfftig
aus dem herrschafftlichen gewäld, dem Haag genandt, gegen
billigmäßige bezahlung durch den herrschafftlichen Förster
unter obsicht eines dazu Vogts, ohne unterschiede orthen
herrschafftl. dieses angewiesen, verabfolgt und gehörigen
orthes verrechnet werden; Hingegen aber vor und
auß solchem Erbbestands willen, soll und will der Erb=
beständer seine Erben und Nachkommen, jährlich und
Jederes

Pag: 134.

jedes Jahrs besonders beÿ Verreinnahmung, zu einem immerwährenden
Erbbestandt, seinem Zeitlichen Keller des Ambts Neu Castell
und zwar Quartaliter pro rato, liefern und entrichten
Zwantzig vier malter waitzen, und ahn Korn Sechtzig Sechs
maltern, guter, saubrer, dürrer, ungemengter und Kaufmannsmäßig früchten, [illegible]
maass gutt, und Neu Castler maasung, wie auch noch a parte vor
die Mühl Schwein, in gutem Current Sorten: Zwölff gulden, iedes nach
Jetzigem werth zu 15. bz: oder 60. Xr. gerechnet; Wann
nun auch Zwölfftens, gdigste Herrschaft diese gedachte Erbbestandts
der 90. malter Spelzen Kernen und Korn, wie auch Jährliche
geldzinses, und dass diese mühl, auch über kurtz oder lang
ohne Herrschaftlichen vorhero eingeholt gnädig Consens und Bewilligung
nicht veräussert, verpfändet, oder etwa gar wiederumb verkaufft
begeben werden; bey welchem letztern fall die in dortigem
Oberambt hergebrachte gebühr vom Kauffschilling richtig
erlegt werden muss, desto gesicherter seyn möge, so
hat ihr Erbbeständer Johann Michael Kopster, nicht nur
seine, wie vorerwehnt, von gdigster Herrschaft ohn Entgelt
käufflich gebrachte nunmehro eigenthümbliche, [illegible]
Bauwesen geziert, oder was er noch weiters durch Aus-
führung des vorhabenden neuen gebäudts, oder auch
ferner durch reparirung des alten mühlen gebäudts,
verbessern und anwenden wird, sondern auch alle
und iede, seine und seiner frauen, bewegliche und unbe-
wegliche, gegenwärtige oder zukünfftige, in oder
ausser lands gelegene haab und güther, solche hierzu
hiemit, zu einem wahren eigentlichen underpfandt, der
gestalten eingesetzt und verschrieben, dass wann
ihr Erbbeständer über kurtz oder lang den Jährlichen Erbbestandt

Zin

Pag. 135.

hindern möchte, sich nicht entbringen, oder auch die mühle nicht
in beständig wesentlichem bau und besserung halten,
sondern in abgang kommen und gerathen lassen, oder sonst
einig puncten, so hierin begriffen, oder ihm als selbst
dem Erbbeständer selbst obliegt, nicht nachlässig oder
brüchig erfunden lassen würde; mit solcher obgemelte mühle
sammt andern verliehenen Ihrem Vermög, zur ergreifung anderer
und ständiger [illegible], abfolgs [illegible] Jahres, ergriffen
werden, und statt haben solle. Daß dieser vorge-
dachte Erbbeständnuß handlung also ergangen, dem Erb=
beständer von wort zu wort vorgelesen, alles getreulich
gehorsam gehalten, verbleibet und zu vollstrecken, zu-
gesagt worden, hat er mit gegebener handtreu, ohn geschwornen
Eydes statt und auch von seiner und seiner frauen, erhaltenen
Revers, wohlbedächtlich zugesagt und ver-
sprochen, getreulich, sonder arglist und gefährde.
Zu wahrer Urkund dessen ist dieser Erbbeständnuß
brief auf pergament ausgefertigt, mit der Königl.
RentCammer Secret und Insiegel corroborirt
ihme und den seinigen zu wahren ihrer Versicherung
zugestellt, sie und ihre [illegible] underschrieben
und dieser bestandbrief, wort zu wort gleichlautend
Revers aber zu den Acten zurück genommen worden.
So gegeben und geschehen Zweybrücken den 30. Januarii
1703.

Copia

A.2 Abschazung der Zweibrücker Stadt- und Schloßmühle aus dem Jahre 1787

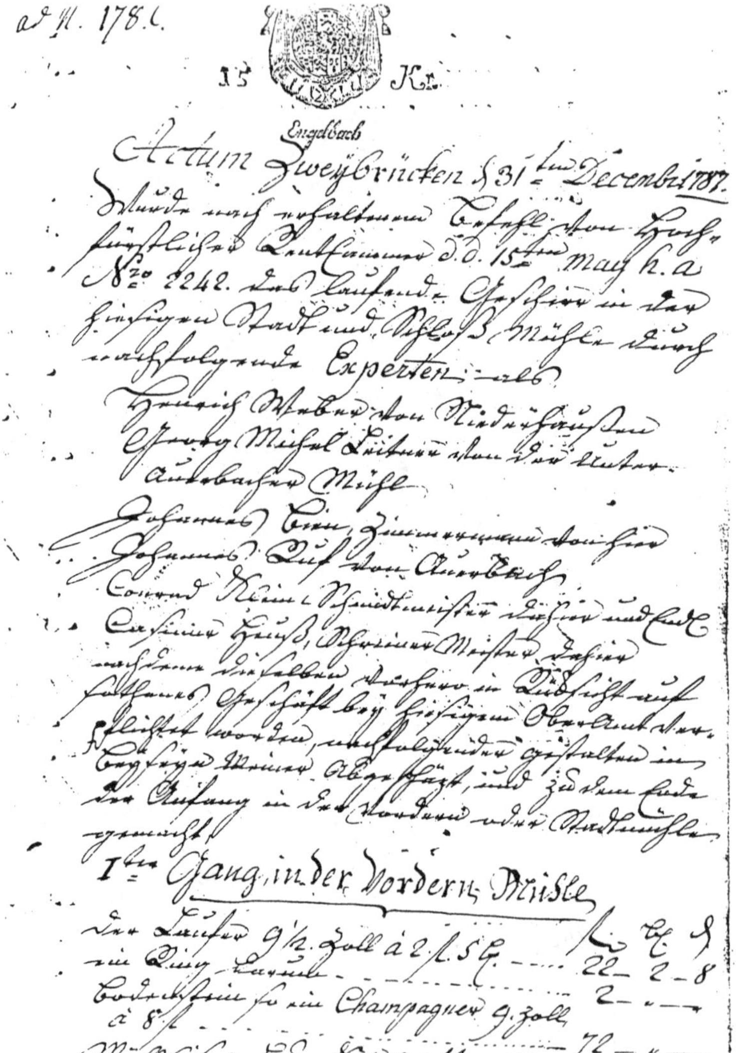

ad N. 178.

15 Kr.

Actum Zweybrücken d. 31ten Decembr 1787.

Engelbach

Wurde nach erhaltenem Befehl von Hochfürstlicher [illegible] d.d. 15ten May h.a. Nro 2242. das laufende Geschirr in der hiesigen Stadt und Schloß Mühle durch nachfolgende Experten als

Heinrich Weber von Niederhausen

Georg Michel Leitner von der Unter Auerbacher Mühle

Johannes Bein, Zimmermann von hier

Johannes Luf von Auerbach

Conrad Kein, Schmidtmeister dahier und [illegible]

Casimir Heuß, Schreiner Meister dahier

nachdem dieselben vorher in Rücksicht auf [illegible] Geschäft bey hiesigem Oberamt verpflichtet worden, nachfolgender gestalten in [illegible] abgeschäzt, und zu dem Ende der Anfang in der vordern oder Stadtmühle gemacht.

Iter Gang in der Vordern Mühle

	fl	Kr	d
der Läufer 9½ Zoll à 2 fl. 5 Kr. ein Ring [illegible]	22	2	8
Bodenstein so ein Champagner 9 Zoll à 8 fl.	2	–	–
	72	–	–
Mühleisen, [illegible]	16	–	–
Latus:	112	2	8

195

	fl.	kr.
1. Aufhaltschraub	2	—
Beutel kasten, mit Abrüdten Geschirr	25	—
Zarg, Bonn, Trangestell und Zeichen	7	2
2.ter Gang		
Bodenstein, so in Champagne 7 3/4. Zoll à 8 fl.	62	—
Läufer 3/4. Zoll	5	—
Ein Ring darum	2	—
Mühleisen, Haue, Pfann, Kumb, Schlagscheid und Fallring	14	—
Aufhaltschraub	2	—
Zarg, Bonn, Trangestell, und Zeichen	8	12
Beutel kasten und Abrüdten Geschirr	23	—
3.ter Gang		
Läufer 10 3/4. Zoll, à 2 fl. 5. kr	25	1
Ein Ring darum	2	—
Bodenstein 14. Zoll, à 2 fl.	28	—
Mühleisen, Haue, Kumb, Schlagscheid, Pfann, und Fallring	14	—
Aufhaltschraub	2	—
Beutel kasten mit Abrüdten Geschirr	23	—
Zarg, Bonn, Trangestell, und Zeichen	10	—
4.ter oder Schälgang		
Bodenstein 12 1/4 Zoll, aestim. fl 20	25	—
Läufer 3 1/2. Zoll, à 2 fl.	6	—
Ein Ring darum	2	—
Mühleisen, Haue, Kumb, Pfann und Fallring	14	—
Aufhaltschraub	2	—
Latus:	304	[illegible]

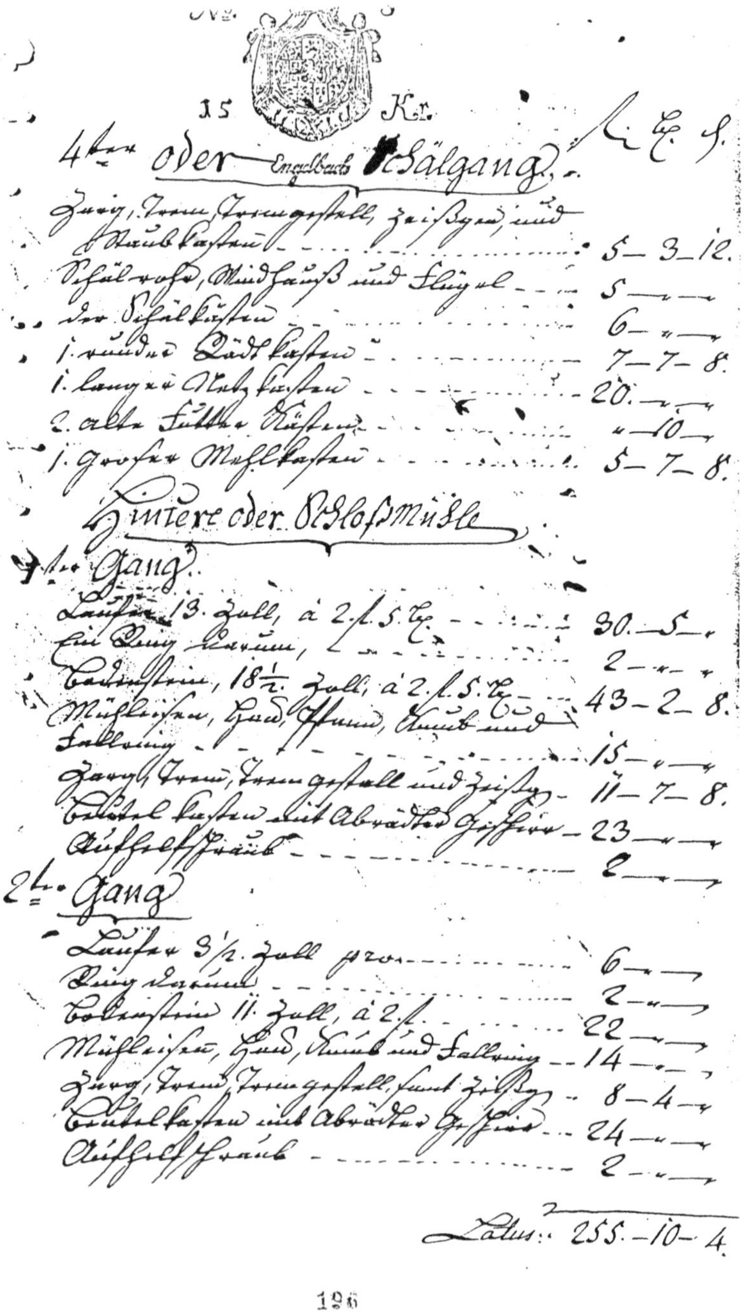

15 Kr.

4ter oder Engelbachs Schälgang — fl. x. h.

Zarg, Trau, Traugestell, Zeißgen, und Staubkasten	5	3	12.
Schälrohr, Mühlhauß und Flügel	5		
der Schälkasten	6		
1. runder Laedkasten	7	7	8.
1. langer Mehlkasten	20.		
2. alte Futterkästen		10	
1. großer Mehlkasten	5	7	8.

Hintere oder Schloßmühle

1ter Gang

Läufer 13. Zoll, à 2 fl. 5 kr.	30.	5	
ein Ring darum	2		
Bodenstein, 18½ Zoll, à 2 fl. 5 kr.	43	2	8.
Mühleisen, Haue, Pfanne, Kamm und Falleing	15		
Zarg, Trau, Traugestell und Zeißgen	11	7	8.
Beutelkasten mit Abrädter Geschirr	23		
Aufhelfschraube	2		

2ter Gang

Läufer 3½ Zoll pro	6		
Ring darum	2		
Bodenstein 11 Zoll, à 2 fl.	22		
Mühleisen, Haue, Kamm und Falleing	14		
Zarg, Trau, Traugestell, samt Zeißgen	8	4	
Beutelkasten mit Abrädter Geschirr	24		
Aufhelfschraube	2		

Latus: 255. – 10 – 4.

196

3ter Gang

	fl.	x
Bodenstein 11. Zoll à 2 fl.	22	–
Läufer 4½ Zoll à 2 fl.	9	–
Ring darüber	2	–
Mühleisen, Haue, Pfanne, Kamm und Fällring	13	7
Zargkranz, Krangestell und Zeißig	8	–
Beutelkasten, mit Abrädle Gestein	25	–
Aufschüttkaul	2	–

4ter oder Malzgang

	fl.	x
Bodenstein 17. Zoll, à 2 fl.	34	–
Läufer 4. Zoll à 2 fl.	8	–
Ring darüber	2	–
Mühleisen, Haue, Kamm, Pfanne, und Fällring	16	–
Zargkranz, Krangestell, Beutelkasten Zeißig und Schienen pro	10	–
Aufschüttkaul	2	–
1. großer Malterkasten	18	–
1. großer Mehlkasten	7	–
1. kleiner Kasten	–	10
Weiters befindet sich in diesen 2en Mühlen, folgende Geräthschaften als:		
9. Billen, 1. Haken, und 2. andere Hämmer, 2. Zweispitzen pro	7	–
1. Brech und 3. andere Meißel, 4. Bohrer und 1. Beißzange pro	1	30
1. Wind, und 2. Hebeisen	6	–
Latus:	194	–

15 Kr.

Allerhand – Engelbach Geräthschaften	fl.	kr.	hl.
2. frucht faß, 1/2 faß, 1. Sester, 1/2 Sester, 1. Vierling	8	7	8.
4. Hanf sieber	6	–	–
6. Stück andere Sieber	1	10	–
7. Bürsten	2	–	–
2. Lichter und 2. öhlkänger	–	11	–
1. Gießkann	–	10	–
1. Mühlkrapen	–	7	8.
8. neue und alte Mannen	2	3	–
6. Abwändter worden eines Alt	4	7	8.
2. Radring, 4. Mehl und 6. Schwarzschaufeln	–	10	–
4. Beiheisen und 2. Axt	2	–	–
1. eisernen Schlägel	2	–	–
11. gute und 2. schlechte Beutel, benebst 3. Kisten	25	7	8.
2. Nudeleisen, 1. Handsäg, und Brühsieb im Brauhauß	3	5	–
Sämtliches auf dem Speicher befindliche Mühlen holz geschirr, als			
400. Stück Kämmen	6	–	–
200. St. Kloben	2	6	–
24. Büchs	2	6	–
sämtlicher Vorrath Schaufeln	26	–	–
50. Stück Zapfen klotz	1	10	–
6. Schellen	–	10	–
Latus:	105	12	–

Nun folgt weiters die von den Herrn Zimmer und Schmidt Meistern beschehene Abschätzung des Kamm- und Wasserräder hols.

In der [illegible] der Stadtmühle

	fl.	x
1ter Gang		
Ein Anwell und Eisenstang	2	4
Ein Wendelbaum, Ein Kammrad, Ein Wasserrad, 1 äußer Anwell	38	–
1 Ring um den Stein	4	–
4 Ring und 2 Zapfen	10	–
2ter Gang		
Ein Anwell und Eisenstang	2	4
Ein Wendelbaum, Ein Kammrad, Ein Wasserrad, Ein äußer Anwell	40	–
4 Ring und 2 Zapfen	10	–
1 Ring unter den Stein	4	–
3ter Gang		
1 Anwell und Eisenstang	2	4
1 Wendelbaum, 1 Kammradt, 1 Wasserradt, 1 äußer Anwell	30	–
4 Ring und 2 Zapfen	9	7
4ter oder Schälgang		
1 Anwell und Eisenstang	3	3
1 Wendelbaum, 1 Kammrad, 1 Wasserrad, 1 äußer Anwell	24	–

1. Wendelbaum
1. Kammradt
1. Außer Radt,
1. außer Anwall } .... 29 – „ –
4. Ring und 2. Zapfen .... 10 –

2.ter Gang

1. Anwall, und Eisenstang .... 2 – 2 –
1. Kammradt
1. Außerrad
1. Wendelbaum
1. außer Anwall, } .... 26 – „ –
4. Ring und 2. Zapfen .... 10 – „ –

3.ter Gang

1. Anwall und Eisenstang .... 2 – 2 –
1. Kammrad,
1. Außerrad,
1. Wendelbaum,
1. außer Anwall, } .... 12 – „ –
4. Ring und 2. Zapfen .... 10 – „ –

4.ter oder Malzgang

1. Anwall, und Eisenstang .... 2 – 2 –
1. Kammradt
1. Außerradt,
1. Wendelbaum,
1. außer Anwall, } .... 28 – „ –
4 Ring und 2. Zapfen .... 10 – „ –

= 143 – 8 – „
112 – 2 – 8.
304 – 1 – 4.
255 – 10 – 4.
194 – „ – „
105. – 12. – „
189 – 1 – 8.

Summa Summarum des laufend Geschirrs ist = 1304 – 5 – 8.

198

A.3 Neue Müel und Wagordnung zu Zweibrücken aus dem Jahre 1596

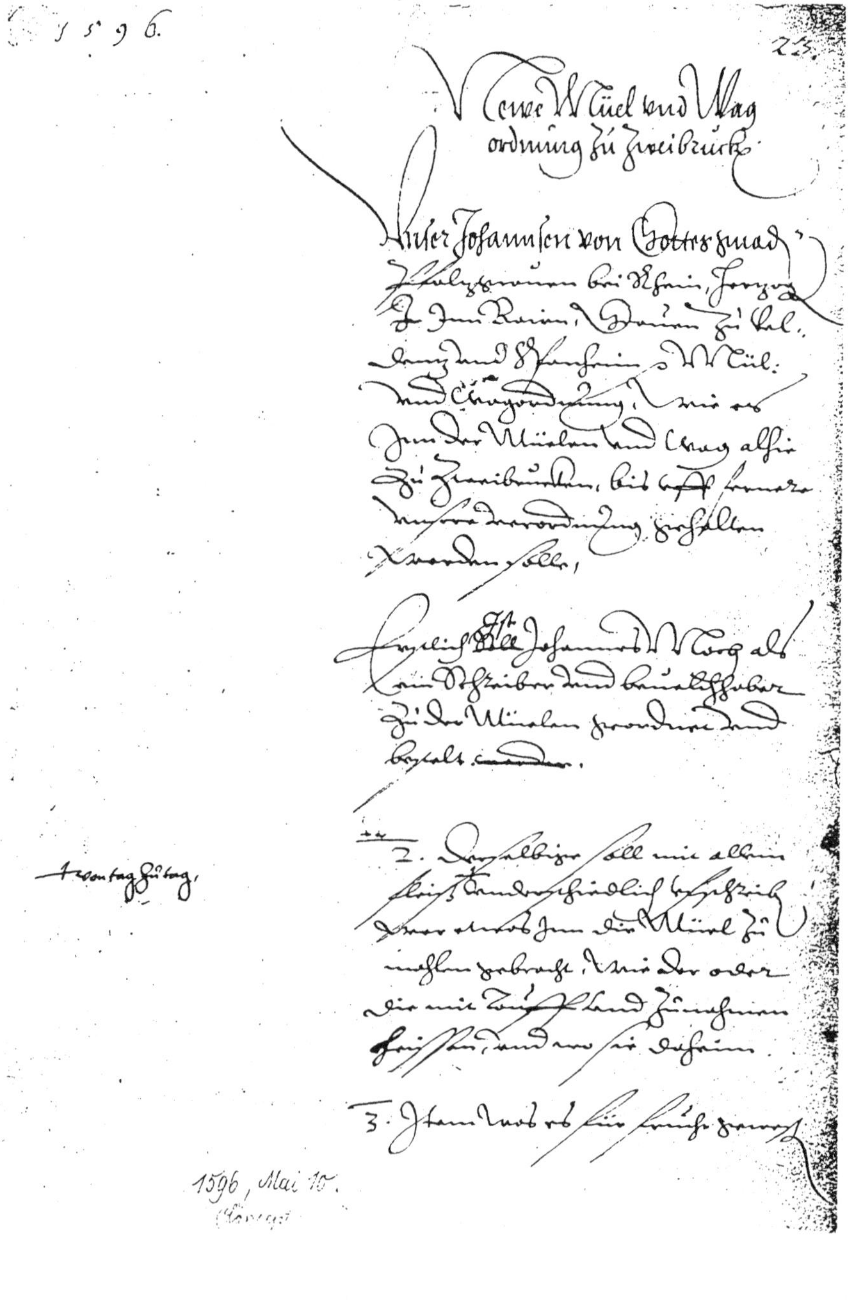

4. Item wie solche bischaidt auseinander zu halten, und darinnen kein gefahr vortheil oder betrug gebrauch.

5. Item wie ein ieder sein frucht zu mehlen begert habe /

6. Welgemelt soll der weiger den frembden beyhaimsch, und der, so die frucht bringt, + mit dem geringsten frucht maß messen, doch soll solche frucht durch den weigern, der sie bringt und mehlen lassen will, zuvor fleißig gesaubert und gebütelt sein, sonsten solle sie zu der wag od müllen zu mehlen nit angenomen werden; Man auch nit gering oder vollkommen selbs lassen gebrauchen werden, die soll der Müelschreiber nit deßschreiben, oder annemen, sondern dem, so sie frucht bringe, wider zustellen, und im messen kein vortheil gebrauch lassen. /.

+ dieselbig erstlich

25

7. Demnach, so die frücht gemessen, sollen sie zugleich, wieviel deren gemessen, ufgeschrieben.

8. Volgendts soll alsbalde das Molter, nemlich von einem jeden malter zwen sechter, und von einem jeden sack ein Vierling pro rato deruf genommen, solches fleissig gemessen, ufgeschrieben, und in den Molter Kasten gethan, auch die ubrige frücht, so nach abzugk des molters in die mühl gethan wirt,+ mit fleis gewogen, und ufgeschrieben, auch einem jeden, so die frücht gemahlen, sein gewicht an Mehl und Kleien wider geliefert. [illegible] abgangs und staubmehl, so in der mühlen bleibt und verliebet, uf ein jedes sack ~~[illegible]~~ und uf ein gantzes malter 8 lb. an dem gewicht, was die frücht in die mühl gewogen, abgezogen, und in den [illegible] belonung gebraucht werden.

Und damit volgende ordnung gehalten werde.

+ sambt dem Kleien sack, so bei der frücht bleiben, und nicht [illegible] wann man die frücht abholen will, darzu gethan werden soll.

9. So balde die Schall an dem Cast
klingt, soll der Müller einem
jeden, dessen frucht er [illegible] geschüttet
auß dem Mael und beütel Casten
sein mael und kleien außziehen,
dasselbig mit dem geeichten
[illegible] messen, und ime selbsten
bei sein des obgenanten Schreibers
liefern, der es alsbalde soll
aufzeichnen, wieviel es gemessen,
volgendts soll es gewogen, und
die Zaal am mael oder kleien
sambt oder sonder gleichsam ge-
stelt [illegible] verzeichnet werden.

10. Es soll auch bemelter Schreiber
ein ordentliche Rechnung halten aller
frucht, + [illegible] und auß der Müel
geschen und abgenomen würt, deß-
gleichen was wochentlich zu molter
und kleinmehl falt, dasselbe [illegible]
ferner, wie hoch dieselbig [illegible]
zu [illegible] würt halten, und jede
wochen zur Rechen Camer liefern.

+ Die [illegible] mael [illegible] haushaltung, also vor die [illegible] Ross, [illegible] und anderthalb [illegible] fremde [illegible],

11. Das Molter, nemlich von jedem
malter [illegible], soll alsbalde

26

wie gemeldt, Jnn den Casten gestossen
vnnd der also, das niemandt hinein
greiffen, sondern allein die brüche
hinein fallen könne, zugerichtet,
vnnd die schlüssell zur Rechen Cammer
geliffert, vnnd alle Sambstag
Abendts Jnn bei sein Landtschreibers
vnnd Kellers eröffnet, vnnd was
darinnen gefunden, [illegible],
vff den [illegible] gedragen, vnnd
dem Keller ein vnderschriebener
Zettel, wieuil es gewesen, zu-
gestelt werden, den bei seiner
Rechnung haben beizulegen. Vnd
soll das [illegible] niemandt weder
Köche, Kuchenbue(?), diener, oder wer
der sein, durchaus nit gelassen(?)
sein, sondern derselbig(?) dem(?)
menniglichen + einbracht [vnd [illegible]] werden.

\+ Auch vom Obst(?) die zur hoffhaltung gebrauchen würdt

12. Vnd damit dannocht souiel bester
ordnung in der [illegible] vnd richtigkeit
gehalten werden möge, So soll der
Schreiber Sommers zeiten Jnn der
wochen morgens von 6. Uhren an
biß vmb 10. Vnnd nachmittag von
ein Uhr biß vmb 5. Vnnd dann Win-
terzeiten morgens von 7. biß 8

10. Uhren, denn nachmittag von
ein biß vier Uhren stettigs
außgenommen am Sontag
freytag und halben Feirtag. bey
der Wag und mülen sein, und
die Frücht empfangen und besch-
schreiben, // Jedoch solle
hierin auch dieser underschied
gehalten werden, weil unsere
Underthonen auf den Dörfern
so zu diesen dreyen ~~Statt~~
mülen gebannet, Inn der
Heu und Frücht Erndt die ordinari
stunden wegen der Feld Arbeit
nicht halten können, und etwan
zu früe od zu spat vor die Wag
kommen, So soll umb unserer
Underthonen desto mehrer befürde-
rung willen, und damit sie in
~~solch~~ werend Erndzeit an der
Feld Arbeit nicht verhindert
werden möchten, unser Mül-
schreiber von dem [illegible] Juni
biß den letzten Augusti auf zu-
sehen früe umb 5. Uhren ~~und~~
~~nachmittag abendts biß [illegible] umb~~
~~7. Uhren~~ biß umb Zehen, dann
nachmittag von 12. Uhren biß

27

auf den abendt umb 7 Uhren,
beschließt zu der wagen und bi
der mülen bleiben, und soll hierin
die Sontäge, ganze und halbe feiertag
auch begriffen sein, doch der ge-
stalt, daß an den Sontägen vor
der morgen predig die wag
nit geöffnet, aber nach der
mittag predig, soll so wol an
Sontägen, als auch an ganzen und
halben feiertagen, die wag
umb ein uhren ~~geöffnet~~ oder
wann die mittag predig geen-
det, geöffnet, und gegen abent
umb 7. uhren zugeschlossen werden.

13. Zu Jeder gattung frücht, die zu
der Mühl gelieffert würt, soll
ein besonderer Mölter Casten ver-
ordnet, und Jede zu Jrem verord-
neten Casten besonder geschüttet
werden.

14. Es soll einem Jeden frei stehen,
sein frucht gebeütelt, oder unge-
beütelt mahlen zu lassen, sondern
wie es ein Jeder haben will, also
soll es der Müller zu mahlen schuldig
sein, welchem aber sein frucht

gebreuchlich, und die kleien besonder haben will, demselben, soll uff ein Jedes hauptmaal ein sester kleien gegeben werden, doch das es sauber kleien, und nit sandt od andrer unrath darunder sein. Da aber einer od mehr ein gantz malter frucht uff ein mal mahlen lassen will, dem od denselbigen soll uff solch gantz malter frucht 8 sester ~~und ein vierling~~ kleien gegeben werden.

15. Es soll auch Jedem erlaubt sein, selbst darbei zu sein, und mit zuzusehen, wann sein frucht gemahlen würt, od mag einer Jemandt andern an sein statt solches zusehen bevelhen, und soll der Müller schuldig sein, Jedem seine frucht, so oft begert würt, und einer gemalt selbst darbei sein will, dem besonder zeit ~~[illegible]~~ zuschütten. Wann aber einer nur ein hauptfrucht zu mahlen brächte, ~~[illegible]~~ so soll er noch drei andere abgesonderte hauptfrucht, doch dz es gleichmessiger und nit gemengte frucht sein, darunder

28.

schütten, und also ein halb malter
zusammen, und darüber nicht, zu-
sammen mahlen, und alsdann
denjenigen, so ein od. zwei [illegible]
bracht, das seinig davon liefern
doch das sich männiglichen den
Mehl oder Klein Kasten, auß-
halb obgemelter Verordnung zu-
gebrauchen, und etwas darauß
zu nehmen enthalte.

16. Da die Becker ihre früchte bei
nacht selbsten abmahlen wolten,
soll ihnen solches gestattet werden,
doch dergestalt das sie die frücht
bei tag hinein thun, aufschütten
wolten, und [illegible], auch also
widerumb bei tag herauß bring
lassen, und solches bei straff.

17. Es soll auch niemands einich and.
Sack aufziehen, oder das geringst
darauß zu nehmen understehen,
bei vermeidung ernstlich straff.

18 Wan nun der Müller frücht ein
[illegible] empfangen, denn soll er
[illegible] die frücht abgeben, [illegible] mahl

vnnd Klain, nach abzug des
molters wie obgemelt, zu
bezahlen, schuldig sein, bei ver-
meidung ernstlich straff.

19. Der muller solle nur dreyerlay (?)
an frucht, vnd nicht an mehl
oder anderm gemüetzen (?) nemen.

20. Die Drehallen (?) wie die nun mehr
in der Müllen angerichtet, sollen
also bestendig bleiben, vnnd in keinen
abgang kommen, vnd das die Müller
dieselb vnd fegen (?) treuer sein,
mit ernst angehalten werden.

21. Die Müller sollen die Müel
fleissig handhaben, die stein zu
rechter zeit hauen, vnnd wann sie
also gehauen, sollen sie nicht alsbaldt
die frucht zum mahlen aufschütten
sondern zuvor ein sester
zwen od drei Klein vnd Kleyen (?)
durchhin (?) aufschütten, vnnd herab
mahlen, damit die gehawene stein
von dem grieß vnd sandt gesäu-
bert, vnnd nach demselben erst die
frucht zum mahlen aufschutten werd,
Es sollen auch solche abgemahlene

29

Kleien und Kernen, als welche
Müller handt sindt, nicht zu andern
Zeiten klein gehen, noch dem mahl-
gasten zu dem mahl vergonnet,
sondern an ein besonder ort ge-
schüttet werden, wie dann der
müller dises stein heraus, und was
dergleichen Arbeit mehr ist mit
fleiß verrichten solle.

22. Er soll sich auch der Müller
mit einem Vorrath an Kammen
Spindeln, Scheufeln, Kloben und
andern, so zur die Mühl gehören
jederzeit gerüst halten, und solches
zeitlich durch beym Landschreiber
bestellt werden.

23. Der Müller, Weiger und andere
so zur Mühl und Weeg verordnet
sollen sich an Ihrem gemeinten Lohn
benügen lassen, keinem er
sei reich oder arm, nichts entwend
sich auch verkauffens frucht oder
mehl, bei vermeidung ernstlich
straff enthalten, und solches in
keinem weg, wie der erdacht
werden möchte vornemmen,

24. Der Müller und die knecht
sollen sich jn den der Mülen
als einem befreiten ort, bei
unnachlässiger straff, fluchens,
schwerens, und spilens jn
gemein aller groß bestendiger
schelt und scheltwort, auch aller
thetthandlungen, gegen den Mühl-
gesten und andern + gentzlichen
müssigen, und enthalten, Zeiger
lauten einen jeden das seinig
jn der güte, wie obgemelt,
liefern, hingegen auch nie-
mands sie zu übergeben und
zu schelten gewesen, sondern
jn der Mühl die Mühl frei-
heit erhalten werden solle,
Sie sollen sich auch spielens, fluchens,
angesehens, zorgens, und anderer
leichtfertigkeit, dardurch das
mahlwerck versaumbt würde,
enthalten.

+ wie auch sich selbs

25. Die Müller sollen niemands
frembdes jn die Mülen, der
darein nit gehore, noch zu mahlen
hett, weißen, noch darein zugehen
verstatten.

30

26. Die auffseher von kranken Müllern, oder anderen krankh leuten, nachschläger begerte derin zusehen soll solcher ab- und aus Unrein- heit hinaus gewiesen werden.

27. Der Müller soll ein jeder morgens die stäub auß[illegible] rein und zu säubern sich enthalten, sondern [illegible] das geräth beßond [illegible] die [illegible] und condi- tion, wie bei dem 15. Puncten vermeldt, machen, Er soll auch hinter hin alle Zargen [illegible] richten und sollen das dieselben und auch der ding, darauf die Zarg stehe, nit weiters dann ein Zoll oder Zwerchfinger von dem Läufer stehe, damit der gefährlich nachtheil und schaden + aus solcher fahrlässiger stellung entstehen möchte abgestellt und fürkommen werden, welcher Müller darin [illegible] und ungehorsam befunden würde soll nach [illegible] erkandtnuß gestrafft werden.

+ so zu hüten

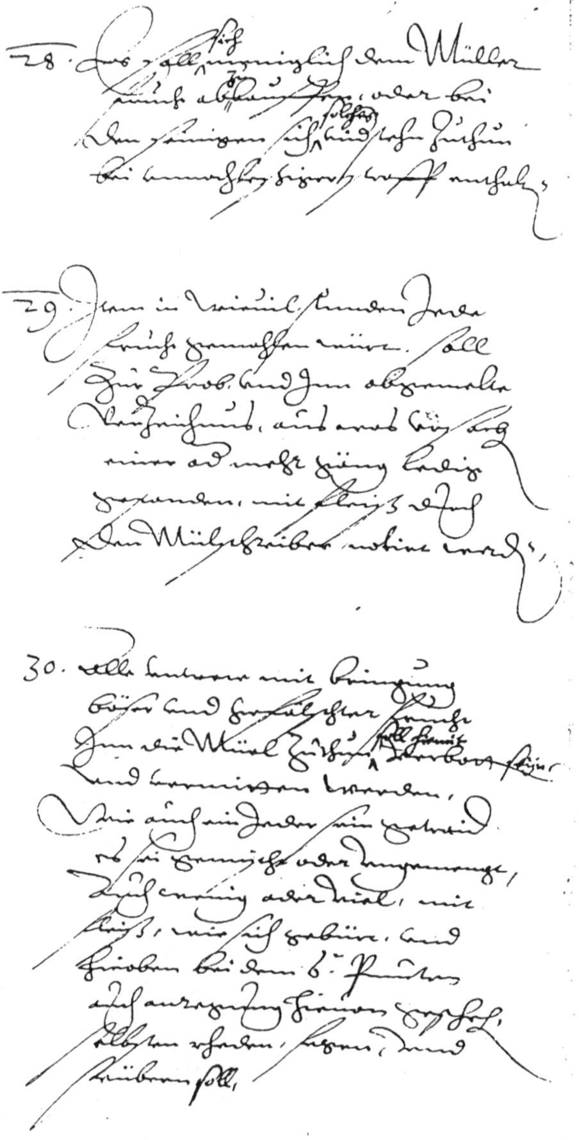

31

31. Keine frucht soll zu der Mül getragen oder gemahlen werden, sie sein dann, wie obgemelt, zuvor gemessen, und gewegen und das gebürliche Molter davon genommen.

32. Und weil man habern, dinckel, spelzen, und dergleichen leichte frücht, niemals gewogen hat, soll es auch nochmals also damit gehalten werden.

+ doch nicht weniger Molter davon [illegible] von ander frucht als obsteht genommen.

33. [illegible] verordnung und erlaubnuß soll kein gewogte frucht angenommen, oder von dem Müller gewogt gemahlen werden.

34. Im einer seine frücht selbst mehlen würde, soll es mit [illegible] des obgemelten geschehen, daß einen weg wie den andern obgemelte ordnung damit gehalten, und solches zur sonderheit [illegible] werden.

35. Nach befindung der notdurfft
sollen jederzeit taugliche beutel
in die Müel geordnet, die
mangelhafftige gebessert, und
die nicht werige abgeschafft
werden.

36. Demnach auch wir ein mahlmüel
mit dreien gängen in unserm
Schloss alhie anrichten lassen, so
soll den mahlgästen zugelassen
sein, wann sich zu zeiten die
frucht in unsern Statmülen
uberfürt, und die mahlgäst
die den mahlen nit befürdert
werden können, solche ihre frucht
in bemelte unsere ~~Stat~~
Schlossmülen zutragen, und
dieselbige darinnen mahlen
zulassen. Doch soll solche
frucht von unserm Schloss-
müller nicht angenommen werden,
es bringe ihme dann ein jeder
zuvörderst ein zeichen von
unserm Mühlschreiber, das solche
frucht gemeltert sein.

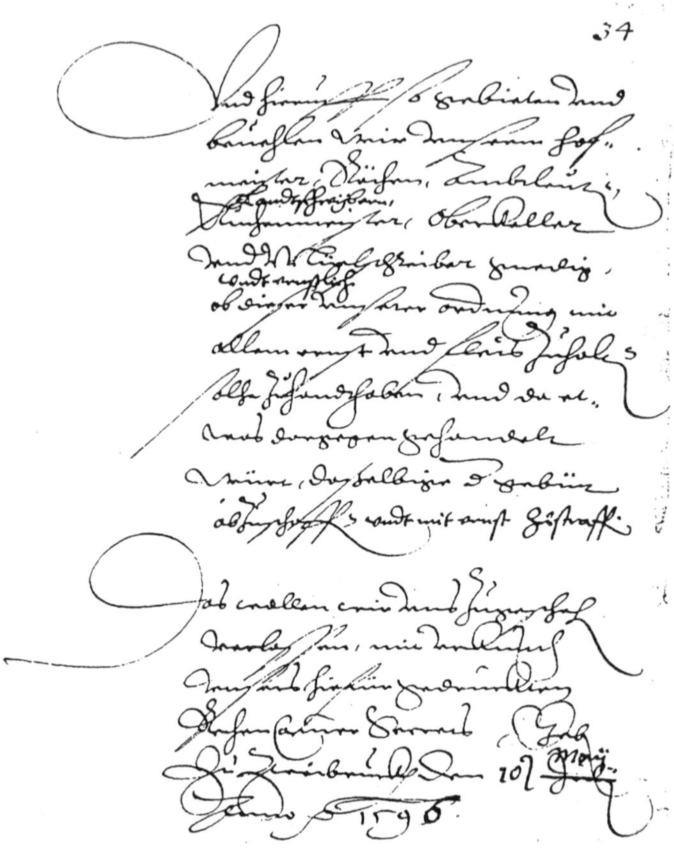

Anhang B

Registeranhang

B.1 Literaturverzeichnis

W. Abel: Geschichte der deutschen Landwirtschaft vom frühen Mittelalter bis zum 19. Jahrhundert. Deutsche Agrargeschichte, Bd. 2, Stuttgart, 1967.

H. Ammerich: Landesherr und Landesverwaltung. Beiträge zur Regierung von Pfalz-Zweibrücken am Ende des alten Reiches. Veröffentlichungen der Kommission für Saarländische Landesgeschichte und Volksforschung, Bd. XI, Saarbrücken, 1981.

Anonymus: Zur Lehre vom Mühlennbannrecht. In: Justiz-Pflege Württemberg, 1846. S. 122–132.

K. O. von Aretin: Säkularisation. In: *A. Erler, E. Kaufmann (Hg.),* HRG, Bd. 4, 1990. Sp. 1263–1267.

W. Arnold: Deutsche Geschichte, Bd. 1–3, 3. Auflage. Gotha, 1881.

W. Arnold: Studien zur deutschen Kulturgeschichte. Stuttgart, 1882.

W. Arnold: Zur Geschichte des Eigentums in den deutschen Städten, Neudruck der Ausgabe Basel 1861, Aalen, 1966.

R. Aulinger et al.: Empfehlungen zur Edition frühneuzeitlicher Texte. In: Jahrbuch der historischen Forschung, 1980. S. 85–96.

A. Bach: Das Mühlenwesen in der Vogtei Ems. In: *H. M. Heinrichs, R. Schützeichel (Hg.),* Adolf Bach. Germanistisch-historische Studien, gesammelte Abhandlungen, Bonn, 1964. S. 207–216.

J. H. Bachmann: Pfalz-Zweibrückisches Staats-Recht. Tübingen, 1784.

F. M. Bachmann: De iure imperantis circa revocationem privilegiorum ob solutem publicam quaedam praefatur. Erfurt, 1792.

K. S. Bader: Dorf und Dorfgemeinde im Zeitalter von Naturrecht und Aufklärung. In: *W. Wegener (Hg.)*, Festschrift für Karl Gottfried Hugelmann zum 80. Geburtstag am 26. September 1959, dargebracht von Freunden, Kollegen und Schülern, Bd. I, Aalen, 1959. S. 1–36.

A. J. Baldes: Wirtschaftspolitik und Gerichtswesen in Pfalz-Zweibrücken unter Herzog Christian IV. (1740 bis 1775). In: Pfälzer Heimat 44 (1993). S. 49–56.

K. Baumann: Umrisse einer Landesgeschichte. In: Saarheimat. Zeitschrift für Kultur, Landschaft, Volkstum 4 (1960). S. 43–54.

M. F. Becker: Das deutsche Mühlensterben im 20. Jahrhundert dargestellt am Beispiel der Mühlen in der Pfalz. Neustadt, 1979.

D. Bettinger: Die Hanauer Mühle. Ein Beitrag zur Mühlengeschichte des unteren Ostertales. In: Saarheimat. Zeitschrift für Kultur, Landschaft, Volkstum 11, (1967). S. 171–173.

G.A. Bielitz: Praktischer Kommentar zum allgemeinen Landrechte für die preußischen Staaten, Bd. 1, Erfurt, 1823.

G. Biundo: Annweiler, Geschichte einer alten Reichsstadt. Annweiler, 1937.

F. Blaich: Die Epoche des Merkantilismus. Wissenschaftliche Paperbacks, Sozial- und Wirtschaftsgeschichte, Bd. 3. Wiesbaden, 1973.

F. Blaich: Merkantilismus. In: *W. Albers et al. (Hg.)*, Handwörterbuch der Wirtschaftswissenschaften, Bd. 5, Stuttgart, 1980. Sp. 240–251.

H. Bleymehl: Stand und Probleme der Forschungen über den aufgeklärten Absolutismus in der Grafschaft Nassau-Saarbrücken. In: Zeitschrift für die Geschichte der Saargegend 16 (1968). S. 69–91.

E.-W. Böckenförde: Gesetz und gesetzgebende Gewalt. Von den Anfängen der deutschen Staatsrechtslehre bis zur Höhe des staatsrechtlichen Positivismus. Schriften zum Öffentlichen Recht, Bd. 1. Berlin, 1958.

I. Bog: Der Reichsmerkantilismus. Studien zur Sozial- und Wirtschaftsgeschichte, Bd. 1. Stuttgart, 1964.

G. L. Böhmer: Auserlesene Rechtsfälle aus allen Theilen der Rechtsgelehrsamkeit. Bd. III Abtheilung 1. Göttingen, 1801.

W. Borgius: Die Fruchtmarktgesetzgebung in der Kurpfalz im 18. Jahrhundert. Inauguraldissertation, Hohe Philosophische Fakultät der Ruprecht-Carls-Universität zu Heidelberg, 1898.

W. Borgius: Mannheim und die Entwicklung des südwestdeutschen Getreidehandels. Erstes Heft: Geschichte des Mannheimer Getreidehandels. Volkswirtschaftliche Abhandlungen der Badischen Hochschulen, Bd. 2. Freiburg i. B., 1899.

W. Borgius: Mannheim und die Entwicklung des südwestdeutschen Getreidehandels. Zweites Heft: Gegenwärtiger Zustand des Mannheimer Getreidehandels. Volkswirtschaftliche Abhandlungen der Badischen Hochschulen, Bd. 2. Freiburg i. B., 1899.

W. Brauneder: Zur Gesetzgebungsgeschichte der niederösterreichischen Länder. In: *G. Frotz, W. Ogris (Hg.),* Festschrift Heinrich Demelius zum 80. Geburtstag. Erlebtes Recht in Geschichte und Gegenwart, Wien, 1973. S. 18–45.

G. Colesie: Die Bannmühlen des Nalbacher Tales. In: Saarheimat. Zeitschrift für Kultur, Landschaft, Volkstum 9 (1965). S. 111–112.

H. Conrad: Deutsche Rechtsgeschichte, Bd. II: Neuzeit bis 1806. Karlsruhe, 1966.

W. A. F. Danz: Handbuch des heutigen deutschen Privatrechts. Nach dem Systeme des Herrn Hofrats Runde. Stuttgart, 1816.

B. Diestelkamp: Das Verhältnis von Gesetz und Gewohnheitsrecht im 16. Jahrhundert – aufgezeigt am Beispiel der oberhessischen Erbgewohnheiten von 1572. In: Rechtshistorische Studien. Hans Thieme zum 70. Geburtstag zugeeignet von seine Schülern, Köln, 1977. S. 1–33.

B. Diestelkamp: Einige Beobachtungen zur Geschichte des Gesetzes in vorkonstitutioneller Zeit. In: Zeitschrift für historische Forschung, H. 1/4, Bd. 10 (1983). S. 385–420.

G. Dilcher: Mittelalterliche Rechtsgewohnheit als methodisch-theoretisches Problem. In: *Dilcher et al. (Hg.),* Gewohnheitsrecht und Rechtsgewohnheit im Mittelalter. Schriften zur Europäischen Rechts- und Verfassungsgeschichte, Bd. 6, Berlin, 1992. S. 21–65.

A.-M. Dubler: Müller und Mühlen im alten Staat Luzern. Rechts-, Wirtschafts- und Sozialgeschichte des luzernischen Landmüllergewerbes, 14. bis 18. Jahrhundert. Luzerner Historische Veröffentlichungen, Bd. 8. Luzern, 1978.

W. Ebel: Geschichte der Gesetzgebung in Deutschland. Göttinger Rechtswissenschaftliche Studien, Bd. 24. Göttingen, 1958.

F. Ebel: Statutum und ius fori im deutschen Spätmittelalter. In: Zeitschrift der Savigny-Stiftung für Rechtsgeschichte, Germanistische Abteilung, Bd. XCIII (1976). S. 100–153.

I. Eder: Die saarländischen Weistümer. Dokumente der Territorialpolitik. Veröffentlichungen der Kommission für saarländische Landesgeschichte und Volksforschung, Bd. VIII, Saarbrücken, 1978.

W. Eger: Zur Verzeichnung und Edition von Archivalien — Arbeitsrichtlinien für das Landeskirchenarchiv. In: Blätter für pfälzische Kirchengeschichte und Religiöse Volkskunde, Bd. 28 (1961). S. 175–183.

K.F. Eichhorn: Einleitung in das Privatrecht. Göttingen, 1865.

L. Eid: Zur Wirtschaftsgeschichte des pfälzischen Westrichs. Zweibrücken, 1894.

L. Eid: Der Hof und Staatsdienst im ehemaligen Herzogtume Pfalz-Zweibrücken von 1444–1604. Mitteilungen des historischen Vereins der Pfalz, Bd. XXI. Speier, 1897.

E. Fehrenbach: Die Einführung des französichen Rechts in der Pfalz und in Baden. Ein Vergleich unterschiedlicher Rechtsrezeptionen im napoleonischen Herrschaftsbereich. In: *F. L. Wagner (Hg.),* Strukturwandel im pfälzischen Raum vom ancien régime bis zum Vormärz. Referate und Aussprachen, Speyer, 1982. S. 61–69.

L. Felix: Der Einfluß von Staat und Recht auf die Entwicklung des Eigenthums, zweite Hälfte, erste Abtheilung (das Mittelalter). Entwicklungsgeschichte des Eigenthums unter culturgeschichtlichem und wirthschaftlichem Gesichtspunkte, vierter Theil. Leipzig, 1899.

L. Felix: Der Einfluß der Religion auf die Entwicklung des Eigentums. Entwicklungsgeschichte des Eigentums unter kulturgeschichtlichem und wirtschaftlichem Gesichtspunkt, Teil 3, Neudruck der Ausgabe Leipzig 1889. Aalen, 1964.

L. Felix: Der Einfluß von Staat und Recht auf die Entwicklung des Eigentums, Hälfte 2, Abteilung 2: Die neue Zeit, die französische Revolution. Entwicklungsgeschichte des Eigentums unter kulturgeschichtlichem und wirtschaftlichem Gesichtspunkt, Teil 4, Neudruck der Ausgabe Leipzig 1903. Aalen, 1964.

A. Fendler: Ein Erbbestandsbrief des Gutes Lampertsmühle aus dem Jahre 1787. In: Jahrbuch zur Geschichte von Stadt und Landkreis Kaiserslautern, Bd. 10/11, Otterbach, Kaiserslautern, 1973. S. 147–152.

J. Fischer: Das pfälzische Mühlengewerbe. Wirtschafts- und Verwaltungsstudien mit besonderer Berücksichtigung Bayerns, Bd. XCIII Leipzig, 1928.

H. Forster: Grundzüge des Merkantilismus im Herzogtum Pfalz-Zweibrücken. In: Studienbuch Donnersberg I (1983). S. 39–194.

H. G. Franck: Die Entstehung der pfälzischen Müllerei und ihre Entwicklung auf dem Lande und in der Stadt bis zum Ende des 18. Jahrhunderts. In: Pfälzische Heimatkunde. Monatsschrift zur Förderung von Natur- und Landeskunde in der Rheinpfalz, IX (1913). S. 165–168, 185, 186.

H. G. Franck: Die pfälzische Kundenmüllerei. In: Pfälzische Heimatkunde. Monatsschrift zur Förderung von Natur- und Landeskunde in der Rheinpfalz, IX (1913). S. 10–12, 27–28, 40–42, 55, 56.

M. Fromm: Das Mühlengewerbe in Baden und in der Rheinpfalz. Volkswirtschaftliche Abhandlungen der Badische Hochschulen, Bd. IX, H. 4. Karlsruhe, 1907.

M. J. Funk: Der Kampf der merkantilistischen mit der physiokratischen Doktrin in der Kurpfalz. In: Neue Heidelberger Jahrbücher, Bd. XVIII. Heidelberg, 1914.

F. L. Ganshof: Was ist das Lehnswesen, 2. revidierte Auflage. Darmstadt, 1967.

K. Giegerich: Wasser- und Mühlenrecht der Reichsstadt Nürnberg. Inauguraldissertation, Friedrich Alexander Universität Erlangen, juristische Fakultät. Erlangen, 1944.

O. von Gierke: Deutsches Genossenschaftsrecht, Bd. II. Leipzig, 1873.

I. Göbel: Die Mühle in der Stadt. Müllerhandwerk in Göttingen, Hameln und Hildesheim vom Mittelalter bis ins 18. Jahrhundert, Bd. 31. Bielefeld, 1993.

W. Goez: Der Leihezwang. Eine Untersuchung zur Geschichte des deutschen Lehnrechts. Tübingen, 1962.

N. T. Gönner: Teutsches Staatsrecht. Landshut, 1804.

R. Grawert: Historische Entwicklungslinien des neuzeitlichen Gesetzesrechts. In: Der Staat 1972. S. 1–25.

B. Großfeld, A. Möhlenkamp: Die Mühle in Märchen und Recht. In: NJW, Nr. 17/1996. S. 1103–1111.

T. Gümbel: Geschichte des Fürstentums Pfalz-Veldenz. Kaiserlautern, 1900.

E. Haas: Müller und Mühlen vor 300 Jahren. In: Pfälzische Heimatblätter 10 (1962). S. 72.

E. Haas: Von der Bäckerzunft im 30-jährigen Krieg. In: Pfälzische Heimatblätter 10 (1962). S. 64, 65.

K. F. Häberlin: Handbuch des Teutschen Staatsrecht. Bd. 2. Berlin, 1794.

F. Haffner: Die Bäcker- und Müllerzunft in Speyer. In: Pfälzische Heimatblätter 16 (1968). S. 47.

H.-R. Hagemann: Eigentum. In: *A. Erler, E. Kaufmann (Hg.),* HRG, Bd. 1, 1971. Sp. 882–896.

H.-R. Hageman: Erbrecht. In: *A. Erler, E. Kaufmann (Hg.),* HRG, Bd. 1, 1971. Sp. 971–977.

D. Hägermann: Laudemium. In: *R.-H. Bautier et al. (Hg.),* Lexikon des Mittelalters, 1991. S. 1753.

P. L. Hahn: Mühlenpraktika. Zweibrücken, 1790.

K. Hamm: Albersweiler. Beiträge zur tausendjährigen Geschichte eines pfälzischen Dorfes. Albersweiler, 1969.

E. F. Heckscher: Der Merkantilismus, 2 Bände. Jena, 1932.

K. Heil: Der funktionale Wandel pfälzischer Mühlen an Gewässerläufen ausgewählter Naturräume seit dem frühen 19. Jahrhundert. Ein Beitrag zur Kulturlandschaftsgenese und Historischen Geographie der Pfalz. Inauguraldissertation, Fachbereich 16 (Geschichtswissenschaften) der Johannes Gutenberg-Universität Mainz. 1983.

C. W. E. Heimbach: Lehrbuch des partikulären Privatrechts der zu den O.A.-Gerichten zu Jena und Zerbst vereinten Großherzogl. und herzogl. Sächsischen, Fürstl. Preußischen, Fürstl. Schwarzburgischen und Herzogl. Anhaltischen Ländern. Jena, 1848.

M. Held: Die Kirchenschaffnei Meisenheim. Köln, 1984.

J. Hering: Tractatus singularis de molendinis eorumque iure. Francofurtum, 1663.

H. W. Herrmann: Die Reformation in Nassau-Saarbrücken und die nassau-saarbrückische Landeskirche bis 1635. In: Die evangelische Kirche an der Saar gestern und heute, 1975. S. 42–111.

H. W. Herrmann: Das Herzogtum Pfalz-Zweibrücken. In: *K. Hoppstätter, H. W. Herrmann (Hg.),* Geschichtliche Landeskunde des Saarlandes, Bd. 2: Von der fränkischen Landnahme bis zum Ausbruch der französischen Revolution, Saarbrücken, 1977. S. 344–375.

A. Herzog: Die Mühlen im Herzogtum Zweibrücken in der Mitte des 18. Jahrhunderts. In: Pfälzische Heimatblätter 14 (1966). S. 3–5.

A. Heusler: Institutionen des deutschen Privatrechts. Leipzig, 1886.

B. Hildebrand: Mitteilungen des statistischen Bureaus vereinigter Thüringischer Staaten, 1. Hälfte, Agrarstatisitik. Jena, 1867.

P. Hinschius: Das Kirchenrecht der Protestanten und Katholiken in Deutschland, Bd. III. Graz, 1833, Neudruck 1959.

J. G. Hoffmann: Befugnis zum Gewerbebetrieb. Berlin, 1841.

L. J. F. Höpfner: Theoretisch-practischer Commentar über die Heineccischen Institutionen. 1795.

R. Horna: Zur Geschichte des Mühlenstrafrechts. In: *K. S. Bader (Hg.),* Festschrift für Guido Kisch, Stuttgart 1955. S. 87–98.

W. Hülle: Das Supplikenwesen in Rechtssachen, Anlageplan für eine Dissertation. In: Zeitschrift der Savigny-Stiftung für Rechtsgeschichte, Germanistische Abteilung, Bd. XC (1973). S. 194–212.

W. Hülle: Müller Arnold-Prozeß. In: *A. Erler, E. Kaufmann (Hg.),* HRG, Bd. 3, 1984. Sp. 726–728.

W. Hülle: Supplikation. In: *A. Erler, E. Kaufmann (Hg.),* HRG, Bd. 5, 1992. Sp. 91–92.

K. D. Hüllmann: Geschichte des Ursprungs der Regalien in Deutschland. Frankfurt an der Oder, 1806.

H. F. Jacobson: Geschichte der Quellen des evangelischen Kirchenrechts der Provinzen Rheinland und Westfalen. Königsberg, 1844.

K. Jost: Vor 500 Jahren wurde das Herzogtum Pfalz-Zweibrücken gegründet. In: *Historischer Verein Zweibrücken (Hg.),* Herzogtum Zweibrücken, Zur Erinnerung an die Gründung des ehemaligem Herzogtums Zweibrücken vor 550 Jahren 1410–1960, Zweibrücken, 1960. S. 7–17.

K. Jost: Das Herzogtum Pfalz-Zweibrücken. In: Saarheimat. Zeitschrift für Kultur, Landschaft, Volkstum, Beilage 1, H. 2, Bd. 6 (1962). S. 1–8.

L. Kampfmann: Geschichte der Mühlen im Bezirksamt Zweibrücken. In: Westpfälzische Geschichtsblätter, Beilage zur Zweibrücker Zeitung, Bd. 12 (1908). S. 17–19, 21–23, 25–26.

G. Karlmann: Der Pfälzische Bachadel. In: Pfälzische Presse. Zeitung für Süd- und Westdeutschland, Nr. 95, Jg. 278 (1911). S. 1, 2.

E. Kaufmann: Bann. In: *A. Erler, E. Kaufmann (Hg.),* HRG, Bd. 1, 1971. Sp. 308–311.

F. Kern: Recht und Verfassung im Mittelalter. Darmstadt, 1976.

F. Kiefer: Hinterweidenthaler Mühle und ihre Besitzer. In: Pfälzische Heimatblätter 4 (1956). S. 96.

F. Kiefer: Die Mühlen zu Rinnthal. In: Pfälzische Heimatblätter 8 (1960). S. 46, 47.

F. Kiefer: Mahl- und sonstige Mühlen im kurpfälzischen Oberamt Neustadt. In: Pfälzische Heimatblätter 10 (1962). S. 60, 61.

L. K. Kinzinger: Schweden und Pfalz-Zweibrücken. Probleme einer gegenseitigen Integration. Das Fürstentum Pfalz-Zweibrücken unter Schwedischer Fremdherrschaft (1681–1719). Zweibrücken, 1988.

L. K. Kinzinger: Fürstentum oder Herzogtum? Gedanken zu einer neuen terminologischen Perspektive der pfalz-zweibrückischen Landesgeschichte. In: Pfälzer Heimat 40 (1989). S. 107–114.

T. Klein: Recht und Staat im Urteil mitteldeutscher Juristen des späten 16. Jahrhundert. In: *H. Beumann (Hg.),* Festschrift für Walter Schlesinger, Bd. 1, Köln 1973. S. 427–512.

F. Klein-Bruckschwaiger: Erbleihe (Erbpacht). In: *A. Erler, E. Kaufmann (Hg.),* HRG, Bd. 1, 1971. Sp. 968–971.

F. Klein-Bruckschwaiger: Erbzins. In: *A. Erler, E. Kaufmann (Hg.),* HRG, Bd. 1, 1971. Sp. 986, 987.

W. Koch: Zweibrücker Gerichtsordnungen in ihrer historischen Entwicklung. In: Mitteilungen des historischen Vereins der Pfalz, Bd. 66 (1968). S. 306–325.

G. Köbler: Eigen und Eigentum. In: Zeitschrift der Savigny-Stiftung für Rechtsgeschichte, Germanistische Abteilung, Bd. XCV (1978). S. 1–33.

C. Koehne: Das Recht der Mühlen bis zum Ende der Karolingerzeit. Untersuchungen zur deutschen Staats und Rechtsgeschichte, Bd. 71. Breslau, 1904.

C. Koehne: Studien über die Entstehung der Zwangs- und Bannrechte. In: Zeitschrift der Savigny-Stiftung für Rechtsgeschichte, Germanistische Abteilung, Bd. XXV (1904). S. 172–191.

C. Koehne: Mühlenbann und Burgenbau. In: Zeitschrift der Savigny-Stiftung für Rechtsgeschichte, Germanistische Abteilung, Bd. XXVIII (1907). S. 63–68.

W. Kohl: Recht und Geschichte der alten Münchner Mühlen. Miscellaneae Bavarica Monacensia, Neue Schriftenreihe des Stadtarchivs München, Bd. 15. München, 1969.

J. Kohler: Encyclopädie der Rechtswissenschaft I, in systematischer und alphabetischer Bearbeitung, 6. Auflage der Neubearbeitung 1. Auflage. Leipzig, Berlin, 1904.

F. Konersmann: Von Zucht und Ordnung zu Einsicht und Pflicht. Magisterarbeit, Universität Bielefeld. 1988.

F. Konersmann: Faktoren, Formen und Phasen der inneren Staatsbildung im Herzogtum Pfalz-Zweibrücken. In: Mitteilungen des historischen Vereins der Pfalz, 87 (1989). S. 161–198.

F. Kopp: VwVFG. Verwaltungsverfahrensgesetz. 5., wesentlich verbesserte Ausgabe. München, 1991.

F. Kopp: VwGO. Verwaltungsgerichtsordnung. 9., neubearbeitete Ausgabe. München, 1992.

O. W. Krämer: Verordnungen aus dem 18. Jahrhundert. Teil II: Die Nassau-Saarbrückische Müller- und Mehl-Wieger-Ordnung vom Jahre 1748. In: Südwestdeutsche Heimatblätter, Beiträge zur Heimatforschung in der südwestdeutschen Grenzmark, 3. Folge 1930–1931, Unveränderter Nachdruck, Saarbrücken, 1930. S. 54, 55.

O. W. Krämer: Die Marktordnung in der Mühlenwirtschaft. Inauguraldissertation, Staats- und Wirtschaftswissenschaftliche Fakultät der Ruprecht-Carls-Universität zu Heidelberg. 1937.

W. Krämer (Hg.): Reichsgräfin Marianne von der Leyen. Unveränderter Nachdruck der Ausgabe Saarbrücken, 1937. St. Ingbert, 1980.

H. Krause: Königtum und Rechtsordnung. In: Zeitschrift der Savigny-Stiftung für Rechtsgeschichte, Germanistische Abteilung, Bd. LXXXII (1965). S. 1–22.

H. Krause: Gesetzgebung. In: *A. Erler, E. Kaufmann (Hg.),* HRG, Bd. 1, 1971. Sp. 1606–1620.

H. Krause: Der Widerruf von Privilegien im frühen Mittelalter. In: Archivalische Zeitschrift 75 (1979). S. 119–134.

K. Kroeschell: Deutsche Rechtsgeschichte, Bd. 2, 7. Auflage. Opladen, 1989.

J. Küchler: Die Mühlen in Lautern. In: Pfälzische Geschichtsblätter 3 (1907). S. 83–85.

J. Kulischer: Allgemeine Wirtschaftsgeschichte des Mittelalters und der Neuzeit, Bd. 1: Das Mittelalter. 6. unveränderte Auflage. Darmstadt, 1988.

E. Freiherr von Künßberg: Erbkaufschilling. In: *Preußische Akademie der Wissenschaften (Hg.),* Deutsches Rechtswörterbuch, Bd. 3, Weimar, 1935–1938. Sp. 89, 90.

E. Haberkorn, J.F. Wallach: Hilfswörterbuch für Historiker (Mittelalter und Neuzeit), Bd. 2, 6. Auflage. München, 1980

J. G. Lehmann: Das Neustädter Thal. Frankenthal, 1841.

J. G. Lehmann: Vollständige Geschichte des Herzogthums Zweibrücken und seiner Fürsten, der Stamm- und Vorältern des Königlich bayerischen Hauses. München, 1867.

A. Lenhart: Heimatgeschichtliches aus Queichhambach. Queichhambach, 1959.

K. Lillig: Rechtsetzung im Herzogtum Pfalz-Zweibrücken während des 18. Jahrhunderts. Ein Beitrag zur Geschichte der territorialen Rechtsbildung. Rechtshistorische Reihe, Bd. 44. Frankfurt am Main, 1985.

O. Lindemer: Mühlen der Herrschaft Sickingen-Landstuhl. In: Pfälzische Heimatblätter 5 (1957). S. 49, 50.

D. Lindner: Die Lehre vom Privileg nach Gratian und den Glossatoren des Corpus iuris canonici. Regensburg, 1917.

R. Lipps: § 5 des Meisenheimer Testamentes Herzog Wolfgangs von 1568. In: Blätter für pfälzische Kirchengeschichte 27 (1960). S. 145–152.

F. Lütge: Die mitteldeutsche Grundherrschaft. Untersuchungen über die bäuerlichen Verhältnisse (Agrarverfassung) Mitteldeutschlands im 16.–18. Jahrhundert. Jena, 1934.

F. Lütge: Geschichte der deutschen Agrarverfassung vom frühen Mittelalter bis zum 19. Jahrhundert. Stuttgart, 1963.

F. Lütge: Die wirtschaftliche Situation in Deutschland und Österreich um die Wende vom 18. zum 19. Jahrhundert. Forschungen zur Sozial- und Wirtschaftsgeschichte, Bd. 6. Stuttgart, 1964.

R. Maurenbrecher: Lehrbuch des gesammten heutigen gemeinen deutschen Privatrechts, 2. völlig neue Bearbeitung, Bd. 1. Bonn, 1840.

K. Menzel: Wolfgang von Zweibrücken, Pfalzgraf bei Rhein, Herzog in Bayern, Graf von Veldenz, der Stammvater des baierischen Königshauses (1526–1569). München, 1893.

W. Merk: Das Eigentum im Wandel der Zeit. Schriften zur politischen Bildung, II: Recht, Bd. 5. 1934.

H. Mitteis, H. Lieberich: Deutsche Rechtsgeschichte, 19. Auflage. München, 1992.

C. A. J. Mittermaier: Grundsätze des gemeinen deutschen Privatrecht. Landshut, 1824.

C. A. J. Mittermaier: Grundsätze des deutschen Privatrecht. 1838.

H. Mohnhaupt: Potestas legislatoria und Gesetzesbegriff im Ancien regime. In: Ius commune IV (1972). S. 188–239.

H. Mohnhaupt: Untersuchungen zum Verhältnis Privileg und Kodifikation im 18. und 19. Jahrhundert. In: Ius commune V (1975). S. 71–121.

H. Mohnhaupt: Privileg, neuzeitlich. In: *A. Erler, E. Kaufmann (Hg.),* HRG, Bd. 3, 1984. Sp. 1999–2011.

M. Mohr: Fünf Mühlen auf Auersmacher Bann. In: Saarheimat. Zeitschrift für Kultur, Landschaft, Volkstum 23 (1979). S. 113–134.

R. Moldenhauer: Mühlen und Mühlenrecht in Mecklenburg. In: Zeitschrift der Savigny-Stiftung für Rechtsgeschichte, Germanistische Abteilung, Bd. LXXIX (1962). S. 195–236.

L. Molitor: Zweibrücken, Burg und Stadt, vor dem Zerstörungskriegen des siebzehnten Jahrhunderts, insbesondere unter der Regierung Johannes I., Pfalzgrafen bei Rhein und Herzogs in Bayern. Ein culturgeschichtlicher Beitrag zur Topographie Zweibrückens aus seiner Vorzeit. Zweibrücken, 1879.

J. J. Moser: Von der Landeshoheit in Regierungssachen. Leipzig, 1772.

E. Müller: Pfälzische Mühlen. In: Leininger Geschichtsblätter, monatliche Beilage zum Grünstadter Anzeiger, Bd. 11 (1912). S. 3–4, 10–11, 42–43, 73–74, 96–98.

E. Müller: Pfälzische Mühlen. In: Leininger Geschichtsblätter, monatliche Beilage zum Grünstadter Anzeiger, Bd. 12 (1913). S. 19–20, 28–30.

R. Mussgnug: Der Dispens von gesetzlichen Vorschriften. Heidelberg, 1964.

A. Neubauer: Aus dem Weistum von Hornbach. In: Westpfälzische Geschichtsblätter. Beilage zur Zweibrücker Zeitung, Bd. 9 (1905). S. 31, 32, 35, 36, 40.

J. Ney: Pfalzgraf Wolfgang – Herzog von Zweibrücken und Neuburg. Leipzig, 1912.

W. Ogris: Dominium (privatrechtl.). In: *A. Erler, E. Kaufmann (Hg.),* HRG, Bd. 1, 1971. Sp. 755–757.

W. Ogris: Erbbaurecht. In: *A. Erler, E. Kaufmann (Hg.),* HRG, Bd. 1, 1971. Sp. 950–952.

W. Ogris: Leihe (im Sinne der deutschrechtlichen Bodenleihe). In: *A. Erler and E. Kaufmann (Hg.),* HRG, Bd. 2, 1978. Sp. 1820, 1821.

W. Ogris: Leihebrief. In: *A. Erler, E. Kaufmann (Hg.),* HRG, Bd. 2, 1978. Sp. 1825, 1826.

W. Ogris: Leihezwang. In: *A. Erler, E. Kaufmann (Hg.),* HRG, Bd. 2, 1978. Sp. 1826, 1827.

F. Ossenbühl: Gesetz und Recht – Die Rechtsquellen im demokratischen Rechtsstaat. In: *J. Isensee, P. Kirchof (Hg.)*, Handbuch des Staatsrecht der Bundesrepublik, Bd. III: Handeln des Staates, Heidelberg, 1988. S. 281–314.

C. Pöhlmann: Grundsätze für die äußere Textgestaltung bei der Herausgabe von Quellen zur neueren Geschichte. In: Westpfälzische Geschichtsblätter, Monatsschrift des historischen Vereins der Mediomatriker für die Westpfalz, Bd. 29 (1930). S. 33–36.

C. Pöhlmann: Wie im Herzogtum Zweibrücken für Land und Leute gesorgt wurde. In: Westpfälzische Geschichtsblätter, Monatsschrift des historischen Vereins der Mediomatriker für die Westpfalz, Bd. 34 (1935). S. 19–21.

C. Pöhlmann: Zweibrücken in der Zeit der Französischen Reunionen (1680-1697). In: Mitteilungen des Historischen Vereins der Pfalz, 56 (1958). S. 107–136.

P. Puntschart: Das Inwärts-Eigen in Österreichischem Dienstrecht des Mittelalters. In: Zeitschrift der Savigny-Stiftung für Rechtsgeschichte, Germanistische Abteilung, Bd. XLIII (1922). S. 66–102.

J. S. Pütter: Institutiones iuris publici germanici. Göttingen, 1770.

J. S. Pütter: Beyträge zum teutschen Staats- und Fürstenrechte. Göttingen, 1777.

H. Quirin: Einführung in das Studium der mittelalterlichen Geschichte. Braunschweig, 1961.

P. Raßier: Geschichte der Ottweiler Mühlen mit Beiträgen zur Mühlengeschichte, Mühlentechnik und zum Zunft- und Innungswesen der Müller. Ottweiler, 1974.

A. Reuter: Der Merkantilismus im Herzogtum Pfalz-Zweibrücken. Inauguraldissertation, Universität Frankfurt am Main, 1931.

J. B. de Rohr: Vollständiges Hauß=Haltungs=Recht. Leipzig, 1716.

J. F. Runde: Grundsätze des gemeinen deutschen Privatrechts. Göttingen, 1806.

P. Rupp: Die Brucherbacher Papiermühle bei Bous. Ein Beitrag zur Geschichte saarländischer Mühlen. In: Saarheimat. Zeitschrift für Kultur, Landschaft, Volkstum 22 (1978). S. 59–89.

E. Scharf: Tilemann Stella. Gründliche und warhafftige beschreibung der beiden ambter Zweibrucken und Kirckel, wie dieselbigen gelegen 1564. Historischer Verein Zweibrücken in Zusammenarbeit mit dem Direktor des Landesarchivs Speyer, 1993.

J. G. Schaumburg: Quae naturam privilegiorum tam gratiosorum quam conventionalium ex genuinis principiis exhibet. Diss. iur. Jena, 1736.

H. G. Scheidemantel: Das Staatsrecht nach der Vernunft und den vornehmsten Sitten der Völker. Bd. 1. Jena, 1770.

K. O. Scherner, D. Willoweit (Hg.): Vom Gewerbe zum Unternehmen. Studien zum Recht der gewerblichen Wirtschaft im 18. und 19. Jahrhundert. Darmstadt, 1982.

P. Schichtel: Das Recht des zünftigen Handwerks im Herzogtum Pfalz-Zweibrücken während des 18. Jahrhunderts. Ein Beitrag zum Gewerberecht eines deutschen Kleinstaats gegen Ende des Ancien Régime. Schriften zur Rechtsgeschichte, Bd. 37. Berlin, 1986.

E. M. Schilling: Handbuch des Mühlenrechts. Mit besonderer Beziehung auf die Preußische und Sächsiche Gesetzgebung. Leipzig, 1829.

H. Schlosser: Gesetzgebung und Rechtswirklichkeit im Territorialstaat der frühen Neuzeit. In: Diritto e Potere nella Storia Europea atti in onore di Bruno Paradisi (Festschrift Bruno Paradisi), Fierence, 1982. S. 528–553.

H. Schlosser: Rechtsetzung und Gesetzgebungsverständnis im Territorialstaat Bayern im 16. Jahrhundert. In: Zeitschrift für bayerische Landesgeschichte, 50 (1987). S. 41–61.

T. Schmalz: Lehrbuch des deutschen Privatrechts. Berlin, 1818.

G. C. Schmelzeisen: Objektives und subjektives Recht. Zu ihrem Verhältnis im Mittelalter. In: Zeitschrift der Savigny-Stiftung für Rechtsgeschichte, Germanistische Abteilung, Bd. XC (1973). S. 101–120.

P. Schmidt: Die Dellfelder Mahlmühle. In: Aus heimatlichen Gauen, 3(37) (1927). S. 1, 2.

A. Schneider: Geschichte der Hornbacher Mühlen. In: Die Rheinpfalz, Zweibrücken, Teil 1 am 9.8.85, Teil 2 am 15.8.85, Teil 3 am 16.8.85.

R. Schröder: Lehrbuch der deutschen Rechtsgeschichte. Bd. II. 2. Auflage. Leipzig, 1894.

J. Schultze: Richtlinien für die äußere Textgestaltung bei Herausgabe von Quellen zur neueren deutschen Geschichte. In: *W. Heinemeyer (Hg.),* Richtlinien für die Edition landesgeschichtlicher Quellen. Marburg–Köln, 1978.

H. K. Schulze: Dominium (öffentl.-rechtl.). In: *A. Erler, E. Kaufmann (Hg.),* HRG, Bd. 1, 1971. Sp. 754, 755.

H. K. Schulze: Grundstrukturen der Verfassung im Mittelalter, Bd. 1: Stammesverband, Gefolgschaft, Lehnswesen, Grundherrschaft. 2. verbesserte Auflage. Stuttgart, 1990.

R. Schulze: Geschichte der neueren vorkonstitutionellen Gesetzgebung. Zu Forschungsstand und Methodenfragen eines rechtshistorischen Arbeitsgebietes. In: Zeitschrift der Savigny-Stiftung für Rechtsgeschichte, Germanistische Abteilung, Bd. XCVIII (1981). S. 157–235.

R. Schulze: „Gewohnheitsrecht" und „Rechtsgewohnheit" im Mittelalter — Einführung. In: *Dilcher et al. (Hg.),* Gewohnheitsrecht und Rechtsgewohnheit im Mittelalter. Schriften zur Europäischen Rechts- und Verfassungsgeschichte, Bd. 6, Berlin, 1992. S. 9–20.

C. Freiherr von Schwerin: Grundzüge des deutschen Privatrechts, 2. Auflage. Grundbegriffe der Rechtswissenschaft, Bd. 13. Berlin, 1928.

G. Seeliger: Die soziale und politische Bedeutung der Grundherrschaft im frühen Mittelalter. Leipzig, 1903.

P. Selmer: Gewaltenteilung. In: *A. Erler, E. Kaufmann (Hg.),* HRG, Bd. 1, 1971. Sp. 1642–1649.

M. Simon: Annalen der inneren Verwaltung der Länder auf dem linken Ufer des Rheins, Bd. 1. 1822.

G. Simons: Die genossenschaftlichen Bauernmühlen auf dem Hunsrück. In: Rheinische Vierteljahresblätter, Bd. 27 (1962). S. 117–221.

F. Sohn: Geschichte der Kirchenschaffnei Zweibrücken und ihres Archivs. In: Blätter für pfälzische Kirchengeschichte und religiöse Volkskunde, Nr. 3/4, Bd. 32 (1965). S. 187–207.

J. von Sonnenfels: Grundsätze der Polizey, Handlung und Finanzwissenschaft. München, 1787.

J. Spies: Curfürstlich Pfalz Landts Ordnung. Heidelberg, 1936.

P. Spies: Die Gesetzgebung der Kurpfalz im 18. Jahrhundert. Ein Beitrag zu Inhalt und Gestalt der Gesetzgebung im absolutistischen Fürstenstaat. In: Mitteilungen des Historischen Vereins der Pfalz, 69 (1971). S. 205–210.

K.-H. Spieß: Lehnsbrief. In: *A. Erler, E. Kaufmann (Hg.),* HRG, Bd. 2, 1978. Sp. 1701, 1702.

K.-H. Spieß: Lehn(s)recht, Lehnswesen. In: *A. Erler, E. Kaufmann (Hg.),* HRG, Bd. 2, 1978. Sp. 1725–1741.

K.-H. Spieß: Lehnsrevers. In: *A. Erler, E. Kaufmann (Hg.),* HRG, Bd. 2, 1978. Sp. 1742, 1743.

K.-H. Spieß: Lehnsvertrag. In: *A. Erler, E. Kaufmann (Hg.),* HRG, Bd. 2, 1978, Sp. 1749, 1750.

M. Springer: Die Franzosenherrschaft in der Pfalz 1792–1814. Stuttgart, 1926.

K. Stuck: Verwaltungspersonal im Herzogtum Zweibrücken. Zur Bevölkerungsgeschichte der Pfälzischen Lande, Bd. 15. Ludwigshafen am Rhein, 1993.

H.-J. Teuteberg (Hg.): Westfalens Wirtschaft am Beginn des „Maschinenzeitalters". Untersuchungen zur Wirtschafts-, Sozial- und Technikgeschichte, Bd. 6. Dortmund, 1988.

G. Theuerkauf: Lex, Speculum, Compendium Iuris. Köln, Graz, 1968.

H. Thieme: Die Funktion der Regalien im Mittelalter. In: Zeitschrift der Savigny-Stiftung für Rechtsgeschichte, Germanistische Abteilung, Bd. LXII (1942). S. 57–68.

W. Treue: Merkantilismus. In: *A. Erler, E. Kaufmann (Hg.),* HRG, Bd. 3, 1984. Sp. 488–494.

W. Trusen: Römisches und partikulares Recht in der Rezeptionszeit. In: *K. Kuchinke (Hg.),* Festschrift für Heinrich Lange zum 70. Geburtstag am 25.3.1970, München, 1970. S. 97–120.

F. Verderhalven: Alte Maße, Münzen und Gewichte aus dem deutschen Sprachgebiet. Neustadt an der Aisch, 1968.

B. Vogel: Allgemeine Gewerbefreiheit Göttingen, 1983.

E. Wadle: Gewohnheitsrecht und Privileg — Allgemeine Fragen und ein Befund nach Königsurkunden des 12. Jahrhunderts. In: *Dilcher et al. (Hg.),* Gewohnheitsrecht und Rechtsgewohnheit im Mittelalter. Schriften zur Europäischen Rechts- und Verfassungsgeschichte, Bd. 6. Berlin, 1992. S. 117–148.

F. W. Weber: Streit wegen einer Mühle am Glan. In: Pfälzische Heimatblätter 3 (1955). S. 63.

F. W. Weber: Die Eichenbacher Mühle im Alsenztal. Ein kleiner Beitrag zur Geschichte der Nordpfalz. In: Pfälzische Heimatblätter 4 (1956). S. 88.

F. W. Weber: Die Mahl und Oelmühle in Glanodenbach. In: Pfälzische Heimatblätter 8 (1960). S. 15, 16.

F. W. Weber: Die Mühlen der Nord- und Westpfalz. In: Pfälzische Heimatblätter 10 (1962). S. 31.

F. W. Weber: Die Geschichte der Mühlen und des Müllerhandwerks in der Pfalz. Otterbach, Kaiserslautern, 1978.

W. Wegener: Regalien. In: *A. Erler, E. Kaufmann (Hg.),* HRG, Bd. 4, 1990. Sp. 472–478.

J. Weiske et al. (Hg.): Rechtslexikon für Juristen aller teutschen Staaten enthaltend die gesammte Rechtswissenschaft, Bd. 7: (Majestätsverbrechen – Pertinenz). Leipzig, 1847.

J. Weitzel: Merkantilismus und zeitgenössische Rechtswissenschaft. In: Protokolle des 9. Kolloquiums für vergleichende Stadtgeschichte, Münster, 1978. S. 38–49.

D. Werkmüller: Mühle, Mühlenrecht (Mühlenfrieden, Mühlenregal). In: *A. Erler, E. Kaufmann (Hg.),* HRG, Bd. 3, 1984. Sp. 716–722.

A. Wernher: Entwurf einer Kirchen- und Religionsgeschichte des Herzogthums Zweibrücken. Hanau, 1782.

E. C. Westphal: Das Teutsche und Reichsständische Privatrecht, in wissenschaftlich geordneten und mit praktischen Ausarbeitungen bestärkten Abhandlungen und Anmerkungen über dessen wichtigste Gegenstände. Zweyter und letzter Theil. Leipzig, 1783.

F. Wieacker: Privatrechtsgeschichte der Neuzeit. Unter besonderer Berücksichtigung der deutschen Entwicklung, 2. Auflage. Jurisprudenz in Einzeldarstellungen, Bd. 7. Göttingen, 1967.

W. Wiegand: Studien zur Rechtsanwendungslehre der Rezeptionszeit. Ebelsbach, 1977.

H. Wiemann: Beiträge zur Geschichte des Mühlenrechts. Dargestellt an den Mühlen der Herrschaft Crimmitschau vom 14.–17. Jahrhundert. In: Zeitschrift der Savigny-Stiftung für Rechtsgeschichte, Germanistische Abteilung, Bd. LXVI (1948). S. 477–499.

D. Willoweit: Dominum und Proprietas. Zur Entwicklung des Eigentumsbegriffs in der mittelalterlichen und neuzeitlichen Rechtswissenschaft. In: Historisches Jahrbuch, Bd. 94 (1974). S. 131–156.

D. Willoweit: Rechtsgrundlagen der Territorialgewalt. Köln, 1975.

D. Willoweit: Gebot und Verbot im Spätmittelalter – Vornehmlich nach südhessischen und mainfränkischen Weistümern. In: Hessisches Jahrbuch für Landesgeschichte, Bd. 30 (1980). S. 94–130.

D. Willoweit: Gewerbeprivileg und „natürliche" Gewerbefreiheit. In: *K. O. Scherner, D. Willoweit (Hg.),* Vom Gewerbe zum Unternehmen. Darmstadt, 1982. S. 60–111.

A. Wolf: Die Gesetzgebung in den entstehenden Territorialstaaten. In: *H. Coing (Hg.),* Handbuch der Quellen und Literatur der Neueren Europäischen Privatrechtsgeschichte, Bd. 1. München, 1973. S. 517–800. Neuauflage als: *A. Wolf:* Gesetzgebung in Europa 1100–1500, zur Entstehung der Territorialstaaten, 2. überarbeitete und erweiterte Auflage. München, 1996.

H. Wopfner: Beiträge zur Geschichte der freien bäuerlichen Erbleihe Deutschtirols im Mittelalter. 1903.

K. Zielenziger: Die alten deutschen Kameralisten. Jena, 1914.

H. Zöpfl: Privilegien und Privilegienhoheit. In: *C. von Rotteck, C. Welcker (Hg.),* Staatslexikon XIII, Altona, 1842. S. 163–172.

B.2 Quellenverzeichnis

Landesarchiv Speyer (LA Sp.)

B 2 (Zweibrücken, Akten)

Nr.: 192/1; 292/2 fol. 40, fol. 107ff; 292/2-4; 294/1-7; 295/1-5; 296; 424/4; 1101/1-3; 1107/1-7; 1116/1-4; 1117/1; 1118/1-9; 1213/4; 1254/1; 1254/3; 1356/2; 1498/1; 2399; 2400; 2401; 2402; 2403; 2404; 2413; 2687; 2688; 2689; 2690; 2691; 2692; 2693; 2743; 2744; 2745; 2746; 2750; 2750; 2752; 2764; 2765; 2766; 2767; 2768; 2769; 2770; 3024; 3099; 3109; 3529; 3652; 3658; 3820; 3821; 3822; 3823; 3824; 3825; 3826; 4008 fol. 4ff; 4331 fol. 104; 4331 fol. 27-36; 4409; 4467; 5059; 5314; 5315; 5316; 5317; 5318; 5319; 5320; 5323; 5324; 5325; 5326; 5327; 5328; 5329; 5330; 5331; 5332; 5333; 5334; 5335; 5336; 5337; 5338; 5339; 5353; 5448; 5663; 5664.

B 3 (Zweibrücken, Rechnungen)

Nr.: 176 fol. 56'-57; 943/6; 1025; 1026; 1587; 1588; 1589; 1590; 5388.

C 38 (Nassau-Weilburg, Akten)

Nr.: 130/1, 133/1-3.

G 7 (Departement Mont-Tonerre II)

Nr.: 370; 390.

Stadtarchiv Speyer (StaA Sp.)

I A (Stadträthliche Verordnungen)

Nr.: 555 fol. 304ff.

Kirchenschaffneiarchiv Zweibrücken (KSchA Zw.)

Repertorium IV (Geistliche Güterverwaltung)

Nr.: 34; 54; 122; 194; 265; 266; 328; 329; 330; 355; 358; 405; 407; 408; 409; 478; 479; 482; 793; 802; 1219; 1220; 1221; 1228; 1229; 1230; 1231; 1233; 1234; 1237; 1246; 1470; 1471; 1670; 1671; 1673; 1674; 1676; 1677; 1679; 1681; 1683; 1685; 1695; 1782; 1785; 1994; 2101; 2102; 2103; 2172; 2173; 2499; 2500; 2501; 2502; 2503; 2713; 3185; 3186; 3187; 3188; 3189; 3190; 3304; 3481; 3481.

Repertorium II (Regierungs- und Landessachen)

Nr.: 323.

Stadtarchiv Zweibrücken (StaA Zw.)

Pfalz-Zweibrückisches Beamten- und Dienstverzeichnis

Fragmente zur Geschichte des Pfalz-Zweibrückischen Hauses (anonymer Autor)

B 1, 2, 3 (Hochfürstlich Zweybrückische Verordnungen)

B 7 (Engelbach'sche Sammlung)

B 9 (Register über die herrschaftliche und stadträthliche Verordnungen)

Bibliotheca Bipontina

Zw 62/1 (Pfalz-Zweibrückische Verordnungen)

Zw 62/2 (Pfalz-Zweibrückische Verordnungen)

Zw 67 (Pfalz-Zweibrückische Verordnungen)

Stadtarchiv Annweiler (StaA Annweiler)

Akten Abteilung A
Gruppe I Nr. 36 (rotes Ratsbuch); Gruppe I Nr. 131

Stadtarchiv Bad Bergzabern (StaA Bad Bergzabern)

Akten Abteilung A
Gruppe I Nr. 131; Gruppe I Nr. 62; Gruppe I Nr. 96

Akten Abteilung AA
Gruppe I, Nr.: 1a; 1b; 1c

Landeshauptarchiv Koblenz (LHA Koblenz)

Bestand 33 (Hintere Grafschaft Sponheim)
Nr.: 203; 912; 5718; 6064; 6065; 9001; 9517; 9518; 9519.

Staatsarchiv Darmstadt (StA Darmstadt)

Disibodenberger Kopialbuch
fol. 115.6; fol. 116; fol. 117.

Kirchenschaffneiarchiv Meisenheim (KSchA Meisenheim)

Abteilung II (Einnahmen und Ausgaben)
Nr.: A a 13; A a 36; A a 66.

Abteilung III (Verwaltung)
Nr.: 261; 262.

Abteilung IV (Rechnungen)
Nr.: A

B.3 Glossar

Aich- oder Eichpfahl:

heißt ein in der Nähe des Wehres (vgl. „Wehr") in festen Boden von Amtswegen eingeschlagener, u.U. eingemauerter oder einzementierter Pfahl mit einer Eichmarke. Das durch das Wehr gestaute Wasser darf die Höhe dieser Marke nicht übersteigen. Zweckbestimmung: Der Müller ist verpflichtet, darauf zu achten, daß durch die Stauung weder dem benachbarten Müller noch den an Bach und Mühlteich anstoßenden Grund- und Hauseigentümer Schaden entsteht. Ein in das Wehr einzubauender Schoß (vgl. „Schoß") mit Schließ (vgl. „Schließ") dient ebenso wie das Hinzufügen oder Wegnehmen von Stellbrettern der Regulierung des Wasserstandes.

Beutelkasten:

ein mannshoher, vorne oben abgeschrägter, mit Klappe versehener, geschlossener schmaler Holzkasten, in dem ein sackartiger Stoffbeutel hing, der von einer ebenfalls hölzernen Stockgabel geschlagen wurde; mhd. biutel = Beutel, Mehlbeutel, Beutelsieb, biuteln = durch einen Beutel sieben sichten. In ihm wurden Mehl und Kleie getrennt. Der Beutelkasten ist der Vorläufer der Sichtmaschine.

Fach oder Gefach:

Das Wehr hieß früher „Fach" oder „Gefach". Der Name kommt von der zuerst sehr einfachen Bauweise der Stauanlage aus senkrechten und waagerechten Balken. In den entstandenen „Fächern" wurden Steine, Reisig und Moos gestopft.

Geschirr oder laufendes Geschirr:

Dazu gehört das Wasserrad, Getriebe, Mahlgang, d.h. alles was sich bei der Mühlentechnik bewegt.

Kamm oder Kammrad:

Im Mühlenbau werden die Zähne der hölzernen Räder (Kammräder) sowie die in eiserne Räder besonders eingesetzten Holzzähne als „Kämme" bezeichnet.

Korn:

in der Pfalz gebräuchlich für Roggen.

Läufer:

nennt man den obersten Stein des Mahlgangs; er ist beweglich; der ruhende untere heißt Bodenstein.

Malter:
Dies war ein Gewichtsmaß; alles das, was in einen Sack hineinging.

Molter, moltern:
Der Molter war der Mahllohn in natura; moltern heißt vom Malter nehmen. Die Menge war früher von der Landesherrschaft festgesetzt.

Mühlarzt:
ist ein Angehöriger des Mühlenbauerhandwerks.

Netzen:
nennt man das Befeuchten des Getreides vor dem Mahlen mit Wasser.

Schließ:
Sie besteht aus einem massiven Brett in einer Nutenführung und reguliert den Wasserzulauf zum Mühlrad. In Bewegung gesetzt wird sie durch einen Wellbaum mit ensprechender Kette. Eine Schließ ist auch in das Wehr eingebaut.

Schoß:
über und durch diesen „schießt" das Wasser zum Mühlrad, durch den „Leerschoß" wird es abgeleitet, wenn die Mühle stillsteht.

Spelz:
in Schwaben Dinkel genannt, ist eine Getreideart, bei der sich beim Dreschen die Hülse (spreu) oder Spelze nicht vom Korn löst. Diese Arbeit übernimmt in der Mühle der Schälgang.

Stauziel:
Das war die Angabe der Höhe bis zu der der Müller das Wasser aufstauen durfte oder mußte.

Trillis, Trilles:
Der Bildgehalt des mundartlichen Ausdrucks bezieht sich auf den Kreisel, mit dem die Kinder spielen. Hier ist die Einrichtung gemeint, mit der man einen zweiten Mahlgang oder einen Schälgang mit Hilfe eines „Drehlings", eines Stock- oder Kammrades an ein großes waagerecht laufendes Kammrad anschließen kann. Dadurch wird jeweils ein Wasserrad eingespart.

Wasserfall:
ist das Gefälle; aber auch im Sinne von Wasserrecht gebraucht, für das früher eine Abgabe an den Grundherrn zu entrichten war.

Wehr:

heißt die Stauanlage im Bach (Fluß), die das Wasser in den Mühlteich zwingt.

Zarge:

ma. Zarey, Zary; der runde Holzkasten um den Mühlstein.

B.4 Münzen, Maße und Gewichte

1 Gulden (fl)	=	60 Kreuzer (Xer)	=	15 Batzen (bz)	=	20 Groschen
1 Taler (Thlr)	=	1 1/2 Gulden	=	30 Groschen		
1 Groschen	=	3 Kreuzer				
1 Batzen	=	4 Kreuzer				

1 Malter	=	4 Faß	=	100 Ltr.
1 Faß	=	4 Sester	=	25 Ltr.
1 Sester	=	4 Mäßchen	=	6,25 Ltr. [1]
1 Mäßchen	=	1,563 Ltr.		
1 Maß	=	4 Schoppen	=	2 Ltr.

Malter Weizen	=	152–162 Pfund
Malter Korn	=	140–154 Pfund
Malter Spelz	=	80–90 Pfund
Malter Dinkel	=	78–85 Pfund
Malter Gerste	=	124–135 Pfund

[1] *Verderhalven,* Alte Maße, Münzen und Gewichte; *Hahn,* Mühlenpraktika.

B.5 Abkürzungen

ao.	anno
Alb.	Albus (Weißpfennig)
ALR	Allgemeines preußisches Landrecht
Art.	Artikel
bz.	Batzen
cap.	Kapitel
DRG	Deutsche Rechtsgeschichte
fl.	Florin (Gulden)
Fn.	Fußnote
fol.	Blatt
HRG	Handwörterbuch zur deutschen Rechtsgeschichte
kr.	Kreuzer
KSchA	Kirchenschaffneiarchiv
LA	Landesarchiv
lat.	lateinisch
LHA	Landeshauptarchiv
Ltr.	Liter
Ma.	Malter
mhd.	mittelhochdeutsch
NJW	Neue Juristische Wochenschrift
pag.	Seite
Reg.	Regest
Rep.	Repertorium
Sp.	Speyer
StA	Staatsarchiv
StaA	Stadtarchiv
Thlr.	(Reichs-)Taler
Tit.	Titulus
Urk.	Urkunde
ZHF	Zeitschrift für historische Forschung
ZRG	Zeitschrift der Savigny-Stiftung für Rechtsgeschichte, Germanistische Abteilung
Zw.	Zweibrücken

RECHTSHISTORISCHE REIHE

Band 1 Studien zu den germanischen Volksrechten. Gedächtnisschrift für Wilhelm Ebel. Vorträge gehalten auf dem Fest-Symposion anläßlich des 70. Geburtstages von Wilhelm Ebel am 16. Juni 1978 in Göttingen. Götz Landwehr (Hrsg.) 1982.

Band 2 Hans Poeschel: Die Statuten der Banken, Sparkassen und Kreditgenossenschaften in Hamburg und Altona von 1710 bis 1889. 1978.

Band 3 Thomas Kolbeck: Juristenschwemmen, Untersuchungen über den juristischen Arbeitsmarkt im 19. und 20. Jahrhundert. 1978.

Band 4 Norbert Hempel: Richterleitbilder in der Weimarer Republik. 1978.

Band 5 Rolf Stratmann: Die Scheinbußen im mittelalterlichen Recht. 1978.

Band 6 Martin C. Lockert: Die niedersächsischen Stadtrechte zwischen Aller und Weser. Vorkommen und Verflechtungen. Eine Bestandsaufnahme. 1979.

Band 7 Joachim Rückert/Wolfgang Friedrich: Betriebliche Arbeiterausschüsse in Deutschland, Großbritannien und Frankreich im späten 19. und frühen 20. Jahrhundert. Eine vergleichende Studie zur Entwicklung des kollektiven Arbeitsrechts. 1979.

Band 8 Peter Bender: Die Rezeption des römischen Rechts im Urteil der deutschen Rechtswissenschaft. 1979.

Band 9 Friedrich Karl Alsdorf: Untersuchungen zur Rechtsgestalt und Teilung deutscher Ganerbenburgen. 1980.

Band 10 Dietmar Willoweit/Winfried Schich (Hrsg.): Studien zur Geschichte des sächsisch-magdeburgischen Rechts in Deutschland und Polen (Sammelband). 1980.

Band 11 Brigitte Hempel: Der Entwurf einer Polizeiordnung für das Herzogtum Sachsen-Lauenburg aus dem Jahre 1591. 1980.

Band 12 Klaus-Detlev Godau-Schüttke: Rechtsverwalter des Reiches. Staatssekretär Dr. Curt Joël. 1981.

Band 13 Rainer Polley: Anton Friedrich Justus Thibaut (AD 1772-1840) in seinen Selbstzeugnissen und Briefen. Teil 1: Abhandlung. Teil 2: Briefwechsel. Teil 3: Register zum Briefwechsel. 1982.

Band 14 Michael Wettengel: Der Streit um die Vogtei Kelkheim 1275-1276. Ein kanonischer Prozeß.1981.

Band 15 Otto Wilhelm Krause: Naturrechtler des sechzehnten Jahrhunderts. Ihre Bedeutung für die Entwicklung eines natürlichen Privatrechts. 1982.

Band 16 Helga Spindler: Von der Genossenschaft zur Betriebsgemeinschaft. Kritische Darstellung der Sozialrechtslehre Otto von Gierkes. 1982.

Band 17 Holger Otte: Gustav Radbruchs Kieler Jahre 1919 - 1926. 1982.

Band 18 Rüdiger Teuner: Die fuldische Ritterschaft 1510 - 1656. 1982.

Band 19 Gerhard Dilcher/Rudolf Hoke/Gian Savino Pene Vidari/Hans Winterberg (Hrsg.): Grundrechte im 19. Jahrhundert. 1982.

Band 20 Karl-Hans Schloßstein: Die westfälischen Fabrikengerichtsdeputationen - Vorbilder, Werdegang und Scheitern. 1982.

Band 21 Birger Schulz: Der Republikanische Richterbund (1921-1933). 1982.

Band 22 Engelbert Krause: Die gegenseitigen Unterhaltsansprüche zwischen Eltern und Kindern in der deutschen Privatrechtsgeschichte. 1982.

Band 23 Meent W. Francksen: Staatsrat und Gesetzgebung im Großherzogtum Berg (1806-1813). 1982.

Band 24 Gerd von Sonnleithner: Bearbeitung des Handelsrechts durch Ignaz von Sonnleithner in seinem "Leitfaden über das österreichische Handels- und Wechselrecht". 1982.

Band 25 Rudolf Palme: Rechts-, Wirtschafts- und Sozialgeschichte der inneralpinen Salzwerke bis zu deren Monopolisierung. 1983.

Band 26 Helen Bosshard: Pestalozzis Staats- und Rechtsverständnis und seine Stellung in der Aufklärung. 1983.

Band 27 Jens Jessen: Die Selbstzeugnisse der deutschen Juristen. Erinnerungen, Tagebücher und Briefe. Eine Bibliographie. 1983.

Band 28 Günter Martin Jensen: Das Domanium Waldeck. Die rechtliche Zuordnung eines Fürstenvermögens. 1984.

Band 29 Johann Heinrich Kumpf: Petitionsrecht und öffentliche Meinung im Entstehungsprozeß der Paulskirchenverfassung 1848/49. 1983.

Band 30 Sabine Frey: Rechtsschutz der Juden gegen Ausweisungen im 16. Jahrhundert. 1983.

Band 31 Dietrich Joswig: Die germanische Grundstücksübertragung. 1984.

Band 32 Andreas Baryli: Konzessionssystem contra Gewerbefreiheit. Zur Diskussion der österreichischen Gewerberechtsreform 1835 bis 1860. 1984.

Band 33 Gerhard Oberkofler: Studien zur Geschichte der österreichischen Rechtswissenschaft. 1984.

Band 34 Rudolf Lauda: Kaufmännische Gewohnheit und Burgrecht bei Notker dem Deutschen. Zum Verhältnis von literarischer Tradition und zeitgenössischer Realität in der frühmittelalterlichen Rhetorik. 1984.

Band 35 Jens Jensen: Die Ehescheidung des Bischofs Hans von Lübeck von Prinzessin Julia Felicitas von Württemberg-Weiltingen AD 1648-1653. Ein Beitrag zum protestantischen Ehescheidungsrecht im Zeitalter des beginnenden Absolutismus. 1984.

Band 36 Horst Schröder: Friedrich Karl von Savigny. Geschichte und Rechtsdenken beim Übergang vom Feudalismus zum Kapitalismus in Deutschland. 1984.

Band 37 Andreas Hatzung: Dogmengeschichtliche Grundlagen und Entstehung des zivilrechtlichen Notstands. 1984.

Band 38 Matthias Klasen: Das Billwerder Landrecht. Landrecht und Landgericht in den Hamburger Elbmarschen. 1985.

Band 39 Rainer Jamin: Aufbau, Tätigkeit und Verfahren der Auseinandersetzungsbehörden bei der Durchführung der preußischen Agrarreformen. 1985.

Band 40 Henry Winter: Teilschuld, Gesamtschuld und unechte Gesamtschuld. Zur Konzeption der §§ 420 ff. BGB - Ein Beitrag zur Entstehungsgeschichte des BGB. 1985.

Band 41 Hermann Eichler: Verfassungsbewegung in Amerika und Europa. 1985.

Band 42 Dagmar Bandemer: Heinrich Albert Zachariae. Rechtsdenken zwischen Restauration und Reformation. 1985.

Band 43 Eva-Christine Frentz: Das Hamburgische Admiralitätsgericht (1623-1811). Prozeß und Rechtsprechung. 1985.

Band 44 Karl Lillig: Rechtsetzung im Herzogtum Pfalz-Zweibrücken während des 18. Jahrhunderts. Ein Beitrag zur Geschichte der territorialen Rechtsbildung. 1985.

Band 45 Walter Weber: Die Entwicklung der Sparkassen zu selbständigen Anstalten des öffentlichen Rechts. Ein Beitrag zur Entwicklung des Anstaltsbegriffs im 19. Jahrhundert. 1985.

Band 46 Bärbel Baum: Der Stabreim im Recht. Vorkommen und Bedeutung des Stabreims in Antike und Mittelalter. 1986.

Band 47 Hans Popp: Die nationalsozialistische Sicht einiger Institute des Zivilprozeß- und Gerichtsverfassungsrechts. 1986.

Band 48 John Karl-Heinz Montag: Die Lehrdarstellung des Handelsrechts von Georg Friedrich von Martens bis Meno Pöhls. Die Wissenschaft des Handelsrechts im ersten Drittel des 19. Jahrhunderts. 1986.

Band 49 Volker D. Anhäusser: Das internationale Obligationenrecht in der höchstrichterlichen Rechtsprechung des 19. Jahrhunderts. 1986.

Band 50 Udo Beer: Die Juden, das Recht und die Republik. Verbandswesen und Rechtsschutz 1919-1933. 1986.

Band 51 Herbert Grziwotz: Der moderne Verfassungsbegriff und die "Römische Verfassung" in der deutschen Forschung des 19. und 20. Jahrhunderts. 1986.

Band 52 Ralf Conradi: Karl Friedrich Eichhorn als Staatsrechtslehrer. Seine Göttinger Vorlesung über "Das Staatsrecht der deutschen Bundesstaaten" nach einer Kollegmitschrift aus dem Wintersemester 1821/22. 1987.

Band 53 Dieter Dannreuther: Der Zivilprozeß als Gegenstand der Rechtspolitik im Deutschen Reich 1871 - 1945. Ein Beitrag zur Geschichte des Zivilprozeßrechts in Deutschland. 1987.

Band 54 Stephan Felix Pauly: Organisation, Geschichte und Praxis der Gesetzesauslegung des (Königlich) Preußischen Oberverwaltungsgerichtes 1875 - 1933. 1987.

Band 55 Rüdiger Schulz: Die Entstehung des Seerechts des Allgemeinen Deutschen Handelsgesetzbuches unter besonderer Berücksichtigung der Bestimmungen über die Reederei, den Schiffer und die Schiffsmannschaft. 1987.

Band 56 Reinhold Reis: Deutsches Privatrecht in den Weistümern der Zenten Schriesheim und Kirchheim. 1987.

Band 57 Jürgen Christoph: Die politischen Reichsamnestien 1918 - 1933. 1987.

Band 58 Gerhard Oberkofler/Eduard Rabofsky: Hans Kelsen im Kriegseinsatz der k.u.k.-Wehrmacht. Eine kritische Würdigung seiner militärtheoretischen Angebote. 1988.

Band 59 Arne Wulff: Staatssekretär Prof. Dr. Dr. h.c. Franz Schlegelberger. 1876-1970. 1991.

Band 60 Gerhard Köbler (Hrsg.): Wege europäischer Rechtsgeschichte. Karl Kroeschell zum 60. Geburtstag. 1987.

Band 61 Rüdiger Hütte: Der Gemeinschaftsgedanke in den Erbrechtsreformen des Dritten Reichs. 1988.

Band 62 Markus Göldner: Politische Symbole der europäischen Integration. Fahne, Hymne, Hauptstadt, Paß, Briefmarke, Auszeichnungen. 1988.

Band 63 Wolfgang Kröner: Freiheitsstrafe und Strafvollzug in den Herzogtümern Schleswig, Holstein und Lauenburg von 1700 bis 1864. 1988.

Band 64 Werner Gaile: Die Norder Theelacht. 1988.

Band 65 Karl v. Kempis: Andreas Gaill (1526 - 1587). Zum Leben und Werk eines Juristen der frühen Neuzeit. 1988.

Band 66 Wolf-Rüdiger Osburg: Die Verwaltung Hamburgs in der Franzosenzeit. 1811-1814. 1988.

Band 67 Christian Schudnagies: Hans Frank. Aufstieg und Fall des NS-Juristen und Generalgouverneurs. 1988.

Band 68 Otmar Jung: Senatspräsident Freymuth. Richter, Sozialdemokrat und Pazifist in der Weimarer Republik. Eine politische Biographie. 1989.

Band 69 Joachim Lohner: Das landeshauptmannschaftliche Gericht in Oberösterreich zu Beginn der Neuzeit. Eine Darstellung des oberösterreichischen Prozeßrechts am obersten Territorialgericht des Landes anhand der oberösterreichischen Landtafel.1989.

Band 70 Bernd Klemann: Rudolf von Jhering und die Historische Rechtsschule. 1989.

Band 71 Adalbert Langer: Männer um die österreichische Zivilprozeßordnung 1895. Zusammenspiel / Soziales Ziel. 1990.

Band 72 Robert-Dieter Klee: Die Landessuperintendentur Lauenburg. Ursprung und Entwicklung sowie Ende der Sonderstellung des Kirchenkreises Herzogtum Lauenburg durch die nordelbische Kirchenvereinigung. 1989.

Band 73 Heinrich Herrmann: Die Gehöferschaften im Bezirk Trier. 1989.

Band 74 Wilhelm Brauneder, Franz Baltzarek (Hrsg.): Modell einer neuen Wirtschaftsordnung. Wirtschaftsverwaltung in Österreich 1914 - 1918. 1991.

Band 75 Thomas Dreyer: Die "Assecuranz- und Haverey-Ordnung" der Freien und Hansestadt Hamburg von 1731. 1990.

Band 76 Bernhard Sendler: Die Rechtssprache in den süddeutschen Stadtrechtsreformationen. 1990.

Band 77 Brigitte Lehmann: Ehevereinbarungen im 19. und 20. Jahrhundert. 1990.

Band 78 Michael Sunnus: Der NS-Rechtswahrerbund (1928-1945). Zur Geschichte der nationalsozialistischen Juristenorganisation. 1990.

Band 79 Stefan Schulz: Die historische Entwicklung des Rechts an Bienen. (§§ 961 - 964 BGB). 1990.

Band 80 Gerhard Lingelbach, Heiner Lück (Hrsg.): Deutsches Recht zwischen Sachsenspiegel und Aufklärung. Rolf Lieberwirth zum 70. Geburtstag dargebracht von Schülern, Freunden und Kollegen, herausgegeben von Gerhard Lingelbach und Heiner Lück. 1991.

Band 81 Manfred Krohn: Die deutsche Justiz im Urteil der Nationalsozialisten 1920 - 1933. 1991.

Band 82 Angelika Kühn: Privilegierung nationaler Minderheiten im Wahlrecht der Bundesrepublik Deutschland und Schleswig-Holsteins. 1991.

Band 83 Georg Brun: Leben und Werk des Rechtshistorikers Heinrich Mitteis unter besonderer Berücksichtigung seines Verhältnisses zum Nationalsozialismus. 1991.

Band 84 Wolfgang Simon: Claudius Freiherr von Schwerin. Rechtshistoriker während dreier Epochen deutscher Geschichte. 1991.

Band 85 Friedrich-Carl Wachs: Das Verordnungswerk des Reichsdemobilmachungsamtes. Stabilisierender Faktor zu Beginn der Weimarer Republik. 1991.

Band 86 Jens-Uwe Petersen: Die Vorgeschichte und die Entstehung des Mieterschutzgesetzes von 1923 nebst der Anordnung für das Verfahren vor dem Mieteinigungsamt und der Beschwerdestelle. 1991.

Band 87 Ulrike Haibach: Familienrecht in der Rechtssprache. Die historische Entwicklung zentraler Ausdrücke des geltenden Familienrechts. 1991.

Band 88 Joern Christian Nissen: Die Beratungen des Seeversicherungsausschusses der Akademie für Deutsches Recht zu einem neuen Seeversicherungsgesetz (1934-1939). Ein Beitrag zur Entwicklung der allgemeinen Lehren des Seeversicherungsrechts unter besonderer Berücksichtigung des Handelsgesetzbuchs und der Allgemeinen Deutschen Seeversicherungs-Bedingungen 1919. 1991.

Band 89 Diethard Bühler: Die Entstehung der allgemeinen Vertragsschluß-Vorschriften im Allgemeinen Deutschen Handelsgesetzbuch (ADHGB) von 1861. Ein Beitrag zur Kodifikationsgeschichte des Privatrechts im 19. Jahrhundert. 1991.

Band 90 Gerhard Oberkofler: Die Vertreter des Römischen Rechts mit deutscher Unterrichtssprache an der Karls-Universität in Prag. Vom Vormärz bis 1945. 1991.

Band 91 Ulrich Andermann: Ritterliche Gewalt und bürgerliche Selbstbehauptung. Untersuchungen zur Kriminalisierung und Bekämpfung des spätmittelalterlichen Raubrittertums am Beispiel norddeutscher Hansestädte. 1991.

Band 92 Heinz Marcus Hanke: Luftkrieg und Zivilbevölkerung. Der kriegsvölkerrechtliche Schutz der Zivilbevölkerung gegen Luftbombardements von den Anfängen bis zum Ausbruch des Zweiten Weltkrieges. 1991.

Band 93 Kirsten Kraglund: Familien- und Erbrecht. Materielles Recht und Methoden der Rechtsanwendung in der Rechtsprechung des Oberappellationsgerichts der vier Freien Städte Deutschlands zu Lübeck. 1991.

Band 94 Reinhard Lorenz: Die politische und rechtliche Stellung des Proletariats in Preußen in der Zeit zwischen den Reformen und der Revolution 1848/49. 1991.

Band 95 Eric Hilgendorf: Die Entwicklungsgeschichte der parlamentarischen Redefreiheit in Deutschland. 1991.

Band 96 Hans J. Reiter: Die Handelsgesellschaft Villeroy & Boch von der Gründung 1836 bis zum Jahr 1878. 1992.

Band 97 Martin Johannes Heller: Reform der deutschen Rechtssprache im 18. Jahrhundert. 1992.

Band 98 Michael Kotulla: Die Tragweite der Grundrechte der revidierten preußischen Verfassung vom 31.01.1850. 1992.

Band 99 Michael Siefener: Hexerei im Spiegel der Rechtstheorie. Das crimen magiae in der Literatur von 1574 bis 1608. 1992.

Band 100 Andreas Ebert-Weidenfeller: Hamburgisches Kaufmannsrecht im 17. und 18. Jahrhundert. Die Rechtsprechung des Rates und des Reichskammergerichtes. 1992.

Band 101 Enno Bommel: Die Entstehung der Verwirkungslehre in der Krise des Positivismus. 1992.

Band 102 Ralph Steppacher: Die Berücksichtigung der bäuerlichen Postulate bei der Entstehung des ZGB und der Revision des OR. Ein Beitrag zur schweizerischen Kodifikationsgeschichte (1893 - 1912). 1992.

Band 103 Martin Fleckenstein: Die Todesstrafe im Werk Carl Joseph Anton Mittermaiers (1787 - 1867). Zur Entwicklungsgeschichte eines Werkbereichs und seiner Bedeutung für Theorie- und Methodenbildung. 1992.

Band 104 Jörn Eckert: Der Kampf um die Familienfideikommisse in Deutschland. Studien zum Absterben eines Rechtsinstitutes. 1992. (2 Teile)

Band 105 Jörg Grotkopp: Beamtentum und Staatsformwechsel. Die Auswirkungen der Staatsformwechsel von 1918, 1933 und 1945 auf das Beamtenrecht und die personelle Zusammensetzung der deutschen Beamtenschaft. 1992.

Band 106 Andreas Rohde: Die Garantiehaftung des Vermieters und ihr Verhältnis zum Unmöglichkeitsrecht in dogmengeschichtlicher und modernrechtlicher Sicht. 1992.

Band 107 Tjark Siefke Kunstreich: Gesamtvertretung. Eine historisch-systematische Darstellung. 1992.

Band 108 Jürgen Krüger: Blindheit und Königtum. Die Blindheit des Königs Georg V. von Hannover als verfassungsrechtliches Problem. 1992.

Band 109 Wolfgang Putschek: Ständische Verfassung und autoritäre Verfassungspraxis in Österreich 1933-1938 mit Dokumentenanhang. Verfassung und Verfassungswirklichkeit. Mit einem Anhang: Denkschriften von Rechtsanwalt Dr. Erich Führer 1936/37. 1993.

Band 110 Klaus Hofmann: Die Verdrängung der Juden aus öffentlichem Dienst und selbständigen Berufen in Regensburg 1933-1939. 1993.

Band 111 Franz Kilger: Die Entwicklung des Telegraphenrechts im 19. Jahrhundert mit besonderer Berücksichtigung der technischen Entwicklung. Telegraphenrecht im 19. Jahrhundert. 1993.

Band 112 Wilhelm Brauneder (Hrsg.): Heiliges Römisches Reich und moderne Staatlichkeit. 1993.

Band 113 Thomas Heinrich: Das preußische Nichtehelichenrecht: Von der Aufklärung zur Reaktion. 1993.

Band 114 Gerald Kohl: Jagd und Revolution. Das Jagdrecht in den Jahren 1848 und 1849. 1993.

Band 115 Christian Schudnagies: Der Kriegs- oder Belagerungszustand im Deutschen Reich während des Ersten Weltkrieges. Eine Studie zur Entwicklung und Handhabung des deutschen Ausnahmezustandsrechts bis 1918. 1994.

Band 116 Elisabeth Bellmann: Die Internationale Kriminalistische Vereinigung (1889-1933). 1994.

Band 117 Julia Pfannkuch: Volksrichterausbildung in Sachsen 1945-1950. 1993.

Band 118 Jörg Offen: Von der Verwaltungsgemeinschaft des BGB von 1896 zur Zugewinngemeinschaft des Gleichberechtigungsgesetzes von 1957. 1994.

Band 119 Dorothee Kohlhas-Müller: Untersuchungen zur Rechtsstellung Theoderichs des Großen. 1995.

Band 120 Monika Rose: Das Gerichtswesen des Herzogtums Pfalz-Zweibrücken im 18. Jahrhundert. Ein Beitrag zur territorialen Gerichtsbarkeit im Alten Reich. 1994.

Band 121 Jörn Eckert / Hans Hattenhauer (Hrsg.): Bibel und Recht. Rechtshistorisches Kolloquium 9. - 13. Juni 1992 an der Christian-Albrechts-Universität zu Kiel. 1994.

Band 122 Robert Martin Mizia: Der Rechtsbegriff der Autonomie und die Begründung des Privatfürstenrechts in der deutschen Rechtswissenschaft des 19. Jahrhunderts. 1995.

Band 123 Walther Graf von Plettenberg: Das Fortleben des Liber Iudiciorum in Asturien/León (8. - 13. Jh.). 1994.

Band 124 Wolfgang Schulz: Das deutsche Börsengesetz. Die Entstehungsgeschichte und wirtschaftlichen Auswirkungen des Börsengesetzes von 1896. 1994.

Band 125 Frank Hagemann: Der Untersuchungsausschuß Freiheitlicher Juristen. 1949 – 1969. 1994.

Band 126 Andreas Rethmeier: "Nürnberger Rassegesetze" und Entrechtung der Juden im Zivilrecht. 1995.

Band 127 Edith Grether: Die Poesie der Throne. Die Juristen in der Fruchtbringenden Gesellschaft. 1995.

Band 128 Anna Bartels-Ishikawa: Der Lippische Thronfolgestreit. Eine Studie zu verfassungsrechtlichen Problemen des Deutschen Kaiserreiches im Spiegel der zeitgenössischen Staats. 1995.

Band 129 Jörg Schmidt: Otto Koellreutter 1883-1972. Sein Leben, sein Werk, seine Zeit. 1995.

Band 130 Christian Hattenhauer: Wahl und Krönung Franz II. AD 1792. Das Heilige Reich krönt seinen letzten Kaiser - Das Tagebuch des Reichsquartiermeisters Hieronymus Gottfried von Müller und Anlagen. 1995.

Band 131 Jutta v. der Decken: Das Seearbeitsrecht im Hamburger Stadtrecht von 1301 bis 1603. 1995.

Band 132 Detlev Schmidt: Die Reform des Rechts der Handelsvertreter von 1953. 1995.

Band 133 Gabi Roßdeutscher: Privatautonomie im Scheidungsrecht. Scheidungsbezogene Vereinbarungen in den letzten 200 Jahren. 1995.

Band 134 Harald Kahlenberg: Leben und Werk des Rechtshistorikers Walther Merk. Ein Beispiel für das Verhältnis von Rechtsgeschichte und Nationalsozialismus. 1995.

Band 135 Michael Steitz: Adelbert Düringer am Reichsgericht (1902-1915). Seine aktienrechtlichen Entscheidungen und sein Einfluß auf das Aktienrecht in Deutschland. 1995.

Band 136 Christian Becker: Beata Justorum Translatio. Juristen in schleswig-holsteinischen Leichenpredigten. 1996.

Band 137 Christoph Seiler: Vom Allgemeinen Landrecht zum Bürgerlichen Gesetzbuch. Dargestellt am Beispiel der höchstrichterlichen Judikatur zum kaufrechtlichen Sachmängelgewährleistungsrecht. 1996.

Band 138 Bernd Mayer: Die Vertrauensmännerausschüsse auf den preußischen Steinkohlegruben an der Saar. Entstehung und Wirken. Eine rechtshistorische Untersuchung. 1996.

Band 139 Rochus Scholl: Juden und Judenrecht im Herzogtum Pfalz-Zweibrücken. Ein Beitrag zur Rechtsgeschichte eines deutschen Kleinstaates am Ende des alten Reiches. 1996.

Band 140 Meike Bursch: Judentaufe und frühneuzeitliches Strafrecht. Die Verfahren gegen Christian Treu aus Weener/Ostfriesland 1720-1728. 1996.

Band 141 Markus Hillenbrand: Fürstliche Eheverträge. Gottorfer Hausrecht 1544 - 1773. 1996.

Band 142 Ulf Häder: Das gemeinschaftliche Oberappellationsgericht thüringischer Staaten in Jena. Ein Beitrag zur Geschichte des Gerichtswesens im 19. Jahrhundert. 1996.

Band 143 Andreas Bauer: Das Gnadenbitten in der Strafrechtspflege des 15. und 16. Jahrhunderts. Dargestellt unter besonderer Berücksichtigung von Quellen der Vorarlberger Gerichtsbezirke Feldkirch und des Hinteren Bregenzerwaldes. 1996.

Band 144 Christian Wirth: Der Jurist Johann Andreas Georg Friedrich Rebmann zwischen Revolution und Restauration. 1996.

Band 145 Stefanie Müller: Die Rechtsprechung des Hanseatischen Oberlandesgerichts zum persönlichen Eherecht in Hamburgischen Gerichtsfällen von 1879 -1900. 1996.

Band 146 Jean-Nicolas Morisset: Der Frachtvertrag in der *Ordonnance de la marine* von 1681. 1996.

Band 147 Dirk Lentfer: Die Glogauer Landesprivilegien des Andreas Gryphius von 1653. 1996.

Band 148 Wencke Mull: Die Haftung für Einsturzschäden nach den §§ 836-838 BGB in der Rechtsprechung des Reichsgerichts. 1996.

Band 149 Renate Zelger: Teufelsverträge. Märchen, Sage, Schwank, Legende im Spiegel der Rechtsgeschichte. 1996.

Band 150 Guido Kraß: Das Arrestverfahren in Frankfurt am Main im Spätmittelalter. 1996.

Band 151 F. Benedict Heyn: Die Entwicklung des Eisenbahnfrachtrechts von den Anfängen bis zur Einführung des Allgemeinen Deutschen Handelsgesetzbuches (ADHGB). 1996.

Band 152 Thomas Lang: Die Staats- und Verfassungslehre Carl Salomo Zachariaes. 1996.

Band 153 Michael Hebeis: Karl Anton von Martini (1726-1800). Leben und Werk. 1996.

Band 154 Gerald Hubert: Die Diskussion um die rechtliche Natur der Bizone in den Jahren 1947-1949. 1996.

Band 155 Christof Horn: Die Rechtsprechung des Reichsgerichts in Ehescheidungssachen der Jahre 1900 bis 1905. 1996.

Band 156 Hermann Nehlsen / Georg Brun (Hrsg.): Münchener rechtshistorische Studien zum Nationalsozialismus. 1996.

Band 157 Jan Otto Clemens Kehrberg: Die Entwicklung des Elektrizitätsrechts in Deutschland. Der Weg zum Energiewirtschaftsgesetz von 1935. 1997.

Band 158 Johannes Tradt: Der Religionsprozeß gegen den Zopfschulzen (1791-1799). Ein Beitrag zur protestantischen Lehrpflicht und Lehrzucht in Brandenburg-Preußen gegen Ende des 18. Jahrhunderts. 1997.

Band 159 Dietmar Olsen: Das kaufrechtliche Sachmängelgewährleistungsrecht des Code civil in der Rechtsprechung deutscher Gerichte im 19. Jahrhundert. Ein Beitrag zur Ablösung der Partikularrechte durch das BGB. 1997.

Band 160 Ulrich Bernhardt: Die Deutsche Akademie für Staats- und Rechtswissenschaft „Walter Ulbricht" 1948-1971. 1997.

Band 161 Claudia Susan Hoppe: Die Bürgschaft im Rechtsleben Hamburgs von 1600 bis 1900. 1997.

Band 162 Franz-Rudolf Ecker: Die Entwicklung des Bergrechts im Saarbrücker Steinkohlenrevier bis zum Ende des 18. Jahrhunderts. Ein Vergleich mit dem älteren deutschen Bergrecht. 1997.

Band 163 Anne Katrin Rückert: Politik und Privatrecht in der „konservativen Revolution". 1997.

Band 164 Gisbert Laube: Der Reichskunstwart. Geschichte einer Kulturbehörde 1919-1933. 1997.

Band 165 Nicolas Lührig: Die Diskussion über die Reform der Juristenausbildung von 1945 bis 1995. 1997.

Band 166 Regula Gerber Jenni: Die Emanzipation der mehrjährigen Frauenzimmer. Frauen im bernischen Privatrecht des 19. Jahrhunderts. 1997.

Band 167 Mischa A. Färber: Das gemeinschaftliche Testament in der höchstrichterlichen Rechtsprechung zum Allgemeinen Preußischen Landrecht und zum BGB. Ein Beitrag zur Ablösung der Partikularrechte durch das BGB. 1997.

Band 168 Catherine Antoinette Gasser: Philipp Lotmar 1850-1922. Professor der Universität Bern. Sein Engagement für das Schweizerische Arbeitsrecht. 1997.

Band 169 Lars Immisch: Der sozialistische Richter in der DDR und seine Unabhängigkeit. Der Versuch eines Rechtsvergleiches zum Unabhängigkeitsbegriff in der bundesdeutschen Rechtsordnung. 1997.

Band 170 Jessica Jacobi: Besitzschutz vor dem Reichskammergericht. Die friedenssichernde Funktion der Besitzschutzklagen am Reichskammergericht im 16. Jahrhundert, dargestellt anhand von Kameralisten. 1998.

Band 171 Ewald Hügemann: Die Geschichte des öffentlichen und privaten Mietpreisrechts vom Ersten Weltkrieg bis zum Gesetz zur Regelung der Miethöhe von 1974. 1998.

Band 172 Lutz Rentzow: Die Entstehungs- und die Wirkungsgeschichte der Vernewerten Landesordnung für das Königreich Böhmen von 1627. 1998.

Band 173 Sabine Stürmer: Mühlenrecht im Herzogtum Pfalz-Zweibrücken während des 18. Jahrhunderts. Ein Beitrag zum Wirtschaftsrecht eines deutschen Kleinstaates im Alten Reich. 1998.